Umschlaggestaltung, Innenteil: Angela Herold, www.herolddesign.de
Foto: www.pixabay.com

Verlag und Druck: tredition GmbH, Hamburg

ISBN
Paperback: 978-3-7439-8541-4
Hardcover: 978-3-7439-8542-1
e-Book: 978-3-7439-8543-8

www.tredition.de

REGINE REICHWEIN

GLÜCKLICH WERDEN
SUCHEN NACH SICH SELBST

Kulturelle Dynamiken in der Beziehung
zwischen Frau und Mann

Über die Autorin

Ich habe Mathematik und Physik, aber auch Psychologie, Philosophie, Pädagogik und Politik studiert und war mehr als zwanzig Jahre Professorin an der Technischen Universität Berlin.

Durch die Arbeit mit den Studierenden wurde mir bewusst, dass ich zusätzliche Qualifikationen brauche, um meinen eigenen Ansprüchen an ein umfassendes Angebot in der Lehre zu genügen. In diesem Zusammenhang habe ich eine Ausbildung als Gestaltpsychotherapeutin gemacht und setze mich bis heute mit den jeweils neuesten Ergebnissen der Forschung, insbesondere der Hirnforschung auseinander.

Ich arbeite mit großem Vergnügen als Trainerin, Beraterin und Supervisorin für Einzelpersonen, Gruppen und verschiedene Institutionen.

Von Mai bis Oktober lebe ich in Portugal und schreibe dort meine Bücher, male und entwerfe und nähe Kleider. Den Rest des Jahres lebe ich in Berlin. In dieser Zeit halte ich Vorträge, mache Workshops und was mir sonst noch so Spaß macht.

Genaueres kann man auf meiner Webseite www.reginereichwein.de erfahren. Dort gibt es auch viele pdf's von Artikeln und Vorträgen zum kostenlosen Herunterladen. Seit 2010 sind fünf sehr unterschiedliche Bücher von mir erschienen. (Siehe dazu „Bestellmöglichkeiten" am Ende dieses Buches). Dieses Buch ist eine Neuauflage bei Tredition des 2012 im Amani-Verlag erschienenen Romans „Glücklich werden – suchen nach sich selbst ".

Für Miriam

Inhalt

Vorwort

Es ist ein Irrtum, anzunehmen, Männer und Frauen seien grundverschieden. Dieser Glaube ist zwar weit verbreitet und wird durch viele Veröffentlichungen immer wieder gestützt. Aber auch wenn Männer wie Frauen die Erfahrung machen, dass diese Vorstellung zu stimmen scheint, ist sie weitgehend kulturell produziert und hat sehr destruktive Wirkungen sowohl auf Frauen als auch auf Männer – wenn auch sehr verschiedene - und auf die Beziehungen zwischen den Geschlechtern.

Diese immer wieder - sowohl von wissenschaftlichen Untersuchungen als von den Medien - vertretene Vorstellung in Bezug auf die grundlegende Verschiedenheit von Frauen und Männern verfestigt meiner Ansicht sowohl entscheidende Problematiken persönlicher Beziehungen als auch bestehende kulturelle Herrschaftsverhältnisse.

Mit Erschrecken habe ich festgestellt, wie viele - gerade auch junge - Frauen sich anstrengen, manchmal bis zur Selbstaufgabe, das „Wohlwollen" der jeweiligen Männer zu gewinnen, und dann auch noch glauben, sich ihr Scheitern an der emotionalen Distanz ihrer Partner selbst zuschreiben zu müssen. Sie setzen sich dem Urteil der Männer aus, ohne sich bewusst zu sein, wie viele Jahrhunderte der Konditionierung von Frauen ihrem Verhalten vorausgegangen sind. Sie stylen sich, geben ihr meist mühsam verdientes Geld für die sogenannten „Must have´s" aus usw., um dazuzugehören, um akzeptiert zu sein und um begehrenswert zu erscheinen. Die Medien unterstützen meist völlig unkritisch diese Verhaltensweisen. Die große Verunsicherung der Frauen, die sich dadurch ausdrückt, wird damit - vor allem im Interesse der Wirtschaft - weiter verstärkt.
Aber nicht nur viele Frauen haben den Eindruck, sie selbst - mit ihrer weiblichen Persönlichkeit - reichen nicht aus, um den gesellschaftlichen Erwartungen zu genügen.
Auch Männer sind vielfach in Bezug auf ihre männliche Rolle verunsichert, auch sie haben immer häufiger den Eindruck, sie müssten ihre Männlichkeit künstlich durch zusätzliche Attribute verstärken. Gleichzeitig wird deutlich, dass sich Männer immer stärker als fremdbestimmt erleben und sich weniger und weniger verantwortlich für ihre eigenen Gefühle, ihre Gedanken und ihr Handeln fühlen. Sie scheinen in vielen Fällen nicht bereit oder in der Lage zu sein, die Rolle eines erwachsenen Mannes zu übernehmen.

Nach sich über viele Jahre hinziehenden Recherchen in den verschiedenen Wissenschaftsbereichen wurde mir immer deutlicher, dass sowohl Frauen als auch Männer in den vergangenen Jahrhunderten durchaus sukzessive an Fähigkeiten hinzugewonnen, aber auch auf wesentliche Aspekte menschlicher Existenz verzichtet haben.

Sowohl Frauen wie auch Männer verfügen zwar über die genetische Ausstattung, sich ihrer persönlichen, sozialen, gesellschaftlichen und kulturellen Verantwortung bewusst zu werden, nehmen diese Verantwortung jedoch häufig aufgrund der internalisierten kulturellen Muster nicht wahr. Beide Geschlechter zeichnen sich daher häufig durch eine - allerdings individuell unterschiedlich starke - emotionale Unberührbarkeit und damit durch fehlendes Mitgefühl aus. Während Frauen sich überwiegend bemühen, mit ihren empathischen Fähigkeiten ihre Mitmenschen − vor allem ihre Partner und Kinder - zu manipulieren und zu kontrollieren, verwenden Männer ihre empathischen Möglichkeiten eher, um sich emotional distanziert als Opfer - unschuldig und ohne Verantwortung - aus kritischen Situationen heraus zu argumentieren.

Kulturelle Muster aller Art bleiben meistens lange erhalten, auch wenn neue wissenschaftliche Erkenntnisse darauf verweisen, dass viele althergebrachte Vorstellungen nicht mehr haltbar sind. Jede Kultur braucht solche Muster, um die eigene Kontinuität zu sichern, und sie sind für jeden einzelnen Menschen dringend erforderlich, um sich orientieren und in komplexen Situationen des Lebens zurechtfinden zu können.

Aber einige dieser kulturellen Muster entfalten Wirkungen, die sich bis heute nicht nur auf Frauen, Männer und Kinder, sondern auch auf gesellschaftspolitische, ökonomische und ökologische Bereiche zerstörerisch auswirken.
Dazu gehören die von vielen Menschen internalisierten Vorstellungen über die Möglichkeiten und das Recht, Kontrolle über andere Menschen auszuüben und eigene Interessen rücksichtslos gegen andere durchzusetzen, Menschen auf Grund ihres Geschlechts, ihres Alters, ihrer sozialen Situation oder ihrer religiösen Überzeugungen usw. zu diskriminieren und vieles andere mehr.
Aber auch die Vorstellung, Menschen lebten in ein und derselben Wirklichkeit, die von allen in gleicher Weise erkennbar ist, und in der sich das, was richtig ist, von dem, was falsch ist, zweifelsfrei unterscheiden lässt, führt oft zu eskalierenden Auseinandersetzungen, unter denen alle Beteiligten leiden.

Es gibt noch mehr solcher kulturellen Vorurteile oder Muster, die auf immer noch vorherrschenden patriarchalen Wunschvorstellungen basieren.

Und diese kulturellen Muster sind es, die unseren alltäglichen Umgang mit uns selbst und anderen vergiften. Sie führen nur dazu, dass Menschen wechselseitig ihre besten Feinde bleiben.
Das müsste nicht so sein, wenn wir diese Muster erkennen würden und durch bewussten Umgang mit ihnen ihre Wirkungen reduzierten.

Während meiner langjährigen Arbeit als Therapeutin und Beraterin habe ich die Probleme vieler Frauen und Männer kennengelernt. Besonders beeindruckend war für mich immer wieder die Erfahrung, wie groß die Empfindsamkeit sowohl bei Frauen als auch bei Männern in Bezug auf das Verhalten von anderen und wie groß die Sehnsucht nach befriedigenden sozialen Beziehungen ist.
Bedenkt man die neuen wissenschaftlichen Erkenntnisse, so ist dies nicht verwunderlich. Menschen sind ausgesprochen soziale Wesen und die Entwicklung der notwendigen Fähigkeiten ist genetisch verankert.

Diese genetische Grundlage ermöglicht es uns, zugewandt, hilfsbereit, verständnisvoll und neugierig zu sein. Männer wie Frauen sind mit Spiegelneuronen und weiteren besonderen Neuronen ausgestattet, die ihnen intuitives und empathisches Verhalten ermöglichen. Beide Geschlechter sind daher wahrscheinlich mit der gleichen Empfindsamkeit ausgestattet. Männer wie Frauen nehmen von ihnen unerwünschtes Verhalten von anderen wahr, gehen aber aufgrund der kulturellen Muster unterschiedlich und teilweise sehr zerstörerisch damit um.

Jeremy Rifkin schreibt in seinem Buch „Die empathische Zivilisation":

„Wenn wir Menschen von Natur aus soziale Kreaturen sind, die sich nach Gemeinschaft sehnen und durch die empathische Erweiterung ihres Selbst ihre eigene Bedeutung in der Beziehung zu anderen finden, wie erklären wir uns dann die unglaubliche Gewalt, die wir uns gegenseitig sowie unseren irdischen Mitgeschöpfen antun? Keine andere Spezies hat so viel Zerstörung auf der Erde angerichtet wie der Mensch." (Rifkin, S. 28)

Solche zerstörerischen Prozesse aber können wir uns angesichts der beobachtbaren Probleme nicht leisten, weder im Privatleben noch in lokalen oder globalen Zusammenhängen.
Es ist entscheidend, dass wir uns die Fähigkeiten wieder bewusstmachen,

die durch kulturelle Einwirkungen nur als destruktive Verhaltensweisen ans Tageslicht treten.

Und dazu gehört meiner Ansicht nach, sich die Prozesse, die so destruktive Auswirkungen haben, noch einmal genauer zu betrachten.

Vielleicht besteht durch zunehmende Bewusstheit die Möglichkeit, dass die besonderen sozialen Fähigkeiten, über die Menschen aufgrund ihrer biologischen Ausstattung verfügen, sich zugunsten eines befriedigenden zwischenmenschlichen Zusammenlebens und zunehmender Achtung vor lebendigen Prozessen auswirken.

Alle Menschen sind – wie andere Lebewesen auch - in gleicher Weise empfindsam und auf wechselseitige Achtung, Akzeptanz und Zuneigung – in welcher Form auch immer - angewiesen und sie gehen auf unterschiedliche Weise damit um, wenn ihre Bedürfnisse nicht befriedigt werden.

Insbesondere diejenigen Menschen, die in ihrer Kindheit unter den Erwachsenen gelitten haben, neigen unbewusst dazu, durch ihr Verhalten das eigene Leiden - vor allem dann, wenn sie ihren eigenen Schmerz verdrängt haben – an andere Menschen und auch an ihre Kinder weiter zu geben.

Erst die Erinnerung an vergangene prägende kindliche Situationen, die damit verbundenen Gefühle, Gedanken und Wünsche und deren Akzeptanz können diese ständigen Wiederholungen unterbrechen.

Meine langjährigen Erfahrungen als Hochschullehrerin und als Therapeutin haben mir immer wieder gezeigt, dass kognitive Anregungen meist keine Veränderung innerhalb des eigenen Systems eines Menschen bewirken. Für die Aktivierung bedeutsamer eigener Erinnerungen, durch die in einem Menschen verändernde Prozesse entstehen können, brauchen Menschen die Möglichkeit, sich emotional identifizieren zu können, um das eigene Selbst in ein anderes Gegenüber projizieren und damit das eigene Selbst erweitern zu können.

Das ist der Grund, weshalb ich mich entschlossen habe, die folgenden Texte einer inneren Auseinandersetzung und Veränderung in der „Ich-Form" zu schreiben.

Ich hoffe, dass sich bei den Lesenden mit diesen Texten - in die viele Erfahrungen meiner weiblichen und männlichen Klienten eingegangen sind - diese Prozesse des sich Erinnerns und Akzeptierens aktivieren und sich ihnen damit Möglichkeiten eröffnen, sich selbst aus dem Griff der kulturellen Muster zu befreien.

Kapitel 1

Fragen ohne Antworten

Warum fragen sich manche Menschen immer wieder, ob sie von ihrer Mutter oder ihrem Vater geliebt wurden, ob sie eine Bedeutung für sie hatten, wichtig für sie waren und hören oft bis ins hohe Alter nicht auf zu fragen. Und wenn sie vor sich selbst nicht mehr verleugnen können, dass sie ungeliebte Kinder waren, unwichtig und bedeutungslos für ihre Eltern, hören sie nicht auf zu fragen. Nur ändert sich die Frage. Sie lautet dann: Warum hat mein Vater, meine Mutter mich nicht geliebt, warum war ich ihnen nicht wichtig, warum haben sie sich nicht gekümmert, warum hatte ich keine Bedeutung für sie.
An den Eltern – den in Kinderaugen Übermächtigen, Allwissenden, Allmächtigen – kann es ja nicht gelegen haben.
Und dann können sich die meisten der Schlussfolgerung nicht entziehen: Sie selbst sind es, die nicht liebenswert, die unwichtig und bedeutungslos sind.
Und dann kommt die nächste Frage: Warum bin ich, wie ich bin?
Vielleicht bin ich so geworden, weil meine Eltern so waren, wie sie waren. Ein Produkt der Wechselwirkung.

Sie will es jetzt genauer wissen.

Ich weiß genau, dass ich das, was ich tun will, nicht tun sollte. Alles spricht dagegen. Deswegen habe ich auch niemandem davon erzählt.

Ich habe einfach allen gesagt – ich verreise. Alle haben es geglaubt. Natürlich, der Tod ihres Vaters hat sie sehr mitgenommen. Wie gut, dass sie sich entschlossen hat, zu verreisen.
Wo fährst du denn hin, haben sie mich gefragt. Ich weiß es noch nicht, habe ich gesagt, ich fahre einfach los, und bleibe, wo es mir gefällt.

Schreib uns eine Karte, damit wir wissen, dass es dir gut geht.
Das wollen sie immer von mir, dass es mir gut geht. Mein Vater wollte das auch. Es ist ihm lange Zeit sehr schlecht gegangen, aber nie hat er jemanden damit belasten wollen. Er wusste, wie wichtig es ist, dass es einem gut geht. Er konnte es nur schwer ertragen, wenn es einem schlecht ging. Er hatte viel dazu getan, dass es anderen gut ging. Und nun ist er

tot – tot und begraben. Aber seine Wohnung lebt, noch.

Sollen wir dir helfen. Was machst du jetzt mit der Wohnung. Meine Güte, die ganzen Bücher und Papiere. Wo willst du denn damit hin. Deine Wohnung ist doch viel zu klein.

Ich war gekränkt, als sie das sagten. Als hätten sie gemeint, was willst du mit dem ganzen Wissen deines Vaters anfangen, dein Kopf ist doch viel zu klein.
Aber vielleicht haben sie das ja auch gemeint, nur nicht so deutlich ausgesprochen.
Meine Wohnung ist wirklich zu klein. Die meines Vaters ist sehr groß.
Ich sitze im Moment in seiner Küche, selbst die ist größer als meine und frage mich, was ich hier will.

Ich habe allen gesagt, ich überlege mir, was ich mit der Wohnung machen will, wenn ich zurückkomme. Und dann habe ich ein paar Sachen gepackt und bin in die Wohnung meines Vaters gefahren.
Und jetzt sitze ich in seiner Küche und komme mir wie ein Einbrecher vor. Als täte ich etwas Verbotenes mit dem, was ich vorhabe.
Ich weiß es genau. Was ich will. Denke ich.
Ich will wissen, wer mein Vater war. Und wer seine Väter waren. Wie er geworden ist, wie er ist. Wie er war. Das Einzige, was ich sicher weiß, ist, dass er ein bekannter Wissenschaftler war und offensichtlich einiges mit seinen Forschungen bewegt hat.

Es ist, als erwartete ich, er käme gleich zur Tür herein. Ich habe oft, jedenfalls in letzter Zeit, mit ihm in dieser, in seiner Küche gesessen. Ich habe etwas gekocht und er hat gesagt, ich sehe dir so gerne zu, mein Kind, wenn du etwas für mich tust. Ich lasse mich so gern verwöhnen.
Manchmal habe ich es vermisst, dass er nicht zu mir sagt: Von dir verwöhnen.
Aber wenn ich ihn so am Küchentisch sitzen sah, mit seinen blass gewordenen Augen und seinem so verzichtend wirkendem Lächeln, so bleich und überarbeitet, dann spürte ich, wie sehr er es auch brauchte, das frische Gemüse und den ausgepressten Orangensaft. Mich eigentlich nicht.
Er schien niemanden zu brauchen.
Nur seine Bücher. Niemals fuhr er ohne Bücher in die Ferien, ich kann mich nicht erinnern, meinen Vater jemals ohne Papier in seiner Nähe gesehen zu haben. Irgendwo hatte er immer Papier, bedrucktes oder leeres und das leere blieb meist nicht lange leer. Aber meistens war er weg, in

seinem Labor.

Ein paar Mal habe ich meinen Vater auch dort besucht.

Besucht, ist schon zu viel gesagt.

Ich stand sozusagen an der Tür und wartete auf seine Entscheidung oder seine Antwort auf meine Frage.

„Was machst du denn da eigentlich", habe ich einmal an der Tür seines Labors gefragt; ich war, glaube ich, vierzehn damals.

„Ach, Kind", hat er gesagt und meinen Kopf gestreichelt, „wie soll ich dir das erklären. Also, weißt du, es hat etwas mit..., ach, ich glaube, du verstehst das noch nicht. Und überhaupt, seit wann interessieren sich denn kleine Mädchen für so etwas."

Ich fühlte mich, ja wie fühlte ich mich eigentlich. Ich weiß es gar nicht mehr, so viel war es auf einmal. Ich weiß noch, dass ich dachte, irgendwie bin ich nicht in Ordnung, aber ich war auch enttäuscht und wütend. Glaube ich, wenigstens heute.

Nein, das stimmt nicht. Ich war nicht wütend. Ich war auch nicht traurig. Ich habe es einfach akzeptiert. So etwas ist nichts für Mädchen. So ist ein Mädchen nicht. Ich erinnere mich jetzt genau. Ich fühlte gar nichts in diesem Moment, ich habe nur gedacht, ich wollte, ich wäre ein Junge [1]. Mehr nicht.

Während ich jetzt darüber nachdenke, fällt mir die Formulierung auf. Ich wollte.

Ich hatte schon aufgegeben. Daran, dass ich ein Mädchen war, habe ich nicht gedacht. Ich habe damals mit dem in der Vergangenheit angesiedelten Wunsch „Ich wollte, ich wäre ein Junge" auch die Tatsache verleugnen, dass ich ein Mädchen war.

Heute bin ich eine Frau. Was immer das bedeutet.

Kapitel 2

Erwartungshaltungen oder die Zugehfrau

Viele Frauen erfüllen häufig mit großer Selbstverständlichkeit die Erwartungen von Männern und viele Männer erwarten ziemlich selbstverständlich die Erfüllung ihrer Wünsche. So selbstverständlich, dass sie meist nicht einmal darum bitten, geschweige denn sich bedanken.
Wunscherfüllung ist oft für sie das Entscheidende. Wer die Person ist, die sie erfüllt, ist meist nicht von Bedeutung: die Ehefrau, die Geliebte, die Haushälterin, die Tochter oder wer auch immer.
Ob Männern die Bedeutung der Zuwendung aus Liebe eigentlich bewusst ist?

Sie hat auch Wünsche. Ihre Erwartungen werden nicht von anderen erfüllt, das muss sie alleine machen. Es wird ihr klar, dass von der Doppelbelastung der Frauen[2] nur die Männer profitieren.

Während ich so am Küchentisch sitze, fällt mir die Zugehfrau meines Vaters ein. Offensichtlich hat sie alles sauber gemacht, während mein Vater auf Reisen war. Die Küche blitzt geradezu. „Man muss vom Fußboden essen können", das sagte meine Mutter immer. Mein Vater lächelte dazu. Ihm war es recht, aber verlangt hat er es nie, das hatte er nicht nötig, meine Mutter machte es von allein. Fast alles machte sie von alleine.
Nie beklagte sie sich darüber, dass sie alles alleine machen musste. Obwohl alle es wussten. Nur sie schien es nicht einmal zu ahnen.
Die Zugehfrau, jedes Mal, wenn ich das Wort ausspreche, kriege ich merkwürdige Assoziationen.
Ich denke an ein Bild von Dali[3], die Frau, die voller Schubladen ist, und stelle mir vor, wie alle ihre offenstehenden Schubladen sich plötzlich schließen, gefüllt mit allem Müll, allem Staub und Dreck, der vorher die Wohnung erfüllte. Ich sehe die Frau gebückt und schwer voll aller Last, die nicht ihre ist, aus der Wohnungstür heraus und die Treppe herunter gehen, langsam, schleichend, eng an das Geländer gepresst, eine Stütze in ihrer Nähe suchend, aber keinen Gebrauch davon machend.
Ich sehe, wie diese Last selbst ihre Augenlider herunterzieht und ihren Mund zu einem Strich werden lässt, mit dem sie eine Grenze zu dem unteren Teil ihres Körpers zieht.

Die Zugehfrau kam regelmäßig, seitdem meine Mutter nicht mehr lebt, aber mein Vater konnte die Vorstellung kaum ertragen, dass sie für Geld die Wohnung putzte, die Wäsche wusch, die Lebensmittel einkaufte und das Essen kochte. Sonst sprach er oft von seiner Wohnung, seinem Bett, seinen Anzügen. Im Zusammenhang mit ihr verwendete er niemals besitzanzeigende Fürwörter. Sie putzte die Wohnung und sie bekam das Geld dafür. Sonst hätte er ihr vielleicht einmal danke sagen müssen.

Er verließ meist die Wohnung, wenn sie kam, und kam erst zurück, wenn sie mit allem fertig und gegangen war. Er verbrachte die Zeit, arbeitend im Institut oder zeitungslesend im Cafe. Nicht einmal diese Zeit war seine Zeit. Er verbrachte sie, von hier nach da, wie eine zu transportierende Ware, die ihm dann irgendwie unterwegs verlorenging.

Warum hat er nie mit ihr eine Tasse Kaffee getrunken. „Es gehört sich nicht, jemand anderen für sich arbeiten zu lassen, man darf den eigenen Dreck nicht anderen überlassen. Aber Kind, ich kann es nicht, ich habe es nie gelernt. Seit dem Tode deiner Mutter ist alles so schwierig."

Merkwürdig, bei Mutter hat es ihn nie gestört. „Aber sie hat es doch aus Liebe getan, das ist etwas ganz anderes", sagte er.

Bei mir kommt keine Frau mit Schubladen vorbei, um den Dreck einzusammeln, selbst den Staubsauger muss ich selbst in die Hand nehmen.

Als meine Mutter älter wurde, hatte sie auch eine Putzfrau, einmal in der Woche. Mein Vater nannte sie die Aufwartung.

Mir klang das immer sehr galant in den Ohren. Sie war seine Aufwartung für seine Frau. Die Aufwartung wartete seiner Frau auf und er bezahlte sie. Mit ihm hatte die Aufwartung nichts zu tun. Er genoss es, dass alles gemacht war, wenn er nach Hause kam und sagte zu seiner Frau: „Wie schön du alles wieder gemacht hast", obwohl beide wussten, die Hauptarbeit hatte die Aufwartung getan. Jedenfalls hörte ich ihn so reden, als ich schon erwachsen und aus dem Hause war.

Früher, als wir Kinder klein waren und unsere Spielsachen über die ganze Wohnung verteilten, kam er oft nach Haus, sah sich irritiert um und fragte, ohne seine Frau anzusehen, in die Gegend: „Was hast du eigentlich den ganzen Tag getan?" Es war ein Vorwurf, wir alle hörten ihn deutlich, aber er hätte es abgestritten, wenn man ihn darauf aufmerksam gemacht hätte. „Aber nein, so habe ich es nicht gemeint."

Mein Vater war lieb, nie hat er etwas so gemeint. „Seid friedlich", sagte er zu uns, wenn wir uns stritten.

Warum wir das taten, war nicht wichtig für ihn. „Regt eure Mutter nicht auf", sagte er. „Stört Vater nicht", sagte sie. Sie liebten sich wirklich. Meine Mutter war nun schon lange tot. An ihre Stelle ist die Zugehfrau getreten. Seit über zehn Jahren ist sie bei meinem Vater, jeden Tag für einige Stunden. Sie macht nicht nur den Haushalt, sie nimmt Telefongespräche entgegen, schreibt ihm ausführliche Berichte über deren Inhalt auf große weiße Zettel und bereitet kleine kalte Essen für seine Freunde vor. Manchmal auch warme, nur in den Backofen zu schieben, mit genauer Angabe der Zeiten fürs Vorheizen und fürs Aufwärmen und bereits gedecktem Tisch und bereitgelegtem Korkenzieher und in der Thermoskanne heißgehaltenem Mocca.

Mein Vater legt Wert darauf, ihr niemals irgendwelche Anweisungen zu geben. Er teilt ihr nur schriftlich mit, es kämen sechs oder acht Personen zum Abendessen und ob sie vielleicht eine Kleinigkeit richten könne. Sie tut es.
Sie wählt und kauft die Weine und den Aperitif passend zum Essen, schreibt ihm minuziös auf, was zuerst und was zuletzt kommt und was er wo findet.
Selbst die Abrechnung verläuft schriftlich.
Ich habe sie ein paarmal gesehen. Sie ist eine Frau mit ernsten Gesichtszügen, klaren direkten Augen und einem ausgeprägten schön geschwungenen, festen Mund. Sie sieht nicht aus wie die Schubladenfrau, die ich die Treppe herunterschleichen sah. Sie wirkt offen und selbstbewusst.

Einmal habe ich sie gefragt, und sie hat mir erzählt, sie würde allein leben und habe ein Kind zu ernähren. Ihre Tochter sei spastisch gelähmt und sie würde in dem Vorstand der entsprechenden Elternvereinigung mitarbeiten.

Mein Vater hat mir nie etwas von ihr erzählt. Ich denke, er wusste gar nichts von ihr und ich weiß auch nicht viel von ihr. Der Rechtsanwalt hat ihr geschrieben und ihr eine Traueranzeige geschickt, damit sie nicht erst aus den Medien erfährt, dass mein Vater in seinem Urlaub tödlich verunglückt ist.
Es hat in der Zeitung gestanden. Fünf verschiedene große Anzeigen. Und sie war auch auf der Beerdigung.
Ich denke, sie hat meine Adresse nicht. Mein Vater und sie haben offensichtlich fast nie miteinander gesprochen und sicher hat er nie etwas von mir mitgeteilt. Aber der Rechtsanwalt hat mir gesagt, dass sie in einer Erdgeschosswohnung im Gartenhaus wohnt.

Während ich an seinem Küchentisch sitze – er riecht immer so angenehm, sie hat ihn mit irgendeiner Spezialmischung, in der Bienenwachs ist, eingerieben – wird mir plötzlich klar, wie groß der Unterschied, nein, wie klein der Unterschied zwischen Geld und Liebe ist.

Wie denn nun?

Ich glaube, dass Männer sich schon immer getraut haben, klarer zu denken als Frauen und ich denke an den berühmten Nationalökonomen[4], der – soweit ich mich erinnere – , auf die Nützlichkeit der Erfindung der Hausfrau hingewiesen hat.

Mein Vater hat, glaube ich, meiner Mutter nie verziehen, dass sie ihn durch ihr Sterben unversorgt allein zurückgelassen hat und dass er sich diese Versorgung seit mehr als zehn Jahren kaufen muss.

Und er hat wohl auch der Zugehfrau nie verziehen, dass er sie für ihre Arbeit bezahlen muss. Denke ich.

Aber vielleicht war es ja auch anders, ganz anders.

Nur, warum hat er nie mit ihr gesprochen, sich nie für sie und ihr Leben interessiert?

Wie oft hat er zu mir gesagt: „Ach, Kind, ich habe an so viele Sachen zu denken."

An Sachen.

Auch sie wäre eine Sache mehr, eine Sache zu viel gewesen, oder?

Ich habe Angst, ich bin ungerecht.

Sicher hat er den Satz nicht so gemeint.

Nur, wie hat er ihn gemeint.

Ich habe damals nicht weiter gefragt. Aber nun will ich es wissen. Und ich werde die Antwort suchen. In all dem toten Papier liegt die Antwort vergraben. Die Antwort auch auf die Frage, was unterscheidet die Zugehfrau von meiner Mutter. Wo sie ihr doch so ähnlich ist.

Kapitel 3

Unterwerfung oder die Worte

Worte haben kein Eigenleben, wenn sie nicht gehört werden. Sie verdorren sehr schnell und vergiften dann nur den Ort, von dem sie herkamen, außer man verleiht ihnen durch andere Maßnahmen eine Wirkung. Aber welche Möglichkeiten bleiben einer Frau, wenn sie liebt?
Sie schreit nicht, sie schmeißt nicht mit Gegenständen, sie verbrennt nicht das Essen, sie verweigert nicht die Erfüllung der ausgesprochenen und der unausgesprochenen Erwartungen.
Sie funktioniert weiter. Wenn sie sich nicht wehrt, tötet die kulturelle Konditionierung langsam die Worte in ihrer Seele.

Nur wie sie sich wehren kann, hat sie nicht gelernt.[5]

Ich sitze immer noch in der Küche und rieche das Bienenwachs, das sie in das Holz gerieben hat. Sie hat noch mehr Gerüche hinterlassen, diese Frau. Ich war inzwischen im Badezimmer. Sie hat die Seifen ausgesucht, die das ganze Bad mit ihrem Duft erfüllen. Sie hat auch das Rasierwasser gekauft, die weichen, dunkelroten, großen Badetücher sowieso. Als ich mir mit ihrer flauschigen Weichheit die Hände abgetrocknet habe, wusste ich es. Sie hat ihn geliebt. Auf eine stumme, unbefriedigt bleibende Art hat sie meinen Vater geliebt.

Plötzlich stutze ich. Wieso benutze ich das Wort „stumm". Als ob man nur mit Worten reden, ich meine, etwas ausdrücken könnte.

Ich weiß, warum ich denke, ihre Art zu lieben sei stumm gewesen.
Für meinen Vater zählen nur Worte. Was nicht in Worte zu fassen war oder in Zahlen und Symbole, existierte für ihn nicht. „Wovon man nicht sprechen kann, darüber muss man schweigen"[6] war seine Devise.

Und Schweigen ist NICHTS. Frauen hatten zu schweigen. Sei schön und halte den Mund.
Schweigen bedeutet, man hatte nichts zu sagen.
Wer was zu sagen hatte, war wer. Wer nichts zu sagen hatte, war nichts.
Mein Gott, was habe ich zu sagen und wem habe ich etwas zu sagen?
Niemanden.

Nur mir. Mir selbst.
Mir habe ich etwas zu sagen.

Ich sage mir, wie ich bin, wie ich etwas zu tun habe, was ich tun sollte, was ich falsch gemacht habe, wie ich versagen werde, was ich nicht kann und was ich nicht tun sollte.
Außer mir habe ich niemandem etwas zu sagen. Nicht einmal meinen Kindern. Meinem Mann, von dem ich schon lange getrennt bin, hatte ich auch nie etwas zu sagen.

Auch meine Mutter hatte mir nichts zu sagen. „Warte, ich sage es Vati", sagte sie. Und sie sagte es ihm und er sagte uns, was er uns zu sagen hatte.
Er hatte etwas zu sagen.
Nicht nur uns.
Meine Mutter war auch stumm.
„Weißt du, und dann habe ich deiner Mutter gesagt", so fingen seine Sätze noch lange nach ihrem Tode an, wenn wir abends nach seiner Arbeit, zusammensaßen und ich versuchte, ihm von meinen Problemen mit meinem Mann zu erzählen.
Meine Mutter fing ihre Sätze anders an.
Sie sagte: „Weißt du, Vati hat gesagt…". Was Vati gesagt hatte, war immer das Wichtigste und zu allem hatte Vati bereits etwas gesagt.
Wenn ich mich jetzt daran erinnere, merke ich, wie gerührt ich gleichzeitig darüber bin.
Ich weiß es genau, ich bin gerührt darüber, wie sehr sie sich geliebt haben. Und ich merke auch, wie ironisch ich mich fühle, wenn ich sage, „geliebt haben".
Während mir das bewusst wird, werde ich zornig und bitter. Diese Rührung ist ihr Erbe. Und dieses Erbe hat mein ganzes Leben vergiftet, vergiftet es heute noch.
Es hat eine Sehnsucht in mir erzeugt, deren Erfüllung meine Vernichtung bedeutet. Ich habe es zweimal erfahren und bin knapp davongekommen.
Wie konnte mein Vater das tun. Wie konnte meine Mutter das zulassen oder umgekehrt, wie konnte mein Vater das Tun zulassen und meine Mutter das tun. Aber was. Selbst das weiß ich immer noch nicht genau. Aber ich werde es herausfinden.
Warum haben sie das einander angetan. Was haben sie einander angetan, wie konnte es dazu kommen und was haben sie sich davon versprochen.
Dabei haben sie gar nichts wirklich getan. Sie haben sich geliebt, zusammengelebt, Kinder bekommen, gearbeitet, und wenn sie nicht gestorben sind, dann leben sie heute noch.

Sie leben. Heute noch. Weil ich noch lebe.

Was soll ich bloß tun. Wie ich mich hasse.

Diesen Satz „Was soll ich bloß tun", kenne ich von meiner Mutter. „Was soll ich bloß tun." Und ich weiß von mir, dass ich heute noch den Satz „tu doch, was du willst" als Lieblosigkeit empfinde. Warum bloß.

Ich wollte doch immer tun, was ich wollte. Was ich wollte. Vergangenheitsform. Was ich wollte, ist ungefährlich und ohne Risiko, immer schon vorbei. Ich wollte. Ich wollte. Ich wollte doch bloß. Immer alles in der Vergangenheit. Welche Konditionierung.

Was wird sein, wenn ich endlich einmal etwas will. Ich höre schon die Stimme meiner Mutter: „Aber Kind", und ich sehe den Zeigefinger meines Vaters „ich sage dir"... .

Aber jetzt will ich auch einmal etwas sagen.

Ich will etwas sagen zu dem, worüber man nicht reden kann, sondern schweigen soll. Und ich werde herausfinden, was es ist.

Kapitel 4

Angst vor Berührung oder Das Bett

Die Angst der Väter vor der erotischen Anziehung der Töchter ist ein Ergebnis der Ausgrenzung von Sinnlichkeit in unserer Kultur. Sinnlichkeit als
die wunderbare Möglichkeit, sich mit der eigenen Umwelt verbunden zu
fühlen, ist uns weitgehend verloren gegangen. Stattdessen hat Sexualität
ihren Platz eingenommen. Mütter und Väter können sich häufig nicht mehr
auf eine sinnlich-erotische Weise aneinander und an ihren Kindern erfreu-
en, diesen Platz haben oft ihre Haustiere eingenommen.
Nur selten können Väter ihren Töchtern sagen, wie schön und begehrenswert sie sind, nur selten Mütter ihren Söhnen, wie attraktiv und männlich
sie auf sie wirken. Und selbst zwischen den Liebespaaren verschwindet die
miteinander – auch mit Worten – geteilte Sinnlichkeit. Erotische Anziehung
wird mit sexueller gleichgesetzt. Die Poesie in zwischenmenschlichen Beziehungen geht verloren.

Das hat für alle Beteiligten destruktive Folgen.[7]

Ich muss schlafen gehen.
Warum befehle ich mir eigentlich ununterbrochen, was ich zu tun und
zu lassen habe. Ich muss nicht. Ich will und ich werde schlafen gehen.
Und ich stehe auf und gehe still durch die Zimmer der Wohnung meines
Vaters. Es ist eine große Eckwohnung. Von der Haustür komme ich in
den vorderen Flur. Rechter Hand, zur Straße hin, gehen drei vom Flur aus
zugängliche und miteinander verbundene Zimmer ab, die von meinem
Vater zum Wohnen und Arbeiten genutzt werden. Genutzt wurden, muss
ich ja jetzt sagen. Auf der linken Seite kommt erst das Gästebad, dann
ein größerer Raum, in dem Besprechungen stattfinden können und bis zu
zwölf Personen essen können und die große Küche. Alle Räume haben
Türen zum Flur und sind auch untereinander verbunden. Am Ende hat
der vordere Flur zwei weitere Türen, die rechte führt in eines der Arbeitszimmer, die linke in ein rechtwinklig dazu gelegenes Durchgangszimmer,
durch das man in den hinteren Flur, aber auch in die Küche kommt. Im
hinteren Flur gibt es drei Türen, eine geht in die ehemalige Mädchen-
kammer, eine in das Bad und eine in das Schlafzimmer meines Vaters.
Ich bin einmal durch alle Räume gegangen und stehe plötzlich wieder an
der Eingangstür der Wohnung. Ich habe sie geöffnet, als wollte ich gehen.

Als hätte ich keinen Platz zum Schlafen in dieser Wohnung und müsste dort schlafen gehen, wo ich hingehöre. In meine kleine Wohnung, in der ich alleine lebe, seit Jahren. Meine Kinder sind groß. Meine Männer sind weg. Meine Liebhaber manchmal da.

Ich schließe die Wohnungstür und frage mich, warum ich plötzlich Herzklopfen habe.

Ich kann doch nicht im Bett meines Vaters schlafen. Ich gehe in das erste Zimmer, alle sagen immer „die Bibliothek", obwohl in den anderen Räumen und in dem Durchgangszimmer, in beiden Fluren und im Schlafzimmer meines Vaters fast alle Wände bedeckt sind mit Regalen voller Bücher. Im ersten Zimmer, welches mit einer kleineren Tür mit den beiden Arbeitszimmern meines Vaters verbunden ist, steht ein kleines braunes Ledersofa, mit ein paar Seidenkissen in verschiedenen grünen Tönen und einer Mohairdecke, auch in grün und blau gehalten, passend zu den grünen Glasschirmen der Lampen in diesem Raum. Ich mache alle Lichter an, auch in den benachbarten Räumen, zwischen denen große Flügeltüren sind, und erkläre mir, warum ich auf diesem Ledersofa schlafen werde. Gleichzeitig höre ich meinen eigenen Erklärungen verwundert zu.

Das darf doch nicht wahr sein. Ich kann nicht glauben, was ich mir selbst erzähle.

Ich kann nicht in dem Bett meines Vaters schlafen, höre ich mich sagen, weil ich offensichtlich immer noch so eifersüchtig auf meine Mutter bin, dass ich mir nicht vorstellen kann, nicht vorstellen will, wie mein Vater und meine Mutter in diesem Bett, in dem sie immer gemeinsam geschlafen haben, Liebe machten. Ich kann mir meinen Vater als leidenschaftlichen Liebhaber nicht vorstellen. Bilder von hageren, verspannten Körpern, gefalteten Händen, versteckten Brüsten, halberigierten Gliedern mit tröpfelndem Samenerguss, gesichtslos und ohne Ausdruck, ziehen in meinem Kopf vorbei, so schnell, dass ich nicht eines der Bilder deutlich erkennen kann.

Ich merke, wie verspannt ich selber bin und denke mir, Freud hätte seine Freude an mir. Ich sehe an den Büchern entlang, wo er steht. Blaugrau, die Gesamtausgabe. Wo finde ich, was er über den Ödipuskomplex geschrieben hat. Morgen werde ich es nachlesen. Morgen werde ich darüber nachdenken, warum ich nicht in das von der Zugehfrau frisch bezogene Bett meines Vaters gehen kann. Trotzdem gehe ich noch einmal zurück in sein Schlafzimmer und betrachte es von der Tür aus.

Früher war es unser Kinderzimmer. Die Eltern schliefen in dem Zimmer, wo jetzt das Ledersofa steht. Und nun bin ich erst recht in meinen Phantasien gefangen. Ich spüre die Beklemmung. Und ich erinnere mich. Ich erinnere mich an den Geruch meines Vaters und daran, dass es eine Zeit gab, als ich noch ganz klein war, in der ich zu ihm in die Badewanne durfte. Das Bad war damals nicht dunkelrot gekachelt und voller Spiegel und Licht wie heute. Es war alles ganz anders. Eine andere Wohnung. Dort gab es damals noch einen Badeofen, der geheizt werden musste. Und ich erinnere mich, wie ich eines Tages vor der verschlossenen Badezimmertüre stand, schreiend und allmählich leiser weinend. Ich durfte nicht mehr zu ihm in die Badewanne.

„Nein, das geht jetzt nicht mehr. Hör auf zu schreien. Geh in Dein Zimmer. Sei still. Du störst. Vati will alleine sein. Frag nicht immerzu. Gehorche und sei lieb."

Gehorche, sei lieb, wurden für mich zu einer unauflöslichen Einheit. Etwas an mir war schmutzig und durfte nicht mehr in das gleiche Badewasser wie mein Vater.

Meine Mutter badete zu Zeiten, in denen ich schlief oder nicht da war. Ich habe sie erst, als ich schon fast erwachsen war, nackt gesehen. Ihre Weichheit stieß mich ab, ich war selbst so. Ich bin so. Verflucht.
Morgen lese ich Freud und heute weiß ich nicht, wo ich schlafen soll. Wieder „soll". Was „soll" ich tun. Ein solcher Satz würde meinem Vater nicht über die Lippen kommen. Warum ihm nicht und warum mir so leicht, dass er alle anderen Sätze verdrängt.
Ich muss es herausfinden. „Muss". Auch so ein Wort, das er nicht benutzt hätte, außer im Zusammenhang mit seiner Arbeit. Da musste er. Aber es war ein müssen aus ihm heraus. Ein innerer Zwang, der der Wichtigkeit seiner Arbeit entsprach. Wer sonst hätte es getan, hätte es tun können. Getan werden musste es, also musste er.
Freiheit ist Einsicht in die Notwendigkeit. Wessen Notwendigkeit? Meine? Ich verbessere meine Sprachgewohnheit. Ich muss nicht schlafen. Ich will jetzt schlafen. Ich will auf dem kleinen braunen Ledersofa, umgeben von dem grünen Licht und den vielen Büchern schlafen. Zusammengekrümmt und still, um niemanden zu stören, niemanden zu verdrängen, niemandem etwas streitig zu machen, niemandes Platz einzunehmen. Ich nehme niemandes Platz ein, ich bin niemand, wenn ich nur das tue, was kein Tun ist.

Ich liege auf dem Ledersofa und merke, wie unbequem es ist, darauf auf der Seite zu liegen. Es ist gedacht, darauf auf dem Rücken liegend zu lesen oder bequem darauf zu sitzen. Nicht zum Schlafen. Stunden später stehe ich auf und ich fühle mich zerschlagen. Ich will nicht mehr niemandem einen Platz wegnehmen.

Ich bin auch ein Mensch. Auch mein Vater würde mir meinen Schlaf nicht streitig machen. Er wollte immer nur mein Bestes.

Das hat er ja auch gekriegt, denke ich noch zynisch einen Moment hinterher.

Dann beschließe ich, auch das Denken auf morgen zu verschieben, mache die restlichen Lampen in allen Zimmern an, während ich mich langsam auf das Schlafzimmer meines Vaters zu bewege. Und dann öffne ich die Tür zum zweiten Mal, mache die kleine Lampe neben dem Bett auch noch an und lege mich angezogen in sein Bett. Ich prüfe noch einmal kurz, ob ich etwas riechen kann, aber da ist nur der künstliche Wiesengeruch kuschelweich gespülter Wäsche. Ein weiterer Geruch, den die Zugehfrau hinterlassen hat.

Der Geruch meines Vaters ist verschwunden. Und ich schlafe irgendwann ein.

Ich wache so zerschlagen auf, als hätte ich die ganze Nacht auf dem Ledersofa verbracht. Der Wecker zeigt halb sieben. Die übliche Zeit für mich aufzustehen. Aber heute brauche ich nicht aufzustehen. Ich bin verreist, ich bin sozusagen gar nicht da.

Freud will ich lesen, erinnere ich mich und plötzlich werde ich mir schamhaft meines eigenen wollüstigen, so sagt man wohl, Körpers unter der weichen Daunendecke bewusst. Ich streichle mich und bemerke, dass ich mich streichle, als täte dies jemand anderes.

Ich prüfe den Schwung von meiner Taille zu meinen Hüften, die Weichheit meiner Haut unter meinem Hemd, meine vollen Brüste, meine zarten, sich aufstellenden Brustwarzen, prüfe mich wie eine Ware. Gut genug. Noch gut genug. Ich höre auf damit. Ich hasse mich.

Warum eigentlich. Wieso habe ich das Gefühl, mein Körper gehört nicht mir, meine Vergnügungen müssten durch jemand anderen verursacht werden, die Berührung meiner Haut durch meine eigenen Hände sei eine Sünde, schmutzig, aber abwaschbar.

Wasch dich auch da unten, höre ich meine Mutter sagen. Waschlappen gab es immer zwei, auf manchen war der Zweck ihres Daseins aufgedruckt. Weibliche Waschlappen.

Wieder fällt mir ein, ich wollte Freud lesen. Aber ich merke, dass mir allein die Vorstellung, aufzustehen und mich mit den Büchern meines Vaters zu befassen, in einen Zustand völliger Lähmung versetzt. Meine Anziehsachen kneifen. Warum nur habe ich mich nicht ausgezogen in das Bett meines Vaters gelegt. Als hätte ich Angst gehabt, eine Grenze würde überschritten. Mir ist nur nicht deutlich, wessen Grenze. Meine, oder die meines Vaters. Dabei fällt mir etwas ein, – ich fühle mich gedemütigt, und mag mich kaum daran erinnern, wie es wirklich war, – aber plötzlich fühle ich mich wie das kleine Mädchen von damals. Ich bin nackt und nass unter dem großen grünen Badetuch und renne auf meinen Vater zu. Er sitzt in seinem Sessel neben dem Schreibtisch und liest. Er blickt auf, als er mich kommen sieht, mühsam das große, um meinen Körper gewickelte Handtuch festhaltend. Ich sehe, wie er mich ansieht. Ich werde diesen Blick nie vergessen und angezogen von diesem Blick versuche ich, auf seine Knie zu klettern, da schiebt er mich weg und sagt mit einem Blick auf meine Mutter: „Das Kind macht mir meine Bügelfalten ganz kraus." Ich war nicht ganz vier Jahre alt und habe seitdem nie mehr auf den Knien meines Vaters gesessen.

Seine Bügelfalten waren wichtiger als ich und was ich wollte. An das, was danach geschah, kann ich mich nicht erinnern.

Aber seitdem ich mein eigenes Geld verdiene, habe ich mir nur noch weiße – nie mehr grüne – Handtücher gekauft, bis auf die kurze Periode, in der ich die Farbe orange bevorzugte.
Aber die ging schnell vorbei, wie so viele, in denen ich die Auflehnung probte.
Probte, welch ein scheußliches Wort: „probte".
Probehandel im Kopf, das waren meine Auflehnungen, logischerweise habe ich es meist dabei belassen.

Kapitel 5

Kein Platz oder Überflüssiger Raum

Frauen halten sich zurück. Führungspositionen[8] in allen gesellschaftlichen Bereichen sind überwiegend von Männern besetzt. Meistens nehmen Männer die gesellschaftlichen, aber auch die privaten Räume ein. Männer haben meist ein Arbeitszimmer, Frauen vielleicht ein kleines Eckchen.

Die gesellschaftliche Situation ändert sich derzeit, Frauen erheben inzwischen Ansprüche auf Positionen und Räume, die sie ausfüllen wollen. Aber die Chancen sind eingeschränkt und freiwillig werden keine Privilegien aufgegeben.

Leider wehren sich auch Frauen gegen die Quote, mit deren Hilfe mehr Frauen in führende Positionen kommen sollen. Sie wollen – als nicht genug wertgeschätzte Töchter ihrer Väter – nur wegen ihrer Kompetenz, ihrer Qualifikationen, ihrer Leistungen eine Position bekommen, aber nicht wegen einer Quote. Ihnen ist meistens nicht bewusst, dass niemand ohne Zwang auf Herrschaftsbefugnisse und Macht verzichtet.

Wenn eine Frau einen Raum einnehmen will, auf den auch Männer einen Anspruch erheben oder der bereits besetzt ist, hat das immer Konsequenzen, allerdings unterschiedlicher Art.

Sie macht die Erfahrung, wie gut es sich anfühlt, etwas anderes zu verdrängen und selbst den freiwerdenden Raum einzunehmen.

Ich stehe auf, setze die Kaffeemaschine in Gang, gehe ins Bad und lasse mir Badewasser einlaufen. Ich schütte zu viel von dem blauen Zeug in die Wanne, setze mich auf den Toilettendeckel und betrachte das Geschehen in der Wanne. Wie viel Schaum sich aus so einem bisschen blauer Flüssigkeit entwickeln kann, ist erstaunlich.

Ich kann den Blick nicht abwenden, es ist, als beobachtete ich ein tiefgründiges symbolisches Geschehen.

Alles in mir sehnt sich danach, in diesem immer dichter werdenden weißen Schaum zu verschwinden.

Als die Wanne ganz voll ist, steige ich hinein. Wasser und Schaum schwappen über und setzen das Badezimmer unter Wasser. Ich freue mich wie ein Kind und tauche meinen Kopf in das Wasser. Während ich unter Wasser höre, wie das Wasser gurgelnd die Wanne durch den oberen Ausfluss verlässt, fühle ich mich merkwürdig. Ich fühle mich mächtig.

Zum ersten Mal in meinem Leben habe ich das Gefühl, Raum einzunehmen, mir selbst Platz zu schaffen, etwas anderes, was vor mir da war, zu verdrängen.
In meiner eigenen Wanne hatte ich dieses Gefühl nie. Es muss daran liegen, dass es jetzt die Wanne und das Wasser aus dem Hahn meines Vaters ist.
Ich hole nur kurz Luft zwischendurch und bleibe so lange mit dem Kopf unter Wasser, bis alles überflüssige Wasser abgeflossen ist und das Gurgeln in Stille übergeht. Nicht ich, etwas anderes war überflüssig und ist aus der Gegenwart, diesmal aus meiner, verschwunden. Ich habe es verdrängt, ich ganz allein. Ich allein, mit meinem nackten Körper.

Dabei fällt mir ein, dass ich erst, seit ich alleine lebe, ohne Mann, ein eigenes Arbeitszimmer habe.
Ich beschließe, genug von symbolischen Handlungen zu haben, wasche meine Haare, trockne mich ab und wickele mich in eines der riesigen dunkelroten Handtücher.
Ich renne nirgends wo hin, auf niemanden zu. Ich habe meine Lektion gelernt.
Ich gehe in die Küche. Der Kaffee ist schon lange fertig. Ich will jetzt frühstücken und das tue ich auch. Ich hatte der Zugehfrau geschrieben, dass ich eine Zeitlang in der Wohnung meines Vaters wohnen würde, um seinen Nachlass zu ordnen. Und sie hat für mich eingekauft. Im Kühlschrank liegen ein Toastbrot, ein Stück Butter, zwei Sorten Käse, Schinken, Eier, zwei Sorten Konfitüre, frische Milch, Joghurt und Erdbeeren.
Ich fühle mich ihr gegenüber dankbar. Am Kühlschrank hängt ein Zettel mit ihrer Telefonnummer und ihrer Email-Adresse. Ich beschließe, ihr eine Mail zu schreiben oder sie anzurufen, nach dem Frühstück. Und nachdem ich das Bad wieder trocken gelegt habe.

Während ich frühstücke, denke ich darüber nach, ob ich in meinem bisherigen Leben mir schon einmal Raum dadurch verschafft habe, dass ich etwas anderes verdrängt habe. Schließlich handelt es sich um ein evolutionäres Prinzip. Mit Hilfe von Revierkämpfen sichern sich die meisten Lebewesen ihren Lebensraum und freiwerdender Raum wird sofort durch andere besetzt. Wann habe ich mich für meinen Lebensraum eingesetzt?
Ich glaube, ich habe nie mehr Raum beansprucht, als ich mit meinem Körper einnehme. Wenn jemand mit größeren, stärkeren Ansprüchen kam, bin ich ausgewichen. Es gibt eben Menschen, die können in einer Fußgängerzone einfach geradeaus gehen. Ich gehe meist in Schlangenlinien.
Heute habe ich zum ersten Mal gemerkt, wie gut es sich anfühlt, etwas

zu verdrängen und den freiwerdenden Platz bewusst einzunehmen. Ich glaube, ich möchte dieses öfter fühlen.

Kapitel 6

Widersprüche oder Dornröschens andere Zeit

Unsere Kultur hat das Phantasma des guten Herrschers[9] hervorgebracht, die Inkarnation des Patriarchen. Der gute Herrscher weiß, was richtig und was falsch ist, verhält sich niemals parteilich, sondern immer gerecht. Er ist prinzipiell allmächtig und unsterblich und will nur das Beste für alle anderen.

Der gute Herrscher tritt in vielerlei Gestalt auf. Viele Männer, auch eine Reihe von Frauen, aber auch Wissenschaftler und die von ihnen vertretenen Wissenschaften fühlen sich in der Rolle des guten Herrschers wohl, aber vielen wird die Rolle auch angedient. Besonders Väter sollen diese Rolle für ihre Töchter einnehmen und viele verhalten sich auf Grund der kulturellen Erwartungen auch so. Leider wird dabei meistens vergessen, dass es sich dabei nur um ein Phantasma handelt und keineswegs um eine Möglichkeit für reale Menschen.

Auch der Schatten des Phantasmas des guten Herrschers, nämlich das Phantasma der bösen Herrscherin[10], entfaltet seine destruktive Wirkung, allerdings eher aus dem Untergrund.

Keine Frau möchte eine „böse Herrscherin" sein.

Und die meisten Frauen wissen, dass sie dem guten Herrscher nicht widersprechen sollten. Es hat sowieso keinen Zweck, denn ein guter Herrscher ist immer im Recht.

Aber es geht nicht wirklich ums Recht, es geht darum, wer die Macht hat. Wir leben immer noch in einem Patriarchat.

Aber ihr ist das noch nicht sehr bewusst.

Ich stehe vor dem Schreibtisch meines Vaters und versuche herauszufinden, womit er sich zuletzt beschäftigt hat. Einladungen zu Tagungen, zu Vernissagen, Informationen verschiedenster Institute liegen neben einem Stapel ungeöffneter Briefe und einem Stapel von während seiner Abwesenheit eingetroffener Fachzeitschriften.

Es findet sich nicht ein Hinweis darauf, woran er zuletzt gearbeitet hat. Und jetzt erinnere ich mich auch. Immer hat mein Vater vor einer Reise – und sei es nur über ein Wochenende – seinen Schreibtisch leer und aufgeräumt hinterlassen. Alles hatte er in den unzähligen, nach Jahrgängen, manchmal Monaten und Themenbereichen bezeichneten Ordnern abgeheftet und gleichzeitig in seinem Gehirn abgespeichert.

Er wusste immer, wo etwas war. Karteikarten hat er nie benutzt. Er wusste, wann er etwas gelesen, wann es erschienen war und wie er es nach dem Datum des Erscheinens und der entsprechenden Problematik eingeordnet hatte. Zeit war seine wichtigste Ordnungskategorie. Bei sich überschneidenden Problembereichen heftete er Kopien in die anderen Ordner.

Warum gerade Zeit. Vielleicht, weil Zeit die unabhängigste Kategorie des ordnungsgemäßen linearen Ablaufs des Geschehens war, die unbeeinflussbar, unbestreitbar, Punkte wissenschaftlicher Ereignisse festhielt und nie wieder los ließ.

Vielleicht wiederholte er damit die Ordnung, die – sowieso schon geschehen – nicht mehr verrückbar war und außerdem die genaue Reihenfolge, wer wann was gedacht und geschrieben hatte, einhielt.

Zeit als Ordnungs- und Konkurrenzkategorie, denke ich.

Plötzlich bin ich mir ganz sicher, dass diese Art, Wissenschaft zu speichern, dem Kampf um die Sekunden beim Leistungssport entspricht.

Ich wundere mich, dass ich das denke. Ich habe meinen Vater nie vorher als konkurrenzorientiert wahrgenommen. Nie hat er ein abfälliges Wort geäußert, weder über seine Kollegen noch über diejenigen, welche die Aufsätze in den Büchern geschrieben hatten, die er las. Er konnte sich ereifern, das stimmt: Über ungenau verwendete Begriffe, unsaubere Methoden, fahrlässige Hypothesen, unzulässige Ableitungen, kategoriale Irrtümer, voreilige Schlussfolgerungen.

„Wie konnte der nur ...“ oder „Was hat der sich nur dabei gedacht ...“, so fingen seine empörten Sätze an, immer in der Frageform.

Man blieb ja Wissenschaftler.

Wie rede ich denn plötzlich über meinen Vater, als hätte ich etwas gegen Wissenschaft und Wissenschaftler. Wo doch der Strom aus der Steckdose kommt, füge ich noch ironisch hinzu. Dann mache ich mich auf die Suche nach einem Krimi. Irgendwo wird er doch auch so etwas haben, denke ich.

Ich finde auch einen, mit dem bezeichnenden Titel „Dornröschen war ein schönes Kind“. Ich setze mich mit einem Kaffee auf den Küchenbalkon in die Sonne. Die Zugehfrau hat Stiefmütterchen in die Balkonkästen gepflanzt. Viele verschiedene Farben mit großen duftenden Blüten. Ich betrachte sie, ich rieche sie, ich spüre die Sonne auf meiner Haut, ich lese nicht.

Wie merkwürdig, dass Zeit auch ohne zu lesen, ohne zu arbeiten, ohne

Anstrengung, ohne sie zu vertreiben, vergeht.

Vielleicht hat mein Vater doch recht, Zeit ist die unabhängigste Kategorie. Es gibt sie in der Vergangenheit, in der Gegenwart und in der Zukunft. Und ihr sind wir alle unterworfen. Und trotzdem stört mich irgendetwas daran, dass ich denke, Zeit vergeht. Sie vergeht doch gar nicht. Sie ist doch da. Immer. Eingebunden in den Erinnerungen, in der Bewusstheit dessen, was gerade jetzt geschieht und reicht mit dem Wünschen und Wollen in die Zukunft. Schmerzhaft wird mir bewusst, es ist nicht die Zeit, die vergeht, es ist mein Leben. Ich will nicht mehr mit mir streiten, ich sollte etwas Sinnvolles mit meinem langsam, aber sicher vergehenden Leben anfangen.

Es ist kalt und dunkel geworden. Ich merke es daran, dass ich vor Kälte zittere. Ich stehe auf und gehe in die Wohnung zurück. Ich mache überall Licht an, auch im Schlafzimmer und dann sehe ich auf dem Nachttisch meines Vaters Niklas Luhmanns „Soziale Systeme" liegen.

Ich schlage es auf und es öffnet sich wie von selbst. An einer Stelle, die meinen Vater offensichtlich interessiert hat. Ich lese das von ihm Unterstrichene:

…„ist es nicht nötig, dass man das, was dem Gewohnten widerspricht, kennt; dass man sich darum bemüht, zu erkennen, was es an sich ist; oder gar: dass man das Widersprechende in seinem Eigenrecht würdigt." (Luhmann, S. 505)

Merkwürdig, dass gerade das ihn so angesprochen hat, er hat doch in seinem ganzen Leben versucht, Widersprüche zu vermeiden. Wenn ich an die nur angefangenen Auseinandersetzungen mit meiner Mutter denke, die nie welche wurden, weil es entweder angeblich gar keine Widersprüche gab oder weil das, was meine Mutter dazu zu sagen hatte, entweder abwegig, von zu weit hergeholt und meist zusätzlich noch, seiner Ansicht nach „Unsinn" war.

„Jeder vernünftige Mensch sieht das doch ein...", pflegte er zu sagen. Meine Mutter hatte die Entscheidung, entweder einzusehen und vernünftig oder unvernünftig zu sein.

Natürlich wählte sie das Erstere. Er widersprach ihr nie, stattdessen teilte er ihr mit, was das Richtige, das Angemessene, das Logische, das Wichtige, das Vernünftige war.

Ihr Widerspruch entsprang doch nur ihrem unvernünftigen noch nicht

Einsehen wollen.
Meinte er.
Ihre Widersprüche verteilten sich in dem gemeinsamen Leben wie langsam einsickerndes und vertrocknendes Wasser in einem Flussdelta in heißer Zeit.

Die Ebenen seines Denkens wurden nur kurz von ihren Argumenten befeuchtet, um letztlich doch nur unfruchtbares Land zwischen den Armen seiner Gedanken hervorzubringen.
Sein Denken blieb, wie es war, unberührt von den Einwänden und Widersprüchen meiner Mutter.

Von uns Kindern ganz zu schweigen.
Er wusste es besser. Immer. Bis zuletzt.

Er unterstrich eigentlich nie das, was für ihn selbstverständlich war, er schien eine Unterstützung seiner Gedanken durch Gleichdenkende nicht zu brauchen. Er war anders als andere Männer, die ihre Gedanken nur äußerten, wenn sie sich durch weitere Komplizen oder Autoritäten und entsprechende Zitate und Fußnoten abgesichert hatten.
Was also hat ihn an diesem Text so fasziniert, dass er den Satz unterstrichen hat.
Es musste also von Seiten meines Vaters etwas anderes gewesen sein als nur Zustimmung.

Zwei Seiten später lese ich:

„Das System immunisiert sich nicht gegen das Nein, sondern mit Hilfe des Nein; es schützt sich nicht gegen Änderungen, sondern mit Hilfe von Änderungen gegen Erstarrung in eingefahrenen, aber nicht mehr umweltadäquaten Verhaltensmustern." (Luhmann, S. 507)

Auch das hat er unterstrichen.
Hat er bereut, so wenig bereit gewesen zu sein, sich mit Widersprüchen zu beschäftigen?
Wurde er durch Luhmann aufmerksam, wie notwendig sie zum Überleben sind?
Oder war er mit dessen Aussage einfach nur nicht einverstanden? Vielleicht war er weiterhin der Ansicht, dass Widersprüche sich sowieso von alleine erledigen und dass man sich nicht mit ihnen auseinandersetzen muss.

„Das gehört nicht dazu", höre ich ihn sagen, „das ist unwichtig, komm doch nicht immer mit Nebensächlichkeiten, bleib doch mal bei der Sache, sei doch nicht so emotional, reg dich nicht immer gleich auf, das ist doch unlogisch, wie kannst du nur so irrational sein, mein Gott, verstehe du die Frauen... "

Meine Mutter hatte dann oft Tränen in den Augen. Wenn er sie bemerkte, sagte er: „Sei doch nicht so empfindlich, ich habe es doch nicht so gemeint, nun lächle schon wieder, siehst du, so habe ich dich viel lieber. Du bringst aber auch alles durcheinander, na ja, einer muss ja den Überblick behalten. Siehst du, es ist ja alles wieder in Ordnung, was du dir aber auch immer für Gedanken machst. Da kommst aber auch nur du drauf."
Und dann legte er begütigend und lächelnd den Arm um ihre Schulter und schickte sie mit liebevollen Bemerkungen weg: „Guck doch mal, was die Kinder machen, hast du nicht noch etwas von dem köstlichen Kuchen in der Küche, nun geh erst mal ins Bad und mach dich wieder schön. Sicher hast du schon einen Kaffee für mich gekocht, was gibt es denn zum Abendessen, ich hab noch was zu tun oder übrigens, ich muss dir noch erzählen...", und dann erzählte er ihr und sie hörte zu, nickte mit dem Kopf, stimmte zu, ergänzte, fragte, ermunterte, beschwichtigte, beruhigte, erklärte, verstand, lächelte wieder und er war zufrieden und sie, so schien es, auch.
Widersprüche zergingen schneller, als man brauchte, um zu begreifen, dass es welche waren.
Er konnte Widersprüche nicht leiden. Aber er konnte es auch nicht leiden, Kollegen zuzustimmen. Also musste er den Satz von Luhmann aus anderen Gründen als der Zustimmung unterstrichen haben. Was hat er sich dabei gedacht?

Ich denke darüber nach, welche Erfahrungen ich mit Widersprüchen gemacht habe. Erfahrungen mit Männern und Erfahrungen mit Frauen.
Viele Männer, die ich kenne, besitzen die Fähigkeit, alles auf einer Ebene abzuhandeln, alles, was nicht auf die Fläche, die sie gerade betrachten, passt, wird davon abgewischt.
Viele Frauen, die ich kenne, verhalten sich anders. Sie bleiben nie auf einer Ebene, sie springen von einer zur anderen, behaupten, es sei dieselbe und erzeugen oft ein solches Chaos, dass niemand mehr weiß, wovon die Rede ist.

„Wir müssen doch dabei berücksichtigen, wie realistisch die Idee eigentlich ist", sagt die eine. Und die andere sagt: „Wir können doch nicht einfach darüber hinweggehen, was wir eigentlich wollen." „Mach doch nicht alles so kompliziert", ist die nächste Antwort, woraufhin mit Sicherheit eine sagt: „Musst du denn immer gleich so aggressiv sein." Und meist findet sich auch noch eine, die zu vermitteln versucht und darauf hinweist, dass wir doch darüber diskutieren müssen, wie wir strategisch vorgehen sollen. Und eine andere, die daraufhin meint, wir sollten doch nicht immer diese militaristische Sprache verwenden. „Du darfst das doch nicht immer gleich wörtlich nehmen", sagt die Nächste. Wahrscheinlich gibt es dann immer noch eine Frau, die sich empört und laut loslegt: „Du kannst uns doch nicht vorschreiben, wie wir uns hier zu verhalten haben."

Sie eröffnen einen Kriegsschauplatz nach dem nächsten und ich muss zugeben, das ist eine sehr effektive Vermeidungsstrategie. Dabei fallen mir nun auch einige Männer ein, die ebenfalls mit dieser Strategie die Fokussierung auf ein zu lösendes Problem erfolgreich verhindern.

Ich halte das Buch von Luhmann aufgeschlagen in der Hand und fühle mich merkwürdig zerrissen. So will ich es nicht und so will ich es auch nicht, ohne dass ich genau weiß, was ich damit meine. Ich denke, ich brauche Zeit, um darüber nachzudenken.

Kapitel 7

Flächenhaftes Denken oder Angst vor der Tiefe

Viele Menschen vermeiden ihr Leben lang, sich die schon lange von ihnen verdrängten Erlebnisse bewusst zu machen. Ihre eigene Tiefe wird für sie immer bedrohlicher. Schmerz und Wut, Trauer und Hass wohnen in diesem Untergrund, verstecken sich in verborgenen Orten, die sie nie wieder aufsuchen wollen.

Eine Ebene ist übersichtlich, auf einer Fläche lässt sich nicht viel verstecken. Auf Flächen können herankommende Gefahren schnell entdeckt werden. Aber Gefühle reichen tief unter die Oberfläche.

„Sei doch nicht so emotional" ist eine häufige Botschaft an Frauen. Männer sollten am besten gar keine haben. Gefühle müssen in unserer Kultur kontrolliert werden. Rationalität ist gefragt. Flächenhaftes Denken ermöglicht es – scheinbar – die Übersicht und die Kontrolle zu behalten und der Welt auf rationale Weise zu begegnen.

Sie bemerkt die Vorteile dieses Denkens.

Ich erinnere mich voller Bewunderung an ein Bild[11] von Escher. Er bringt es in diesem Bild fertig, eine Teichoberfläche zu zeigen, in der nicht nur ein Fisch, der von unten in Richtung der Oberfläche schwimmt, den Betrachter mit großen Augen ansieht, sondern sowohl die Blätter – von der Oberflächenspannung des Wassers festgehalten – als auch die sich im Wasser spiegelnden Pflanzen und Bäumen, und der alles überdeckende Himmel zu sehen sind. Alles vereinigt sich in einer Fläche.

Alles, was sich unter, auf und über der Wasseroberfläche befindet, bekommt von Escher auf diese Weise seinen angemessenen Platz auf der Wasserfläche, so als hätte alles niemals eine andere Existenz als die Flächenhafte kennengelernt. Die Tiefe hat keine eigenständige Existenz mehr, alles wird zu einer Projektion auf eine Fläche, wird flach.

Verblüffend daran ist, dass diese ins Zweidimensionale verfrachteten Elemente des Bildes für den dreidimensional orientierten Beobachter so aussehen, als seien sie sowohl dreidimensional als auch in ihrer Existenz im Zweidimensionalen vollständig abgebildet.

Die Fläche reicht offensichtlich aus, um die Tiefe und die Höhe zu erfassen. Die Fläche scheint das Entscheidende zu sein, alles, was sich darüber und darunter befindet, kann auf ihr abgebildet werden.

Und ich erinnere mich an das zweidimensionale Bild eines vierdimensionalen Würfels[12]. Der Prozess der Abbildung war einleuchtend. Ein Punkt hat keine Dimension im Zustand der Ruhe, aber wenn er sich bewegt, erzeugt er eine Linie. Eine Linie oder eine Gerade hat eine Dimension. Und die Bewegung dieser Geraden erzeugt eine Fläche, die bereits zweidimensional ist. Und bewegt man eine begrenzte Fläche durch den dreidimensionalen Raum, so erhält man ein dreidimensionales Gebilde. So erzeugt die bewegte Fläche den Raum, und dieser weiß um seine Rückbezüglichkeit zum Nichts: Um die Art seiner Hervorbringung aus dem bewegten Punkt, der keine Dimension hat, der „nichts" ist.
Verschiebe ich nun einen durch die Bewegung einer quadratischen Fläche entstandenen Würfel noch einmal durch den imaginierten Raum und halte gleichzeitig dessen Bewegung auf der Fläche fest, so erhalte ich das zweidimensionale Modell eines vierdimensionalen Würfels. Fortsetzung folgt, denke ich noch.
Aber wir enden mit unseren Fortsetzungen viel zu oft wieder auf der Fläche.

Ich erinnere mich vage an das Buch über das Land der Flächenwesen[13], dass ich als Kind gelesen habe oder von dem mir erzählt wurde. Nichts existierte für sie außerhalb der Fläche, die Fläche war ihr Universum. Und eines Tages kam eine Kugel zu Besuch. Die Flächenwesen bemerkten ihre Ankunft durch die Anwesenheit eines bisher noch nie da gewesenen Punktes, der sich langsam durch das Absenken der Kugel in immer größere und von einem gewissen Zeitpunkt wieder kleiner werdende Kreise verwandelte.

Als die Kugel durch das Flächenland durchgesunken war, konnte sie sich für eine lange Zeit nicht trennen, so dass ihr letzter Berührungspunkt mit dem Flächenland noch lange sichtbar war. Aber keines der Flächenwesen nahm Kontakt zu dem Punkt auf, zu groß war die Angst vor den erst größer und dann wieder kleiner werdenden Kreisen gewesen. Jedenfalls erinnere ich mich so an das Buch. Ich erinnere mich auch, dass alle Flächenwesen froh waren, als der Punkt endlich verschwunden war. Keiner von ihnen wusste, dass sich eine ganz eigene Welt in ihrer Totalität durch ihr Land hindurchbewegt hatte. Sie vermissten nichts, ein Zuviel war endlich wieder verschwunden und Ruhe war eingekehrt. Und ich weiß noch, dass ich Mitgefühl mit der Kugel hatte.
Ich wusste und weiß es bis heute: Der Kugel ging es ganz anders. Als sie

die erste Berührung mit der Fläche spürte, ging ein Zittern durch ihren ganzen Körper. Alles in ihr sehnte sich nach Kontakt, nach Austausch, nach Widerspiegelung; danach, endlich die Erfahrung der eigenen Grenzen zu machen, ein Abbild ihres Selbst zu finden. Stattdessen spürte sie nichts, außer der allerersten unverhofften Begegnung in einem Punkt. Die Flächenwesen hatten sich von diesem Berührungspunkt so weit zurückgezogen, dass die Kugel ihr Durchsinken durch das Flächenland nicht spürte. Nur der letzte Kontakt, der allerletzte Punkt der Berührung, weckte wieder so viel Hoffnung in der Kugel, dass sie es lange Zeit nicht fertig brachte, das Flächenland endgültig zu verlassen.

Der Versuch, sich wieder zu erheben und durch das Entstehen kleiner und größer werdender Kreise wieder auf sich aufmerksam zu machen, blieb erfolglos.

Das intensivste Gefühl von ihrer eigenen Existenz hatte sie nur in dem allerersten und allerletzten Punkt der Berührung. Und so verharrte sie noch eine lange Zeit, mit nur diesem einen Punkt mit dem Flächenland verbunden und hoffte auf eine Begegnung. Aber es kam nicht dazu. Ich weiß noch, wie traurig ich war, als ich mir das vorstellte. Aber ich kann mich doch nicht sehr genau erinnern, wie es in der Geschichte wirklich war. Ich glaube, irgendwann gab die Kugel auf und löste sich, um ihre einsame Wanderung durch das Universum wieder aufzunehmen. Sicherlich war sie voller Bitterkeit und Sehnsucht, und wenn sie nicht gestorben ist, hat sie diese Gefühle – denke ich zynisch – heute noch.

Wahrscheinlich haben meine Erinnerungen an die Geschichte über das Flächenland und die Kugel mehr mit mir als mit der Geschichte zu tun. Ich erinnere mich an Begegnungen, in denen andere für mich „Flächenwesen" waren. Ich fühlte mich nicht zugehörig und fremd. Und die Erfahrungen, die ich mit ihnen machte, ließen mich auch bitter, traurig und hilflos zurück. Aber es gab auch Begegnungen, in denen ich selbst Bewohner eines Flächenlandes war und das Fremde nicht einmal bemerkte oder den Kontakt mit Strukturen anderer Dimensionen vermied.

Flächen, ausgebreitete Ebenen, haben mich schon immer fasziniert. Berge um mich herum konnte ich nicht gut ertragen.

Ich glaube, das Leben in flachen Landen ist mir dadurch lieber, weil ich in einem solchen geboren bin.

Die Faszination des flachen Landes ergab sich für mich vor allem durch den Horizont. Die Grenze durch dieses nicht Begrenzbare zu erfahren, gab mir ein Gefühl von Weite außerhalb von mir, die ich nicht wagte, in mir selbst zu entdecken.

Die Horizonte in den Landschaften meiner Kindheit waren Versuchungen, ihnen näher zu kommen. Sie waren nicht durch Berge emporgehoben und dadurch einschränkend. Sie waren nicht durch Häuser verstellt und nicht durch Menschen festgelegt. Stattdessen waren sie ein Versprechen darauf, dass es immer wieder einen Horizont weit hinter dem, den ich sah, geben wird, wenn ich es nur wagte, auf den Horizont, den ich sah, zuzugehen.

Deswegen habe ich schon als Kind nicht begriffen, warum die Menschen so schwer Abschied von der Vorstellung nahmen, die Erde sei eine Fläche, obwohl es mir Angst machte, auf einer Kugel zu leben.

Ich hatte oft große Angst von dieser Kugel ins Endlose zu fallen und die Dimensionen, die sich durch meine wachsenden Kenntnisse über das Weltall auftaten, verstärkte meine Furcht vor dieser unvorstellbaren Leere zwischen unserem Sonnensystem und der uns nächsten anderen Sonne. Auch die Tatsache, dass diese Sonne einen Namen hatte, Alpha centauri, brachte sie mir nicht näher.

Noch unvorstellbarer waren für mich die Entfernungen zwischen den Galaxien. Auch sie hatten teilweise Namen, manche nur in Form von Zahlen und Buchstaben und es gab Bilder, farbige, leuchtende, zarte Bilder von ihnen auf einem flachen Stück Glanzpapier.

Die Bedrohlichkeit der ungeheuren Ferne zwischen unserer Milchstraße und den anderen Galaxien schien dann gebannt. Unter anderem dadurch, dass es möglich war, ihre Erscheinung auf ein Stück flaches Papier zu bringen. Sie wurden greifbar, anfassbar, emotional kontrollierbar. Wie der vierdimensionale Würfel auf eine beruhigend klare Weise verständlich, vereinfacht und geheimnislos wurde, als er mir als zweidimensionale Zeichnung auf einem Stück Papier begegnete.

Flächen haben keine Geheimnisse. Sie offenbaren alles, was sich auf ihnen befindet.

Unübersehbar, denn alles, was wir sehen, ist Fläche, Oberfläche.

Ich habe es irgendwo gelesen und ich fand es einleuchtend: Die Augen nehmen nur Oberflächen wahr, gerundete, eckige, raue, glatte, farbige, nahe und entfernte, anziehende, abstoßende und sie nehmen sie von Ferne wahr. Sehen ist in gewisser Weise Fernsehen.

Ich weiß es, nur selten berühre ich etwas mit Augen, ich schätze eher damit ab. Ich weiß es, wenn mich ein anderer Mensch mit mehr als nur mit seinen Augen ansieht, dann berührt er mich in der Tiefe, dann hat er mehr als nur die Oberfläche gesehen. Ich weiß auch, wie es ist – symbolisch gesprochen - etwas mit meinen Augen zu berühren, ich fühle mich dann auch selbst berührt, so als seien die Augen wirklich die Fenster zur Seele. Dann – leider viel zu selten – wird die Welt für mich zu einem reichen

Ort. Und ich erinnere mich, dass ich in solchen Momenten meist anfange zu weinen, weil es mich so schmerzt, obwohl ich auch glücklich bin. Es tut weh, dazu zu gehören und sich trotzdem so oft so ausgegrenzt und einsam gefühlt zu haben.

Darum verwenden wir unsere Augen meist nur, um Oberflächen zu betrachten und vermeiden die wechselseitige Berührung.

Mit allen unseren anderen Sinnen sind wir ganz direkt betroffen. Gerüche, Geräusche und Berührungen sind nur schwer abzuwehren. Und wenn uns etwas nicht schmeckt, können wir es zwar ausspucken, aber der schlechte Geschmack hält sich meist noch eine Weile.

Aber meine Augen kann ich im Bruchteil einer Sekunde schließen und mich mit geschlossenen Augen abwenden. Sehen ist der Sinn, den wir am besten kontrollieren können. Ob ich etwas sehen will oder nicht, kann ich mit einem Lidschlag entscheiden. Bei keinem anderen Sinn gelingt mir diese Kontrolle so leicht.

Ob dieses ein Grund war, dass auch mein Vater das Sehen allen anderen Sinnen vorzog? Jedenfalls benutzte er die dazu passenden Sätze, wie: „Mach dir das doch einmal „klar". Oder er meinte, etwas sei doch „einleuchtend". Er verlangte „Einsicht" von mir und „augenscheinlich" war eines seiner Lieblingswörter. Ich erinnere mich jetzt, dass er ganz viele Worte benutzte, die etwas mit sehen zu tun hatten, wenn er mir etwas begreiflich machen wollte. Vielleicht liegt es daran, dass ich zwar manches eingesehen, aber trotzdem nicht begriffen habe.

Plötzlich wird mir deutlich, wie sehr ich das Bevorzugen des Sehens vor allen anderen Sinnen von meinem Vater übernommen habe. Ich rede genauso. Ich sage auch zu meinen Kindern, „dass musst du doch einsehen". Auch ich will heute etwas wirklich gesehen haben, bevor ich es glaube. Welche merkwürdige Vermischung von Glauben und Wissen. Ich fühle mich durcheinander. Ich beschließe, schlafen zu gehen. Ich beschließe auch, mich in dieser Nacht ausgezogen in das Bett meines Vaters zu legen.

Kapitel 8

Der Rand der Welt oder Fehlende Existenzberechtigung

„Leben und leben lassen" ist ein außerordentlich uneindeutiger Spruch. Oft genug bedingt das Leben der einen das Sterben der anderen. Jede Analyse der wirtschaftlichen Prozesse zwischen den „reichen" und den „armen" Ländern zeigt, wie Ausbeutung ohne Zustimmung der Ausgebeuteten funktionieren kann.
Strukturähnliche Prozesse, in denen die einen profitieren und die anderen leiden, spielen sich überall auf der Welt ab, zwischen Eltern und Kindern, zwischen Partnern, Freunden und Feinden, zwischen Kulturen und Wirtschaftsunternehmen usw., und was die einen für wirklich und für wahr halten, ist für die anderen ganz anders.

Es gibt keine Übereinstimmungen zwischen den Wirklichkeiten der beteiligten Personen oder von Gruppen, aber es gibt auch keine einfachen Brücken dazwischen. Was eine Tatsache ist, bestimmen meist diejenigen, welche die Definitionsmacht besitzen.

Aber man kann auch auf Tatsachen einfach verzichten. Sie sind nicht wirklich von Bedeutung.
Was bedeutungsvoll für einen selbst ist, entscheidet man selbst.

Sie hat einen schwierigen Lernprozess vor sich.

Mitten in der Nacht wache ich schreiend auf. Ich habe geträumt. Mühsam rekonstruiere ich mir den Traum. Ich befinde mich in einem riesigen Raum mit großen, rundgewölbten Fenstern und der Blick aus einem der Fenster erfüllt mich mit Entsetzen. Nichts ist zu sehen, außer einer ungeheuren Schwärze, die ab und an durch kleine, leuchtende Gebilde durchsetzt zu sein scheint, von denen ich annehme, dass es Sterne sind. Das Merkwürdige an diesem Raum ist, dass mir der Fußboden leicht geneigt erscheint und da ich ihm mit meinen Blicken folge, sehe ich auch zwei große gebogene Fenster, etwas weiter von mir entfernt zu meinen Füßen, durch die genau das gleiche bodenlose Schwarz zu sehen ist, wie in den Fenstern, durch die ich vorher geblickt habe. An den verzerrt wirkenden Wänden gibt es Treppen, an deren oberen oder unteren Enden sich jeweils eine Tür befindet. Ich drehe mich um und sehe ähnliche Fenster und den gleichen Blick in das bodenlose Schwarz auch an den anderen Fenstern dieses merkwürdigen Raumes. Gleichzeitig scheint mir der Fußboden unter meinen Füßen immer schräger zu werden und ich beginne, auf diese nach außen gewölbten Fenster zuzurutschen. Voller Panik versuche ich, eine der Treppen zu erreichen und schließlich gelingt es mir auch. Ich renne sie hinauf und öffne die Tür, nur um voller Entsetzen festzustellen, dass ich wieder in dem gleichen Raum gelandet bin, in dem ich gerade war.

Und ich bin voller Erstaunen, dass sich mein Vater in diesem Raum befindet. Nachdenklich schreitet er auf und ab, den Kopf gesenkt und leise vor sich hinmurmelnd. Ich schreie und rufe, aber er hört mich nicht. Gemessenen Schrittes geht er weiter und für ihn scheinen die für mich schrägen Fußböden absolut gerade zu sein. Ab und an blickt er nachdenklich aus einem der Fenster, und er scheint etwas anderes zu sehen als ich.
Wieder bin ich in Gefahr, abzurutschen. Diesmal versuche ich, eine andere Treppe zu finden. Aber als ich sie erreicht habe und sie schließlich mühsam empor geklettert bin und die Tür öffne, stelle ich fest, dass ich wieder den gleichen Raum wie vorher vor mir sehe. Ich blicke zurück. Hinter mir sehe ich den Raum, in dem mein Vater gemessenen Schrittes umherwandert und als ich den Kopf wieder drehe, um durch die eben erreichte Tür in den neuen Raum zu blicken, sehe ich ihn dort auch. Wieder rufe ich und schreie. Aber er nimmt keine Notiz von mir.
Inzwischen merke ich, dass sich für mich der gesamte Raum zu drehen scheint und das bedeutet, dass die Treppe, die ich gerade eben hinaufgegangen bin, anfängt, immer steiler und steiler zu werden, während die Treppe, die in den nächsten Raum wieder hineinführt, flacher zu werden scheint. Um nicht rückwärts die Treppe hinunterzustürzen, die ich gerade heraufgekommen bin, renne ich die immer flacher werdende Treppe hinunter. Ich renne auf meinen Vater zu, um ihn anzufassen, aber als ich versuche, seinen Arm zu ergreifen, fassen meine Hände ins Leere. Es sieht nur so aus, als sei er da. Er ist nicht da.
„Halte dich an die Tatsachen", höre ich ihn sagen und gehorsame Tochter, die ich bin, beruhige ich mich und fange sofort an, die Treppen zu zählen. Es sind fünf Treppen, die an fünf verschiedenen Türen enden. Zwei davon habe ich bereits ausprobiert. Während ich nun überlege, welche Tür ich jetzt ausprobieren will, öffnet sich eine dieser Türen und herein kommt ein Mann. Er geht langsam die Treppe herunter auf meinen Vater zu und dann kommt ein zweiter und ein dritter und ein vierter, und sie kennen sich alle. Sie begrüßen sich, sie fangen an, miteinander zu reden. Sie legen sich die Arme um die Schultern, gestikulieren und lachen. Der

Raum wird immer voller.

Ich denke noch, da wo sie herkommen, das muss ein Ausweg für mich sein. Und ich versuche, diese Treppe zu erreichen, drücke mich an der Wand entlang die einzelnen Stufen empor, ohne dass auch nur einer von ihnen mich überhaupt bemerkt, und dann stehe ich plötzlich unverhofft vor dem Nichts.

Die Tür, durch die die Männer kommen und von der ich mir die Rettung erhofft hatte, führt für mich ins Nichts.

Da sich dieser merkwürdige Raum für mich aber weiterdreht, verliere ich plötzlich den Halt und stürze in dieses bodenlose Schwarz. Ich schreie und schreie und davon bin ich wohl aufgewacht.

Als ich wach werde, wird mir bewusst, dass mich dieser Raum mit seinen merkwürdigen Treppen an zwei Bilder von Escher[14] erinnert. Trotzdem kann ich diesen Traum nicht als Verarbeitung von Tagesresten abtun. Dazu bin ich viel zu sehr in Angst und Panik geraten und zittere jetzt, wo ich wach bin, immer noch.

Ich stehe auf, gehe in die Küche und koche mir einen Kaffee. Ohne zu überlegen, habe ich das Buch von Luhmann mitgenommen. Und plötzlich fühle ich, dass dieser Traum auch etwas mit diesem Buch zu tun hat.

Ich schlage wieder die Seite 501 auf und lese noch einmal auf dieser und den folgenden Seiten die von meinem Vater unterstrichenen Sätze, und was dazwischen steht. Und als ich den Satz lese:

„Etwas salopp formuliert: Da die Ereignisse sowieso gleich wieder verschwinden, da sie ohnehin im Entstehen vergehen, macht es auch nichts, wenn sie die Form eines Widerspruchs annehmen; sie sind ohnehin zur Selbstzerstörung bestimmt und gerade darin besteht ihr Beitrag zur Selbstreproduktion des Systems."(Luhmann, S. 508)

wird mir mein Unbehagen noch deutlicher bewusst.

Ich fange wieder bei Seite 501 an. Ich achte auf die Stellen, wo mein Unbehagen wächst. Mein Unbehagen wird größer bei dem Satz

„Widersprüche haben dadurch, dass sie Eliminierung von Abweichungen ermöglichen, aber nicht erzwingen, Eigenschaften, die die Entwicklung eines Immunsystems fördern. Ein Immunsystem muss mit Selbstreproduktion unter sich ändernden Bedingungen kompatibel sein."(Luhmann, S. 504)

Hat meine Mutter mit ihren zaghaften Widersprüchen die Entwicklung eines Immunsystems bei meinem Vater gefördert? Ich lese weiter und die für mich entscheidende Stelle zum zweiten Mal. Da steht:

„Der Widerspruch scheint, ähnlich wie der Schmerz, eine Reaktion auf ihn selbst zu erzwingen oder doch sehr nahezulegen. Um anschließen zu können, ist es nicht nötig, dass man das, was dem Gewohnten widerspricht, kennt; dass man sich darum bemüht, zu erkennen, was es an sich ist; oder gar: dass man das Widersprechende in seinem Eigenrecht würdigt. Der Widerspruch ist eine Form, die es erlaubt, ohne Kognition zu reagieren. Es genügt die Charakterisierung, die darin liegt, dass etwas in die semantische Figur des Widerspruchs aufgenommen wird. Eben deshalb kann man von einem Immunsystem sprechen und die Lehre von den Widersprüchen einer Immunologie zuordnen; denn auch Immunsysteme operieren ohne Kognition, ohne Umweltkenntnis, ohne Analyse der Störfaktoren, auf Grund einer bloßen Diskrimination als nichtdazugehörig."(Luhmann, S.505)

„Nichtdazugehörig". Nichtdazugehörig.
Und dann lese ich noch einmal:

„Das System immunisiert sich nicht gegen das Nein, sondern mit Hilfe des Nein; es schützt sich nicht gegen Änderungen, sondern mit Hilfe von Änderungen gegen Erstarrung in eingefahrenen, aber nicht mehr umweltadäquaten Verhaltensmustern. Das Immunsystem schützt nicht die Struktur, es schützt die Autopoiesis, die geschlossene Reproduktion des Systems. Oder um es mit einer alten Unterscheidung zu sagen: Es schützt durch Negation vor Annihilation." (Hervorhebungen vom Verf.) (Luhmann, S. 507)

Plötzlich verstehe ich meinen Traum.
Und gleichzeitig weiß ich, dass es mir sehr schwer fallen würde, ihn zu erklären. Ich sitze in der Küche, rauche, trinke Kaffee und merke, wie mein Unbehagen sich langsam in Wut wandelt. Und immer deutlicher wird mir bewusst, dass ich mir meinen Traum in Worten nicht erklären will, dass ich mein Unbehagen gegenüber den Sätzen Luhmanns nicht in Worte fassen will, weil ich Angst habe, Angst vor meinem Vater. Angst vor den Vätern. Angst vor denen, die sich das Recht genommen haben, die Welt zu erklären und die Welt so festzulegen, so dass diese für sie eben ist und sie nicht in Gefahr sind, abzustürzen, während ich dort keinen sicheren Platz habe und ständig in Gefahr bin, aus ihrer Welt hinaus ins Nichts zu fallen

Wozu soll ich noch widersprechen, wenn meine Widersprüche nur eingebaut werden in die Stabilisierung des Systems. Wozu soll ich noch widersprechen, wenn ich damit nur die Entwicklung eines Immunsystems fördere, eines Immunsystems, mit dem diese Gesellschaft es fertig bringt, sich selbst und ihre „essential variables" zu erhalten.

Und wo ist meine Mutter mit ihren Widersprüchen geblieben? Sie ist irgendwie im Nichts verschwunden. In den letzten Jahren ihres Lebens war sie für mich kaum noch greifbar. „Ach Kind, lass doch gut sein", das war der Satz, den sie am häufigsten gebrauchte. Und ich, ich habe die Wahl, zu widersprechen und damit auch zu der Entwicklung des Immunsystems beizutragen, oder zu schweigen. Beides endet damit, dass ich auch verschwinde.

Es stimmt ja, was Luhmann sagt, er beschreibt ja das, was geschieht. Ich sehe es ja ein, wie er argumentiert. So ist es ja auch. So ist es. Er erfindet die Realität ja nicht. Er beschreibt sie nur. Denke ich.

Tatsachen sind Tatsachen, pflegte mein Vater zu sagen, daran kann man nicht rütteln.

Und Luhmann hat mir erklärt, dass das Rütteln das System nicht auflöst, sondern nur in Richtung auf höhere Komplexität verfeinert und stabilisiert.

Was auch immer ich tue, es wird verkehrt sein. Das kenne ich, das kenne ich so gut, dass ich in Erinnerung daran anfange, vor Selbstmitleid zu zerfließen. Ich sitze in der Küche und weine die süßbitteren Tränen des Selbstmitleids in meinen Kaffee hinein. Ich höre erst auf damit, als ich plötzlich etwas höre: Die ersten Vögel fangen an zu singen. Draußen wird es heller, der Himmel ist inzwischen von einer zarten blaugrünen Farbe. Ich merke, dass es mir zu hell wird. Ich gehe wieder zurück ins Schlafzimmer, ziehe die dunklen Vorhänge vor, lege mich ins Bett und versuche weiterzuschlafen. Das zumindest ist ein Versuch, dem auch die Chance des Genießens innewohnt.

Aber während ich versuche einzuschlafen, geht mir nicht aus dem Kopf, dass Luhmann sinngemäß geschrieben hat, es sei nicht nötig, dass man das, was dem Gewohnten widerspricht, kennt, sich darum bemüht, zu erkennen, was es an sich ist oder dass man das Widersprechende in seinem Eigenrecht würdigt.

Ich weiß es ja, ich habe es ja auch erfahren, oft genug. Aber ich bin doch sehr erschrocken, es einfach so in einem wissenschaftlichen Text zu lesen. Jetzt habe ich es schwarz auf weiß. Es ist nicht nötig, dass man mich, das Widersprechende, in meinem Eigenrecht würdigt.

Es ist nicht nötig. Plötzlich merke ich, dass ich doch noch Fragen habe, warum ist es nicht nötig, wer hat es nicht nötig, was heißt nötig?
Ach, das ist doch nicht nötig, das ist doch unnötig, das lohnt sich doch nicht, das bringt doch nichts, hast du das nötig, das hab ich doch nicht nötig. Freiheit ist Einsicht in die Notwendigkeit. Das habe ich schon früh gelernt.
Schlaf habe ich jetzt nötig, denke ich noch und irgendwann bin ich offensichtlich auch eingeschlafen.

Kapitel 9

Anpassungen oder Sternenwein

Viele Frauen haben gelernt, sich anzupassen, sich unterzuordnen, nicht aufzufallen und sich abhängig zu machen vom Urteil der Umgebung, insbesondere der Männer.

Aus dem Rahmen zu fallen, aus der Menge hervorzustechen, besonders zu sein, das ist gefährlich, zieht Aufmerksamkeit und damit auch meist Kritik auf sich.

Nachgewiesenermaßen kann Gruppendruck[15] so groß sein, dass Menschen sogar auf die Botschaften ihrer eigenen Wahrnehmung verzichten und das vertreten, was die anderen für richtig halten.

Es ist immer noch gefährlich, anders zu sein als andere. Wer anders ist, wird häufig angegriffen oder ausgegrenzt. Das erleben die meisten Menschen als sehr bedrohlich. Schließlich sind wir soziale Wesen und brauchen die anderen

Besser ist es, sich von anderen nicht zu unterscheiden, ununterscheidbar von anderen zu sein, mit ihnen zu verschmelzen.

Symbiotische Beziehungen scheinen am ungefährlichsten zu sein: Ich bin wie du, warum solltest du mich angreifen.

Aber der Preis für Symbiose[16] ist für Menschen – und damit auch für sie – meist zu hoch.

Als ich aufwache, ist es bereits Mittag. Ich bin schweißüberströmt. Ich fühle mich ohne jede Energie und bleibe – wie gefangen und gefesselt – einfach liegen. Ich hatte einen weiteren Traum, besser gesagt, er hatte mich. Oder noch besser, es war überhaupt kein Besitzverhältnis zwischen mir und meinem Traum. Dabei fällt mir auf, wie leicht ich diese Art von Beziehung in meinen Gedanken und meinen Sätzen wiederfinde. Ich habe Kopfschmerzen, ich habe einen neuen Liebhaber, ich habe, habe, habe und was habe ich davon? Nichts außer nach innen Leere und nach außen Distanz. Vielleicht aber auch umgekehrt.

Also, ich träumte heute Nacht. Aber auch diese Formulierung stimmt nicht, es war anders: es träumte mich heute Nacht.

Warum habe ich nicht gleich zu dieser altmodischen Formulierung gegriffen? Weil ich nicht von irgendeinem Es geträumt werden will?

Aber genau so war es. Es träumte mich heute Nacht. Und es war furchtbar und auf eine bisher nie gekannte Weise auch schrecklich schön.

Ich bin in einer teils moorigen, teils heideähnlichen Landschaft und habe große Angst. Ich weiß, irgendetwas verfolgt mich, nur ich weiß nicht, was. Ich renne und renne und weiß nicht wohin, und die Verfolger kommen immer näher. Ohne dass sie Gestalt dabei annehmen. Ich spüre es nur.

Plötzlich höre ich eine Stimme, eine männliche, tiefe Stimme, die beruhigend zu mir sagt: „Mein Kind, hier ist eine kleine Flasche Sternenwein, wann immer Du Dich bedroht fühlst, trinke einen Tropfen daraus und Du wirst beschützt sein."

Voller Panik und auch voller Erstaunen blicke ich auf die kleine blaue Glasflasche in meiner linken Hand. Ich ziehe den Glaspfropfen mit einer Drehung heraus und trinke einen Tropfen aus der Flasche, voller Angst, die Verfolger könnten schon zu nahe sein und der versprochene Schutz nichts als ein aus der Todesangst geborenes Hirngespinst.

Aber kaum berührt die Flüssigkeit meine Zunge, habe ich mich auch schon verwandelt.

Ich bin Heidekraut unter Heidekraut geworden. Viele tausende kleiner Blüten, kleiner grüner Blätter und Zweige, die alle irgendwie ich sind, erkennen, dass ich als ich nicht mehr sichtbar bin, weil ich so geworden bin wie sie. Ich fühle, wie mein Körper sich verzweigt und sich über und unter der Erde hinzieht.

Ich bin eins geworden mit dieser Heidelandschaft und deshalb nicht mehr da. Niemand kann mir etwas tun, es sei denn, sie würden die ganze Landschaft vernichten.

Ich spüre die Enttäuschung, die Wut und den Hass meiner Verfolger, und obwohl sie nicht sichtbar sind, merke ich, wie sie sich entfernen.

Nach langer Zeit verwandle ich mich wieder zurück und wandere weiter, um einen Ort zu finden, wo ich mich sicher fühle. Aber kaum habe ich ein paar Schritte getan, spüre ich sie schon wieder näherkommen. Ohne nach rechts oder nach links zu sehen, ohne überhaupt zu sehen, renne ich weiter und weiter, bis ich spüre, dass meine Füße bei jedem Schritt tiefer einsinken. Ich bin plötzlich mitten in einer Wüste. Sand, nichts als Sand ist um mich herum. Gelber Sand und blauer Himmel.

Ich öffne voller Panik die kleine blaue Flasche und trinke einen kleinen Schluck. Rette mich, Du Tropfen Sternenwein, denke ich und ich verwandle mich in Sand. In lauter unverbundene kleine eckige, runde, farbige Sandkörner, die sich schmerzhaft aneinander reiben und trotzdem beginnen, jede Beziehung zueinander zu verlieren. Ich zerfalle, denke ich voller Entsetzen und denke noch dabei, wenn die Wüste Wasser gewesen wäre, hätte ich mich aufgelöst.

Jetzt geschieht das, was ich vermeiden wollte. Warum habe ich mich nicht gewehrt, frage ich mich noch, aber dann spüre ich mehr und mehr, wie ich zerbrösele in kleine Sandkörner, die nie wieder zusammenkommen können. Ich schreie mit dem Rest meines Körpers, der noch nicht zerfallen ist, nur um zu merken, dass ich nicht mehr schreien kann. Kein Ton kommt aus mir heraus. In tödliche Stille zerfalle ich in winzige einzelne Sandkörner, ohne auch nur einen einzigen Schrei.

Ich liege ganz still und denke über diesen Traum nach. Die Botschaft des Traumes scheint mir einleuchtend zu sein: Das Widersprechende wird vernichtet und wenn es aufhört zu widersprechen, wenn es eintaucht in seine Umwelt, wenn es sich ununterscheidbar macht von dem, was es umgibt, vernichtet es sich selbst. Wieso gibt es keinen Ausweg?

Ich fange an zu zittern. Hunderte von Situationen fallen mir ein, in denen ich geschwiegen habe, nicht widersprochen, nicht aufbegehrt habe, nicht empört war oder zornig ausgesprochen habe, was mir wichtig erschien. Situationen, in denen ich mich in mich selbst – was immer das dann noch war – zurückgezogen habe, schweigend und den Blick diffus, hoffend, mich würde niemand sehen, keiner etwas von mir erwarten. In all diesen Situationen habe ich mich feige der Selbstvernichtung übergeben, statt mich mit Selbstachtung dem feindseligen und bedrohlichen Verhalten durch andere – auch angesichts einer vermuteten möglichen Vernichtung – zu widersetzen.

Ich sitze im Bett meines Vaters, verachte mich und möchte schon wieder verschwinden. Sternenwein. Welch ein Ausweg. Ich kenne die Namen von Sternenwein,

Die meisten dieser Psychopharmaka werden von Frauen[17)] genommen. Wenn mich das erstbeste Buch auf dem Nachttisch meines Vaters so fertig macht, was wird wohl geschehen, wenn ich mich weiter mit dem auseinandersetze, was mein Vater sein geistiges Eigentum nannte?

Ich merke jetzt deutlich den Unterschied. Kenntnis des theoretischen Ansatzes von Niklas Luhmann zu haben ist etwas anderes, als sich darauf einzulassen. Ich glaube, ich brauche jetzt etwas Kenntnis. Ich werde mir einen Einblick verschaffen.

Ich nehme das Buch, gehe in die Küche und fülle die Kaffeemaschine mit Wasser und Kaffee. Während sich das Wasser blubbernd erwärmt und durch den Filter tropft, fange ich blätternd an zu lesen.

Aber ich kann mich nicht wirklich konzentrieren und deshalb beschließe ich, Niklas Luhmann einen Brief zu schreiben. Ich hole mir Papier und Kugelschreiber und stoppe mich schon bei der Anrede. Schreibe ich „Sehr geehrter Herr Professor Dr. Luhmann" oder „Lieber Herr Luhmann", wo ich ihn im Moment weder verehre noch liebe. Dann wird mir doch noch einmal sehr bewusst, dass er nicht nur ein sehr kluges Buch geschrieben hat, sondern noch viel mehr und ich noch nicht einmal eine einzige Zeile. Dass er über Fähigkeiten des Nachdenkens, Durchdringens und Strukturierens von Beobachtbarem verfügt, welches ich ohne nachzufragen hinnehme oder womit ich einfach so lebe. Und überhaupt, ich könnte mich nie so ausdrücken, wie er das kann. Deshalb wähle ich dann doch die Anrede „Sehr geehrter Herr Professor Dr. Luhmann" und höre im selben Moment auf zu schreiben. Nicht nur mein Vater, auch Niklas Luhmann lebt nicht mehr.

Ich habe zwischendurch offensichtlich länger nachgedacht, ohne es zu merken. Der Tag ist vorbei, draußen dämmert es bereits. Ich gieße mir noch eine Tasse Kaffee ein, schütte sie aber gleich wieder in den Ausguss und hole eine Flasche Pinot Grigio aus der Speisekammer.
Ich finde sogar auf Anhieb einen Korkenzieher. In meiner Wohnung suche ich die meisten Dinge, dabei über mich selbst fluchend, wo ich sie schon wieder hingetan habe.
Mir wird plötzlich klar, dass ich mir auf diese Weise ein ununterbrochen zur Verfügung stehendes Ventil für Aggressionen verschafft habe. Diese richten sich zwar gegen mich, aber sie haben wenigstens einen kurzen Moment außerhalb von mir verbracht.

Ich setze mich mit Wein und Decke in den Liegestuhl auf dem Balkon und denke weiter über den Sternenwein nach. Dabei fallen mir die Sätze ein, die ich gehört habe:
„Kannst du dich nicht ein bisschen anpassen?", „Du solltest dich ein bisschen zurückhalten.", „Zuhören ist besser als selbst reden.", „Frauen sollten besser im Hintergrund bleiben.", „Musst du immer gleich so auffallen?" Usw.
Aber die meisten Botschaften waren viel subtiler. Mit ihnen wurde signalisiert, dass man als Frau nur einen Platz in der Gesellschaft haben kann, wenn man sich auf bestimmte Weisen verhält, so wie es gerade gewünscht war. Unklar war dabei allerdings, was wer jeweils wünschte. Frau musste so etwas „im Gespür haben",
Ich weiß nicht einmal, wer mir diese Botschaften[18] vermittelt hat, die mir so deutlich im Bewusstsein sitzen. Mein Vater oder meine Mutter? Wahrscheinlich alle beide.
„Sei nicht so aufdringlich.", „Widersprich doch nicht immer.", „Sei nicht

so laut.", „Du musst wirklich lernen, dich zu beherrschen." Und dergleichen mehr.

Unauffällig, unbemerkt, ungehört und unberührt, das sollte ich sein und darum habe ich mich bemüht. Sternenwein ein halbes Leben lang.

Hoffentlich habe ich noch eine andere Hälfte, denke ich. Nur wo soll ich sie herkriegen, wie könnte sie aussehen, wie könnte ich sein?

Schrill, laut, gehört, gesehen, auffallend, unübersehbar, unüberhörbar, im Mittelpunkt der Aufmerksamkeit anderer, die Blicke auf mich gerichtet. Und dann?

Ich erinnere mich an die Beerdigung meines Vaters. Alle kamen auf mich zu, in diesem Sinne war ich im Mittelpunkt, aber alle verhielten sich so, als dächten sie, ich sei nun ein armes, kleines Waisenkind, ohne Rückhalt, ohne weitere Unterstützung, nur auf mich ganz allein gestellt.

Als würden sie mir die Tatsache, dass ich seit weit über zwanzig Jahren auf eigenen Füßen stehe, wie man so schön sagt, nicht zutrauen.

Und ich merke, im Grunde traue ich es mir selbst nicht zu, obwohl ich den Beweis dafür habe.

Sternenwein.

Süchtig nach Sternenwein, der mich unauffällig sein lässt, der mich schweigen und mit dem Hintergrund verschmelzen heißt.

Ich denke noch einmal an den Traum. Es hatte auch etwas Faszinierendes, Heidekraut zu sein, verschmolzen mit dem ganz anderen und dessen Welt sinnlich zu erfahren.

Und irgendwie wird mir deutlich, es ist nicht der Sternenwein, es ist die Art, wie ich ihn für mich verwendet habe.

Ich habe ihn zum Verschwinden und nicht zum Leben verwendet. Verschwendet. Zum Schutz benutzt und nicht, um das mir Fremde durch Identifikation kennenzulernen. Ich denke an die beiden Bücher von T. H. White „Der König auf Camelot", in denen der Zauberer Merlin den zukünftigen König Arthur in eine Ameise, eine Wildgans und andere Tiere, die ich vergessen habe, verwandelt, damit er die Erfahrung machen kann, wie anders es sich in der Welt anderer Lebewesen lebt. Diese Chance, die Besonderheiten der Wirklichkeiten anderer Menschen kennenzulernen, habe ich mit dem Sternenwein nicht genutzt, weder im Traum noch im wirklichen Leben. Jedenfalls noch nicht, vielleicht kann ich es ja noch lernen.

Plötzlich fühle ich mich dankbar gegenüber dem Es, das mich – wie ich war und noch bin – geträumt hat. Ich glaube, ich habe etwas begriffen.

Kapitel 10

Fallen gelassen oder Heiße Kartoffel

Kinder, die wenig Anerkennung und kaum Wertschätzung erlebt haben,
die statt dessen sehr viel kritisiert und angegriffen wurden, haben auch
noch als Erwachsene bei jeder destruktiven Äußerung von anderen Angst,
ausgegrenzt und verstoßen zu werden.
Oft geraten sie dadurch in einen noch größeren Anpassungsdruck als andere, die nicht solche großen Selbstwertprobleme haben.
Und jede Missachtung, jede negativ empfundene Zuschreibung, jede als
ungerechtfertigt erlebte Kritik kann diese Ängste wieder aktivieren und
Gefühle von Verletztheit, große Wut oder emotionalen Rückzug zur Folge
haben.
Die meisten Angriffe von Menschen gegenüber anderen sind zwar auch
nur Verteidigungsmaßnahmen, aber das ändert nichts daran, dass man sie
als schmerzhaft erlebt
Von manchen Menschen wird jede „Kritik" oder jeder „Angriff" wie ein
endgültiges Urteil erlebt, selbst wenn die anschließenden Interaktionen zeigen, dass dies nicht der Fall ist.

Sie lernt, dass auf dieser Welt nichts endgültig ist.

Am nächsten Tag denke ich immer noch über den Sternenweintraum
nach. Ich muss ja wohl einen Tick haben, immer wieder mit dieser Über-
anpassung zu reagieren und diese Angst vor Ausgrenzung und Vernichtung, meiner Vernichtung, zu haben. Irgendwie bleibt mir allerdings ver-
borgen, wer hier wen vernichtet, irgendetwas anderes mich oder ich alles
andere. Manchmal weiß ich nicht, ob es nicht doch mein eigener Hass ist,
vor dem ich Angst habe, oder ist es das Allein-Sein, die Einsamkeit, die
ich fürchte und hasse. Passe ich mich deshalb so an?
Irgendwie habe ich mich als Kind sehr allein gefühlt. Mein Vater war nie
da und meine Mutter immer nur an seiner Seite. Sie war es, die sich angepasst hat an ihn, und mir hat sie das als Klugheit angepriesen und mir
empfohlen, das Gleiche zu tun. „Der Klügere gibt nach", pflegte sie zu
sagen. Sie sagte noch nicht einmal „Die Klügere".

Die Kaffeemaschine gurgelt, während sie die letzten Tropfen Kaffee in
die Kanne spuckt. Ich gieße mir eine Tasse ein und denke an meine Mut-

ter. Dabei bin ich ja hergekommen, um herauszufinden, was für eine Person mein Vater war.

Aber ich glaube, es liegt überwiegend an meiner Mutter, dass ich erst heute – mit weit über vierzig Jahren – anfange, herausfinden zu wollen, wie mein Vater war.
Sie wollte es im Grunde auch nicht wissen, sie hat ihn immer – fast immer – nur bestätigt.
Auf eine wirkliche Auseinandersetzung hat sie es nicht ankommen lassen. Lieber war sie traurig, beleidigt und stumm und wartete darauf, dass mein Vater sagte: „Na, mein Mädchen, was ist denn?" und ihr dabei einen aufmunternden Klaps gab. Dann sagte sie zwar: „Ach, nicht doch, doch nicht vor den Kindern..." und lächelte verlegen. Aber sie genoss auch die Aufmerksamkeit, die er damit zum Ausdruck brachte.
Ich glaube, sie haben sehr viel vertuscht, darüber, dass er ihr signalisierte, sie habe dies oder das doch nicht nötig, sie sei doch immer noch eine begehrenswerte Frau, während sie das abwehrte und ihn gleichzeitig zu Wiederholungen desselben aufforderte.
Ich stehe mit meiner Tasse Kaffee in der Hand mitten in der Küche. Warum setze ich mich eigentlich nicht hin? Ich glaube, es sind die Gedanken an meine Eltern, die mich so auf den Sprung bringen und ruhelos sein lassen. Ich setze mich trotzdem und überlege, was ich heute machen will.
Als Erstes werde ich einkaufen gehen, viel Obst, Gemüse, Käse und Wein. Und Papier. Ich will die Erfahrungen aufschreiben, die ich bei dem Versuch mache, meinen Vater kennenzulernen. Ich werde mir fünfhundert Blatt schönen weißen, glatten Papieres kaufen.
Beim Gedanken, das alles aufzuschreiben, fällt mir also sogar der Genitiv wieder ein und die Aufsätze in der Schule. Ich konnte nie Aufsätze schreiben, sie waren sprachlich karg, gedanklich verkürzt, die Sätze verknotet und ohne Leben. So die Aussagen meines Deutschlehrers. Dabei schrieb er selbst so.
Ich werde es nur für mich aufschreiben. Niemand wird es je lesen. Diesen Gedanken brauche ich, sonst würde ich wahrscheinlich jeden Satz wieder durchstreichen. Angst vor Kritik.
Ich habe vieles in meinem Leben nicht gemacht, sondern mich stattdessen im Hintergrund gehalten. Sternenweinbetrunken. Aus lauter Angst vor Kritik.

Nein, aus Angst, dass die Menschen, die mich kritisieren, mich fallen lassen wie eine heiße Kartoffel, so hieß das früher bei uns. Komisch, dass mir das immer so endgültig vorkam. Eben erst fällt mir ein, dass man eine heiße Kartoffel zwar erst fallen lässt, aber um sie wieder aufzunehmen, wenn sie sich etwas abgekühlt hat. Eine heiße Kartoffel bleibt doch essbar. Komisch, dass mir das erst jetzt auffällt. Und in diesem Sinne bleibt eine heiße Kartoffel auch begehrt. Eine heiße Kartoffel wird gar nicht weggeworfen, nur weil sie heiß ist, sondern weil man sie für einen Moment nicht anfassen kann. Merkwürdig, dass ich noch nie in meinem Leben bisher diesen Gedanken hatte. Fallen gelassen, wie eine heiße Kartoffel, war für mich bis zu diesem Moment von totaler Endgültigkeit. „Fallen gelassen" war bisher immer fallen gelassen, weil man unannehmbar, unakzeptierbar war, und zwar endgültig. Das war ganz klar.

Als Kind hatte ich noch andere zusätzliche Assoziationen bei dem Gedanken, ich würde fallen gelassen wie eine heiße Kartoffel. Es bedeutete gleichzeitig, anschließend mit einer Gabel aufgespießt und die Haut abgezogen zu kriegen, zermatscht und aufgefressen zu werden. Merkwürdig, was Kinder sich manchmal für Gedanken machen und wie lange diese sich unbewusst halten.

Trotzdem werde ich das alles nur für mich aufschreiben. Ich denke, das bin ich auch meinem Vater schuldig. Schließlich sind es ja nur meine Gedanken, und vielleicht war in seiner Wirklichkeit alles sowieso ganz anders.

Kapitel 11

Erinnerungen oder Frauenrollen

Anderen Menschen das Leben zu erleichtern und es für sie angenehm zu gestalten, ist eine wunderbare Aufgabe, allerdings sollten sich alle dieser Aufgabe widmen. Aber es ist kulturhistorisch betrachtet eine Aufgabe der Frauen.

Frauen gestalten die Welt der Männer, Männer gestalten die Welt für die, die sie beherrschen können. Eine sehr ungleiche Verteilung, die – irgendwann in der Zukunft – nicht mehr aufrecht erhalten werden kann. Alle Entwicklungen, die zu großen Ungleichgewichten führen, setzen langfristig auch Prozesse in Gang, durch die diese wieder zerstört werden.

Die Wahrscheinlichkeit, dass sich diejenigen, die über Privilegien verfügen, freiwillig und aktiv an der Reduktion auch nur irgendeines Ungleichgewichtes, welches zu ihren Gunsten besteht, beteiligen werden, ist allerdings sehr gering.

Sie denkt darüber nach, wie sie und wie ihre Mutter mit der ihnen zugewiesenen Rolle der Frau innerlich umgegangen sind.

Mein Einkauf war nicht, wie ich erhofft hatte. An Stelle der kleinen Geschäfte von früher gibt es nun hier auch einen Supermarkt. Aber ganz schön war es in dem kleinen Café an der Ecke, in dem ich zum ersten Mal mit neun Jahren war und meinen ersten Eisbecher aß.

Ich weiß noch, wie ich damals den Arm hochnehmen musste, um überhaupt an die Sahne und das Eis zu kommen. Die strahlende junge Frau, die mir damals wegen meines Kleckerns immer gleich zwei Servietten brachte, ist heute eine etwas verbitterte alte Dame. Sie kam hinter dem Tresen vor, ergriff meine beiden Hände und sagte, es täte ihr so leid, wegen meinem Vater, und ich solle mich erst mal setzen. Sie würde mir gleich einen Kaffee bringen.

Sie brachte mir ein Kännchen Kaffee, einen Cognac und drei Petits fours, weil sie sich erinnerte, dass ich sie als Kind so gerne gegessen hätte. Eigentlich fand ich Petits fours schon damals zu süß, aber sie waren so klein und so hübsch dekoriert, und deshalb mochte ich sie gerne.

Sie setzte sich zu mir und fing an zu erzählen. Ich habe ihre Stimme noch im Ohr.

„Wissense, Ihr Vater hat ja hier in den letzten Jahren immer gefrühstückt. Ganz früh morgens ist er oft schon gekommen, ich habe ihm immer extra ganz warme Brötchen aus der Backstube hinten geholt. Heute mach ich Ihnen mal´n weiches Ei dazu, habe ich dann zu ihm gesagt, das brauchense nicht zu bezahlen, Sie sehen ja ganz grau aus, Sie haben wohl nicht geschlafen, was. Na ja, ein gutes Frühstück bringt Sie wieder auf die Beine, Sie haben wohl niemand, der sich richtig um Sie kümmert.“
Während sie mir das erzählte, sah sie mich vorwurfsvoll an.
„Na ja, Fräuleinchen, ich mein´s ja nicht so, Sie haben ja wohl auch Ihre Arbeit gehabt.“
Fräuleinchen war ich und werde ich wohl immer für sie sein.
„Ihr Vater hat ja nie viel erzählt, meist hat er noch beim Frühstück irgendwas auf´s Papier gekritzelt. Ich hab´ immer Papier für ihn liegen gehabt, weil er´s öfter mal vergessen hatte und der Rechnungsblock war ihm zu klein. War´n großzügiger Mann, Ihr Vater, brauchte auch großzügiges Papier, nich so ne kleinen Schnipsel, wo nichts drauf passt. Irgendwie hat er ja den Tod Ihrer Mutter nie verwunden. Man durfte ihn auch gar nicht ansprechen darauf. Aber er hatte dann ja wohl eine nette Frau, die ihn versorgt hat, manchmal hat sie hier für ihn eingekauft. Habe immer gedacht, zwischen den beiden entwickelt sich noch was, war ja auch ´ne feine Frau, is wohl in Urlaub jetzt...“
Und so ging es weiter und weiter. Ich saß da und hörte ihr zu. „Ach, was red´ ich da,“ unterbrach sie sich plötzlich, „Ihr Kaffee wird ja ganz kalt, und ich muss mich ja mal wieder um´s Geschäft kümmern.“
Auch so eine einsame Frau, denke ich, sie kennt das ganze Stadtviertel, aber nach Feierabend hat sie sicher niemanden, der mit ihr redet.
Ich möchte mal wissen, wie es wäre, wirklich mit ihr zu sprechen. Wahrscheinlich hat sie meinem Vater auch so vollgequatscht und der war genau wie ich, froh, nichts sagen zu müssen. Ich habe den Kaffee und den Cognac getrunken, die süßen Petit fours gegessen, dabei den Gummibaum neben mir und den Kanarienvogel im Käfig, den sie in das Fenster gehängt hat, angeguckt.
Wahrscheinlich ist es längst ein neuer Kanarienvogel, aber er sieht genau so aus, wie der von damals. Als ich noch klein war, ist mein Vater oft mit mir hier gewesen, ich habe im Winter heiße Schokolade getrunken und im Sommer Eis gegessen und meist hat er mir etwas dabei erzählt: Warum es im Winter früher dunkel wird. Warum der Himmel blau ist, wo der Wind herkommt, warum der Schatten wandert und größer und kleiner wird. Wo das Wasser bei Ebbe hingeht, was ein Stern und was ein Planet ist, was bei einer Mondfinsternis geschieht und warum es Sommer und Winter gibt.

„Weißt du eigentlich", begann er, setzte voraus, dass ich es nicht wusste, und fing an zu erklären. Er liebte Erklärungen, ich glaube, Erklärungen waren ihm das Wichtigste in seinem Leben.
Er hat mir auch erklärt, was Hefe mit Teig macht, wo das Salz herkommt, und wie es entsteht, woraus Zucker gemacht wird, und wo der Pfeffer wächst. Er konnte wunderbar erzählen.

Viele seiner Geschichten sind mir in dem kleinen Kaffee wieder eingefallen.

Und nun gehe ich an seinen Bücherwänden entlang und staune, was er da so alles stehen hat. Nicht nur naturwissenschaftliche Sachen, nein, da stehen Freud, Jung, Habermas, Whitehead, Bourdieu, Lacan, Russell, natürlich Popper/Eccles, aber auch Ecco mit seinen beiden Romanen „Der Name der Rose" und „Das Foucaultsche Pendel". Da steht „Die unerträgliche Leichtigkeit des Seins" und alles von Garcia Marquez und Isabel Allende.
Auch eine paar wunderschöne alte Ausgaben von Humboldt, Fichte, Rousseau, Darwin.
Schätze, die er hier hat. Ich gehe die Reihen entlang und achte darauf, wo er einen Zettel drinstecken hat. Die werde ich mir genauer angucken.
Mir fällt ein kleines gelbes Buch auf und ich schlage es da auf, wo ein Zettel drinsteckt. Ich lese:

„Da die Frau dazu geschaffen ist zu gefallen und sich zu unterwerfen, muß sie sich dem Mann liebenswert zeigen und ihn nicht herausfordern, ihre Macht liegt in ihren Reizen, und mit ihnen muß sie ihn zwingen, seine eigene Kraft zu entdecken und zu gebrauchen." (Rousseau, S.721)

Ich denke, dass darf doch nicht wahr sein, wer hat denn so etwas geschrieben? Es ist von Jean-Jaques Rousseau und heißt „Emile oder Über die Erziehung". Der Einleitung entnehme ich, dass es 1762 erschienen ist.
Ich schlage das Buch da auf, wo der zweite Zettel drin steckt und lese:

„Allein schon durch das Gesetz der Natur sind die Frauen ebenso wie die Kinder dem Urteile der Männer ausgesetzt – es genügt nicht, daß sie achtenswert sind, sie müssen geachtet werden; es genügt nicht, daß sie schön sind, sie müssen gefallen; es genügt nicht, daß sie sittsam sind, sie müssen als sittsam anerkannt werden; ihre Ehre liegt nicht nur in ihrem Verhalten, sondern in ihrem Ruf, und es ist unmöglich, daß eine Frau, die es zuläßt, als ehrlos zu gelten, jemals ehrbar ist. Der rechtschaffene Mann hängt nur von sich selber ab und kann der öffentlichen Meinung trotzen; aber die rechtschaffene Frau hat damit nur die Hälfte ihrer Aufgaben erfüllt, und was man über sie denkt, ist nicht weniger bedeutend für sie als das, was sie wirklich ist. Daraus folgt, daß die Methode ihrer Erziehung in dieser Hinsicht der unsrigen entgegengesetzt sein muß: die Meinung der Gesellschaft ist für die Männer das Grab der Tugend, für die Frauen aber ihr Thron." (Rousseau, S. 733)

Und ich lese auf derselben Seite weiter:

„So muß sich die ganze Erziehung der Frauen im Hinblick auf die Männer vollziehen. Ihnen gefallen, ihnen nützlich sein, sich von ihnen lieben und achten zu lassen, sie großziehen, solange sie jung sind, als Männer für sie sorgen, sie beraten, sie trösten, ihnen eine angenehmes und süßes Dasein bereiten: das sind die Pflichten der Frauen zu allen Zeiten, das ist es, was man sie von Kindheit an lehren muß." (Rousseau, S.733)

Ich fasse es nicht, dieser Text ist vor mehr als zweihundertfünfzig Jahren geschrieben worden. Damals war es eine offen ausgesprochene Empfehlung für die Erziehung kleiner Mädchen. Inzwischen muss man niemanden mehr darauf hinweisen. Die ganze Kultur hat es in ihr Unbewusstes übernommen und es wird – genau so unbewusst – von Generation zu Generation weitergegeben.
Und heute trifft es nicht nur für mich zu, sondern für eine ganze Reihe von Frauen, die ich kenne.
Ich erkenne mich wieder, wie oft habe ich mich davon abhängig gefühlt, was andere von mir dachten; wie oft habe ich meinen Selbstwert und meine Lebensfreude daraus gezogen, dass Männer mir gezeigt haben, dass sie mich hübsch, nett, interessant, klug, attraktiv oder begehrenswert fanden. Wie oft habe ich manche Männer genau deshalb so anziehend gefunden, weil sie mir im Gegensatz zu mir so unabhängig erschienen. Wenn das eigene Sprechen und Handeln immer wieder daran ausgerichtet wird, was andere Menschen – insbesondere Männer – möglicherweise denken, fühlen oder erwarten, dann hat man nicht mehr viel Raum und Zeit, darüber nachzudenken, was man selber will, denke ich. Mir wird gleichzeitig siedend heiß bewusst, wie viel Zeit ich innerlich damit verbracht habe, darüber nachzudenken, was „er" denkt, was „er" will, was „er" nicht leiden kann, was „er" gerne möchte, womit ich „ihm" eine Freude machen kann, und so weiter, wer immer „er" war.
Mein Muster blieb immer das gleiche, die Männer variierten.

Damals – vor mehr als zweihundertundfünfzig Jahren – musste man so etwas wohl noch in ein Erziehungsbuch schreiben, heute ist das eine Selbstverständlichkeit geworden, man braucht sich nur die ganze Schönheitsindustrie und die Empfehlungen und Ratschläge in den Frauenmagazinen, oder auch Fernsehsendungen und Filme und ähnliches anzusehen. Es hat sich nicht viel geändert.

Aber was hat meinen Vater dazu bewogen, Papierstreifen zwischen diese Seiten zu legen. Irgendwie hat er sich ja so verhalten, als ob er diesen Zeilen zustimmen würde, aber ich nehme doch zu seinen Gunsten an, dass ihm dies nicht bewusst war. Ich glaube eigentlich nicht, dass er die Zettel zwischen die Seiten gelegt hat, weil er diesen Ansichten bewusst zugestimmt hat.

Was hat er also damit gewollt?

Plötzlich merke ich, dass ich automatisch angenommen habe, alle Zettel, obwohl sie von Buch zu Buch verschieden aussehen, seien von meinem Vater zwischen die Seiten gelegt worden. Dieses Buch könnte ja auch von meiner Mutter gelesen worden sein und sie hat die Zettel dazwischen gelegt, um diese für sie sicher auch erschreckenden Aussagen wiederzufinden. Meine Mutter hat sich besonders bemüht, ihrem Mann „ein angenehmes und süßes Dasein" zu bereiten und vielleicht hat sie ja insgeheim auch Probleme mit ihrer Rolle gehabt.

Ich denke noch, dass ich vielleicht meine Mutter genau so wenig kenne wie meinen Vater und dann habe ich plötzlich genug von Familie. Ich mache mir Musik an, Klezmermusik, davon bekomme ich oft gute Laune, und lege mich mit meinem Krimi aufs Sofa.

Kapitel 12

Gründe oder Möglichkeiten der Kontrolle

Das Denken in Ursachen und Wirkungen ist seit den großen Erfolgen der Naturwissenschaft und Technik weit verbreitet. Viele Menschen glauben, dass die Kenntnis der Ursachen die Kontrolle der Wirkungen ermöglicht. „Wenn ich weiß, warum ich etwas getan habe, dann kann ich es in Zukunft anders machen", glaubt man.

Dass in den Naturwissenschaften Warum-Fragen gar nicht beantwortet werden können, sondern nur Fragen danach, wie etwas mit etwas anderem zusammenhängt, ist den wenigsten bewusst.

Bis heute wird versucht, Kinder mit Hilfe der Warum-Fragen zu erziehen. Damit lernen Kinder schon früh, dass es angeblich kausale Beziehungen zwischen Ereignissen oder Handlungen gibt. Schließlich glauben sie auch, dass mithilfe der Variation der Ursachen die Kontrolle der Wirkungen möglich ist. Man ändert die Ursache und beeinflusst damit die Wirkung. Wie in dem amerikanischen Traum: Wer sich genug Mühe gibt, kann alles erreichen.

Damit wird auch die Illusion, man könne andere Menschen und sich selbst gezielt beeinflussen, von einer Generation zur nächsten genährt.

Leider werden dadurch ebenfalls Selbstvorwürfe und Schuldzuweisungen Bestandteil des täglichen Umgangs mit sich selbst und anderen.

In den Wissenschaften jedoch ist die Suche nach den Gründen der beobachtbaren Erscheinungen, und der Glaube, mit diesem Wissen zukünftige Ereignisse kontrollieren zu können, fast schon ein Fluch.

Die illusionäre Vorstellung, man könne alles bis ins letzte ergründen und damit auch kontrollieren, gefährdet die Zukunft unseres Planeten.

Sie ahnt es, aber wirklich bewusst ist es ihr nicht.

Diesmal mache ich nicht den Fehler wie am Tag zuvor. Ich suche mir einen moderneren Autor, aber auch ein Buch mit mehreren Zetteln. Ich nehme ein Buch von Habermas heraus, „Moralbewußtsein und kommunikatives Handeln" heißt es und blättere darin herum. Ich lese:

„Muss sich jedes kommunikativ erzielte oder reproduzierte Einverständnis auf ein Potential angreifbarer Gründe, aber eben auf Gründe stützen. Gründe sind aus einem besonderen Stoff; sie zwingen uns, mit ja oder nein Stellung zu nehmen." (Habermas, 1981, S. 27)

Oh Gott, ja das kenne ich und plötzlich kommt es mir hoch. Wieso ist mir plötzlich übel. Ich nehme das Buch und gehe in die Küche. Früher stand da immer eine Flasche Magenbitter oder irgendein Kräuterlikör. Ich finde auch eine und gieße mir etwas davon in ein Glas. Der bittere Geschmack tut mir irgendwie gut. Dann fange ich an nachzudenken. Gründe. Abgründe.

Immer diese Fragen: „Warum hast du das getan?", „Warum willst du nicht etwas anderes?", „Warum machst du das?", „Warum hast du dir das nicht früher überlegt?", „Warum siehst du das nicht ein?", „Warum hast du keine Lust dazu?", „Warum ziehst du nicht das grüne Kleid an?", „Warum hast du deine Schularbeiten nicht gemacht?", „Warum hast du keine bessere Arbeit geschrieben?", „Warum bist du so unhöflich?", „Warum kannst du dich nicht anständig benehmen?", „Warum vergisst du immer alles?", „Warum bist du immer gleich beleidigt?", „Warum bist du so ungerecht?".

So kleinlich? So uneinsichtig? So böse? So nachtragend? So dumm? Warum? Warum!

Gehorsames Kind, das ich damals war, nicht nur, aber auch war, habe ich nach Gründen auf diese Fragen in mir gesucht und Abgründe in mir gefunden. Ich war ein phantasievolles Kind und habe an das geglaubt, was ich mir ausgedacht habe. Ich war ein böses Kind und es waren böse Gründe, die mir zu meinen Versuchen der Rechtfertigung einfielen.

Anders gesagt, meine Rechtfertigungsversuche misslangen und damit war und blieb ich schuldig. Wieder wird mir übel.

Ich trinke noch ein Glas von dem bitteren Zeug und schenke mir dann gleich noch eins ein.

Ich lese die Stelle von Habermas noch einmal und verstehe sie plötzlich nicht mehr. Wieso sind es die Gründe, die uns zwingen, ja oder nein zu sagen und wieso können Gründe uns zwingen? Bei mir waren immer Menschen beteiligt. Und was ist überhaupt ein Grund. Ein Grund für wen?

Meine Gründe waren für meinen Vater keine Gründe, sie waren nur meine und sie beinhalteten keinen Anspruch auf Verallgemeinerbarkeit.

Seine Gründe waren nicht nur seine persönlichen Gründe. Seine Gründe waren allgemeine, durchdachte, einsehbare, vernünftige, objektive und deshalb unwiderlegbare Gründe.

Mein Vater benutzte den Satz „Ich habe meine Gründe dafür" nur, um unmissverständlich anzudeuten, dass er keinesfalls gewillt war, auch nur den Anschein einer Begründung für sein Verhalten oder seine Entscheidung mitzuteilen.

Aber ich habe nie angezweifelt, dass er auch in diesen Fällen im Besitze von Gründen war, denen weder meine Mutter noch ich etwas hätten entgegensetzen können. Ich glaube, ich habe bis heute nicht den Mut gehabt, auf Anfragen nach Begründungen einfach zu sagen, „Ich habe meine Gründe dafür" und dann zu schweigen.
Ich rechtfertige mich heute noch bei allen möglichen Gelegenheiten. Mir ist immer noch übel.
Ich wandere durch die Wohnung und warte darauf, dass es mir besser geht.

Plötzlich sehe ich meinen Vater am Schreibtisch sitzen, ganz und gar mit schweren Eisenketten umwickelt, so dass er sich kaum bewegen kann. An seinem linken Fuß und an seinem rechten Handgelenk ist zusätzlich wie früher bei Strafgefangenen eine dicke Eisenkugel befestigt. Er schreibt etwas auf Papier und dabei rollt die Kugel auf dem Schreibtisch langsam ein kleines bisschen hin und her. Auf der anderen Seite vom Schreibtisch steht ein hagerer Mann in einer Mönchskutte, sieht höhnisch lächelnd auf meinen Vater herab und klopft dabei energisch mit einem Schlüssel auf die Schreibtischplatte. Es ist der Schlüssel für die Ketten, das weiß ich ganz genau. Er klopft sehr nachdrücklich und mein Vater schreibt schneller. Aber das Klopfen ist nicht zu hören, es ist totenstill.
Ich bin gar nicht erschrocken, vielleicht, weil mein Vater mir so ruhig erscheint. „Wer ist denn das?", frage ich ihn. Aber er antwortet nicht, Stattdessen sieht dieser Mönch mich an, er hat fanatische dunkle Augen. „Ich entscheide, was ein Grund ist", sagt er, „es geht sozusagen um den Grund aller Gründe und er ist mein Sklave so lange, bis er den Grund für mich gefunden hat."

„Aber das geht doch nicht, das ist doch unlogisch, den Grund für den Grund aller Gründe finden zu wollen", sage ich und da grinst er. Er hat eklige gelbe Stummelzähne und muss uralt sein. „Eben", sagt er und grinst noch mehr. „Übrigens sah ich früher besser aus", fügt er hinzu, „und Mönch bin ich auch nicht immer gewesen." „Was willst du eigentlich von ihm?" frage ich. „Ich will nichts von ihm, er will etwas von mir", sagt er. Mein Vater nimmt von uns überhaupt keine Notiz. Ich frage: „Warum gibst du ihm nicht den Schlüssel oder nimmst ihm die Ketten ab?", und er grinst wieder so höhnisch. „Er hat sich doch selbst angekettet und mir den Schlüssel gegeben, damit ich ihn für ihn bewahre", sagt er.

Ich gehe auf ihn zu und will ihm den Schlüssel wegnehmen, aber ich greife ins Leere.

Ich glaube, ich bin ein bisschen betrunken, so komische Tagträume hatte ich nur als Kind. Und weshalb sucht mein Vater – offensichtlich freiwillig – nach dem Grund aller Gründe und hat sich dafür angekettet und den Schlüssel weggegeben?

Ich starre auf den plötzlich wieder leeren Schreibtischstuhl und den aufgeräumten Schreibtisch und mache mir klar, dass Gründe nicht wie magische Gestalten sind, die einen zwingen können. Gründe sind nur Gedanken, und ich brauche mich ihnen nicht zu unterwerfen, sage ich mir. Jedenfalls heute nicht mehr. Trotzdem merke ich, dass ich bestürzt bin über das Bild, das ich hatte.

Zum ersten Mal wird bewusst: Mein Vater war ein Gefangener seiner Arbeit, seines Denkens, seines Lebens. Aber was genau ist es eigentlich, was sein Denksystem so fesselnd macht?, frage ich mich, und dabei wird mir erst die Doppeldeutigkeit des Wortes „fesselnd" bewusst. Was hat ihn daran so gefesselt? Merkwürdig, wie in dem Wort „gefesselt" die Worte „festgebunden" und „angezogen sein" miteinander verschmelzen und wie dadurch etwas Anziehendes plötzlich zu etwas Bedrohlichem wird. Oder umgekehrt.

Ich fange an zu lachen, weil mir auf einmal so deutlich zu sein scheint, wie viel das alles mit dem Geschlechterverhältnis zu tun hat. Ich spüre es ganz genau, aber ich kann es noch nicht in Worte fassen. Geschweige denn begründen.

Ich blättere weiter in dem Bändchen von Habermas, und schließlich finde ich eine Bestätigung dafür, warum mein Vater Gründe auf einer prinzipiellen Ebene vorzog, gegen die nicht mehr zu argumentieren war.

Auf Seite 135 steht es schwarz auf weiß. Ich muss es nur noch irgendwie begreifen. Rational erfassen kann ich es: Die Stufe universaler ethischer Prinzipien ist die höchste Stufe moralischer Entwicklung, die ein Mensch erreichen kann. Aha.

In dem Buch finde ich auch eine Stelle, an der erklärt wird, welche Stufen es unterhalb dieser höchsten Stufe sonst noch gibt. Lawrence Kohlberg hat diese Stufentheorie entwickelt, und ich lese, dass es sich bei den unteren Stufen um eine „schrittweise Annäherung an die Strukturen von der unparteilichen oder gerechten Beurteilung moralisch relevanter Handlungskonflikte" handelt. So lese ich es auf Seite 133.

Beim Durchlesen der sechs Stufen, von denen die sechste angeblich die

Beste ist, finde ich mich selber auf der dritten Stufe wieder. Wie oft habe ich meine Entscheidungen danach gerichtet, was andere von mir erwarten und mich bemüht, mich um andere zu bekümmern und mir Sorgen darum zu machen, ob es ihnen gut geht, und was ich dazu tun kann, dass es ihnen gut geht. „Being good" und „Caring for others", „Keeping mutual relationships, maintaining trusts, loyalty, respect, and gratitude", das gehört auf die dritte Stufe. Es wird mir immer klarer, ich als Frau gehöre auf die dritte Stufe.

Ich blättere weiter in dem Buch herum und lese:

„Der moralischen Urteilsfähigkeit entsprechen im Persönlichkeitssystem Verhaltenskontrollen oder Über-Ich Strukturen. Dies bilden sich auf höheren Stufen allein in der Distanzierung von der Auseinandersetzung mit der sozialen Welt,..." (Habermas, 1983. S. 194)

und weiter unten auf derselben Seite lese ich:

„Um das dadurch entstandene Gefälle zwischen moralischen Urteilen und moralischen Handlungen auszugleichen, bedarf es eines Systems von inneren Verhaltenskontrollen, das auf Prinzipien geleitete moralische Urteile, also auf motivbildende Überzeugungen anspringt und Selbststeuerung ermöglicht; es muss autonom, nämlich unabhängig vom sanften, aber externen Druck faktisch anerkannter, legitimer Ordnungen funktionieren. Diesen Bedingungen genügt nur die vollständige Internalisierung von wenigen hoch abstrakten und allgemeinen Prinzipien, die sich, wie Diskurs-Ethik erklärt, als Implikate eines Verfahrens der Normbegründung zu erkennen geben." (Habermas, 1983, S. 194)

Welcher normale Mensch kann sowas auf Anhieb verstehen? Für wen schreiben diese Wissenschaftler eigentlich. Das kann man doch auch einfacher ausdrücken. Ich merke plötzlich, wie empört ich auf diese Art des Schreibens bin. Diese Wissenschaftler werden doch von unseren Steuergeldern bezahlt. Wieso schreiben sie so, dass normale Menschen es nicht verstehen.
Jedenfalls wird mir klar, ich als Frau gehöre nicht auf die höheren Stufen, in denen mehr und mehr die prinzipiengeleitete moralische Urteilsfähigkeit eine Bedeutung hat. Ich falle aus diesem System entweder heraus oder werde auf die dritte Stufe verwiesen. Ich gehöre offensichtlich auf diese Stufe, weil ich mich in meinen moralischen Entscheidungen abhängig mache von zwischenmenschlichen Beziehungen.
Ich stelle das Buch zurück, ich kann nichts daraus schließen. Gelesen

hatte es mein Vater zwar, ich merke es nicht nur an den Zetteln, sondern auch daran, wie leicht sich das Buch öffnen und durchblättern lässt. Aber ich weiß nicht, was er sich daraus gezogen hat. Was seine Gedanken dazu waren.

Ich bin nachdenklich: Gehört zu einem ernsthaften Wissenschaftler, dass er sich bemüht, sich auf den höheren Stufen aufzuhalten? Die eigenen Entscheidungen nur von abstrakten Prinzipien abhängig zu machen, unabhängig und distanziert von den Prozessen und Konflikten der sozialen Welt zu sein?

Dann setze ich mich an den Schreibtisch. Den Schreibtisch. Ich merke, ich sage nicht „seinen" Schreibtisch und daran merke ich auch, wie sehr ich es brauche, die Gegenstände in dieser Wohnung von ihm abzulösen. Jedes Mal, wenn ich den unpersönlichen Artikel wähle, kommt mir umso mehr zu Bewusstsein, dass alles in dieser Wohnung ihm gehört, immer gehört hat. Trotzdem bleibe ich bei dem unpersönlichen Artikel.

Auf dem Schreibtisch liegen ungeöffnete Briefe, wissenschaftliche Zeitschriften, teilweise in durchsichtigen Plastikhüllen, so dass jeder gleich sehen kann, was darin ist, und plötzlich frage ich mich, ob die Kataloge von Beate Uhse wohl auch in durchsichtigen Plastikhüllen verschickt werden könnten, wie zum Beispiel die Zeitschrift „Spektrum der Wissenschaft"? Sicherlich nicht.

Die Zeitschriften auf dem Schreibtisch sind statusträchtig, sie kommen aus aller Welt.

Ich kann mich nicht entschließen, die Briefe zu öffnen, ich mag nicht einmal nachsehen, von wem sie sind. Das kommt mir noch zu nahe, und ich will diese Trauer nicht, jedenfalls noch nicht jetzt. Ich vermisse ihn offensichtlich doch und begreife immer noch nicht, dass er nie wieder da sein wird. Obwohl er immer so unabhängig und distanziert erschien…

Kapitel 13

Beziehungsorientiert oder „moralisch minderwertig"

Wann immer in unserer Kultur die besonderen Qualitäten der Frauen und Männer verglichen werden, fällt der Vergleich bisher häufig zuungunsten der Frauen aus oder wird im Nachhinein entsprechend verändert. Die – potenziell möglichen – emotionalen und sozialen Fähigkeiten der Frauen, die ein angenehmes zwischenmenschliches Miteinander ermöglichen, werden in unserer Kultur nicht sonderlich wertgeschätzt.

An der Missachtung weiblicher Fähigkeiten und Besonderheiten sind nicht nur die Wissenschaftler beteiligt, sondern Vertreter aus allen gesellschaftlichen Bereichen, ja, sogar die Frauen selbst.

Gleichzeitig sind die gesellschaftlichen Erwartungen an Frauen, die diese erfüllen sollen, um als dazu gehörig zu gelten, sehr hoch. Frauen sollen schön, schlank, jung aussehend, gepflegt, freundlich, modisch gekleidet, charmant und manchmal auch klug sein, die Familie versorgen, den Mann unterhalten und verwöhnen, die Kinder erziehen, die sozialen Beziehungen pflegen, berufstätig sein, aber dem Partner statusmäßig unterlegen bleiben usw..

Sie ahnt, dass etwas nicht stimmt, wird wütend und zerstörerisch, ohne dass ihr bewusst wird, auf wen sich ihr Zorn richtet.

Ich kriege Hunger und gehe in die Küche. Nachdem ich das Gemüse durchgewühlt und das Innere der Speisekammer analysiert habe, merke ich, ich will nur Kartoffelbrei. Weichen, warmen, flauschigen Kartoffelbrei mit Butter und ein bisschen Salz. Mein Kinder-Lieblingsgericht. Genau das brauche ich jetzt. Und danach werde ich einen Mittagsschlaf machen.

Stunden später wache ich wieder auf: bleiern und ohne jede Energie. Ich habe wieder geträumt. Diesmal war es ein ganzer Film. Ich weiß noch, wie ich auf dem Deck eines Bootes stehe, der Motor läuft, aber das Boot bewegt sich nicht, auch das Wasser nicht. Es ist nicht die kleinste Welle zu sehen. Stattdessen scheint sich das Ufer zu bewegen. Erst ist die Landschaft noch ziemlich abwechslungsreich, kleine Häuser und Gärten, Felder, kleinere Waldstücke und dann wieder Häuser sind zu sehen. Aber allmählich wird alles immer gleichförmiger. Eine Stimme aus einem Lautsprecher erläutert, was am Ufer zu sehen ist. Zu einer sehr gleichförmig aussehenden Häuserreihe am Ufer höre ich:

„Hier sehen Sie unsere postkonventionellen-sozialkognitiven Rekonst-
ruktionen unserer diskursiven Architektur. Der Entwurf jedes einzelnen
Hauses ist auf der Basis der Konsistenzforderung und des Universalisie-
rungsgrundsatzes im praktischen Diskurs aller Beteiligten entstanden".

Auf einmal weiß ich auch, warum ich auf diesem Schiff bin. Ich bin auf
dem Wege nach Kohlberg, der Hauptstadt der Habermas-Provinz und soll
eine Reportage darüber machen. Deswegen habe ich auch einen Fotoapparat, ein Aufnahmegerät und ein überdimensional großes Mikrophon
umhängen. Während ich das Mikro anstarre, weil ich so etwas noch nie
gesehen habe, wird es noch größer. Es ist so groß wie mein Kopf und hat
meine eigenen Gesichtszüge. Ich sehe total blöd aus, mit aufgerissenen
Augen, offenem Mund und doppelt so großen Ohren. Ich finde es eklig,
meinen eigenen verzerrten Kopf als Mikrophon mit mir herum zu tragen,
aber ich habe das Gefühl, ich kann es nur hinnehmen.

Immerhin habe ich einen handlichen Hals, an dem ich mich meinem Gegenüber entgegenhalten kann.

Dafür sieht der Fotoapparat ganz normal aus.

„In Kürze legt Kohlberg bei uns an", sagt die Stimme, und da ist es auch
schon soweit. Ein kreisrundes Hafenbecken umschließt plötzlich das
Schiff, eine Hafeneinfahrt oder -ausfahrt ist nicht vorhanden. Das Hafenbecken ist umsäumt von sechsstöckigen genau gleichartigen Gebäuden.
Die Stimme, die vorher schon immerzu Kommentare abgegeben hat, redet jetzt wieder und ich höre: „Regierungs- und Verwaltungsbüros sind
in den fünften und sechsten Stockwerken, Restaurants im dritten. Frauen
ist nur in Begleitung Erwachsener der Zutritt zu den höheren Stockwerken gestattet. Private Räume sind Universalräume, und Universalräume
befinden sich nur in den sechsten Stockwerken."

Ich trete auf die Plattform, die an das Schiff angelegt hat und sehe mich
suchend um.

Drei Figuren stehen da, sie sehen aus wie Kegel in Anzügen, ihre Köpfe
sind runde, glatte Eier ohne Mund und ohne Augen, sie sehen aus, als
hätte Chirico[19] sie gemalt.

„Ich mache eine Reportage über Kohlberg", sage ich, aber bevor ich noch
weiter etwas sagen kann, unterbrechen sie mich und sagen in klagendem
Ton: „Uns wurde ein Mann zugesagt."

„Das kann nicht sein", sage ich, „man kann das Geschlecht nicht vor der
Geburt bestimmen." Und wundere mich gleichzeitig, warum ich das sage.
In Zeiten, in denen in manchen Ländern weibliche Föten abgetrieben
werden, kann man das Geschlecht natürlich vor der Geburt bestimmen.

Aber die drei nehmen meinen Einwand nicht zur Kenntnis, sondern wiederholen nur immer wieder „Uns wurde ein Mann zugesagt."

Als ich versuche, an ihnen vorbei zu gehen, ist es so, als würde ich in Sirup laufen. Ich komme nicht vorwärts und schon gar nicht an ihnen vorbei.

„Frauen sind nur bis zum dritten Stock zugelassen", höre ich sie noch sagen, da bin ich auch schon im dritten Stock, ohne zu wissen, woher ich das weiß, und wie ich dahin gekommen bin.

In einem dunklen Einzelzimmer. Es sieht wie mein Kinderzimmer aus. Ich sehe die Umrisse des Schaukelpferdes, der Ritterburg, alles schon gekauft für den nächsten männlichen Nachwuchs, der nicht kam. Stattdessen kam ich. Ich lege mich in das Kinderbett, in das ich merkwürdigerweise hineinpasse und schlafe in meinem eigenen Traum ein.

Stunden später wache ich völlig zerschlagen auf und bin im Nachhinein noch erschrocken darüber, dass ich meinen eigenen Kopf als Mikrophon mit mir herumgetragen habe.

Habe ich wirklich so viel und so unreflektiert einfach aufgenommen? Ich träume doch so etwas nicht umsonst.

Irgendwie bin ich in einer schlechten Verfassung. Irgendetwas macht diese Wohnung mit mir. Die Nähe zu all dem, was mein Vater daraus machte. Ausmachte. Oh schrecklich, überall sehe ich plötzlich Doppeldeutigkeiten. Ausmachte. Erloschenes Licht. Denke ich, er war schon tot, bevor er starb?

Ich bin froh, dass ich ein ganzes Jahr frei habe. Damit habe ich zwar weniger Geld, jedoch genug Zeit, heraus zu finden, was ich herausfinden will. Aber ich glaube, ich muss dabei gut auf mich aufpassen.

Das weiße Papier, das neu gekaufte, liegt immer noch da, unberührt, unschuldig. Ich habe Angst, einen Satz darauf zu schreiben. Ich habe es ausgepackt und starre auf die oberste weiße Seite. Am liebsten würde ich als erstes „Lieber Papa" darauf schreiben. Meine Mutter sprach zwar immer von Vati, „Sag Vati Bescheid!", „Was meinst du, wird Vati dazu sagen?", „Lass Vati in Ruhe.", und ähnliche Sätze, aber ich habe ihn gerne mit „Papa" angeredet.

Langsam fülle ich das Blatt mit Gedanken, während mir der Füller eintrocknet. Es ist einer mit breiter Feder, um nachdrücklich und eindrucksvoll zu schreiben, aber leider trocknet er noch viel schneller aus als der mit einem feinen, dünnen Strich, den ich auch habe. Zwei Füller für zwei Seiten meiner Nicht-Person, weil ich beim Einkauf von beiden nur an den

Eindruck gedacht habe, den die zugehörige Schrift bei anderen hervorrufen könnte.

„Lieber Papa,
ich liebe dich. Ich reagiere nur auf Männer, die so riechen wie du, oder gar nicht. Als Kind wäre ich dir am liebsten in deine Achselhöhle gekrochen und für immer dageblieben. Ein Geruch, der mich aufregte und beruhigte zur gleichen Zeit. Lieber Papa, warum wolltest du nie wissen, wer ich eigentlich bin? Eigentlich. Dir zuliebe war ich immer als ob."

Ich glaube, es ist sogar ein Fachausdruck. „Die Als-ob-Persönlichkeit" [20]. Möchte mal wissen, was daran dann eigentlich noch Persönlichkeit ist? Ich rede nur noch mit mir, es ist schon kein Brief mehr an ihn, und Papa gibt es irgendwie nicht. Eigentlich dachte ich erst „nicht mehr", aber ich habe das „mehr" weggelassen. Weil in meinen eigenen Gedanken nur die Frage war, wann es ihn eigentlich für mich wirklich gegeben hatte. Ich denke, er war für sich Vater, aber war er es auch für mich? Ich weiß es nicht.
Die Tatsache, dass es so schnell kein Brief mehr an ihn war, sondern ich wieder mit mir allein geredet habe, ist auch ein Zeichen für „meine-deine Beziehung" zu mir und dir. Und ich kann nicht einmal das auseinander halten.
Scheiße, sage ich laut und mache mit der trockenen Feder des Füllers das erste immer noch weiße Blatt kaputt. Risse mache ich hinein, viele, viele Risse, und an der Art, wie das Wort Risse in mir nachtönt, habe ich ein merkwürdiges Vergnügen. Risse. Dann zerknülle ich das Papier und werfe es in die Gegend. Und anschließend zerreiße und zerknülle ich nacheinander 500 Blatt weißes glattes Papier und werfe es in die Gegend. Der Fußboden ist bedeckt davon, und ich denke befriedigt, dass es hier lange nicht so ausgesehen hat.

Die weißen Papierknöllchen sind die ersten Spuren, die ich hier hinterlassen habe. Bisher habe ich jede Tasse sofort wieder abgewaschen und weggestellt. Diese Knöllchen werde ich liegen lassen. Ich denke, ich werde jetzt in die nächstgelegene Kneipe gehen, dort den Rest des Abends verbringen und mich voll laufen lassen.
Aber dann setze ich mich doch vor den Fernseher.

Kapitel 14

Regeln und Strafen

Regeln sind für das Zusammenleben in sozialen Gruppen unerlässlich. Sie ermöglichen – ähnlich wie hierarchische Ordnungen – die Reduktion von Aggressionen, weil nicht jeder Konflikt in einen Kampf ausartet, sondern mit Hilfe der vereinbarten Regeln aufgelöst werden kann. Tiere, vor allem die, die in sozialen Verbänden leben, verfügen meist über wechselseitige Signale[21], mit denen sie mögliche Konflikte – ähnlich wie Menschen mit Regeln – bereits im Vorfeld versuchen zu reduzieren und potentielle Angreifer zu beschwichtigen.

In der Natur werden hierarchische Ordnungen und Regeln, die das Zusammenleben für jedes einzelne Mitglied der Gruppe erleichtern, immer wieder neu den jeweiligen Gegebenheiten und Notwendigkeiten angepasst. Die erfahrensten, klügsten oder stärksten Tiere führen die jeweiligen Gruppen an und wenn die Fähigkeiten eines Tieres nachlassen, nimmt ein anderes die führende Rolle ein. Das Überleben der Gruppe – und damit auch aller Gruppenmitglieder – ist dabei das Wichtigste.

Leider gilt dieses für die hierarchische Ordnung und die zugehörigen Regeln des Patriarchats nicht in gleichem Maße.

Ihr gefallen diese Regeln nicht.

Am nächsten Morgen wache ich mit schwerem Kopf auf. Draußen regnet es. Wie passend. Ich habe keine Lust, auch nur einen Schritt vor die Tür zu gehen. Ich mache mir ein heißes Bad und denke dabei an den Moment, in dem ich das ganze Badezimmer überschwemmt habe. Heute kommt mir mein Gefühl von damals größenwahnsinnig vor. Wie konnte ich glauben, ich könnte auch nur irgendetwas verdrängen und dessen Platz einnehmen. Aber ich genieße nach wie vor die flauschigen, dunkelroten Handtücher. Dabei fällt mir wieder die Haushälterin meines Vaters ein. Sie war auf der Beerdigung, und sie hat mir die Schlüssel der Wohnung geschickt. Ich habe sie nicht einmal gefragt, ob sie ihr letztes Gehalt eigentlich bekommen hat. Eigentlich. Eigentlich hasse ich dieses Wort. Genauso wie die Worte „irgendwie" und „irgendwo" und „sozusagen". Ich hasse sie alle, und ich benutze sie unentwegt. Irgendwo komme ich mir irgendwie komisch vor, sozusagen. Eigentlich.

Lieber Papa, warum war ich nie genau. Du warst immer genau. Ich war immer irgendwie oder irgendwo oder eigentlich sozusagen. War ich so, weil du immer so genau warst, Vater, und ich in deiner Genauigkeit nie einen Platz hatte?

Und wenn ich angefangen hätte, genau zu sein, hättest du mich deiner Welt verwiesen? Deine Welt aber war umfassend, es gab nichts außer ihr und deshalb keinen Ort für mich. Nichts war für mich vorgesehen. Das Nichts. Aber wer kann da leben? Du hast es nie versucht, du hattest es nicht nötig, du hattest dir bereits alles angeeignet. Nicht nur du allein, du und die ganzen anderen Väter haben das getan.[22]
Und sie tun es immer noch, ohne dass die Frauen widersprechen.
Ich bin ja nun schon ein bisschen älter, aber die jungen Frauen merken es noch nicht einmal, dass es auf diesem Planeten keinen Ort für sie gibt, an dem sie ohne Sanktionen irgendwelcher Art so leben können, wie sie selbst es wollen.
Meistens wissen sie nicht einmal, was es ist, was sie wollen könnten, dafür wissen sie sehr genau, was sie sollen. Lebensräume für Frauen sind Orte, an denen sie sich anpassen, die geschriebenen und die ungeschriebenen Regeln befolgen und für andere leben. Dies tun sie auch noch mehr oder minder freiwillig, weil sie die gesellschaftlich verankerten Strafen bei abweichendem Verhalten als sehr bedrohlich und die Belohnungen, wenn sie die gesellschaftlichen Erwartungen erfüllen, als erstrebenswert empfinden. Genau wie ich die meiste Zeit meines Lebens.

Ich komme in so eine richtige Klagehaltung, ich hasse mich dafür.
Irgendwie bin ich ein gutes Objekt für Hass. Irgendwie, irgendwo, sozusagen, eigentlich.
Ich habe das Gefühl, mein Kopf zerspringt. Einmal habe ich ein Foto gesehen. Darauf waren lauter Puppen mit großen Augen und langen Wimpern zu sehen, deren Schädeldecken zerbrochen waren. Das Innere ihrer Köpfe war leer und dunkel. So fühle ich mich im Augenblick, nur habe ich nicht so schöne große Augen, so lange Wimpern und nicht mehr das kindliche Gesicht.
Im Moment sehe ich ziemlich alt aus. In mehr als einer Hinsicht.

Und plötzlich kriege ich richtige Wut. Ich erinnere mich an die Regeln für den WEISS-NICHT-DISKURS in dem Habermas-Buch. Sie standen auf der Seite 97. Es waren gar nicht seine Regeln, er hat sie nur zitiert, aber relativ kommentarlos. Diese Männer greifen sich untereinander kaum noch an. Ich erinnere mich, was da stand: Kein Sprecher darf sich widersprechen und verschiedene Sprecher dürfen den gleichen Ausdruck nicht mit verschiedenen Bedeutungen benutzen, jeder Sprecher darf nur das behaupten, was er selber glaubt. Jeder darf jede Behauptung problematisieren, jeder darf jede Behauptung behaupten, und jeder darf seine Einstellungen, Wünsche und Bedürfnisse äußern. Und wer eine Aussage oder Norm, die nicht Gegenstand der Diskussion ist, angreift, muss hierfür einen Grund angeben.

Weshalb bin ich so wütend, ist doch alles nett gemeint, diese Regeln, wo jeder darf, zumindest jeder Sprecher. Von den Hörern ist nicht viel die Rede. Aber auch nicht von Sprecherinnen oder Hörerinnen. Es ist überhaupt nicht die Rede davon, dass hier Menschen miteinander sprechen. Was mich so wütend macht, glaube ich, sind tatsächlich die Regeln. Was für ein Kalkül, was für eine Selbstkontrolle und was für eine Konfliktvermeidung. Hier wird nicht darauf gewartet, dass ein Widerspruch aufgedeckt wird, nein, er muss von vorn herein vermieden werden. Hier wird nicht davon ausgegangen, dass verschiedene Menschen mit Worten jeweils etwas anderes meinen können. Hier wird die Regel gemacht: Man hat das Gleiche zu meinen. Hier wird kein Zweifel zugelassen, nein, man muss glauben, was man sagt. Und was nicht definierter Gegenstand der Diskussion ist, gehört ohne Begründungen auch nicht dazu.

Von der Verfertigung der Gedanken beim Reden keine Rede mehr, vom gemeinsamen Lernen durch Andersartigkeit und Widersprüchlichkeit kein Gedanke mehr. Hier ist nur noch die widerspruchsfreie Anwendung desselben auf das gedachte Gleiche, auf das Gleichgemachte gestattet. Diese Regeln sind die Basis – ...

Ich ereifere mich und jetzt weiß ich nicht mehr weiter.
Ich sehe meine Mutter vor mir, mit Tränen in den Augen, um Selbstbe-HERRschung ringend, während mein Vater zu ihr sagt: „Wer schreit, hat Unrecht." Oder wie er einlenkend zu ihr sagt: „Nun sag doch endlich klar und deutlich, was du willst." Nur, wenn sie es tat, wies er ihr gleich anschließend nach, wie unvernünftig ihre Vorstellungen, ihre Wünsche, ihre Gründe, ihre ganze Person waren.
„Aber, Kindchen", sagte er, „du musst doch einsehen, dass das wirklich unvernünftig ist", und all ihr Aufbegehren nützte ihr nichts.
„Es ist ja lieb gemeint", sagte er, „aber...", und damit war es dann erledigt. Sie war damit erledigt. Mir gegenüber war er genauso.
„Mit dieser Art von Irrationalität kommst du nicht weiter", „du musst schon ein paar bessere Argumente zusammenkriegen", „du willst doch

nicht, dass die Leute dich nicht ernstnehmen."
Natürlich wollte ich das nicht. Im Gegenteil. Meine Suche nach rationalen Argumenten war eine endlose. Und mich habe ich dabei verloren.

Der Mann, mit dem ich verheiratet war, hatte einen Schwamm als Frau an seiner Seite, aber kein Gegenüber. Heute weiß ich, dass er ein Gegenüber gar nicht hätte ertragen können, aber trotzdem, ein Bimsstein wäre sicher besser für ihn gewesen als ein Schwamm.
Dabei fällt mir ein, dass ich seit Jahren auf der Suche nach natürlichen Bimssteinen bin. Es gibt sie nicht mehr zu kaufen. Stattdessen gibt es gemahlenen und aus dem Mehl künstlich wieder zusammengesetzten Bimsstein-Ersatz. Mir kommt das plötzlich sehr symbolisch vor.
Aber ich bin bis heute noch nicht einmal Bimsstein-Ersatz.

Ich merke, wie ich mich in dieser Wohnung fertig mache.

Vielleicht war der Mann der Schwamm und ich einfach nur eine Frau. Nur einfach „nur". Noch ein bisschen mehr Reduktion gefällig?

Kapitel 15

Noch mehr Widersprüche

Widersprüche haben eine belebende Wirkung, Widersprüche treiben die Prozesse des sich Auseinandersetzens voran, Widersprüche sind irritierend, Widersprüche machen neugierig, Widersprüche wollen aufgelöst werden, manchmal durch neue andere Widersprüche.
Problematisch wird der Umgang mit Widersprüchen erst, wenn sie nicht ernst genommen werden, sondern mit Hilfe von Zuschreibungen von richtig und falsch versucht wird, sie zu eliminieren.

Das aber ist ein Zeichen unseres kulturellen Umgangs mit Widersprüchen. Es geht immer wieder darum, wer recht hat und wer sich mit seinem Widerspruch ins Unrecht setzt. Und im Zweifelsfalle bestimmt derjenige, der am ehesten bereit ist, Gewalt anzuwenden, und hofft, dass die anderen aus Angst auf ihren Widerspruch verzichten.

Ihr schwant, dass es auch so etwas wie unlösbare Widersprüche gibt, die sich sehr belastend auf die jeweils Betroffenen auswirken können.

Ich lese noch einmal die Kommunikationsregeln in dem Buch von Habermas nach, da steht:

„Kein Sprecher darf sich widersprechen." (Habermas, 1983, S. 97)

Offensichtlich darf ich anderen widersprechen, nur nicht mir selbst. Ich selbst muss immer dabei bleiben, was ich meine, und mich dementsprechend äußern. Für mich bedeutet diese Regel nichts anderes als die Vorbereitung zu Positionskämpfen. Und beinhaltet eventuell sogar die Aufforderung, auf keinen Fall etwas Neues zu begreifen. Ganz abgesehen davon ist völlig ungeklärt, wer wie festgelegt hat, was ein Widerspruch ist.

Widerspreche ich mir, wenn ich zugunsten der Wünsche meines Gegenübers auf meine eigenen ausdrücklich verzichte?
Widerspreche ich mir, wenn ich von meiner bisherigen Behauptung abrücke, weil ich eingesehen habe, dass ich sie nicht aufrecht erhalten kann, oder weil ich etwas dazu gelernt habe?

Widerspreche ich mir, wenn ich einen logischen Fehler mache? Aber auch die Logik macht ihre historischen Entwicklungen durch, und mit dreiwertiger Logik können auch heute noch die wenigsten umgehen. Widerspreche ich mir, wenn ich lüge oder nur die Hälfte sage? Widerspreche ich mir, wenn ich behaupte, die Hälfte sei das Ganze? Widerspreche ich mir, wenn ich meine Zustimmung für etwas gebe, was ich nicht will oder wovon ich nicht überzeugt bin? Widerspreche ich mir, wenn ich aus Angst oder Feigheit oder Indifferenz schweige?
Und wer ist es, von der ich da rede? Wer ist „Ich"? [23]

Ich bin unruhig und fühle mich unzufrieden und empört, wenn ich an diese Regeln denke. Irgendwo stand:

> „Jeder Sprecher, der ein Prädikat F auf einen Gegenstand A anwendet, muss bereit sein, F auf jeden anderen Gegenstand, der A in allen relevanten Hinsichten gleicht, anzuwenden." (Habermas, 1983, S.97)

Und:

> „Verschiedene Sprecher dürfen den gleichen Ausdruck nicht mit verschiedenen Bedeutungen benutzen." (Habermas, 1983, S. 97)

Wer legt fest, was relevante Hinsichten sind, und welche Bedeutungen ein Ausdruck haben kann oder tatsächlich in den Köpfen von Personen hat?
Gleiche ich jeder anderen Frau in relevanten Hinsichten? Wer sieht hin und vergleicht?

Im Grunde wiederholt sich hier nur die sowieso beobachtbare Tendenz vieler Männer, ununterbrochen zu verallgemeinern, statt auf die Differenz, auf die Besonderheiten, die Abweichungen, das Andersartige zu achten.
Ich will nicht zu ungerecht sein. So wie die Männer „typisch Frau" sagen, sagen Frauen „typisch Mann". Es ist mehr eine kulturelle Krankheit und ich bin auch infiziert.

Und welche Kontrollwünsche stecken hinter der Forderung, dass verschiedene Sprecher den gleichen Ausdruck nicht mit verschiedenen Bedeutungen benutzen dürfen. Ich wüsste nicht, wie verschiedene Sprecher zu gleichen Bedeutungen eines Ausdrucks kommen könnten. Wie soll gleiche Bedeutung hergestellt werden, außer man entleert einen Aus-

druck von jeglicher persönlichen Bedeutung und benutzt stattdessen nur noch „Definitionen". Die zeichnen sich wenigstens dadurch aus, dass sie weder wahr noch falsch sind, sie sind einfach nur Festlegungen. Bei Tisch und Stuhl kann man sich vielleicht noch einigen, dass man nur das Möbelstück meint, aber sowie irgendetwas handlungsrelevant wird, wie Stühle kaufen, Tisch decken, Badezimmer sauber machen, Zimmer aufräumen, Kinder ins Bett bringen, wird es schwierig. Erst recht, wenn es sich um irgendetwas Intentionales, wie Freiheit, Autonomie usw., oder Relationales, wie Sehnsucht, Liebe, Hoffnung, Beziehung, Macht usw., handelt, versteht meist jeder etwas anderes darunter.
Aber man kann sich darüber dann so wunderbar streiten. Meint man mit Freiheit etwas Relationales im Sinne von „Freiheit für…" oder will man doch bei Intentionalem bleiben und meint „Freiheit von…". Bei den anderen Begriffen wird es, glaube ich, noch schwerer. Was ist „Liebe"? Ich habe keine Ahnung. Aber ich habe neulich den Satz gelesen: „Liebe ist das Kind der Freiheit." Das hat mir sehr gefallen.

Ich glaube, ich werde keine Regeln machen, sondern Erwartungen formulieren. Ich erwarte von jeder Person, die sich an einem Diskurs beteiligen will, dass sie sich aufmerksam und interessiert sich selbst und den anderen gegenüber verhält und bereit ist, neugierig bei Uneindeutigkeiten, Unklarheiten und Missverständnissen nachzufragen. Und dass sie ihrerseits, ebenso wie ich, ihre Erwartungen an die Qualität des Diskurses artikuliert.
Für mich verfestigen die Regeln, die Habermas da erwähnt, Herrschaftsansprüche und erschweren den Diskurs zwischen den Geschlechtern.
Aber wahrscheinlich kann ich das sowieso niemand begreiflich machen. Ich habe immer nur gehört: „Nun bleib doch sachlich, sei doch nicht so emotional, reg dich nicht auf und nimm es doch nicht so ernst. Musst du es denn immer alles so wichtig nehmen?"

Ich meine es ernst, und ich nehme es wichtig. Es. Dieses ES, diese Kurzformel für das, was man oft nicht genau wissen will, weil das Konsequenzen nach sich zöge.
Ich bin traurig, und mein Hals ist zugeschnürt.
Ich denke an eine Freundin. Sie sagt oft zu mir, ich müsse mehr Risiken mit anderen eingehen, mehr Vertrauen haben. Woher eigentlich?
Dieselbe Frau erzählt mir, was sie am Nachmittag vorhat. Es wird deutlich, dass sie das Auto eines gemeinsamen Freundes, der es ihr für drei Wochen geliehen hat, für die nächsten Stunden nicht braucht. Und ich frage sie, auch weil ich weiß und sie es auch weiß, dass unser gemein-

samer Freund mir dieses Auto ebenfalls schon öfter geliehen hat, ob sie es mir für eine Strecke von 10 km und für eine Zeit von einer Stunde zur Verfügung stellt. Sie sagt: „Es geht nicht."

Ich frage nach und bin sprachlos. Sie lehnt ab, mit der Bemerkung, sie wolle sich nicht festlegen, vielleicht würde sie es ja doch brauchen.

Natürlich müsste sie sich festlegen, mir sagen, wann sie ihr Auto wiederhaben will oder klar sagen, sie will es nicht verleihen. Aber sie will sich nicht festlegen. Wie viele Leben will sie gleichzeitig leben? Sie will jede neue Möglichkeit ergreifen können, die sich bietet, will sich selbst alle Möglichkeiten offen halten. Keine Verpflichtung, keine Klarheit, keine Festlegung. Worauf also kann ich vertrauen, worauf kann ich mich verlassen?

Ich kann mich darauf verlassen, dass die meisten Menschen sich nicht festlegen und keine Verpflichtungen übernehmen wollen, damit sie jede Chance ergreifen können, die sich ihnen bietet.

Dass sie damit die Möglichkeiten der anderen beschneiden, wird ihnen offensichtlich nicht bewusst.

Ob deshalb diese Wissenschaftler diese Diskurs-Regeln aufgestellt haben? Immerhin enthalten sie mehrere Aufforderungen, sich festzulegen.

Dieselben Worte für die gleichen Dinge, dieselben Eigenschaften für einander ähnliche Gegenstände, die Verpflichtung, nicht zu lügen, die Verpflichtung, nachzudenken und nichts Widersprüchliches zu sagen, damit man für den anderen greifbar bleibt.

Vielleicht kennen sie die Menschen besser als ich, die solches für selbstverständlich hält.

Mein Handgelenk tut weh, ich habe offensichtlich lange Zeit meine Stirn damit abgestützt und rechts und links an meinem Arm vorbei ins Leere gestarrt. Ich sitze immer noch oder schon wieder am Schreibtisch meines Vaters und frage mich, was ich eigentlich mache.

Will ich wirklich meinen Vater kennenlernen, jetzt, wo er tot ist? Oder mich selbst? Und denke im selben Moment, was gibt es da schon zum Kennenlernen. Wieso bin ich neugierig auf ihn und verächtlich mir selbst gegenüber?

Plötzlich bin ich wieder sehr hungrig. Ich habe Magenschmerzen vor Hunger. In der Küche ist es unordentlich, seit Tagen habe ich alles schmutzige Geschirr stehen lassen. Die Brotkrümel und die beiden Käserinden auf dem Tisch sehen mich auf einmal wie das Gesicht meiner Mutter vorwurfsvoll an.

„Kind, wie kannst du nur?" Voller Vorwurf. Oft habe ich nicht einmal gewusst, was ich mal wieder „gekonnt" habe. Aber dieses „können" verdichtete sich mit jedem Male zu etwas Negativerem.

Ich kann ihren Anblick auf dem Küchentisch nicht mehr ertragen, nehme einen Lappen und wische ihr Gesicht zusammen mit dem Krümeln und Käserinden vom Tisch.

Etwas „können" war irgendwie – schon wieder dieses diffuse Wort irgendwie – negativ besetzt.
Sogar kochen kann ich nicht.
Ich schneide eine große Zwiebel klein, vier Tomaten in Stücke, zerquetsche drei Knoblauchzehen, zerreibe ein Stück Käse und schlage ein Ei in die Schüssel mit dem Käse. Anschließend tue ich alles nacheinander in heißes Öl.
Ob Frauen so ihre Aggressionen loswerden? Ich jedenfalls nicht.
Als der Käse geschmolzen und das Ei fest geworden ist, nehme ich die Pfanne vom Herd und schütte ihren gesamten Inhalt in den Abfalleimer. Hunger habe ich keinen mehr. Stattdessen ist mir übel.
Aber diesmal trinke ich keinen Kräuterschnaps, ich hole mir eine Flasche des besten Rotweins meines Vaters aus der Speisekammer, öffne sie mit viel Kraftanstrengung, denn natürlich hat mein Vater keinen Korkenzieher mit zusätzlicher Hebelwirkung in seiner Hausbar.
Erst hinterher fällt mir ein, dass es einen anderen in der Küche gibt, den ich sogar schon einmal benutzt habe. Seine Haushälterin hat diesen unnötigen Kraftaufwand nicht mitgemacht und einen mit zwei Hebeln besorgt, die sich langsam wie Flügel nach oben bewegen, während man den Korkenzieher in den Korken schraubt. Wenn man diese beiden Hebel langsam herunterdrückt, ziehen sie, noch langsamer, den Korken aus der Flasche, der sich dann mit einem kleinen Seufzer von der Flasche löst.
Genau so einen habe ich auch zu Hause.
Aber mein Vater zog offensichtlich die Geste der Kraft, den dazu notwendigen festen Druck der Füße auf der Erde sowie das überraschende Nachgeben des Korkens und den begleitenden Korkenknall vor.

Ich erinnere mich an meinen Physikunterricht: Positionen, Kräfte, Angriffspunkte. Klassische Mechanik.
Ich trinke ein Glas Wein und dann denke ich, ich sollte nicht allein trinken. Ich beschließe, den restlichen Abend in der kleinen Kneipe, die ich auch von früher kenne, zu verbringen, ziehe mich an und gehe los.

Kapitel 16

Spiegelungen oder Der Abend in der Kneipe

Erst durch die Spiegelungen anderer Menschen können wir unsere Persönlichkeit entwickeln[24]. Jedes Baby braucht die Blicke, den Gesichtsausdruck und die Bewegungen, die Laute und die Berührungen seiner Mutter und seines Vaters, um sich selbst in der entstehenden Wechselwirkung zu erleben. Viele Kinder werden nicht ausreichend oder verzerrt gespiegelt und entwickeln dementsprechend leicht eine gestörte Selbstwahrnehmung oder Selbstwertprobleme mit teilweise für sie selbst und für andere sich destruktiv auswirkenden Folgen.

Eine der Folgen kann sein, dass sich diese Menschen – auch noch als Erwachsene und mehr als ihnen gut tut – abhängig fühlen von der Einschätzung und Bewertung anderer oder sich selbst negativ bewerten und destruktiv mit sich selbst umgehen..

Sie stellt fest, dass auch sie zu diesen Menschen gehört.

Ich war total breit, wie manche immer noch sagen, als ich aus der Kneipe nach Hause kam, aber ich weiß wenigstens, warum. Anfangs habe ich mir eingeredet, ich fände es lustig. Die Männer, die mich anguckten und die, die mich nicht sahen, waren das Erste in meiner Wahrnehmung. Wahrlich, ich sage euch, ich bin eine Tochter des Herrn. Ob und wie Männer mich wahrnehmen, entscheidet offensichtlich immer noch über mein Selbstwertgefühl. Na ja.

Frauen allein waren nicht da, nur in Pärchenform. Ich war die einzige solo. Zwei Pärchen saßen an einem Spielautomaten, er sah zum Fernseher, in dem die Sportschau lief, und sie starrte in die Maschine, in der eine Kugel rollte, die von ihr aufgehalten und in die richtige Bahn gelenkt werden sollte. Ein Spiel mit Bedeutung?

Es gab noch zwei Computerspiele, eines mit einem Fußballspiel, für das sich aber im Moment niemand interessierte, da ein etwas realistischeres Spiel im Fernsehen lief. Deshalb erfüllte auch niemand die flehentliche Bitte „Insert a coin", die immer wieder auf dem Bildschirm erschien, durch deren Erfüllung offensichtlich die Spieler von ihren immer gleichen Bewegungen hätten erlöst werden können. Das andere Computerspiel konnte ich nicht erkennen. Als ich versuchte, genauer hinzusehen, rückte der Mann, der es halb verdeckte, freundlich lächelnd zur Seite. Ich glaube, er war der einzige aufmerksame Zeitgenosse in der ganzen Kneipe. Es war ein Spiel, in dem man einen feindlichen Raketenangriff im Weltraum durch das Schießen eigener Raketen abwehren musste.

Die jungen Leute waren mit einem Wort zusammen zu fassen: „Jeans-Generation". Jeans-Hosen und Jeans-Jacken, Turnschuhe und weiße Tennissocken. Auch die Frauen waren so angezogen, und von hinten bei kurzem Haarschnitt und schlanker Figur nicht immer sofort als weiblich zu erkennen.
Im Fernsehen lief inzwischen ein sehr aufreizender Videoclip mit Frauen in Büstenhaltern und knappen Höschen mit Strapsen und schwingenden Röcken, die bei jeder Bewegung so hoch flogen, dass man das Unterhöschen sehen konnte. In dem Film mit Marilyn Monroe, an den ich mich erinnerte, steht sie auf einem U-Bahn-Schacht und versucht mühsam, ihren hoch wehenden Rock herunter zu halten. Im Fernsehen heute wird inzwischen eine ganz andere Art Weiblichkeit verkauft.

Ein paar ältere Männer waren auch in der Kneipe, einer mit grauem Gummiband-Haarschwänzchen, die anderen etwas konventioneller. Einer saß neben mir an der Bar und sah echt deprimiert aus. Ich betrachtete ihn von der Seite, bereit, irgendetwas Freundliches zu sagen. Da erst fiel es mir auf: Er sah sich selbst im Spiegel in der Bar an, variierte seinen Gesichtsausdruck und seine Haltung und begutachtete sich erneut.
Ich habe auf die Uhr gesehen. Eine Stunde lang besah er sich wie Narziss im Wasser, allerdings ohne hineinzustürzen, denn ihm missfiel alles, was er sah. Jedenfalls machte er ab und an ein sehr verächtliches Gesicht, in dem er seine Mundwinkel herunterzog, einen kleinen abfälligen Laut machte und kurz wegblickte, um sich allerdings ziemlich schnell wieder dem eigenen Spiegelbild zu zuwenden.

Erst habe ich ihn verachtet und ein innerliches höhnisches Lächeln gespürt. Aber dann war ich erschrocken. Nebenbei, ich hasse inzwischen das Wort „betroffen", ich kriege inzwischen nur noch Völkerball-Assoziationen dazu.
Ich war erschrocken, als mir plötzlich bewusst wurde, wie sehr sich Menschen selbst verlassen können. Dieser Mann begegnete sich selbst im Spiegel hinter den Flaschen wie einem Fremden und versuchte, sich selbst hinter all diesen Flaschen im Spiegel wiederzufinden. Und das einzige, was dabei durch ihn hindurch gegangen ist, war der Inhalt dieser Flaschen, er war total blau. Aber ich habe gut reden. Auf der Suche nach

was weiß ich habe ich auch viel zu viel getrunken.

Wahrscheinlich hat dieser Mann mit seinem absurden Verhalten nur deshalb einen so tiefen Eindruck in mir hinterlassen, weil ich genau dasselbe
mache. Nur habe ich als Spiegel Männer benutzt. Aber was mir inzwischen klar geworden ist: Die Männer wollten meist auch nichts anderes.

Die Frauen sollten die Spiegel für sie sein, damit sie sich vergrößert, ver-
schönert, verbessert, vergöttert in den Augen von Frauen spiegeln können.

Aber wer als Mann ganz unabhängig sein will, dem bleiben wirklich nur
noch silbrig beschichtete Spiegel, und manchmal ist es ein Spiegel hinter
den Flaschen an der Bar. Und noch etwas ist mir in Erinnerung geblieben:
Es gab viele Pflanzen in dieser Kneipe, sie passten gut zu dem weiß-
grauen Fliesenboden und sie waren alle künstlich.

Als ich, ziemlich betrunken, ging, waren noch zwei Männer in der Kneipe. Der eine, der immer noch vor den Spiegeln hinter den Flaschen seine
Mimik und Gestik veränderte und ihre Wirkungen überprüfte. Und dann
noch einer, der mir vorher nicht aufgefallen war. Als ich aufstand, um zu
gehen, musste ich an ihm vorbei. „Was hast du denn hier zu suchen, du
hast doch schon alles gefunden?" sagte er zu mir. Ich stutzte, ich verstand
überhaupt nicht, was mir damit sagen wollte. „Das hier ist kein Ort für
dich", sagte er auf meinen fragenden Blick, „hier hängen nur Leute rum,
die nichts mehr mit ihrem Leben anfangen können."

„Und weshalb bist du hier?", habe ich ihn gefragt. „Frau", sagte er „du
bist eine, in die ich mich verlieben könnte, deshalb komm nie wieder her,
am besten morgen Abend", und dabei grinste er. Da fiel mir ein, dass ich
ihn kannte. Ich hatte ihn vor vielen Jahren als Assistent meines Vaters
kennengelernt und er hieß Fuchs, Peter Fuchs, Dr. Peter Fuchs. „Gute
Nacht, Reineke Fuchs" sagte ich und ging.

In diesem Moment ahnte ich noch nicht, welche Bedeutung der Mann in
meinen Leben noch haben würde.

Ich ging, und zu Hause habe ich den ganzen Wein, den ich getrunken
hatte, wieder ausgekotzt.

Auf irgendeine perverse Art und Weise liebe ich den kalten Schweiß, der
mir dabei auf die Stirn, die Nase, den Hals und die Schultern tritt.

Es ist für mich der körperlich überzeugendste Ausdruck von sehnsüchti-
ger Verachtung, was immer das ist.

Auf jeden Fall ist das, was sich dahinter verbirgt, nicht von dieser Welt.
Oder doch?

Kapitel 17

Verbundenheit und Liebe

Säugetiere sind in ähnlicher Weise empfindsam gegenüber den Wechselwirkungen mit ihrer Umwelt wie Menschen. Und wenn sie ihre Tierkindheit auf ihnen angemessene Weise verbringen konnten, sind sie meist voller Akzeptanz und Zuneigung für die Menschen, denen sie sich verbunden fühlen. Ihre Spiegelungen diesen Menschen gegenüber sind unverzerrt, direkt und unmittelbar. Für viele Kinder sind die Spiegelungen, die sie im Miteinander mit Tieren erleben, eine entscheidende Rettung ihrer Selbstakzeptanz. Dabei entwickelt sich meist eine tiefe Liebe zwischen den Kindern und ihren Tieren.

Deshalb weiß sie trotz aller Selbstzweifel, dass sie lieben kann.

Während ich gestern nach Hause ging, habe ich mir vorgenommen, nie wieder in diese Kneipe zu gehen, weil mich der Reineke Fuchs so an meinen Vater erinnert hat, und jetzt frage ich mich, was ich in dieser Wohnung will, wenn ich im Grunde alles vermeide, was mit meinem Vater zusammenhängt.
Ich lasse meinen Blick über die meterlangen und meterhohen Bücherregale schweifen, frage mich weiter, wieso ich denke, dass ich meinen Vater in all diesem bedruckten Papier finde. So als sei er nie ein lebendes Wesen gewesen, sondern entsprechend einer Variation eines Bibel-Wortes „Aus Papier entstanden und wieder zu Papier geworden".
Und vielleicht war es ja auch genauso.
In einer Ecke sehe ich fünf große, dicke Lederrücken.
Die Fotoalben.
Ich hole sie heraus und trage sie in die Küche. Auch typisch, denke ich, dass ich in dieser Wohnung fast nur in der Küche bin. Als sei nur dort mein Platz.
Ich schlage das erste Album auf. Auf der ersten Seite die Hochzeitsfotos meiner Eltern. Sie guckt ihn an, und er guckt mich an, vielmehr er guckt in die Kamera. So war es immer. Sie blickte immer zu ihm, wenn nicht sogar zu ihm auf, und er blickte geradeaus, dahin, wo etwas geschah.
Was für ein Klischee.
Ich klappe das Album zu und nehme das nächste, aber ich schlage es nicht auf.

Ich will das kleine Mädchen, das ich einmal war, nicht sehen. Und das Bild meines Vaters steht mir sowieso vor Augen. Schmale Lippen, graue Augen, angestrengte Stirn. Falten, die sich rechts und links neben der Nase bis zu den Mundwinkeln ziehen. Er war immer sehr empfindlich, was seinen Magen anbetraf. „Ärgere Vati nicht, du weißt, es schlägt ihm auf den Magen." Wie meine Mutter sich um sein Wohlergehen sorgte. Ich schiebe die Fotoalben unter den Küchentisch, stehe auf und verlasse die Küche. Was will ich eigentlich hier, und gegen was begehre ich so auf? Ziellos gehe ich durch die Wohnung. Im Arbeitszimmer liegen immer noch die von mir zerknüllten und zerrissenen Papiere auf dem Boden. Es sind Hunderte von Knöllchen. Ich könnte mich selber kleinreißen, zerknüllen und daneben schmeißen.

Plötzlich erinnere ich mich an die Katze, die ich als Kind hatte, einen orangefarbenen Kater. Er liebte es, auf dem Boden liegendes Papier mit seinen scharfen Krallen in kleine Stücke zu zerreißen. Er hatte es gelernt, kein Papier von irgendeinem Tisch zu verwenden, die vielen laut gerufenen Neins meines Vaters, meiner Mutter und von mir haben ihn davon abgehalten, die kostbaren Unterlagen meines Vaters vom Schreibtisch oder anderen Tischen zu wischen und zu zerfetzen. Aber kein Papier, das auf dem Boden lag, war vor ihm sicher. Ich liebte ihn. Wenn ich aus der Schule kam, stand er schon oben an der Treppe, um mich zu empfangen. Ich blieb ein paar Stufen unter ihm stehen und dann sprang er mir auf die Schulter, legte sich wie ein Schal um meinen Nacken und schnurrte. Und ich war glücklich. Wenn ich meine Schularbeiten machte, saß oder lag er mit auf dem Tisch, am liebsten unter der Schreibtischlampe, weil es da so schön warm war. Anfangs brachte er mir auch lebendige Mäuse, aber irgendwann hat er wohl gemerkt, dass ich sie heimlich wieder frei ließ. Von da an bekam ich nur noch tote vollständige oder aber auch Teile von Mäusen. Damals lebten wir noch nicht in der Wohnung, in der ich jetzt bin, sondern im ersten Stock über einer Bäckerei und Konditorei, zu der eine Reihe von Nebengebäuden und Innenhöfen gehörten. Für den Kater muss es ein Paradies gewesen sein. Aber eines Tages kam er nicht wieder nach Hause. Viele Tage habe ich um ihn geweint und immer noch gewartet, ob er nicht doch wiederkommt. Aber er kam nicht.
Ich weiß noch, wie mein Vater sagte: „Aber Kind, nun weine doch nicht mehr so, es ist doch nur eine Katze, wir besorgen dir eine neue. Es gibt so viele Katzen." Er verstand nicht, dass mein Kater für mich ein ganz besonderer Kater war, er war mein Freund, mein Vertrauter, dem ich alles erzählte und der mich vorbehaltlos akzeptierte. Nie war er beleidigt oder nachtragend. Einmal bin ich aus Versehen auf seinen Schwanz ge-

treten, nur ein bisschen, aber er hat geschrien. Es war zwar nichts kaputt, aber es hat ihm sicher wehgetan und trotzdem hat er seinen Kopf gleich anschließend an meinen Beinen gerieben und geschnurrt. Ich habe das meinem Vater erzählt, und er hat gesagt, dass Verhalten von Katzen sei instinktgesteuert, persönliche Zuneigung würden sie gar nicht kennen, und der Kater würde mit seinem Streicheln nur seinen Geruch auf mich übertragen, und ansonsten würde er wissen, wer ihm die Dosen aufmacht und sein Futter gibt. Ich konnte gar nichts dazu sagen, ich habe es nicht geglaubt, aber ich fühlte mich unsicher. Vielleicht hatte er ja recht, vielleicht hat mein Kater mich gar nicht gemocht. Vielleicht kann man mich auch gar nicht mögen.

Ich habe wieder geweint, nur diesmal um mich. Und dann kam meine Mutter und sagte: „Kind, natürlich hat dich dein Kater geliebt, genauso wie du ihn, Papa hat das nicht so gemeint, er wollte nur, dass du nicht mehr so traurig bist." Immerhin, sie hat ihm widersprochen, wenn auch hinter seinem Rücken, aber sie hat ihn auch gleich wieder in Schutz genommen.

Meine Tochter hatte später auch eine Katze. Ich habe ihr von meinem Kater erzählt und ihr ein Buch über die Eigenarten und Fähigkeiten von Katzen geschenkt. Und ich habe ihr versichert, dass ihre Katze sie liebt. Warum konnte mein Vater das nicht?

Plötzlich habe ich Lust, doch in den Fotoalben zu blättern. Vielleicht finde ich ein Foto von meinem Kater und mir. Eines weiß ich ganz genau: Ich habe meinen Kater geliebt, meinen wunderbaren Kater Miro.

Kapitel 18

Männliche Wissenschaft

Dichter, Schriftsteller und Wissenschaftler aller Disziplinen haben sich in den vergangenen Jahrhunderten an der Entwertung des „Weiblichen" beteiligt. Viele Wissenschaftlerinnen[25] haben sich im vergangenen Jahrhundert bis heute damit auseinandergesetzt, wie sich aufgrund der vorherrschenden patriarchalen kulturellen Struktur und der damit einhergehenden Missachtung des Weiblichen einseitige Sichtweisen und blinde Flecken in den verschiedenen wissenschaftlichen Disziplinen ausgebreitet haben.

Sie erkennt, dass die Abwertung des Weiblichen allgemein verbreitet ist und nicht nur sie als Person betrifft.

Die Sonne scheint durch die Fenster in den Arbeitszimmern meines Vaters und ich sitze mit einem Kaffee auf einem Sessel am Fenster, statt wie sonst in der Küche.
Auf dem kleinen Tischchen neben dem Sessel liegen ein paar alte Ausgaben von „Spektrum der Wissenschaft", die deutschsprachige Ausgabe von Scientific American. Ich gucke genauer hin. Was wollte mein Vater denn damit, die Hefte sind ja uralt? Im ersten ist ein Artikel über „Soziale Spinnen". Ich schlage ihn auf, und da lese ich, dass bei den sozial lebenden Spinnen die erwachsenen Spinnen

„…ständig kooperieren: am Nestbau, am Beutefang und zuweilen sogar in der Brutpflege. Dies alles sind vorwiegend weibliche Tätigkeiten." (Seibt / Wickler)

Diese kleinen Ungenauigkeiten sind so typisch. Es steht nicht da, „diese Tätigkeiten werden überwiegend von Weibchen ausgeführt", nein, es heißt dieses „sind vorwiegend weibliche Tätigkeiten". Diese Verschleierung geht weiter. Obwohl in dem Artikel auch deutlich gesagt wird:

„Sozialleben unter Spinnen ist deshalb vor allem ein Problem der gegenseitigen Anziehung, Duldung und Zusammenarbeit zwischen den weiblichen Tieren", (Seibt / Wickler)

wird die Frage, wie die Tiere sozial geworden sind und warum, für beide Geschlechter gestellt. Damit entfällt die Forschungsfrage, warum Männchen sich nicht an der Brutpflege beteiligen. Ich bin neugierig und lese mir den Text weiter durch. Da steht stattdessen:

„Vor- und Nachteile des kooperativen Zusammenlebens heben hier allerdings einander fast auf."
(Seibt / Wickler)

Der Artikel ist geschrieben von einer Frau und einem Mann. Offensichtlich sind keinem der beiden die verborgenen Vorurteile aufgefallen.
Ich finde weitere kulturelle oder patriarchale Bevorzugungen, die sich in wissenschaftlichen Untersuchungen als Verzerrungen in den Aussagen niederschlagen.
Es sei ein Nachteil, dass die sozial lebenden Spinnen nicht so groß werden wie die einzeln lebenden Spinnen, ein zweiter Nachteil liegt angeblich darin, dass sich bei den sozial lebenden Spinnen nicht alle Spinnen fortpflanzen. Einige werden Arbeitsspinnen und diese erhöhen – angeblich – die Effizienz der Gruppe im Hinblick auf die Produktion nicht. Und dann lese ich es auch noch einmal auf der Seite 81:

„...als Maß für Effizienz gilt beim Menschen Reichtum, Macht oder Wohlergehen, in der Biologie hingegen der für die Evolution entscheidende Fortpflanzungserfolg." (Seibt / Wickler, S. 81)

Ich klappe das Heft zu und nehme mir das nächste. Da ist ein Artikel über die Paarung von Baumgrillen und der Inhalt, wie im Untertitel steht, enthält eine Reihe faszinierender Fortpflanzungsstrategien, die eine erfolgreiche Besamung gewährleisten sollen.
Beim Lesen des Artikels erfahre ich, es gäbe raffinierte Taktiken der Männchen, z. B. mit Hilfe eines Sekretes der Metathorakal-Drüsen das Weibchen dazu zu kriegen, dem Männchen die Paarung zu erlauben, oder aber den Zeitraum der Kopulation zu verlängern. Die Annahme ist offensichtlich, dass diese ganzen dummen Weibchen ansonsten offensichtlich die sogenannten Spermatophoren, eine spermiengefüllte Kapsel, auffressen würden und damit die Besamung der eigenen Eier verhindern. Wie schön, dass die männlichen Baumgrillen so strategisch klug sind, so dass ihnen diese vielfältigen Möglichkeiten der Überlistung der Weibchen eingefallen sind. Zum Schluss kann ich dann lesen:

„Aber es ist einfach unwahrscheinlich, dass ein Männchen seine eigenen Chancen, sich weitere Weibchen zu sichern, gefährdet, indem es in Nachkommen investiert, für die seine Vaterschaft zweifelhaft ist." (Funk, S. 106-114).

Es ist so subtil, was da steht, und ich bin sprachlos. Gleichzeitig muss es wohl innerhalb des wissenschaftlichen Diskurses einen gewissen Grad an Stimmigkeit besitzen, sonst würde es sicher nicht gedruckt.

Stimmigkeit? Ich denke nur an die Auseinandersetzung mit meinem geschiedenen Mann über das Kindergeld.

Wieso begegnet mir diese denunziatorische Art des Redens über Weibliches überall. Wahrhaftig. Ein Spektrum der Wissenschaft.

Ich glaube, ich wende mich in meinem momentanen Zustand von Sprachlosigkeit lieber den GEO-Heften zu, die ebenfalls da herum liegen, da sind wenigstens schöne Bilder zu sehen. Einen Artikel über Umweltprobleme fange ich an zu lesen, stutze aber auch da ganz schnell.

Ich lese den Satz: „...ist dem Reinlichkeitsdenken einer Dame zu verdanken."

Es ist empörend, eine sinnvolle Umweltschutzmaßnahme ist dem Reinlichkeitsdenken einer Dame zu verdanken.

Da steht nicht, es war ihr politisches Engagement für eine gesündere Welt; da steht nicht, dass es eine aus Sachkenntnis und Überzeugung entwickelte gesellschaftspolitische Entscheidung war; da steht nicht, dass es sich um das Bemühen einer kompetenten Frau handelte; nein, es war ihr Reinlichkeitsdenken. Wie nett, dass nicht von Putzzwang die Rede ist.

Nun sei doch nicht so empfindlich, sage ich zu mir, aber ich bin es.

Kapitel 19

Selbstkritik und Widerstand

Die Entwertung des Weiblichen von klein auf hinterlässt Spuren, sowohl bei kleinen Jungen als auch bei kleinen Mädchen, und diese vertiefen sich, wenn weiterhin ähnliche Erfahrungen gemacht werden. Wie einzelne Menschen mit diesen Spuren umgehen, ist individuell verschieden. Bei Männern führt dies häufig dazu, sich auf Kosten der Frauen aufzuwerten und bei vielen Frauen führen diese Spuren in ihrem Bewusstsein dazu, sich auf unterschiedliche Weise selbst anzugreifen. Die zugehörigen vergangenen Erinnerungen beeinflussen die Interpretationen der jeweils neuen Erfahrungen.

Und dadurch werden die vergangenen Gefühle von Überlegenheit und Hilflosigkeit einerseits, aber auch von Verletztheit und Schmerz, von Kränkung und Demütigung andererseits immer wieder neu aktiviert.

Sie will aus diesem Kreislauf ausbrechen.

Warum bin ich so empfindlich gegenüber der Nichtachtung von Frauen und den Herabwürdigungen des Weiblichen. Ich kenne das doch schon von klein auf. Fast jede Fernsehsendung und die meisten der Illustrierten beteiligen sich daran, direkt oder indirekt. Interessant finde ich allerdings, dass sich die jüngeren Frauen gar nicht diskriminiert fühlen, sondern „gleichberechtigt". Wahrscheinlich bin ich doch zu empfindlich, denke ich, um dies gleich anschließend zurückzunehmen. Nicht schon wieder ich mit dem schwarzen Peter, ich verhalte mich so, als sei ich mit ihm auf immer und ewig liiert.

Ich bin nicht zu empfindlich, die jungen Frauen wollen ihre Position als Menschen zweiter Klasse nur nicht wahrhaben, und das kann ich verstehen. Wer will das schon. Wenn ich an alle meine Kämpfe denke, an die Verzweiflung, die immer wiederkehrenden Selbstzweifel und die kaum zu bremsende Selbstablehnung. Ich kann ohne Probleme jederzeit den ganzen Sermon herunterbeten:

Wie sehe ich aus, was ziehe ich an, meine Haut sieht ganz blass aus, ich kriege schon Falten, wie furchtbar, ein graues Haar, ich bin zu dick, ich war zu aggressiv, zu unhöflich, zu nachgiebig, nicht gut genug vorbereitet, unklar, zu unsicher, ich hätte mich beherrschen müssen, immer muss ich meinen Willen durchsetzen, nie bin ich diplomatisch genug, um andere zu überzeugen. Was habe ich eigentlich den ganzen Tag getan, ich bin viel zu unorganisiert, ich kriege auch gar nichts auf die Reihe, mein Gott, bin ich dumm, nein nicht nur dumm, sondern auch faul. Ich weiß nicht, was ich will, ich bin viel zu schnell dabei, mich über den Tisch ziehen zu lassen, ich bin nicht anpassungsfähig, nein, ich bin feige. Feige und berechnend. Ich bin doch überhaupt nicht spontan, immer überlege ich schon im Vorfeld, wie das, was ich gleich sagen oder tun werde, bei den anderen ankommen wird. Wo habe ich denn die Schlüssel schon wieder hingelegt, ich werde noch irgendwann meinen Kopf verlieren. Na ja, viel ist da nicht verloren.

Immer mache ich mich schlecht und lasse kein gutes Haar an mir, ich muss mich nicht wundern, wenn ich kein Selbstwertgefühl habe, so wie ich mit mir umgehe. Und ich kann es noch nicht einmal stoppen, obwohl ich weiß, dass mir diese ganze Autoaggression schadet. Ich bin wirklich vollständig unfähig. Usw.

Manchmal lief dieser Sermon auch mit einer Stimme in meinem Kopf ab, die mich mit „Du" anredete. Die war allerdings noch böser und vernichtender und schlug mir mit schöner Regelmäßigkeit vor, ich solle mich doch einfach aus dem Fenster werfen, aber nicht aus dem vierten Stock, da sei nicht sicher, ob ich anschließend auch tot sei, vielleicht säße ich dann ja für den Rest meines Lebens im Rollstuhl und sei für alle eine noch größere Last als jetzt. Es gab eine Zeit, da habe ich den Hinweis, mir doch lieber ein höheres Gebäude für den Selbstmord zu suchen, für fürsorglich gehalten. Damals, als ich noch fast alles geglaubt habe, was die Stimme gesagt hat.

Vorschläge, mich umzubringen, habe ich öfter von der Stimme gehört, allerdings immer mit kleinen Einschränkungen. So kam nicht in Frage, mit dem Auto einfach gegen eine Mauer zu fahren, weil es schade um das ziemlich neue Auto gewesen wäre.

Diese Du-Stimme hat mir jedes Recht abgesprochen, das Recht zu leben, das Recht, die Person zu sein, die ich war und bin, das Recht auf eigene Gefühle, Gedanken und Vorstellungen, das Recht auf eigene Phantasien und Wünsche und das Recht, eigenständig zu handeln.

Wenn ich nur daran denke, welche Arbeit es war, bis ich das Gefühl hatte, ich darf einen eigenen Wunsch haben und auch aktiv etwas dazu tun, dass er sich auch verwirklichen kann. Anfangs habe ich mich nur darum bemüht, jeden Wunsch, der begann, sich in meinem Bewusstsein auszubreiten, sofort wieder zu vernichten. Denn schon die Kenntnis eines Wunsches war – so glaubte ich damals – eine Garantie dafür, dass er nicht erfüllt würde. Ich durfte nicht einen einzigen Wunsch haben, jeder Wunsch bedeutete, überhaupt nichts zu bekommen.

Die nächste Phase hatte ich erreicht, als ich mir erlauben konnte, meine Wünsche wahrzunehmen, aber dabei war es wichtig, sie gleichzeitig für unerfüllbar zu halten und deshalb auf keinen Fall auszusprechen, denn dann wurde nicht nur der Wunsch nicht erfüllt, sondern dann passierte eine Katastrophe. Jedenfalls glaubte ich das.

Ich erinnere mich, wie es war, als ich mir zum ersten Mal einen Wunsch selber erfüllte und nach London flog, um eine Freundin zu besuchen. Ich war gerade angekommen, da erhielt ich einen Anruf, in dem man mir mitteilte, mein Sohn hätte im Chemieunterricht einen Unfall gehabt, er hätte Verbrennungen am rechten Arm und läge im Krankenhaus. Zunächst nahm ich dies als Bestätigung für meine Katastrophenphantasien in Bezug auf Wünsche, aber allmählich war ich in der Lage, dieses Zusammentreffen als Zufall anzusehen.

Inzwischen habe ich eine positivere Beziehung zu meinen Wünschen und kann mir erlauben, etwas dazu zu tun, dass sie sich verwirklichen. Ab und an brauche ich noch eine Freundin, die mich in meinen Bemühungen um Wunscherfüllungen dadurch unterstützt, dass sie mir sagt, es sei in Ordnung, wenn ich das tue, was ich wolle, sofern ich niemand anderen damit schade.

Und ich bin sehr froh, dass es diese Hilfs-Ichs für mich gibt.

Und nun stehe ich in der Wohnung meines Vaters, genauer gesagt, in der Küche, und bin empfindlich. Wahrscheinlich hat die Tatsache, dass ich mich in der Wohnung meines Vaters befinde, etwas mit dieser Empfindlichkeit zu tun.

Ich erinnere mich, dass er immer die Wohnung verließ, wenn die „Putzfrau" kam, wie er sie, zumindest anfangs, nannte. „Kind", hat er zu mir gesagt, „ich kann es nicht gut aushalten, zuzusehen, dass jemand hinter mir aufräumt und saubermacht, ich finde es belastend, und deshalb frühstücke ich im Café und gehe dann ins Institut."

Ich habe ihn nicht gefragt, was er denn so belastend findet, bei seiner Frau hat es ihn nicht gestört, dass sie den ganzen Haushalt allein gemacht hat. Aber sie hat es ja in seinen Augen aus Liebe gemacht und die andere hat sich dafür bezahlen lassen. Trotzdem, was ist daran belastend? Hätte er es auch belastend gefunden, wenn die „Putzfrau" umsonst gearbeitet hätte? Ich weiß es nicht, aber mir wird wieder bewusst, dass sie in meinem Bewusstsein auch die „Putzfrau" ist und mir ihr Name im Moment nicht einfällt. Ich verhalte mich genauso diskriminierend wie diejenigen, denen ich ein solches Verhalten vorwerfe. Ich bin wohl auch darin eine Vater-Tochter. Da fällt mir ein, dass sie ihren Namen und ihre Telefonnummer und Mailadresse mit einem Magneten am Kühlschrank hinterlassen hat und ich mich bei ihr bedanken wollte.

Ich gieße mir den inzwischen lauwarmen Kaffee ein, und während ich noch denke, der ist doch noch gut genug für mich, schütte ich ihn schon in den Ausguss und beginne, mir einen frischen heißen Kaffee mit geschäumter Milch zu machen. Ich finde auch noch eine Schachtel italienischer Kekse, einzeln in Folie verpackt, in der Speisekammer.
Ich werde mich jetzt ein bisschen verwöhnen.

Ich nehme den heißen Milchschaumkaffee und drei Kekse und gehe ins Arbeitszimmer, um den Rechtsanwalt meines Vaters anzurufen. Bei der Beerdigung hatte er mir noch einmal gesagt, ich müsse mich um gar nichts kümmern, mein Vater hätte mit ihm schon Jahre vor seinem Tode alles geregelt und ihm auch die notwendigen Vollmachten gegeben, ich solle ihn aber trotzdem anrufen, weil er noch einige Informationen für mich hätte.
Am Telefon erzählt er mir, dass er sowohl auf mein Konto Geld überwiesen, als auch der Haushälterin das Gehalt für weitere sechs Monate gezahlt habe, damit sie sich in Ruhe eine neue Stelle suchen könne.
Als ich ihn frage, was denn mit den Mietzahlungen für die Wohnung meines Vaters sei, sagt er mir, dass meinem Vater das ganze Haus inklusive Gartenhaus gehöre. Sechs große Wohnungen im Vorderhaus und sechs kleine im Gartenhaus. Alle in einem guten Zustand, ich bräuchte mir finanziell keine Sorgen mehr machen, denn durch die Mieten der anderen Wohnungen seien nicht nur die Kosten für den laufenden Betrieb und die Reparaturen gedeckt, sondern es bliebe auch genug zum Leben für mich übrig. Und dann sagt er noch, dass allerdings die eine Erdgeschosswohnung im Gartenhaus zusammen mit einem kleinen Garten in eine Eigentumswohnung umgewandelt und für die Haushälterin ins Grundbuch eingetragen worden sei. Sie wüsste allerdings nichts davon, sondern hätte die ganzen Jahre Miete bezahlt.
Aber von ihrer Miete würden seit Jahren nur die Nebenkosten auf das Hauskonto fließen, die Kaltmiete ginge auf ein Sonderkonto zugunsten ihrer Tochter.
Ich denke ganz viel gleichzeitig. Deshalb sieht es da so nett aus. Wenn ich vom Küchenfenster oder vom Küchenbalkon herunter gucke, kann ich einen Sitzplatz mit einem Tisch und drei Stühlen sehen, ringsherum von Sträuchern und Kübelpflanzen abgegrenzt. Eine Tür führt direkt in die Wohnung, neben der Tür stehen noch eine hölzerne Sitzbank an der Wand und ein Liegestuhl davor. Es sieht sehr gemütlich aus und ich hatte

mich schon gefragt, wer da wohl wohnt. Da also lebt die Haushälterin mit ihrer Tochter. Dann sagt der Rechtsanwalt noch: „Ihr Vater hat das vor über zehn Jahren so verfügt, ihr aber nichts sagen wollen, damit sie sich nicht verpflichtet fühlt. Sie sollte erst nach seinem Tode davon erfahren, dass sie Eigentümerin der Wohnung ist. Nächste Woche kommt sie, dann werde ich es ihr mitteilen und die Papiere übergeben."

Ich sehe meinen Vater plötzlich mit anderen Augen. Besser gesagt: Ich habe plötzlich andere Gefühle gegenüber meinem Vater. Zärtliche Gefühle. Weil er sich in die schwierige Situation eines anderen Menschen hineinversetzt und versucht hat zu helfen.

Gleichzeitig denke ich voller Misstrauen, woher hat mein Vater wohl so viel Geld, um ein solches Objekt zu kaufen. Ich frage den Anwalt, seit wann mein Vater diese Immobilie besitzt und er sagt, als mein Vater vor ungefähr elf Jahren zu ihm gekommen wäre, da hätte er sie schon gehabt, und seitdem hätte er die Immobilie für ihn verwaltet.

Ich bedanke mich bei dem Anwalt, ich weiß jetzt mehr, als ich wissen wollte. Ich lege den Hörer zurück und fühle mich überwältigt und durcheinander.

Mir gehört jetzt diese Wohnung, diese vielen, großzügigen Räume mit zwei großen Balkons, und nicht nur diese Wohnung, nein, das ganze Haus und das Gartenhaus und der ganze Innenhof dazwischen. Wahnsinn. Ich kann es nicht fassen.

Diese riesige Überraschung, die ich eben erlebt habe, schiebe ich jetzt erst einmal beiseite. Erst einmal tue ich so, als wüsste ich noch nichts davon, sonst bin ich zu abgelenkt.

Allerdings füge ich zu meinen bisherigen Fragen in Bezug auf meinen Vater nun noch eine weitere Frage hinzu. Womit hat er so viel Geld verdient? Was hat er wirklich gemacht? Wieso gehört meinem Vater das ganze Haus? Woher hat er als Professor, viel verdienen die als Beamte ja nicht, so viel Geld, um so einen Komplex zu kaufen? Geerbt hat er das ja wohl nicht.

Ungesetzliche Genexperimente, Produktion von Drogen, Herstellung biologischer Waffen, Verkauf geheimer wissenschaftlicher Forschungsergebnisse, mir fällt so einiges ein, was wirklich Geld bringen könnte.

Welchen Geheimnissen bin ich bei meiner Suche wohl auf der Spur?

Ich kann nur aufmerksam sein und abwarten, ob mir entsprechende Informationen in die Hände fallen.

Kapitel 20

Unberührbarkeit

In unserer Kultur ist emotionale Unberührbarkeit eines der geheimen Erziehungsziele für Männer. Frauen dürfen emotional sein, Männer sollen stark sein. Gefühle sind nur etwas für Schwache oder zumindest ein Zeichen von Schwäche. Diese kulturelle Konditionierung von Männern und die damit zusammenhängende Reduktion des Ausdrucks der empathischen Fähigkeiten von Männern und den damit zusammenhängenden Konsequenzen für Frauen haben seit langer Zeit destruktive Folgen für sie selbst und für viele Menschen in weiten Teilen der Welt. Frauen haben sich zwar ihre empathischen Fähigkeiten erhalten, soweit sie diese für die Männer und die Nachkommen verwenden, aber auch sie sind im Verlauf der Zeit emotional unberührbarer geworden.

Frauen haben ihre empathischen Fähigkeiten weitgehend benutzt, um zu versuchen, andere Menschen in ihrer Umgebung im Hinblick auf ihre eigenen Interessen zu manipulieren und zu kontrollieren.

Solche Versuche gehen leider immer mit Selbstkontrolle einher und dabei gibt man den Kontakt zu den eigenen Empfindungen und Gefühlen auf und wird sukzessive unberührbar.

Mitgefühl – darauf hat unter anderen Arno Gruen in seinen Büchern hingewiesen – ist den Menschen nicht mehr zugänglich, wenn sie nicht mehr berührbar sind.

Diese „Unberührbarkeit" wirkt sich nicht nur destruktiv auf Menschen aus, sondern hat auch zerstörerische Auswirkungen auf die gesamte Umwelt. Das bedeutet, dass unser gesamter Planet mit allem, was dazu gehört, davon betroffen ist und bereits großen Schaden davon getragen hat.

Sie weiß, dass das auch für sie gilt und sie darunter leidet.

Ich sitze auf dem Ledersofa in der Bibliothek meines Vaters und schaue mich um. Das Sofa ist umrahmt von Bücherregalen, die sich nach allen Seiten fortsetzen und nur unterbrochen werden von den Fenstern und Türen der ineinander übergehenden Räume. Durch die große Flügeltür kann ich in den zweiten Raum sehen. Dort steht auch der Schreibtisch mit dem Laptop.

Also, was will ich hier?

Der ursprüngliche Wunsch war: Ich will wissen, wie mein Vater gedacht

94

hat und wer seine geistigen Väter waren.

Inzwischen habe ich eine Ahnung davon, warum ich das wissen will. Dahinter steckt ein anderer Wunsch: Ich will wissen, wieso mein Vater mich, aber auch meine Mutter nicht ernst genommen hat, warum ich keine Bedeutung für ihn und auch keine Wirkung auf ihn hatte.

Und ich will wissen, wer ihn so beeinflusst hat, dass er für mich kein Interesse hatte, denn eigentlich sollte sich ein Vater doch für seine Kinder interessieren, oder nicht? Deswegen die Frage nach seinen geistigen Vätern, aber vielleicht waren ja auch geistige Mütter dabei.

Und ich denke, die Antwort auf meine neue Frage liegt vielleicht doch in dieser Bibliothek, in den vielen Büchern, die er alle, ich denke, es waren wirklich alle, gelesen hat und denen er, so nehme ich an, eine Wirkung auf sich, sein Fühlen, Denken und Handeln, eingeräumt hat.

Ich sehe mich um. Es sind so viele, dass ich genau weiß, ich werde sie nicht alle lesen können.

In vielen Büchern stecken Papierstreifen, offensichtlich zum schnellen Wiederfinden wichtiger Seiten. Viele sind schon ganz vergilbt, mein Vater muss sie vor langer Zeit beim Lesen zwischen die Seiten gelegt haben.

Ich beschließe, mir erst einmal die Bücher mit den vergilbtesten Papierstreifen anzusehen und ziehe wahllos ein paar heraus und nehme sie mit zu dem kleinen Tischchen am Sofa.

Das erste Buch, welches ich dort öffne, wo der erste Papierstreifen ist, ist von Horkheimer und Adorno, heißt „Dialektik der Aufklärung", und ich lese, was mein Vater unterstrichen hat:

„Furchtbares hat die Menschheit sich antun müssen, bis das Selbst, der identische, zweckgerichtete, männliche Charakter des Menschen geschaffen war, und etwas davon wird noch in jeder Kindheit wiederholt." (Horkheimer / Adorno, S. 40)

Das Zitat kenne ich, aber was hat meinen Vater daran interessiert? Wenn er es unterstrichen hat, war er wohl nicht einverstanden. „Ich hatte eine schöne Kindheit", sagte er immer, „ich habe meine Eltern wirklich sehr geliebt, ja fast verehrt." Mich sah er dabei meist so an, als wolle er sagen, ich würde ihn nicht lieben, oder so, als müsse ich ihm wenigsten jetzt sofort sagen, dass ich ihn liebe, und zwar über alles. Es war mir immer irgendwie unangenehm, aber ich wusste nicht, wieso. Ich weiß es bis heute nicht.

Direkt daneben stand ein anderes Buch, was jetzt auch auf dem kleinen Tisch liegt und viele Papierstreifen hat. Es ist von Gernot Böhme und heißt: „Am Ende des Baconschen Zeitalters – Studien zur Wissenschaftsentwicklung".
Ich lese mir die an der Seite angestrichenen Stellen durch:

„Neuzeitliche Naturwissenschaft ist „unsensibel", d. h., sie ist sinnlich unbetroffene, instrumentelle Erfahrung. Neuzeitliche Wissenschaft ist Wissenschaft von Tatsachen und schließt deshalb Einheit, Schönheit, Güte und Bedeutung ihrer Gegenstände aus der Betrachtung aus." (Böhme, S. 56)

Ich blättere weiter und finde eine weitere angestrichene Aussage über Wissenschaft:

„Wissenschaftliche Erfahrung ist eine hochselektive regelgeleitete Auffassung von Natur. Sie hält Natur auf Abstand; nichts geschieht der Person, die die Erfahrung gewinnt. Diese Art Erfahrungsgewinnung kann als Schritt in der Formation des wissenschaftlichen Gegenstandes bezeichnet werden, insofern sie den Daten gewisse Grundstrukturen aufprägt." (Böhme, S. 61)

Und dann kommen auf der nächsten Seite noch ein paar für mich sehr interessante Sätze:

„Es scheint klar, dass das, was wir von der Natur wissen wollen, gerade ihre Gesetze sind – das scheint der Zweck der Wissenschaft zu sein. Es ist auch klar, dass Natur schon von sich aus gewisse Regelmäßigkeiten zeigt. Aber die Art und Weise, wie wir diese Regelmäßigkeiten begreifen, ist nicht von Natur aus gegeben. Vielmehr ist die Struktur der Naturgesetze etwas, was man dem Erkenntnissubjekt zuschreiben muss." (Böhme, S. 62)

Über den Zusammenhang dieser beiden Sätze muss ich nachdenken.
Wenn der Weg und das Ergebnis wissenschaftlicher Forschung dem forschenden, erkennenden Subjekt zuzuschreiben sind, dann ist es auch eine Entscheidung des Subjektes, sich selbst, sowie „Einheit, Schönheit, Güte und Bedeutung ihrer Gegenstände" – sozusagen wider bessere Erkenntnis – aus dem Forschungsprozess herauszulassen.
Sicher weiß das Gernot Böhme, aber vielleicht die anderen nicht. Mein Vater hat sein Buch schließlich gelesen und müsste sich zumindest damit auseinandergesetzt haben. Ob es ihm aufgefallen ist?
Ich denke, mein Vater war jemand mit einer eher konservativen Einstellung zur Wissenschaft, er war jemand, der sich – außer er wollte seine

Vorstellungen durchsetzen – herausgehalten hat. In jeder Hinsicht war er ein Unberührbarer. Ich denke und denke, irgendwie im Kreise, alles bleibt irgendwie unklar. Das einzige, dessen ich mir bewusst bin, ist so ein schales Gefühl.

Ich gehörte auch zu der Natur, die auf Abstand gehalten wurde. Meine Einheit als Person, meine Schönheit, meine Güte und meine Bedeutung waren so irrelevant, dass nicht einmal ich etwas davon gemerkt habe. Ich habe „nur" unter ihrer – vielleicht ja nur vermeintlichen – Abwesenheit gelitten.

Während ich weiter die Wände mit den Büchern und Zeitschriften betrachte, wird es langsam dunkel draußen. Ich denke, ich sollte etwas essen, aber ich bleibe wie gelähmt auf dem Sofa sitzen.

Irgendwann bin ich wohl eingeschlafen.

Kapitel 21

Phantasmische Begegnungen

Viele Menschen – Männer wie Frauen – machen sich nicht bewusst, wie sehr ihr Wunsch nach Zugehörigkeit zu sozialen Gemeinschaften und ihr damit zusammenhängender Wunsch nach Orientierung sie dazu bringt, sich selbst und ihre Autonomie aufzugeben, um den Forderungen der vermeintlich Mächtigen oder der mit Entscheidungsbefugnissen ausgestatteten Personen zu genügen. Sie suchen den „guten Herrscher" in seinen verschiedenen Erscheinungsformen und merken nicht, dass der „gute Herrscher" nicht gut ist.

Aus Angst, aus den vertrauten Bezügen ausgegrenzt zu werden, nicht mehr dazu zu gehören oder aus Unkenntnis etwas falsch zu machen und dadurch zum Außenseiter zu werden, lassen sich viele Menschen mehr gefallen, als ihnen gut tut. Sie verharren in zerstörerischen Beziehungen[26], voller Hoffnung, das Gegenüber würde doch lernen, sie zu achten und zu lieben, würde begreifen, dass etwas an seinem Verhalten nicht in Ordnung ist, lernen, sich höflicher und freundlicher zu verhalten.

Oder aber sie denken, sie hätten sowieso nichts anderes als Missachtung verdient und die ihnen entgegengebrachte Respektlosigkeit und Unfreundlichkeit seien „normal".

Aber selbst wenn ein Mensch das denkt, tut ihm ein solches Verhalten doch weh und hat langfristig physisch und psychisch destruktive Folgen.

Ihr wird langsam bewusst, dass der gute Herrscher seine direkten oder indirekten Versprechungen niemals einhalten kann und dass es besser wäre, nicht ihm, sondern sich selbst zu vertrauen.

Ich sitze wieder in der Küche, aber merkwürdigerweise in einem ganz bequemen Sessel und lese ein Buch. Es heißt „Der gute Herrscher", ich kann den Titel deutlich erkennen, aber wer es geschrieben hat, ist ganz verschwommen. Es ist ein merkwürdiges Buch, denn sowie ich anfange zu lesen, verwandelt es sich in einen Film. Ich sehe einen Garten vor mir, mit einem Rasen, der aussieht, als sei er künstlich. Blühende Blumen, wie aus einem Katalog, sind auf drei Seiten des Rasens zu sehen und direkt vor mir liegt ein gutaussehender, braungebrannter Mann in einem Liegestuhl an einem großen Swimmingpool. Ich weiß, er ist der gute Herrscher und ich kann hören, was er denkt. Er betrachtet sein Haus, seinen Garten und seine beiden Pferde auf der Weide dahinter und sagt zu sich: „Das ist alles meins, das habe ich mir alles erschaffen…" Dann blickt er auf seine beiden Kinder, die auf dem Rasen Ball spielen und ruft: „Hört auf, meinen Rasen kaputt zu machen."

Und als seine Frau kommt, um ihm einen Eistee zu bringen, fährt er sie an: „Der Tee ist viel zu dunkel, du hast ihn wieder zu lange ziehen lassen. Kannst du nicht wenigstens einmal etwas genauso machen, wie ich es dir sage?"

Und seine Frau sagt: „Oh Entschuldigung, ich mache dir einen neuen Tee", und geht zurück ins Haus. „Dienstboten kann man wenigstens entlassen", denkt der gute Herrscher noch, bevor er sich wieder dem Sportteil seiner Zeitung zuwendet.

Ich bin empört. „Wie können Sie so mit Ihrer Frau umgehen?", frage ich ihn, aber er hört mich nicht.

Als seine Frau wieder in den Garten kommt, sagt der gute Herrscher zu ihr, er wolle, wenn er von der Arbeit komme, immer einen frisch gekochten Tee auf dem Tisch stehen haben. „Wann kommst du denn nachhause?", fragt seine Frau, und er sagt, das wisse sie doch, wie üblich. Die Szene mit dem Garten verschwindet, und ich sehe plötzlich, wie er zur Wohnzimmertür hereinkommt, eine Stunde später als sonst.

Der Tee steht auf dem Wohnzimmertisch in einer Glaskanne auf einem Stövchen und man kann sehen, dass er inzwischen abgestanden und dunkelbraun ist. „Nicht einmal einen anständigen Tee kannst du mir kochen", schreit der gute Herrscher.

„Das Wasser für neuen Tee kocht doch schon eine Zeitlang, ich muss ihn nur noch aufgießen, damit er ganz frisch ist", sagt seine Frau.

„Du hast die ganze Zeit das Gas brennen lassen", brüllt er sie an, „so wirfst du mein mühsam verdientes Geld zum Fenster heraus?"

Seiner Frau treten die Tränen in die Augen, ich spüre, sie fühlt sich sehr hilflos.

Ihr Mann sagt: „Dir kann man ja überhaupt nichts sagen, du verträgst nicht einmal die kleinste Kritik. Du solltest mal zum Psychiater gehen."

„Koch dir doch deinen Tee allein", denkt seine Frau, aber sie hat zu große Angst davor, es laut zu sagen.

Sie tut mir so leid. Am liebsten würde ich ihn zurechtweisen, aber ich weiß ja, es hat keinen Zweck, er hört mich nicht.

Dann wechselt die Szene. Der gute Herrscher sitzt in seinem Büro am Schreibtisch, und davor steht sein Sohn und schaut etwas betreten nach unten.

„Das hast du falsch gemacht", sagt der gute Herrscher zu seinem Sohn.

„Du musst es so wie ich machen, dann machst du es richtig." „Ich wollte es aber so machen, wie ich es wollte", sagt der Sohn. „So ein Quatsch", sagt der gute Herrscher, „wen interessiert schon, was du willst. Du machst es so, wie ich es dir sage!"

„Mach doch deinen Scheiß allein", denkt der Sohn, schweigt und geht. Und wieder wechselt die Szene.

Jetzt sitzt der Sohn in der Wohnung seiner Freundin. Ich höre, wie sie ihn fragt, ob er einen Tee möchte, und da sagt er zu ihr, sie müsse den Tee genau zwei Minuten ziehen lassen, nicht mehr und nicht weniger, alles andere sei falsch.

Und sie sagt: „Ach, das habe ich nicht gewusst." Und ich sehe, wie der Sohn des guten Herrschers in sich hinein lächelt und spüre für einen Moment, dass er sich ihr überlegen fühlt.

„Ach, so funktioniert das mit den guten Herrschern", denke ich und mir wird siedend heiß bewusst, welche Rolle ich selber bei den Inthronisationen der unterschiedlichen guten Herrscher meines Lebens gespielt habe. Mir wird immer heißer und heißer, und dann wache ich auf und mir wird bewusst, dass ich das alles nur geträumt habe.

Ich liege im Bett meines Vaters, offensichtlich bin ich in der Nacht noch von der Bibliothek ins Schlafzimmer umgezogen. Und ich denke nach.

Viele Jahre meines Lebens liebte ich das Phantasma des guten Herrschers. Damals wusste ich noch nicht, dass es sich um ein kulturgeschichtlich gewachsenes Phantasma handelt, damals dachte ich noch, es gäbe ihn wirklich, den guten Herrscher.

Der gute Herrscher hatte für mich vielerlei Gestalt, er konnte als Mann oder als Frau auftreten, als beschützender Freund oder als fürsorgliche Freundin, als gesellschaftlich anerkannter Trend, als wissenschaftliche Theorie oder als deren Vertreter.

Der gute Herrscher in seiner jeweiligen Gestalt bestimmte, was richtig war und was falsch, was sich gehörte und was nicht, was „in" war und was „out", was leben durfte und was nicht, wem was gebührte und wem nicht, usw.

Damals besaß der gute Herrscher Macht. Macht, an der ich teilhaben wollte, Macht in verschiedenen Formen: Persönliche, gesellschaftliche, wissenschaftliche, finanzielle Anerkennung und ich fürchtete deren Verweigerungen mit all den zugehörigen Konsequenzen.

Es hat lange gedauert, bis ich begriff, dass ich selbst es war, die den verschiedenen guten Herrschern die Macht gab. Ohne mich und ohne alle die

anderen, die an sie glaubten und glauben, besaßen und besitzen sie diese Macht nicht.
Es ist ein ganzes Glaubenssystem, welches das Phantasma des guten Herrschers so mächtig macht, und es bedarf der Gläubigen, die es vertreten und die diejenigen bekämpfen, die den Glauben verloren oder abgelegt haben.

Das Phantasma des guten Herrschers war als Phantasma schon Freud, Fenichel und Mario Erdheim bekannt und ihre Überlegungen haben mir zumindest auf einer kognitiven Ebene geholfen, meine eigene Rolle dabei zu erkennen. Aber der Erkenntnisprozess ist offensichtlich noch nicht zu Ende, nun steht wohl die Frage für mich an, in wie weit ich auch auf einer emotionalen Ebene meinen eigenen Vater und andere Männer zum guten Herrscher gemacht habe. Vielleicht gab es für die Position des „guten Herrschers" auch noch anderes: Überzeugungen aller Art, Lebensstil, Besitz oder so etwas, auf deren Sicherheiten ich mich verlassen wollte. Nur wofür brauchte ich und brauche ich noch immer so viel Sicherheit, so viel Halt und Bestätigung.
Ich sollte mein ganzes Unterfangen in Bezug auf meinen Vater noch einmal gründlich durchdenken. Gleichzeitig wird mir bewusst, dass ich so gar keine Trauer spüre darüber, dass mein Vater nicht mehr lebt. Ich bin ihm vielleicht doch ähnlicher, als ich bisher dachte.

Aber erst einmal stehe ich auf, dusche und ziehe mich an. Ich werde frühstücken gehen, in das kleine Café an der Ecke und dann einen langen Spaziergang machen.

Kapitel 22

Sehnsucht

Sehnsucht, das schmerzliche Verlangen nach dem Nicht-Erreichbaren, erfasst heutzutage vor allem Frauen. Oft ist ihnen das, worauf sich ihre Sehnsucht richtet, nicht bewusst. Und wenn es eine Ahnung gibt, was das Ziel der Sehnsucht ist, erscheint dieses eher diffus oder verzerrt. Eine genaue Vorstellung von dem Ziel beinhaltet die Gefahr, zu verzweifeln und an der Nichterfüllung der zugehörigen Wünsche zu zerbrechen.

Manche Frauen halten sich mit ihrem in die Zukunft gerichteten sehnsüchtigen Verlangen von ihrem Leben in der Gegenwart ab.

Auch sie erkennt diese Gefahr nur vage.

Ich gehe den Weg am Fluss entlang, den ich als Kind fast jeden Sonntag mit meinen Eltern gegangen bin. Der Himmel ist grau und zwischen Büschen und Bäumen ziehen nebelige Schleier. Ich kann nicht sehr weit sehen, denn ab einer bestimmten Entfernung sind nur noch Schattierungen von hellerem und dunklerem Grau zu erkennen. Ich habe auch nur schwarze Sachen an und es alles wirkt um mich herum so, als wären die Farben einfach verschwunden.

Ich kenne ja meine Tendenz, mich sofort mit dem Grauen, Unlebendigen, Abstoßenden zu identifizieren, um mich anschließend mit angemessenen Begründungen abzulehnen – darin bin ich richtig gut – und beschließe , nebelige Sicht, feuchte Luft und klamme Anziehsachen unter dem Aspekt, dass ich ja wieder nachhause gehen und dort in einer warmen Umgebung heißen Tee trinken kann, diesmal richtig gut zu finden.

Und ich sehe plötzlich, wie geheimnisvoll alles aussieht, und es ist so, als könnten jeden Moment Feen mit wehenden Schleiern oder Gnome mit langen grauen Bärten zwischen den Büschen hervortreten.

Ich denke, na, wie habe ich das gemacht, immerhin besser als die grüngraue Sauce, in der ich mich sonst vor Selbstmitleid zu wälzen pflege. Trotzdem, viel kitschiger hätte meine momentane Neuorientierung nicht ausfallen können. Ständig begleite ich alle meine Handlungen mit Worten aller Art, und zwar so, dass ich es fast nicht mehr ertragen kann. Wieso sind manche Menschen so zufrieden, so glücklich, und wieso ich nicht? Das kann doch nicht nur an mir liegen. Aber ich habe den vagen Verdacht, dass ich, ich ganz allein, dafür verantwortlich bin, wie ich mich fühle. Ich gehe weiter und versuche, einfach nur die Luft zu riechen, den Wind auf meiner Haut zu spüren, das, was sich vor mir befindet, zu betrachten und zu hören, was es an Lauten um mich herum gibt. Und eine Zeitlang gelingt es mir auch. Und für einen kurzen Moment bin ich auch glücklich. Offensichtlich geht es, wenn man weiß, wie es geht. Mir passiert es meist nur aus Versehen.

Wieder zuhause – wie schnell ich zu der Wohnung meines Vaters „Zuhause" sage, na ja, ich war ja auch oft genug da – mache ich mir einen heißen Tee und gehe damit in die Bibliothek. Mein Vorhaben, ihn über seine gelesenen Bücher kennen zu lernen, halte ich inzwischen für gescheitert. Es sind viel zu viele Bücher und sie sind untereinander viel zu verschieden. Selbst wenn ich die mindestens sechstausend Bücher, die allein in den ersten drei Räumen stehen, alle gelesen hätte, wüsste ich immer noch nicht, welches der Bücher oder welche der darin verborgenen theoretische Ansätze ihn fasziniert hat und warum, und ich wüsste auch nicht, welche Folgerungen und praktischen Konsequenzen er aus ihnen gezogen hätte.
Ich könnte gezielt seinen Laptop untersuchen, um herauszufinden, womit er sich zuletzt beschäftigt hat. Ich weiß nur nicht genau, wie man das macht. Ich gehe zum Schreibtisch und mache den Computer an. Natürlich erscheint eine Aufforderung, das Passwort einzugeben. Darüber ist ein kleines Bild zu sehen. Es zeigt mich etwa im Alter von zwölf Jahren. Wieso denn das, denke ich, als es mir auch schon einfällt. Das Bild soll eine Erinnerung für das Passwort sein, für den Fall, dass man es vergisst. Ich gebe die Jahreszahl ein, als ich zwölf war, und anschließend die Zahl zwölf, und dann dasselbe in umgekehrter Reihenfolge. Ohne Erfolg. Ich experimentiere mit den Geburtstagsdaten von ihm, meiner Mutter und von mir und den Zahlen elf, zwölf und dreizehn. Nichts.
Schließlich gebe ich einfach nur meinen Namen ein und der Computer reagiert. Ich bin plötzlich richtig erschrocken. Mein Vater hat meinen Namen als Passwort benutzt. Ich kann es nicht fassen. Ich fange an zu weinen, ein schmerzhaftes Schluchzen wühlt sich aus meinem Bauch nach oben und ich kann mich gar nicht mehr beruhigen.
Denn sowie ich etwas ruhiger werde, fange ich bei dem bloßen Gedanken an das Passwort wieder an zu weinen.
Wie oft wird er meinen Namen in seinen Computer getippt und an mich gedacht haben. Vielleicht hat er sogar öfter an mich gedacht als ich an ihn. Vielleicht hat er mich ja doch geliebt.
Ich bin viel zu aufgewühlt, um noch in seinem Computer herum zu su-

chen, aber ich sehe mich zum ersten Mal bewusst auf seinem Schreibtisch um. Da steht ein Bild von meiner Mutter und ihm, und beide lächeln sich darauf an. Und daneben steht ein Bild von mir, aufgenommen vor sechs Jahren, bei einem Fest seines Fachbereichs. Ich habe es offensichtlich immer übersehen in der kurzschlüssigen Annahme, dass er mich nicht liebt, mich nicht ernst nimmt und ich bedeutungslos bin für ihn. Dabei steht es wahrscheinlich schon ein paar Jahre da. Und ich habe es nie gesehen. Wie kann das sein?

Ich muss offensichtlich die Fragen, wegen denen ich überhaupt hierhergekommen bin, noch einmal verändern. Es geht nur noch am Rande darum, wie mein Vater gedacht hat und wer seine geistigen Väter waren. Wichtiger ist mir inzwischen zu wissen, was hat er gefühlt und warum konnte er seine Zuneigung, wenn er sie denn hatte, so schlecht zeigen? Und warum hat er mir trotzdem signalisiert, ich sei als Frau ein Mensch zweiter Klasse? Und warum habe ich es geglaubt und bin bis heute nicht in der Lage, mich auf angemessene Weise zu akzeptieren. Stattdessen bin ich immer noch dabei, mich abzulehnen und aggressiv mit mir selber umzugehen. Und irgendwie warte ich noch heute auf Erlösung[26]). Wenn ich wüsste, dass er mich geliebt hat, ich eine Bedeutung für ihn hatte, ich wichtig für ihn war, ich glaube, dann könnte ich mich auch selbst akzeptieren. Welch ein Irrtum!
Ich muss immer wieder daran denken, wie ich meinen Vater mit Ketten gefesselt am Schreibtisch sitzen sah und was der Mönch mit den Schlüsseln in der Hand über ihn gesagt hat. Das ist ein Rätsel, welches nichts mit mir zu tun hat. Ich will es aber trotzdem lösen, auf jeden Fall. Wenn ich es denn kann.

Kapitel 23

Unterwerfung

Die Stabilität einer Kultur ist abhängig davon, ob sich die zugehörigen Menschen an die üblichen Gebote und Verbote halten. Gleichzeitig ist jede Kultur darauf angewiesen, sich auch immer wieder dadurch zu erneuern, dass sich Menschen gerade nicht an die üblichen Gebote und Verbote halten, sondern neue Prozesse in ihrem Leben zulassen.
Aber die frühen Konditionierungen der Kinder, sich den gesellschaftlichen Forderungen zu unterwerfen, sind in vielen Fällen sehr stark oder unbewusst geworden und verhindern dadurch bei vielen jede Auflehnung. Dann bleiben diese Menschen die Gefangenen des geltenden Herrschaftssystems.

Sie erkennt, dass sowohl ihr Vater als auch sie zu diesen Gefangenen gehören.

In der Nacht träume ich etwas sehr Merkwürdiges. Ich stehe im Arbeitszimmer meines Vaters und sehe ihn wieder gefesselt am Schreibtisch sitzen. Ich sehe an mir herunter und merke, dass ich eine braune Kutte anhabe, ich bin der Mönch und ich fühle sehr großen Hass. Ich höre, wie mein Vater vor sich hin murmelt: „Ich muss wollen, was ich soll. Ich muss wollen, was ich soll, ich muss wollen, was ...", mit wechselnden Betonungen. Er hört gar nicht auf damit, er klingt wie besessen.
Ich komme mir für einen Moment vor wie meine Mutter, die ihm sagt, dass das Essen fertig ist und er hört und sieht sie nicht, weil er so in seine Arbeit vertieft ist.
Aber ich bin nicht meine Mutter, ich habe ihm kein Essen gekocht, ich will ihm auch gar nichts geben. Ich will nur etwas von ihm haben, nur mich sieht er auch nicht, offensichtlich auch nicht als Mönch. Er sitzt da für sich, ganz allein, sagt diesen komischen und gleichzeitig erschreckenden Satz, und dabei gibt es für ihn niemanden, der ihm sagt, was er denn tun soll.
Für mich gab es immer welche, die mir sagten, was ich tun soll, und der oder die dann auch von mir erwarteten, dass ich nicht nur ohne Widerworte, sondern auch gerne tun wollte, was ich sollte. Die wichtigste Person für die ganzen Wünsche, Erwartungen, Forderungen, Gebote und Verbote, die Regeln und die Rituale war mein Vater. Er bestimmte und

nannte das vernünftig.

„Kind, so geht es doch nicht", sagte er zu dem, was ich gerade gemacht hatte, und zeigte mir, wie ich es anders machen sollte. Als Kind ist mir nie aufgefallen, wie unlogisch dieser Satz war. Ich hatte es doch gerade gemacht, also ging es doch offensichtlich so, wie ich es gemacht hatte. Aber als Kind war ich bereit, meinen eigenen Erfolg, meine eigene Leistung sofort zu vergessen oder als ungenügend einzustufen und den Weg meines Vaters zu beschreiten. Ich machte es so, wie er mir vorschlug. Ich bekam ja auch etwas dafür. „Siehst du, so ist es doch viel besser" oder „So ist es doch viel einfacher" oder „So wird es doch viel genauer" und ähnliches und anschließend kam dann meist noch irgendeine Art von zweifelhaftem Lob, ich sei ein braves Kind, ein folgsames Kind, ein einsichtiges und vernünftiges, oder sogar ein liebes Kind.

Ein liebes Kind war ich allerdings meist nur, wenn ich bereit war zu gehen. „Nun sei ein liebes Kind und geh spielen" oder „Nun sei ein liebes Kind und lass mich weiter arbeiten."

Er hat immer so gearbeitet, als hinge sein Leben davon ab. Was hat ihn so getrieben?

Ich bin immer noch dieser Mönch und merke nicht nur meinen Hass, jetzt verstehe ich ihn auch.

Dieser Mann da, am Schreibtisch, hat sich selbst gefesselt, mit Ketten beladen und mir den Schlüssel und die Verantwortung gegeben dafür, dass er nicht gelebt hat. Ich bin dieser Mönch und spüre deutlich: Ich wollte leben und konnte nicht. Aber er konnte leben und wollte nicht. Ich hasse ihn, oh, wie ich ihn hasse. Ich schreie es laut aus mir heraus und breche gleichzeitig in Tränen aus.

Ich wache auf, mein Herz klopft ganz schnell und mein Gesicht ist nass von Tränen. Was für ein intensiver und merkwürdiger Traum.

Ich stehe auf, stelle den Wassertopf auf das Gas und tue zwei Scheiben Weißbrot in den Toaster, bevor ich ins Bad gehe. Ich brauche sofort einen Kaffee und etwas Süßes zu essen.

Das Wasser ist heiß und die Toasts fertig, als ich nach einer Katzenwäsche wieder aus dem Bad komme. Ich mache mir einen Pulverkaffee, gieße so viel Kaffeesahne hinein, dass er nicht mehr zu heiß ist, und beschmiere beide Toasts dick mit Butter und Honig.

Ich glaube, ich will mich trösten, bevor ich anfange, über den Traum nachzudenken.

Das Gefühl, ein Mönch zu sein, war mir irgendwie vertraut. Es hat etwas mit Askese zu tun, damit, dass der Körper etwas Unreines und irgendwie Sündiges ist. Ich kann dieses altmodische Wort nicht leiden, aber es passt.

Dem Körper kann man nicht trauen, er verleitet einen zu unkontrollierter Leidenschaft, zu überwältigenden Begierden, zu blutrünstiger Wut und zu eiskaltem Hass, für den nur noch Vernichtung ein Ziel ist, selbst wenn es das eigene Leben kostet. Plötzlich erscheint mir der Traum nicht mehr so absurd wie im Traum selbst und auch noch kurz nach dem Aufwachen. Ich bin in meinem Leben so ein Mönch geworden, ohne dass es mir bewusst war, ohne dass ich es bewusst gewollt habe. Und trotzdem: Obwohl es mir selbst nicht bewusst war, habe ich es gewollt, weil ich es gesollt habe. Ich könnte diesen Satz genauso wie mein Vater ein Leben lang vor mich hinmurmeln: „Ich muss wollen, was ich soll."
Weil mein Vater es gewollt hat und ich seine Anerkennung und seine Liebe gewollt habe. Es war ein Tauschgeschäft. Meine spontane Kreativität und Lebendigkeit, meine unkontrollierte Leidenschaft, mein spürender, fühlender und begehrender Körper, meine sehnsüchtige Seele gegen das nie eingelöste Versprechen seiner Liebe.
Mein Gott, was habe ich getan?
Ich habe dasselbe getan wie mein Vater, nur auf eine andere, vielleicht eine weibliche Art und Weise.
Meine viel jüngere Schwester ist offensichtlich mit der familiären Situation ganz anders umgegangen. Wir haben nie über unsere Erfahrungen als Kinder und Jugendliche gesprochen und hatten als Erwachsene kaum Anlässe, das nachzuholen. Sie lebte schon seit vielen Jahren mit ihrem Mann und ihren Kindern in Australien und war dort – soweit ich weiß – sehr glücklich. Vor einigen Jahren ist sie an einem aggressiven Brustkrebs erkrankt und ist leider nach zwei Jahren daran gestorben. Ein paar Mal im Jahr tauschen ihre Familie und ich Nachrichten darüber aus, wie es allen geht und was sich so alles ereignet hat.
Wie schade, dass ich mit ihr nicht mehr reden kann.

Der Kaffeebecher ist leer, die Brote aufgegessen, und ich kann mich weder an die Temperatur des Kaffees oder an seinen Geschmack noch an den der Honigbrote erinnern. Ohne jedes Gewahrsein habe ich mir alles, was auf dem Tisch lag, einverleibt. Auch die halbe Tafel Schokolade „Hot Grenadine" mit Chili ist aufgegessen. Ich habe mir gerade meine eigenen abstrakteren Erkenntnisse im Zusammenhang mit dem Traum auf einer sehr materiellen Ebene bestätigt. Ich kann noch nicht einmal mein Essen und Trinken wahrnehmen, geschweige denn genießen.
Ich begreife jetzt allmählich die Brisanz dieses Traumes und fühle mich auf eine merkwürdige Weise berührt, irgendwie dankbar. Als enthielten dieser Traum und die dadurch ausgelösten Erkenntnisse ein Geschenk, einen Wegweiser, irgendwelche Orientierungen, vielleicht sogar Chancen,

meine eigene Lebendigkeit wiederzufinden.

Ich beschließe, mir einen Einkaufszettel zu schreiben, mit lauter Sachen, von denen ich glaube, dass sie mir, wenn ich sie aufmerksam esse, auch schmecken werden.

Als erstes fallen mir Himbeeren ein. Und Baisers. Und Schlagsahne. Zusammen müsste das sehr gut schmecken. Es ist ein Rezept von meiner Freundin Monika.

Erst die Baisers zerkrümeln, dann die Himbeeren in die Schüssel, mit angetauten tiefgefrorenen Himbeeren geht es auch, und dann süße, geschlagene Sahne darüber. Wunderbar. Ich bin innerlich ganz erfreut, dass ich mir allein in meiner Vorstellung einen solchen Genuss bereiten kann. Es ist doch nicht alles verloren, ich werde mir das Leben und Genießen wieder aneignen. Mein Einkaufszettel wird lang und erst, als mir nichts mehr einfällt, was ich mir noch wünschen könnte, – an Essbarem – füge ich schnell hinzu, stehe ich auf, dusche, ziehe mich an und verlasse die Wohnung, um mir eine materielle Basis zu verschaffen, mich zu verwöhnen.

Kapitel 24

Keine Antworten

In unserer Kultur haben Antworten einen höheren Stellenwert als Fragen. Dabei sind es die Fragen, mit denen Menschen mental in ihre Umwelt greifen. Keine Antworten zu bekommen, ist allerdings für Menschen schwer erträglich. Unser Gehirn bastelt uns die Welt mitsamt den zugehörigen Erklärungen zurecht, ob wir das wollen oder nicht. Denn im menschlichen Gehirn gibt es ein Modul, welches „Interpretier-Modul" oder „Interpret[27]" genannt wird. Dieser Interpret fasst unsere jeweiligen Erfahrungen in für uns einleuchtende Erklärungen zusammen, unabhängig davon, ob diese von anderen Menschen bestätigt werden können oder nicht.
Die Erklärungen sind immer nur so gut, wie die Informationen, über die der Interpret verfügt. „Richtige" Antworten gibt es deshalb nicht, nur als passend empfundene. Und selbst wenn wir diese „gefunden" haben, fühlen wir uns manchmal nicht zufriedengestellt. Rationale Erklärungen machen nicht satt.
Noch unbeantwortete Fragen sind deshalb wichtiger als Antworten, weil sich sehr oft Wünsche hinter den Fragen verstecken und erst die Wunscherfüllungen das Gefühl von Befriedigung ermöglichen.

Sie weiß noch nicht genau, welche Wünsche sich hinter ihren Fragen verbergen.

Als ich draußen auf der Straße stehe, bin ich ganz erstaunt, dass die Sonne scheint. Es ist zwar kalt, aber die Luft riecht ganz frisch und ein bisschen nach feuchter Erde und neuem Grün, und ich spüre den Hauch eines Glücksgefühls.
Muss man sich das vornehmen, etwas zu riechen, zu sehen und zu hören, zu schmecken und zu tasten? Manche Menschen haben es vielleicht nicht so verlernt, wie ich. Und manchmal kann ich es ja auch. Ich weiß nur nicht, wann ich es kann und wann nicht.
Immerhin, einen Hinweis habe ich. Ich kann mich auf das, was ich wahrnehme, konzentrieren und spüren, wie es sich anfühlt, anstatt darüber nachzudenken.
Ich gehe zu einem neuen Supermarkt, den es in meiner Kindheit noch nicht gab, damals war auf dem Grundstück ein Autohändler mit neuen und gebrauchten Autos. Dabei denke ich immer wieder darüber nach,

wieso denn mein Vater in meinem Traum mit Ketten gefesselt war.

Solange ich den Traum so verstehe, dass ich darin auch mein Vater bin, solange brauche ich nur darüber nachzudenken, was eigentlich meine Ketten sind, wer den Schlüssel hat und wie ich mich befreien kann.

Wenn der Traum aber die doppelte Botschaft enthält: Nicht nur ich, sondern auch er sei angekettet und auch er glaube, er müsse wollen, was er soll, dann weiß ich noch nicht, wodurch seine Ketten zustande gekommen sind.

Wie schade, ich kann ihn nicht mehr fragen.

Ich kann aber versuchen, mich an andere Männer und deren Verhalten zu erinnern.

Mir fallen nur so dumme Sätze ein, wie „Ein Mann weint nicht", „Ein Mann muss stark sein", „Ein Mann muss etwas erreichen in seinem Leben", „Ein Mann muss seine Familie ernähren können", „Ein Mann muss kaputte Dinge reparieren können" und dergleichen mehr. Und mir fällt ein, dass das auch für mich gilt. Ich habe nicht geweint, ich war stark, ich habe etwas in meinem Leben erreicht, ich habe meine Restfamilie – ohne Mann – ernährt und kaputte Dinge repariert.

Bei den Ketten muss es sich – ähnlich, wie bei mir – aber um mehr als nur solche Banalitäten handeln. Aber bis jetzt habe ich keine Ahnung.

Haben Männer auch eine Seele mit unstillbaren Sehnsüchten; sind Männer auch so leicht bereit, für ein bisschen Anerkennung, Akzeptanz, Zuneigung oder das Versprechen, geliebt zu werden, ihre Spontaneität, ihre Lebendigkeit, ihre Empfindsamkeit und ihre eigenen Wünsche aufzugeben? Verzichten sie auf sich selbst und erfüllen sie stattdessen die Erwartungen ihrer Umwelt, um persönliche, soziale oder gesellschaftliche Anerkennung als Mann zu bekommen, so wie Frauen dies tun, um sich als Frau akzeptiert zu fühlen? Trotzdem muss es irgendwelche Unterschiede geben.

Frauen gebärden sich oft so abhängig und Männer so unabhängig. Nur wieso?

Heute werde ich es nicht herausbekommen, wenn überhaupt.

Aber ich werde es versuchen. Und dazu werde ich mich erst einmal an die anderen, noch lebenden Männer in meinem Leben erinnern oder sie beobachten und gleichzeitig versuchen, etwas mehr über die Sozialisation oder die Geschlechtstypisierung von Männern zu erfahren.

Inzwischen habe ich alles von meiner Liste in meinen Einkaufswagen gepackt, fahre ihn zur Kasse, packe alles wieder aus, bezahle und packe alles in Tüten. Dann fahre ich damit zum Auto, packe alles ins Auto, bringe den Einkaufswagen zurück, gehe wieder zum Auto und fahre nach Hause. Wenn ich daran denke, dass ich das jahrelang fast jeden Tag für einen

Vierpersonenhaushalt und zusätzliche Gäste, aber ohne Auto, gemacht habe, vergeht mir der Spaß an meinem jetzigen Einkauf.

Das allerdings will ich nicht. Zuhause angekommen, lege ich alle Sachen auf den Küchentisch und packe sie anschließend – bis auf die, die ich gleich verwenden will – sorgfältig weg.

Anschließend zerkrümele ich die Baisers in nicht zu kleine Stücke, schlage die Schlagsahne mit ein bisschen Zucker und warte, bis die Himbeeren soweit aufgetaut sind, dass man sie essen kann. Dann schütte ich die Himbeeren auf die Baisers und die Schlagsahne auf die Himbeeren und esse alles auf.

Es schmeckt wunderbar, zum Reinlegen. Aber ich warte vergeblich auf ein inneres Gefühl von Befriedigung. Ich fühle mich weiterhin unzufrieden.

Aber ich will heute auf keinen Fall mehr darüber nachdenken, warum. Dabei werde ich meist nur noch unzufriedener. Ich will auch über meinen Vater nicht mehr nachdenken, heute nicht. Morgen ist ein anderer Tag.

Heute will ich meine Haare waschen, mein schwarzes Kleid bügeln und abends ausgehen.

Ich weiß auch schon wohin. Erst zum Essen in das kleine italienische Restaurant und dann in die Kneipe, in der ich das letzte Mal Reineke Fuchs getroffen habe. Warum habe ich eigentlich Reineke Fuchs zu ihm gesagt? Ich weiß es nicht. Vielleicht weil er mich an ein Bild von Reineke Fuchs in einem meiner alten Kinderbücher erinnert?

Warum will ich diesen Mann eigentlich wiedersehen? Weil er meinen Vater gut gekannt hat? Oder weil er mit einem Satz etwas gibt, was er mit dem zweiten Satz wieder weg nimmt und ich an der dadurch entstehenden Ambivalenz hängen bleibe, weil ich mich frage, was er denn nun eigentlich wirklich meint?

Das ist eine alte Krankheit von mir, meine Sehnsucht nach Eindeutigkeit, ich könnte auch sagen, ich bin kulturell infiziert. Als ob bei etwas Widersprechendem nicht sowohl das eine als auch das andere wahr sein könnte.

Ich kenne das doch von mir: Ich wünsche mir, mein Vater wäre jetzt hier und ich wünsche mir, hier allein – ohne ihn – zu sein. Ich bin mit meinem Leben zufrieden und ich bin mit meinem Leben unzufrieden. Ich möchte gern mit einem Partner zusammenleben und ich möchte auf keinen Fall mit jemandem zusammenleben.

Trotzdem faszinieren mich solche Widersprüche, ich möchte sie auflösen. Sie sind wie Denksportaufgaben, bei denen kann ich auch nur schwer aufhören, darüber nachzudenken, selbst wenn mir schon sehr bewusst ist, dass ich die Lösung nicht finde oder es vielleicht sogar keine Lösung gibt. Manche Menschen haben ja auch bis heute nicht aufgehört, ein Perpetuum mobile erfinden zu wollen, und können die Nachweise, dass es keines geben kann, nicht akzeptieren. Die meisten von uns wollen wohl nicht zugeben, dass wir etwas nicht schaffen oder nicht können, sondern in vielen Fällen einfach nur hilflos sind.

Wenn ich also von Reineke Fuchs fasziniert bin und ihn gern wiedersehen möchte, liegt das dann daran, dass ich mich aufgrund der von ihm produzierten und von mir nicht auflösbaren Widersprüche hilflos fühle, und denke, das sei eine Wirkung seiner Männlichkeit? Oder handelt es sich schlicht um eine Übertragungsbeziehung, weil ich dieses Gefühl, mich hilflos zu fühlen, von meiner ersten großen Liebe, meinem Vater, in allen Variationen kenne und deshalb mit Männlichkeit und dem Versprechen von Liebe gleichsetze?

Mein Großvater sagte immer, als ich noch ganz klein war: „Wer keine Probleme hat, macht sich welche." Recht hat er.

Kapitel 25

Richtungen

Es macht für alle Menschen einen großen Unterschied, ob sie geliebt, bewundert, anerkannt oder wertgeschätzt werden wollen, oder ob sie selber lieben, bewundern, andere anerkennen oder wertschätzen[28]. Solange ich etwas von anderen brauche, fühle ich mich bedürftig. Wenn ich anderen etwas gebe, fühle ich mich vollständig und durch die Freude der anderen auch reich beschenkt. Wenn ich dagegen gar nichts erwarte, sondern einfach nur ich selbst bin, fühle ich mich weder arm noch reich, sondern ich fühle mich einfach nur wie ich selbst.

Sie macht erste Erfahrungen damit.

Ich betrachte mich im Spiegel. Immerhin ist die Stelle, an der ich meine Lippe aufgekaut hatte, schon fast verheilt. Mit Lippenstift ist sie dann gar nicht mehr zu sehen. Mir auf die Lippen zu beißen, ist auch so eine Angewohnheit aus meiner Kindheit, irgendwann wurde sie so unbewusst, dass ich erst am Schmerz und daran, dass die Lippe blutete, merkte, ich habe wieder an mir selbst gekaut.

Als ich noch sehr klein war, habe ich mich manchmal gefragt, was wohl wäre, wenn ich immer weiter kauen würde. Würde ich mich dann langsam in mich hineinziehen? Und dann dachte ich meistens, dass ich besser an meinen Füßen anfangen sollte, mich aufzufressen. Aber auch an dieser Phantasie hat mich beschäftig, wie weit ich wohl damit kommen würde, wenn ich gelenkiger wäre und weniger Knochen hätte. Meine Lieblingsvorstellung dabei war immer eine Schlange, die sich langsam vom Schwanz her auffraß. Ich habe dieser Phantasie wie einem Film zugeschaut und war fasziniert davon, wie der von der Schlange gebildete Kreis immer kleiner wurde. Manchmal ließ ich den Körper der Schlange auch wieder aus ihrem Maul herausrutschen und dann wurde der Kreis wieder größer. Und ich fragte mich, wo der Körper der Schlange wohl gewesen war, als ich ihn nicht sehen konnte. Die Vorstellung davon, dass etwas zu Nichts wird und dann aus dem Nichts wieder auftaucht, hat mich von klein auf beschäftigt.

Ob das etwas damit zu tun hat, dass ich mich als Kind so oft völlig vernichtet fühlte und mich dann jedes Mal aus dem Nichts irgendwie wieder neu erschaffen habe?

Mein Gott, was für Gedanken. Nebenbei, wie oft ich in letzter Zeit – zumindest seitdem ich in der Wohnung meines Vaters bin – „mein Gott" sage, wundert mich schon ein bisschen.

Ich stehe weiter vor dem Spiegel und betrachte das Bild im Spiegel. Es ist immer dasselbe, ich mag die Person nicht, die ich da sehe und eines steht fest, die im Spiegel mag mich auch nicht.
Wie soll ich mit einem Menschen zusammenleben, den ich nicht leiden kann. Das kann nicht so bleiben. Den vielen Ratgebern und sonstigen Therapiebüchern zufolge kann man andere angeblich nur lieben, wenn man sich selber liebt. Muss ich das glauben? Und wenn ja, wie soll ich das hinkriegen.
Wenn die meisten Frauen so aufgewachsen sind wie ich, und im Verlaufe ihres langsamen Erwachsenwerdens ähnliche Selbstzweifel, Selbstablehnungen, Selbsthass und sonstige Autoaggressionen entwickelt haben, wie sollen die lernen können, sich selbst zu lieben?

Wieder und wieder werden sie sich bei ihren Autoaggressionen beobachten, feststellen, dass sie immer noch nicht gelernt haben, sich zu akzeptieren und dann auch noch Schuldgefühle entwickeln, weil sie angeblich das nicht lernen können, was zu ihrer eigentlichen Aufgabe als Frau gehört, nämlich „andere zu lieben". Und wenn sie selbst glauben – wegen ihrer Autoaggressionen und ihrer Unfähigkeit, sich selbst zu lieben – andere nicht lieben zu können, wie können sie dann erwarten, von anderen geliebt zu werden? Die meisten resignieren, reduzieren ihre Erwartungen und Hoffnungen darauf, von anderen Menschen mit Achtung und Respekt oder vielleicht sogar liebevoll behandelt zu werden und lächeln höchstens gequält, wenn sie schlecht behandelt werden.
So wie ich jetzt gerade in den Spiegel sehe. Ich behandele mich schlecht und ich lächle dazu gequält.
Ich sollte in diese Gedankengänge gar nicht erst einsteigen, weil ich dabei so wütend werde. Und trotzdem kann ich nicht damit aufhören, weil ich so voller Empörung bin: Da legen sich junge Mädchen und Frauen allen Alters unter das Messer der Schönheitschirurgen und gehen in freudiger Erwartung auf eine größere oder kleinere Brust, schlankere Taille, knackigere Hintern, festere Oberschenkel, straffere Bauchdecke, niedlichere Nasen, reduzierte Falten und was es sonst noch schönes gibt, die Risiken von Narkosen und Operationen, letztlich der eigenen Verstümmelung oder gar des eigenen Todes ein, nur um geliebt, begehrt oder bewundert zu werden.
Und die ganzen Medien machen es mit: Da gibt es keine Illustrierte

oder Frauenmagazine, Werbesendungen oder ähnliches im Fernsehen usw. ohne Schminkvorschläge, Diätrezepte, problemzonenreduzierende Anziehsachen, Kommunikationsregeln für den Flirt in allen Lebenslagen, gymnastische Übungen, Wellness-Angebote und teure Nahrungsergänzungsmittel zur Erhaltung der Jugendlichkeit und was man sonst so alles braucht, um anderen Menschen, vor allem Männern, zu gefallen.
Ich habe ja inzwischen den Verdacht, dass hier alle Hand in Hand arbeiten und damit das Patriarchat und vor allem die Wirtschaft unterstützen.

Ich beschließe, nicht mehr daran zu glauben, dass ich erst mich lieben muss, bevor ich andere lieben kann. Ich halte diese Annahme angesichts weiblicher Geschlechtstypisierungen im Patriarchat für eine Gemeinheit. Ich weiß, dass ich, wenn ich etwas faszinierend, verlockend oder anregend, lustig, traurig oder in anderer Weise anrührend finde, gar nichts vermisse. Was ich gerade erlebe, füllt mich völlig aus. Ebenso geht es mir, wenn ich neugierig bin, wenn ich etwas Aufregendes erlebe oder etwas Interessantes erfahre oder mich bereicherndes Neues lerne. Immer dann, wenn ich mich wirklich auf etwas einlasse, etwa auf ein Buch, auf einen anderen Menschen, oder mich in ein Kunstwerk oder eine Landschaft versenke, habe ich den Eindruck, etwas geschenkt zu bekommen. Letztlich fühle ich mich immer dann warm und angefüllt, in vielfältiger Weise beschenkt und glücklich, wenn ich wirklich das, was gerade ist, sehe, höre, rieche, schmecke und anfasse, wenn ich in dieser Weise den unendlichen Reichtum der Welt in all seiner Differenziertheit berühre und mich von ihm berühren lasse. Dann habe ich überhaupt nicht das Gefühl, mir würde etwas fehlen. Dann ist die Frage, ob ich liebenswert bin, absolut irrelevant.
Ich bin dann diejenige, die sich der Welt zuwendet und damit gewinne ich Abstand zu der Frage, ob sich andere mir zuwenden. Sie ist einfach nicht mehr im Vordergrund meines Bewusstseins. Wenn andere Menschen zeigen, dass sie mich schätzen, dann ist das nicht mehr etwas, was ich mir hart erarbeitet habe, sondern ich kann dann diese Zuwendung wie ein Geschenk erleben.
Ich muss mir das nur immer wieder bewusst machen, schließlich arbeite ich gegen eine jahrzehntelange und immer noch andauernde Konditionierung an. Ich „muss" nicht, ich „will" es mir bewusst machen.

Ich stehe immer noch vor dem Spiegel, erst noch unschlüssig, aber dann greife ich zum Make-up, zum Lidstrich, zur Wimperntusche, zum Lippenstift und bin in kurzer Zeit geschminkt, gekämmt, mit Ohrringen versehen und ausgehfertig.

Ich habe keinen Gedanken daran verschwendet, ob ich für andere gut aus-sehe, attraktiv bin oder was auch immer. Ich habe einfach nur versucht, mir ein mir selbst wohlgefälliges Aussehen zu verleihen, mich auf ein gutes italienisches Essen zu freuen und vielleicht auf ein bisschen Reden in der Kneipe mit Reineke Fuchs.

Und es ist mir gelungen. Und einmal ist nicht keinmal.

Kapitel 26

Angst vor Wiederholungen

Die Sehnsucht nach Nähe und die Angst vor Nähe – was immer man unter Nähe zunächst verstehen will – gehen meist Hand in Hand. Körperliche und seelische Berührungen können weh tun. Menschen, die bereits als Kinder solche schmerzhaften Berührungen kennengelernt haben, fühlen sich oft voller Sehnsucht nach wohltuenden körperlichen und seelischen Berührungen, haben aber Angst davor, dass sich die Schmerzen ihrer Kindheit wiederholen könnten, wenn wieder etwas ähnliches geschieht, wie das, was ihnen schon einmal wehgetan hat.

Sie hat Angst.

„Na, hast du dich doch noch einmal in die Höhle des Löwen getraut?" Das war der erste Satz von Reineke Fuchs und wieder hatte ich das Gefühl, gleichgültig, was ich jetzt sage, ich komme nicht mehr auf einen grünen Zweig.

Stimme ich zu, habe ich ihn in gewisser Weise zu einem für mich gefährlichen Tier und zum König der Tiere werden lassen. Außerdem hätte ich dann zugelassen, dass er die Kneipe als seine Höhle ansehen kann, ich mich also auf seinem Territorium befinde und eigentlich keine Rechte in seinem Revier habe.

Stimme ich nicht zu, bleibt die Frage, wie ich „nicht zustimme". Ich könnte den Satz auf den Wirt Max beziehen und behaupten, ich sei sicher, dass Max bestimmt etwas dagegen hätte, wenn seine Kneipe als Löwenhöhle bezeichnet würde.

Ich könnte gehässig werden und sagen: „Seit wann denkst du denn, du seiest ein Löwe, ich habe dich bisher für einen Pinscher gehalten." Ich könnte sagen: „Von jetzt an ist es meine Höhle." Es fallen mir noch mehr Entgegnungen ein, aber ich finde alle schwach. Alle zeigen, dass ich mich angegriffen fühle und das wegen einer „Nichtigkeit". Er hat mich angegriffen, er hat deutlich gezeigt, dass es sich bei dieser Kneipe um sein Revier handelt und dass er jedes Recht hat, sich in seinem Revier gegenüber Eindringlingen, so wie ich es bin, auch aggressiv zu verhalten.

In der konkreten Situation habe ich seine Bemerkung erst einmal überhört und nur „Guten Abend" gesagt und Max um einen trockenen Rotwein gebeten. Dann habe ich auf das Nächste gewartet. Es kam mit der

Frage: „Willst du dich nicht zu mir setzen?" Auch diese Struktur war mir von meinem Vater her so bekannt. Er wollte nichts von mir oder anderen, er wollte, dass andere etwas vom ihm wollten.
So wie Reineke Fuchs mit dem Satz nichts darüber sagt, was er will, sondern wissen will, ob ich will.
Ich sage ja und setze mich zu ihm an den kleinen Tisch ganz nah an der Bar, an der er gestanden hatte, als ich in die Kneipe kam.
„Arbeitest du immer noch an dem gleichen Institut, wie damals?" frage ich ihn, und er grinst und meint: „Ja, woanders hat man mich leider nicht haben wollen." „Willst du jetzt bedauert werden?", frage ich ihn. „Nein, nein, es geht mir ja gut da", sagt er. Und dann erzählt er ganz normal von seiner Arbeit, kleine lustige Geschichten von seinen Kollegen und ein bisschen traurige von seiner Freundin, die ihn nach mehreren Jahren vor eineinhalb Jahren verlassen hat und aus der bisher gemeinsamen Wohnung ausgezogen ist. Und ich denke, was hatte ich denn vorhin? Muss ich denn jedem Mann so misstrauisch entgegentreten, wie ich mich nach den vielen Jahren meiner Kindheit, Jugend und meinem Erwachsenensein meinem Vater – und natürlich auch meinem Exmann – gegenüber fühle?

Reineke Fuchs sieht so einsam aus, er scheint wirklich an seiner Freundin gehangen zu haben, er tut mir richtig leid. So jung ist er auch nicht mehr und so leicht findet man nicht einen neuen Partner. Während ich das denke, legt er seine Hand über meine Hand und leider merke ich, dass ich sofort mit meinem ganzen Körper reagiere. Ich ziehe meine Hand weg und denke, dafür gebe ich mich nicht her, einem Manne seine Einsamkeit zu vertreiben und so weiter. Und dabei habe ich Bilder im Kopf, wie wir beide im Schlafzimmer meines Vaters wilden, hemmungslosen Sex miteinander haben. Ich werde ganz rot, weil ich mich so schäme, und sage zwischen den Schlucken, mit denen ich mein Weinglas leer trinke, dass ich jetzt gehen müsse, weil ich morgen so viel zu erledigen hätte. Reineke Fuchs grinst wieder so unverschämt. „Du bist früher auch schon immer weggerannt, wenn dir etwas zu brenzlig wurde. Wie schön, dass du mich jetzt auch zu den brenzligen Sachen zählst. Bist du noch in der Wohnung von deinem Alten zu erreichen? Ja?" Und als ich nicke, sagt er noch: „Ich rufe dich an, ich denke, du willst mich wiedersehen." Ich renne mehr aus der Kneipe, als dass ich gehe und fühle mich völlig durcheinander.
Draußen vor der Kneipe merke ich, dass ich den Wein nicht bezahlt habe. Aber ich gehe auf keinen Fall wieder da rein. Entweder schreibt Max an, der mich ja inzwischen kennt, oder Reineke Fuchs bezahlt.
Auf dem Nachhauseweg versuche ich nicht darüber nachzudenken, was gerade zwischen mir und Reineke Fuchs passiert ist. Und dann denke

ich, ich spinne doch, gar nichts ist passiert: Er hat seine Hand über meine gelegt und ich habe meine Hand weggezogen und bin gegangen. Das war es. Nicht mehr.

Aber so leicht kann ich mich nicht selbst betrügen. Erstens habe ich ihn bei seinen Anfangsbemerkungen mit meinem Vater verwechselt und als ich Mitgefühl mit ihm hatte, weil seine Freundin ihn im Stich gelassen hat und ich dachte, er sei so einsam, habe ich ihn mit mir verwechselt. Ich bin diejenige, der es so geht. Ich bin – und nicht nur einmal – im Stich gelassen worden und ich fühle mich so verflucht einsam. Und das Mitgefühl, was ich mit ihm hatte, hätte ich mit mir haben sollen. Aber mit mir hatte ich keines.

Ich weine vor mich hin, während ich langsam nach Hause gehe. Ich weine über den ersten Mann, der mich verlassen hat, meinen Vater. Der zweite Mann war meinem Vater so ähnlich, dass ich mich von Anfang an von ihm verlassen fühlte – allerdings ohne dass ich das am Anfang schon bemerkt hätte. Von dem Mann habe ich mich scheiden lassen, weil ich es nicht mehr ausgehalten habe, so missachtet und allein zu sein. Und wie fühle ich mich jetzt? Immer noch nicht geachtet und immer noch einsam. Das Gefühl von Einsamkeit frisst sich wie ein Wurm in mein Herz, es klopft und tut weh und ich fühle mich voller Wut und Traurigkeit. Bitter nennt man das wohl. Die Bitterkeit füllt mich aus bis an die Innenseite meiner Haut und ich habe Angst davor zu platzen.

Natürlich platze ich nicht, ich höre auch auf zu weinen und gehe ruhig weiter, bis ich zuhause ankomme.

Ich hole mir eine Flasche Rotwein aus der Speisekammer, öffne sie, setze mich an den Küchentisch und schenke mir ein Glas ein.

Weshalb habe ich bei der Berührung von Reineke Fuchs so intensive sexuelle Gefühle und Phantasien bekommen und weshalb bin ich in Panik geraten und habe so schnell meine Hand weggezogen? Und warum bin ich dann auch noch aus der Kneipe geflüchtet?

Ich stelle mir diese Fragen zwar, ich merke aber auch, dass ich mich innerlich davon abwende, nach einer Antwort zu suchen. In der Küche steht auch ein Fernseher, ich schalte ihn an und zappe mich durch die Programme. Aber meine innere Unruhe nimmt nur noch zu. Ich gehe ins Badezimmer und lasse mir ein Bad ein. Während das Wasser einläuft, beschließe ich, mir ein Badefest zu machen. Ich setze Teelichter in Wassergläser, hole meine neu gekauften Räucherstäbchen, dekoriere damit das Badezimmer und zünde sie an. Ich lege Beethovens Violinkonzert auf und stelle die Musik laut, so dass ich sie im Bad hören kann und als der

Badeschaum richtig dick auf dem Wasser schwimmt, lege ich mich hinein und versuche, mich zu entspannen. Zwischendurch wasche ich meine Haare und trage eine Pflegespülung auf.

Nach dem Baden reibe ich mich mit meiner Lieblingskörperlotion ein, setze mich wieder mit meinem Wein in die Küche und beschäftige mich mit meinen Nägeln. Nachdem alle geschnitten, gefeilt und eine Nagelhautbehandlung bekommen haben, werden sie noch sorgfältig poliert. Sie sehen danach aus wie gelackt.

Ich beobachte meine Schönheitsbemühungen genau und sehr misstrauisch und frage mich, wie viel ich mir eigentlich vormache. Wenn ich diese ganzen Aktivitäten schon gemacht hätte, bevor ich Reineke Fuchs getroffen habe, wenn ich mich so richtig gut gefühlt hätte, wäre ich dann weniger panisch gewesen?

Leider merke ich, dass meine Angst viel tiefer geht, als sich mit einer gut riechenden Körperlotion ausgleichen lässt.

Auch darüber will ich jetzt nicht weiter nachdenken. Die Teelichter sind heruntergebrannt, die Musik schon lange zu Ende und ich gehe schlafen.

Kapitel 27

Überfremdung

Es ist sehr schwer für Kinder, ihre eigene Wirklichkeit aufrecht zu erhalten angesichts der davon abweichenden Behauptungen von Seiten der Erwachsenen. Sie verzichten oft freiwillig auf ihre eigenen Wahrnehmungen, wenn ihnen Erwachsene nicht glauben und übernehmen das, was diese sagen. Sie fühlen sich abhängig von der Akzeptanz der Erwachsenen. Und in unserer Kultur sind Kinder in einer vom Patriarchat geprägten Weise sehr abhängig von ihren Eltern beziehungsweise anderen Bezugspersonen.
Häufig sind sie dann als Erwachsene unsicher in Bezug auf ihre eigenen Wahrnehmungen und ihre eigenen jeweiligen Wirklichkeiten und übernehmen leicht die Perspektiven und Ansichten derjenigen Menschen, die für sie wichtig sind.
Und da wir in unserer Kultur haben lernen müssen, dass es – auch wenn dies nicht zutreffend ist – nur eine einzige gemeinsame Wirklichkeit gibt, werden Abweichungen von dieser meist nicht zugelassen. In einer Wirklichkeit, die angeblich für alle gilt, bestimmen diejenigen, welche die Definitionsmacht haben, darüber, was wirklich ist und was nicht.
Menschen, welche andersartige Wirklichkeiten vertreten, werden oft ausgegrenzt – selbst wenn es sich um noch so kleine Variationen von der jeweils zugelassenen allgemeinen Wirklichkeit handelt.
Der schnelle Verzicht auf die eigene – abweichende – Wirklichkeit erscheint daher für viele Menschen die ungefährlichere Wahl zu sein.

Ihr wird bewusst, wie leicht das auch ihr geschieht.

Wo bist du gewesen, was hast du getan, was hast du dir dabei gedacht, wieso bist du zu spät, was willst du eigentlich, warum hast du das nicht gemacht, wie bist du auf so eine Idee gekommen, viele Fragen hatte mein Vater immer wieder an mich.
Nur es waren nicht wirklich Fragen, der Tonfall zeigte mir, dass es Vorwürfe waren, und dass es völlig gleichgültig war, was ich antworten würde. Es war klar: Ich war im Unrecht. Ich hätte nicht da sein sollen, wo ich war, ich hätte nicht tun dürfen, was ich getan habe; ich hätte das Richtige denken und nichts wollen sollen; ich hätte tun sollen, was er wollte.
Schließlich lebte ich in seinem Land, im Land meines Vaters. Meine Mutter lebte auch da. In seinem Land galten seine Gedanken und Ideen, seine

Wünsche und Vorstellungen, seine Regeln und Gesetze. Es war eben seine Welt und da konnte er über alles bestimmen. Wie ein König über sein Königreich, so herrschte er in seinem Land und damit auch über mich und meine Mutter. Ob er auch über seine Studenten und Assistenten geherrscht hat, ob sich auch Reineke Fuchs von ihm hat beherrschen lassen? Irgendwann werde ich ihn das fragen.

Während ich beim Frühstück darüber nachdenke, wird mir bewusst, dass ich mir inzwischen genau so viele Fragen stelle, wie früher mein Vater mir und dass ich heute genau so wenig Antworten auf diese Fragen habe, wie früher auf seine. Und mit Erschrecken merke ich auch, dass ich mich genau so unsicher fühle, so auf wackeligem Boden, innerlich voller Angst und noch anderen Gefühlen, die ich nicht wissen will. Ich glaube, ich lebe immer noch im Land meines Vaters.

Vielleicht ist der Grund für mein Hiersein gar nicht meine Neugier, wer mein Vater eigentlich war und welche Einflüsse ihn so geprägt haben, dass er die Person wurde, die er war, sondern weil es langsam an der Zeit ist, dass ich anfange, in meinem eigenen Land zu leben.

Im Grunde kenne ich das Land meines Vaters. Sein Land umfasst alles, sein Land ist das einzig richtige Land, die Länder anderer Menschen sind Schemen, Schatten, Illusionen, nicht wirklich bewohnbar. Das Land meines Vaters ist ein Einwanderungsland, alle sind aufgefordert, in seinem Land zu wohnen und nach seinen Regeln zu leben. In seinem Land kann man die richtigen Erkenntnisse haben, die richtigen Entscheidungen treffen, das Richtige wollen und sich auf den richtigen Weg machen, um das zu suchen, was nach der Ansicht meines Vaters zwar existiert, aber noch nicht genau bekannt ist. Im Land meines Vaters existiert nur das Beweisbare, Begründbare, intersubjektiv Gültige; das potentiell von allen Beobachtbare; das, auf das sich alle einigen können; das, was gilt.
Frauen gelten wenig. Im Land meines Vaters sind Frauen als fürsorgende, schmückende, unterstützende, zuarbeitende, lächelnde, gehorsame und Wünsche aller Art erfüllende Wesen vorgesehen. Das war auch meine Rolle in seinem Land. Eine Rolle, die ich freiwillig eingenommen habe und nie zur Zufriedenheit meines Vaters ausfüllen konnte. Und seitdem sitzen diese vorwurfsvollen Fragen in meinem Inneren und ich fühle mich gequält, weil ich keine Antworten auf sie weiß. Dafür habe ich andere Antworten, Antworten auf Fragen, die ich nicht gestellt habe, Sätze, die auch in meinem Inneren leben und die ebenfalls – wenigstens überwiegend – von meinem Vater stammen. Sätze, die mir sagen, dass

ich etwas nicht weiß, dass ich etwas immer noch nicht kann, dass ich zu klein, zu schwach, zu dumm, zu anspruchsvoll, zu desorganisiert, zu konkret, zu abstrakt, zu unbedarft, zu einfach, zu kompliziert und so weiter bin, je nachdem, wie mein Vater „mich" in der jeweiligen „Situation" einschätzte. Aber wenn er mich in dieser Weise bewertete, war er immer sehr freundlich. „Prinzessin", sagte er manchmal, „sieh doch ein, so geht es doch nicht. Das ist doch eine Milchmädchenrechnung."

Ich weiß bis heute nicht, was eine Milchmädchenrechnung genau ist, ich fühlte mich nur wieder einmal ziemlich dumm und ungenügend. Es war so schwer, sich diesen „liebevollen" Zuschreibungen zu entziehen oder gar sich dagegen aufzulehnen. Schließlich wollte ich ja nicht noch unfähiger – oder was auch immer – erscheinen, aber noch weniger konnte ich mich meinen eigenen Wünschen entziehen, endlich einmal etwas zu sein oder zu tun, was ihn zufrieden stellte. Aber es gelang mir eigentlich nicht, denn wenn er einmal mit mir einverstanden war, wusste ich, dass ich es gar nicht gewesen war. Es war eine Schauspielerin, eine Puppe, mit meinem Gesicht und meinem Körper, ich war es nicht, es war die Marionette meines Vaters.

Dabei verstehe ich nicht wirklich, worüber ich mich eigentlich beklage. Ich hätte einfach selbstsicherer sein sollen, schließlich war mein Vater doch kein Monster, er war ein lieber, sanfter, kluger, vorausschauender, verantwortungsbewusster Mann, der sich rührend um meine Mutter und mich gekümmert hat und der eben hohe Standards hatte.

Wenn ich daran denke, was mir Freundinnen von ihren Vätern erzählten, oder was man sonst so über die Zustände in anderen Familien in der Schule hörte. Sie wurden angeschrien und beschimpft, geschlagen, getreten, eingesperrt oder Schlimmeres. Und sie erzählten es nicht wirklich. Nur konnten wir beim Umkleiden für den Sport die blauen Flecken, die blutunterlaufenen Stellen, die Striemen und manchmal auch Brandwunden sehen. „Ach, das ist halb so schlimm, mein Vater hatte einen kleinen Ausraster." „Das, das ist doch gar nichts, du solltest mal meine Mutter sehen." „Mein Vater sagt immer, wer nicht hören will, muss fühlen, und dann hat er halt mal zugelangt, weil ich zu spät nachhause gekommen bin. Er hat sich eben Sorgen gemacht." „Mein Vater hat im Moment so viel Stress, da verliert er leicht einmal die Beherrschung, aber er ist nicht immer so."

Diese Mädchen hatten es wirklich schwer, ich mache mal wieder aus einer Mücke einen Elefanten, wie mein Vater zu sagen pflegte.

Und trotzdem bleibt die Frage, warum ich solche Selbstzweifel habe, mich so oft in Frage stelle, mich so oft negativ bewerte, so wenig Freude in meinem Leben habe und meistens nur das tue, was ich tun soll – genau wie mein Vater in meinem Traum – , anstatt das zu tun, was ich tun will. Wenn ich denn wüsste, was ich will.

Ich lebe wirklich immer noch im Lande meines Vaters und ich habe keine Ahnung, wie mein eigenes Land aussieht.

Aber ich erinnere mich, wenn auch nur bruchstückhaft: Als kleines Mädchen habe ich in meinem Land gewohnt. Es war wunderschön, es gab Eisblumen an den Fenstern und in der Sonne glitzernden Rauhreif auf den Zweigen. Es gab am Abhang zart verzweigte dunkle Spuren von brauner Erde, die über den gelben Sand hinuntergelaufen waren und blaue Glockenblumen, die zwischen den Steinen in der Mauer wuchsen und in denen Elfen wohnten, schnelle grüngoldene Käfer und langsame Schnecken mit bräunlichgelb gemusterten und immer anders aussehenden Schneckenhäusern. In dem sich träge bewegenden kleinen Flüsschen lebten Nixen, die sich zwischen den Seerosen versteckten und in dem Wald dahinter hatten Zwerge ausgedehnte Höhlen zwischen den Wurzeln der Bäume angelegt. Und es gab riesige Baumgeister, so groß wie die Bäume selbst. Einem bin ich begegnet, er hatte einen ganz langen grauen Mantel mit Kapuze an und er hat mich sehr freundlich angesehen. Er hat nichts gesagt, mich nur von ungeheuer oben angelächelt. Trotzdem habe ich mich furchtbar erschrocken, er war so groß. Seine Hand war so groß wie ich mit meinen vier Jahren. Ich bin nach Hause gerannt und habe meiner Mutter von ihm erzählt. „Kind, das hast du Dir eingebildet, so was gibt es nicht." Ich habe ihr widersprochen, ich hätte ihn doch gesehen. „Du hast da einfach etwas verwechselt, das war wahrscheinlich einfach nur ein Baum, Geister gibt es nicht. Und wenn du mir nicht glaubst, frage deinen Vater."

Das brauchte ich nicht, ich wusste, er würde dasselbe sagen wie sie. Aber ich habe angefangen, an mir zu zweifeln. Und über den vielen Zweifeln habe ich dieses Land, mein Land, irgendwie verloren.

Ich könnte es auch anders formulieren. Ich habe zugelassen, dass mein Land okkupiert wurde und ich habe bis heute die Besetzer nicht nach Hause geschickt. Aber werde ich sie erkennen? Werde ich unterscheiden können, was mein ist, und was ich nur, ohne wirklich überzeugt zu sein, aus Angst und Liebe vor allem von meinem Vater und allen seinen „Gute-Herrscher-Stellvertretern" übernommen habe?

Ich trinke meinen Kaffee aus und beschließe, ich werde die Haushälterin meines Vaters anrufen und vielleicht besuchen.

Kapitel 28

Vernichtung

Manche Menschen erleben Ausgrenzungen aus den momentanen sozialen Bezügen wie eine Vernichtung ihres Selbst. Für sie ist daher die Bedrohung, aus dem sozialen Netz zu fallen, besonders groß und sie sind deshalb sehr gefährdet, sich aus Angst dem Druck der gesellschaftlich vertretenen Normen und Werte zu unterwerfen, selbst wenn sie diese für unangemessen oder schädlich halten.

Diejenigen Personen, die behaupten, auf der „richtigen Seite" zu stehen, die „richtigen" Haltungen zu besitzen, die „richtigen" Entscheidungen zu treffen, die „richtigen" Normen und Werte zu vertreten, gewinnen in der Öffentlichkeit ihre Macht nur durch die Mehrheiten, die sie um sich versammeln können. In kleineren Gruppierungen suchen und finden sie Komplizen, die sie unterstützen. „Richtiger" wird das, was die einzelnen Personen vertreten, dadurch nicht.

Aber gefährlicher kann es für die von der „Rechthaberei einer Mehrheit oder auch Minderheit" Betroffenen schon werden, wie man überall auf der Welt beobachten kann[29]. Und trotzdem wird man meistens, wenn man das Opfer davon wird, völlig überrascht.

Menschen sind soziale Wesen, Ausgrenzung und Vernichtung bleiben die Ausnahme und sind nicht die Regel, nur die Angst davor bleibt.

Sie merkt, wie groß auch ihre eigene Angst vor Vernichtung ist.

Ich habe sie angerufen, aber sie war nicht zuhause. Ich wollte nichts auf dem Anrufbeantworter hinterlassen, ich glaube, ich will die Kontrolle darüber behalten, wer wann wen anruft.

Wieso aber warte ich auf einen Anruf von Reineke Fuchs. Da könnte ich doch den gleichen Wunsch haben, selber bestimmen zu wollen. Und da tue ich es nicht. Und ich weiß genau, warum ich nicht von mir aus anrufe. Ich könnte ja, ich brauche mir nur die Nummer vom Institut besorgen und mich durchstellen lassen. Ich tue es nicht, weil ich will, dass er sich bemüht, dass er mir zeigt, er interessiert sich für mich. Ich will die Bestätigung von ihm und ich merke, wie ich auf seinen Anruf warte.

Es darf aber nicht soweit kommen, dass ich die Wohnung nicht mehr verlasse und neben dem Telefon sitze, bis es klingelt.

Diese Art von Passivität kenne ich von früher. Sie trat immer dann auf, wenn ich im Arbeitszimmer darauf gewartet habe, dass mein Vater aus seiner Arbeit wieder auftaucht und sich mir wieder zuwendet und mich fragt, was los ist. Ich verbrachte Stunden in seinen Arbeitszimmern und wartete darauf, dass er mich bemerkt und sich mir zuwendet. Er saß an seinem Schreibtisch und schrieb oder auf dem Ledersofa und las und nahm überhaupt nicht wahr, dass ich mich in denselben Räumen aufhielt wie er. Er sagte nichts zu mir, er fragte mich nichts, ich war für ihn nicht da. Und nun warte ich immer noch?
So geht es nicht weiter.

Ich beschließe, Schwimmen zu gehen. Ich nehme meinen Badeanzug, den ich aus meiner Wohnung mitgenommen habe, hole mir eines der großen, flauschigen Handtücher, packe ein bisschen Kosmetik zusammen und verlasse das Haus.
Das Schwimmbad ist ein altes, ein bisschen vernachlässigtes Gebäude, und erst in seinem Inneren bemerkt man, wie viele wunderschöne Jugendstilelemente überall zu finden sind: Bunte Fenster mit Blumen und Schmetterlingen aus Glas, Ranken und Frauengesichter als Halbreliefs an den Wänden, farbige Kacheln mit den verschiedensten Motiven, die sich in halber Höhe an den Wänden entlang ziehen. Ich bin ganz entzückt, früher mochte ich Jugendstil nicht, nicht die Bilder, nicht die Möbel, nicht die Architektur, nicht die Innenausstattungen, nicht den Schmuck. Das hat sich vollständig geändert. Jugendstil gehört jetzt zu meinem Land. Meine Eltern mochten diese „schnörkeligen" Dinge nicht, wie sie sagten. Mein Vater sagte, er bevorzuge sanfte Farben, klare gerade Linien, einfache Strukturen, das Leben sei kompliziert genug und ich stimmte ihm zu. Es stimmt, das Leben ist kompliziert genug, dachte ich damals. Heute denke ich öfter, das Leben ist doch alles und ich bin mit meiner eigenen Lebendigkeit mittendrin, ob es mir gefällt oder nicht.
Für meinen Vater gab es die Wissenschaft, die Kunst, die Familie, die Politik und so weiter und dann gab es auch noch das Leben. Da fällt mir ein, ich habe auf einem Bücherstapel in seinem Arbeitszimmer ein Buch liegen sehen mit dem schönen Titel „Philosophie der Lebenskunst". Was er wohl damit gemacht hat? Wenn ich wieder zuhause bin, werde ich es mir einmal ansehen.
Ich ziehe mich um, gehe duschen und dann in die Schwimmhalle und ins Wasser. Es ist warm und fühlt sich an wie Seide. Ich lasse mich vom Wasser tragen und bin total glücklich, so glücklich, dass mir Tränen in die Augen treten.
Gehalten und getragen zu werden ist offensichtlich eine große Sehnsucht

von mir, und ich wundere mich, dass dieses Gefühl von Wasser befriedigt werden kann. Bisher habe ich immer geglaubt, es brauche reale Menschen dafür. Ich schließe die Augen, atme ein und bleibe fast unbewegt und völlig entspannt im Wasser liegen, ohne unterzugehen. „Toter Mann" haben wir das als Kinder genannt, aber damals hatte ich immer ein bisschen Angst davor, dass das Wasser doch nicht trägt.

Nach langer Zeit, als meine Fingerkuppen bereits schrumpelig werden, steige ich aus dem Wasser aus, dusche noch einmal heiß, ziehe mich an und fahre nach Hause.

Zuhause angekommen, fühle ich mich völlig erschöpft und möchte einfach nur schlafen. Da mich nichts davon abhält, lege ich mich angezogen aufs Bett und decke mich nur mit der orangeroten Decke zu, die ich so liebe. Ich bin offensichtlich sofort eingeschlafen.

Als ich aufwache, stehen drei Menschen um mich herum und diskutieren heftig, aber ich verstehe kein Wort von dem, was sie sagen. Da sie von mir keine weitere Notiz nehmen, gehe ich weg und bin plötzlich in einer Art Wüste. Auf der einen Seite sind hohe, gelbe Sanddünen, die sich endlos bis zum Horizont ziehen, und auf der anderen Seite sind Felsen zu sehen, hinter denen sich weitere Felsen auftürmen. Sie leuchten teilweise rotgolden in dem Licht einer untergehenden Sonne. Ich wende mich von den Sanddünen ab, sie sehen aus wie ein großes, gelbes Meer mit hohen Wellen, aber ich habe den Eindruck, dort werde ich mich nur verirren und auf der Suche nach Wasser verdursten. Die Felsen sehen stabil und solide aus und ich bewege mich, wenn auch etwas mühsam, auf dem weichen Sand in ihre Richtung. Es dauert lange, bis ich schließlich die ersten Felsen erreicht habe. Ich wandere weiter zwischen ihnen hindurch. Manchmal stehen sie ganz eng zusammen und es wird schattig und kühl, dann wieder finden sich sonnenbeschienene, kleinere oder größere sandbedeckte Zwischenräume, bis die nächsten Felsen wieder aus dem Sand herauswachsen und sich zu Säulen und Wänden zusammenfinden, die bizarre Schatten auf die benachbarten rotgoldenen Felsen und den gelbleuchtenden Boden werfen. Es ist kein Mensch zu sehen und ich gehe weiter und weiter. Schließlich komme ich an eine Stelle, an der die Felsen sehr dicht zusammenstehen und nur ein schmaler Weg zwischen ihnen weiterführt. Ich gehe hindurch und folge dem sich windenden Weg und bleibe plötzlich voller Staunen stehen. Vor mir gibt es einen offenen Platz mit einem sandigen schmalen Strand und einer Art kleinem See mit tiefem, smaragdgrünem Wasser. Und weiter hinten gibt es auch eine Reihe von graugrünen Sträuchern und Bäumen, die ich aber nicht kenne. Ich gehe zu dem Wasser und blicke hinein. Es gibt darin große Fische von mehr als einen halben Meter Länge, die mit großen Augen durch das grüne Wasser nach oben blicken und ab und an mit ihren dicken, sehr menschlich aussehenden Lippen die Oberfläche berühren, als wollten sie diese küssen. Aber wahrscheinlich suchen sie dort nur etwas zu fressen. Ich blicke völlig fasziniert in dieses Wasser und allmählich erkenne ich in der Tiefe goldene Kuppeln und dann auch die zugehörigen weißgestrichenen Gebäude, Straßen mit kleinen Feldsteinmauern, Gartenanlagen mit großen und kleinen Palmen, vielen blühenden Blumen und Sträuchern und in langen Gewändern gekleidete Menschen, die dort unten hin und her eilen. Es sieht alles wunderschön aus. Und die großen Fische schwimmen hoch über der Stadt.

Plötzlich hebt sich eine Welle aus dem Wasser, erfasst mich und zieht mich hinein. Ich sinke sehr schnell in die Tiefe und stehe auf einmal auf einer der engen Straßen. Ich kann kaum etwas sehen, weil ich von oben bis unten verschleiert bin und vor meinen Augen nur einen gitterähnlichen schmalen Streifen zum Durchgucken habe. Es gibt noch mehr Frauen auf den Straßen, alle sind ähnlich angezogen wie ich, ihre Körper und ihre Gesichter sind verschleiert. Wir sehen uns nicht an, wir könnten nicht einmal sehen, ob wir uns ansehen oder nicht. Jede von uns eilt dahin, wo ihre Pflichten liegen, bepackt mit den Dingen, die sie wahrscheinlich dafür braucht. Ich trage auch einen schweren Sack und als ich hineinblicke, stelle ich fest, dass darin Steine sind, Feldsteine, aus denen die Mauern bestehen und wie sie überall am Wegesrand liegen. Ich greife in den Sack, um sie herauszunehmen und wegzuwerfen.

Aber sie werden nicht weniger, es scheint so, als würden sie in dem Sack nachwachsen und auf diese Weise darauf bestehen, dahin getragen zu werden, wo ich selbst auch hingehen muss.

Nachdem ich viele Steine weggeworfen habe und es in dem Sack nicht weniger geworden sind, gebe ich auf, nehme ihn und trage ihn weiter zu dem Haus am Ende der Straße, wo ich weiß, dass ich hingehöre. Ich öffne die Tür und der Mann, der mich geheiratet hat, tritt mir voller Zorn entgegen. „Du hast gegen das Gesetz verstoßen. Du hast versucht, die Last, die du zu tragen hast, loszuwerden. Das ist ein schweres Verbrechen für eine Frau. Und alle haben dich dabei gesehen. Du wirst bestraft werden." „Aber es waren doch nur Steine, ganz gewöhnliche Steine", sage ich weinend. „Nein", sagt er wütend, „das waren keine gewöhnlichen Steine, sie sind ein Symbol und du hast es entweiht und du wirst durch dieses Symbol sterben." Plötzlich bekomme ich furchtbare Angst, ich sehe den Mann an, von dem ich glaubte, er liebt mich, und nun will er, dass ich sterbe, ausgelöscht werde durch ein Symbol, durch die Steine, die ich nicht mehr tragen wollte. Ich fühle mich starr und kalt, gelähmt, vernichtet. Mehr braucht es nicht. Ich bin schon tot.

Irgendwann am späten Nachmittag bin ich bleischwer aufgewacht. Ich konnte zunächst kaum meine Arme und Beine um mich herum versammeln, aber nach einer Weile fühlte ich mich körperlich wieder vervollständigt und sehr hungrig.
Was für ein Traum. Warum so ein Traum jetzt?
Was soll das, denke ich, was hat das zu bedeuten?

Aber erst einmal will ich etwas essen. In der Tiefkühltruhe gibt es Beutel mit verschiedenem Gemüse, Reis oder Nudeln, mit Pilzen oder Hähnchenfleisch. Zubereitungszeit ungefähr zehn Minuten. Solange kann ich gerade noch warten. Während ich den Inhalt eines Beutels ab und an in der heißen Pfanne umrühre, öffne ich mir eine Flasche Rotwein und trinke schon einmal einen Schluck. Ich muss aufpassen, heute höchstens eine halbe Flasche zum Essen.
Und danach werde ich Briefe schreiben und vielleicht ein bisschen in dem Buch „Philosophie der Lebenskunst" lesen.
Und vielleicht, aber nur vielleicht werde ich darüber nachdenken, was dieser Traum für mich bedeutet.

Kapitel 29

Unterschiedliche Wirklichkeiten

Viele Menschen glauben, sie könnten andere Menschen einschätzen und verlassen sich auf ihre ersten Eindrücke. Sie denken, dass die Persönlichkeit eines Menschen erkennbar sei und beachten nicht, dass aus der Wechselwirkung zweier Menschen immer auch etwas Neues entsteht, was sich nur zwischen diesen beiden Menschen zeigt und sonst nicht. Sie bedenken auch nicht, wie intensiv die jeweiligen Verhaltensweisen durch die unterschiedlichen Erwartungshaltungen, die verschiedenen vergangenen Erfahrungen der Beteiligten, durch die zugewiesenen oder gewählten Rollen und vieles andere mehr, beeinflusst werden.

Die Wirklichkeit eines jeden Menschen unterscheidet sich von denen aller anderen Menschen und dadurch bietet sich bei jeder Begegnung die Chance, etwas Neues und Unerwartetes dazu zu lernen.

Sie erfährt, dass ihre Wirklichkeit ebenfalls von denjenigen anderer Menschen abweicht.

Da es noch relativ früh am Abend war, beschloss ich, die Haushälterin meines Vaters anzurufen. Und sie war zuhause. Wir haben uns beide versichert, wie leid es uns tut, dass mein Vater diesen Unfall hatte. Ich bedanke mich bei ihr für den Einkauf und sage, dass ich erst einmal weiter in der Wohnung meines Vaters bleibe, um Dinge zu ordnen, und sie fragt mich, ob sie mir in irgendeiner Weise helfen kann. Sie erzählt mir, dass sie für die nächsten sechs Monate noch Gehalt bekäme und gerne dafür auch arbeiten würde und ich bedanke mich und sage ihr, im Moment gäbe es nichts, was sie tun könne, und außerdem hätte mein Vater gewollt, dass sie Zeit genug hätte, sich eine neue Arbeit zu suchen. Und dann frage ich sie, ob wir beide uns treffen könnten, ich hätte noch so viele Fragen zu meinem Vater und sie hätte ihn in den letzten Jahren viel öfter gesehen als ich.

Sie freut sich richtig, und sagt, das würde sie sehr gerne tun. Ich sage ihr, ich säße in der Küche bei einer Flasche Rotwein, und frage, ob sie nicht Lust hat, dazu zu kommen. In einer Viertelstunde würde sie da sein, sagt sie.

Ich werde etwas ängstlich, habe plötzlich überhaupt keine Frage mehr, und beruhige mich mit dem Gedanken, dass mir gar nichts passieren kann. Aber ich gehe doch schnell mit einer Plastiktüte in die Arbeitszimmer meines Vaters, diese beiden riesigen ineinander übergehenden Räume, und sammele die Hunderte von Schnipseln und Knöllchen vom Fußboden auf, die ich in einem Anfall von Wut und Verzweiflung aus fünfhundert Blatt feinen, weißen, glatten Papiers zerrissen, zusammengeknüllt und auf den Boden geschmissen hatte.

Kurz darauf klingelt es und sie steht vor der Tür. Sie hat ein ganz klares Gesicht, freundliche Augen mit Lachfalten und immer noch den schön geschwungenen, vollen Mund, an den ich mich erinnere. „Bitte kommen Sie herein", sage ich und wir gehen zusammen in die Küche. Ich habe schon ein zweites Weinglas ebenso wie zwei Wassergläser und ein Paar Nüsse auf den Küchentisch gestellt und die Kerzen im Leuchter angezündet. Wir setzen uns beide, ich schenke uns ein, und dann schweigen wir beide etwas verlegen. „Wissen Sie, Ihr Vater hat so gut wie nie mit mir über seine Familie geredet", sagt sie schließlich. „Aber Sie haben doch eine Menge einfach durch Ihr Dasein erfahren." Sie nickt. „Ihr Vater war sehr schüchtern, sehr unsicher und sehr einsam", sagt sie, „und ich habe ihn sehr gemocht."
Ich bin ganz verblüfft, ich frage sie, wie sie darauf käme anzunehmen, mein Vater sei schüchtern und unsicher gewesen. Einsam, ja, da stimmte ich ihr zu. „Ihr Vater war, glaube ich, nicht nur schüchtern, sondern ängstlich, er fürchtete sich vor Menschen und wozu sie fähig waren, wenn sie nicht bekamen, was sie wollten. Nach meiner Erfahrung versuchte Ihr Vater, jedem Konflikt aus dem Weg zu gehen." Nach einer Pause, in der sie, ich glaube, ein bisschen traurig vor sich hinguckt, fährt sie fort: „Ich habe länger gebraucht, um das zu begreifen. Anfangs habe ich überhaupt nicht verstanden, warum er das Haus verließ, wenn ich kam, warum er mir nur schriftliche Anweisungen gab, warum seine Anweisungen so ungenau waren, dass ich letztlich alles allein entscheiden musste. Ich habe mich gekränkt und missachtet gefühlt, so als wollte er nichts mit mir zu tun haben, als sei ich für ihn nur eine lästige Notwendigkeit. Erst allmählich habe ich begriffen, dass er ging, weil er nicht wusste, wie er mit mir hätte reden können, seine Welt war eine so andere als meine. Einmal habe ich ihm von meiner Tochter erzählt. Seitdem hat er immer wieder nach ihr gefragt, wollte wissen, wie es ihr geht und er hat gesagt, er wolle ihr das therapeutische Reiten bezahlen. Er hat das dann gleich mit dem Spastiker-Verein direkt geregelt und seitdem kann sie da jede Woche reiten, was ihr sehr gut tut. Und die ungenauen Anweisungen für die kleinen Abendessen für seine Freunde oder Kollegen. Ich habe ihn einmal danach

gefragt, warum er mir nicht genau sagt, wie er es haben will, und dann hat er gemeint, er wolle nicht, dass ich etwas täte, wozu ich keine Lust hätte und ich solle selber entscheiden." Sie schweigt und ich sage, ich hätte das wahrscheinlich anders interpretiert, ich hätte gedacht, er hätte einfach keine Lust, sich damit zu beschäftigen.

Das könne auch sein, meint sie lachend.

Ich kann es immer noch nicht fassen. Mein Vater, dieser Patriarch; ängstlich, unsicher und schüchtern? „Mir ist er nie ängstlich, unsicher und schüchtern vorgekommen", sage ich zu ihr, „im Gegenteil, er war in meinen Augen unabhängig und selbstsicher, er wusste alles besser, seine Wünsche und Vorstellungen waren die wichtigsten und richtigsten, er schwebte über allem, und er konnte mit Gefühlen gar nichts anfangen."

„Das habe ich zunächst auch so wahrgenommen", sagte sie, „aber dann habe ich mich gefragt, warum sich ein Mensch so verhält. Ich habe – ich gestehe es etwas beschämt – über die Jahre Ihren Vater immer wieder nach Einzelheiten aus seiner Kindheit befragt und so viele Puzzleteilchen zusammengetragen. Ich habe es für mich gebraucht. Ich wollte verstehen, warum er sich so verhielt, sonst hätte ich nicht mehr für ihn arbeiten können." Ihre Augen füllen sich mit Tränen, sie wischt sie weg und sagt: „Entschuldigung".

„Weil es Sie sonst zu sehr gekränkt hätte?", frage ich und denke, ich hatte recht, sie hat ihn geliebt. „Ja", sagt sie, „ich mochte ihn zu gern, ich hätte ihm wohl sonst sein Verhalten nicht verzeihen können." Und dabei lächelt sie und die Liebe strömt ihr wie ein Streicheln aus den Augen. Mein Gott, was hätte diese Frau ihm geben können und er hat es nicht einmal erkannt.

Trotzdem frage ich sie, vielleicht hat es mein Vater ja doch begriffen. „Hat mein Vater eigentlich gewusst, wie gern Sie ihn haben?" Plötzlich lächelt sie sehr verlegen. „Ja, aber das würde ich Ihnen gern ein anderes Mal erzählen", sagt sie. „Ich will ihnen ja auch noch von den vielen Puzzleteilen erzählen, die Ihr Vater mir im Verlaufe der Jahre auf meine Fragen erzählt hat. Und damit werde ich sicher heute nicht fertig werden. Wussten Sie, dass Ihr Vater noch Geschwister hatte? Nein? Er hatte eine jüngere Schwester und einen älteren Bruder. Der ältere Bruder wurde, als er in die Pubertät kam und nicht mehr so unterwürfig war, wie der Vater es erwartete, in ein Heim für Schwererziehbare gebracht. Ein dreizehnjähriges kreatives, lebendiges Kind wurde vom jähzornigen Vater einfach verstoßen, und die schwache Mutter hat es aus Angst vor ihrem gewalttätigen Mann zugelassen. Für Ihren damals elfjährigen Vater und seine zwei Jahre jüngere Schwester war diese Verstoßung absolut traumatisierend, wie Sie sich sicher vorstellen können."

Ich bin plötzlich ganz erschüttert. Das habe ich nicht gewusst. Und wie viel wird es noch geben, was ich auch nicht oder noch nicht weiß.

Ich sage zu ihr, ich sei sehr froh, dass sie gekommen sei und am liebsten wäre mir, dass sie mich duzt und mit meinem Vornamen anredet und ich würde gerne noch ganz oft mit ihr reden. Sie lacht, sagt mir, sie hieße Viola und es ginge ihr genauso. Und wir stoßen auf eine neue Freundschaft an und tauschen erst einmal Basisinformationen aus.

Sie ist nur ungefähr vier Jahre jünger als ich, trotzdem ist ihre Tochter mit fast zwölf Jahren viel jünger als meine beiden erwachsenen Kinder. Ich war 19 Jahre alt bei meinem ersten Kind, sie war 33 Jahre alt. Als sie sich nach dem Tode meiner Mutter bei meinem Vater um die Stelle als Haushälterin beworben hat, hatte sie bereits ihr Kind, was wegen seiner spastischen Lähmung sehr viel Pflege brauchte. Sie hat meinem Vater ihre Lage geschildert und versucht, ihm deutlich zu machen, wie sehr sie diese Stelle brauchte. Mein Vater hat ihr die Stelle gegeben und ihr die Wohnung im Gartenhaus vermittelt, damit sie ihre Tochter immer schnell erreichen konnte, wenn das Babyfon irgendwelche ungewohnten Geräusche machte. Ich erzähle ihr von meiner Ehe, von meinen Kindern und von meinen wechselnden beruflichen Erfolgen und Misserfolgen.

Sie hat Medizin studiert, war aber noch nicht fertig, als sie ihr Kind bekam, weil sie ihr Studium selbst verdienen musste und auch noch den Vater des Kindes finanziell mit durchgefüttert hatte. Der Vater des Kindes hat sie auf der Stelle verlassen, als sich herausstellte, dass das Kind behindert war, und hat sich über Jahre geweigert, Unterhalt zu zahlen. Sie hat den Unterhalt für das Kind eingeklagt und seit einigen Jahren zahlt er regelmäßig.

Wir haben längst eine zweite Flasche aufgemacht, die allmählich zur Neige geht. Wir werden beide müde und beschließen, ein andermal weiter zu reden.

Zum Abschied umarmen wir uns und ich sage ihr, wie froh ich bin, sie endlich kennen zu lernen.

Insgeheim denke ich daran, wie sie sich freuen wird, wenn sie das mit der Wohnung erfährt. Ihr Leben wird dann leichter, sie muss weniger zum Leben verdienen und kann vielleicht ihr Studium zu Ende machen. Nächste Woche wird der Rechtsanwalt mit ihr einen Termin machen und ihr ebenso wie mir die Papiere übergeben.

In dieser Nacht schlafe ich glücklich ein.

Kapitel 30

Verlassen sein

In unserer Kultur, in der Großfamilien selten geworden sind, haben mehr oder weniger alle Kinder erlebt, dass sie für eine Zeitlang allein gelassen wurden. Allerdings war diese Erfahrung für die einzelnen Kinder sehr unterschiedlich. Allein sein bedeutet nicht in jedem Fall für das Kind, dass es sich auch verlassen fühlt.

Auch die Gefühle in solchen Situationen sind von Kind zu Kind verschieden. Entscheidend ist dabei, ob das Kind sich sicher sein kann, dass diejenigen, von denen es sich verlassen fühlt, wiederkommen werden oder nicht. In manchen Fällen behält ein Mensch die Angst, verlassen zu werden, sein ganzes Leben lang und diese Angst kann sein Verhalten auf sehr unterschiedliche Weise beeinflussen.

In anderen Fällen geht es dem Menschen nicht um das Verlassenwerden, stattdessen fühlt er sich von Anfang an verlassen. Das hat den einen großen Vorteil: Er kann nicht mehr verlassen werden.

Sie weiß noch nicht, ob sie sich sowieso verlassen fühlt und sich deshalb auf andere Menschen – vor allem Männer – gar nicht einlassen will, oder ob sie eher Angst vor dem Verlassenwerden hat und deshalb lieber Abstand hält.

Es wird Zeit, meine Kinder anzurufen, um ihnen zu sagen, wo sie mich erreichen können. Aber dann fällt mir ein, dass sie ja meine Handynummer haben und mich jederzeit hätten anrufen können. Was sie aber nicht getan haben. Da ich mir aber vorgenommen habe, möglichst nur das zu tun, was ich auch wirklich will und nicht einfach einer vermuteten Erwartung von anderen nachzugeben, frage ich mich, was ich will. Während ich noch darüber nachdenke, merke ich, dass ich sie gar nicht anrufen will. Ich bin so mit mir beschäftigt, dass andere Menschen mit ihren Wünschen und Problemen im Moment nicht wirklich einen Platz in mir finden, auch meine Kinder nicht, und ich lasse die Idee fallen.

Ich gehe davon aus, dass es ihnen wohl gut gehen wird, sonst hätte ich sicher etwas von ihnen gehört.

Reineke Fuchs hat ebenfalls nicht angerufen und auch da frage ich mich, ob nun ich ihn anrufen will. Ich will nicht. Ich finde außer meiner Bedürftigkeit keinen einsehbaren Grund für einen Anruf, und die lasse ich

nicht gelten. Natürlich nicht. Wo kämen wir denn da hin, frage ich noch ironisch hinterher.
Bedürftigkeit, Abhängigkeit, Sehnsucht, Scham, Schuldgefühle, Angst, Selbstablehnung, Selbsthass, noch mehr Angst. Selbstvernichtung. Stille. Nichts mehr. Das ist die Reihenfolge innerer Prozesse, wie ich sie kenne. Von klein auf kenne. Ich versuche, mich an das erste Mal zu erinnern, aber ich denke, es gibt immer noch ein Mal davor.
Ich erinnere mich daran, dass meine Eltern ins Theater wollten. Es war Winter und schon dunkel, als sie gehen wollten. Ich habe geweint, geschrien und gebettelt, sie sollten zuhause bleiben, und als alles nichts half, sie sollten wenigstens im Flur und im Bad das Licht anlassen. Mein Vater sagte, ich solle mich nicht anstellen, ich würde mich ja verhalten wie ein Kleinkind, und dann drehte er die Sicherungen für die ganze Wohnung im Flur aus. Ich war erst vier Jahre alt, ich verstand nicht, was geschah. Es war nur plötzlich dunkel und ganz still. Ich versuchte, die Lampe an meinem Bett anzumachen, es ging nicht. Ich stand auf, um an der Tür das Licht an der Decke anzumachen. Es ging nicht. Ich tastete mich ins Bad und versuchte es dort. Es ging nicht. Es war und blieb überall dunkel. Ich hatte entsetzliche Angst, so etwas hatte ich noch nicht erlebt. Bisher war das Licht immer angegangen, wenn man den Schalter richtig bewegte. Irgendetwas Schreckliches war da und wollte, dass es dunkel war und ich es nicht sehen kann.
Ich traute mich auch nicht zurück ins Kinderzimmer. Ich setzte mich mit dem Rücken an die Badewanne gelehnt auf den Baumwollteppich davor und hörte auf zu atmen, um jedes ungewohnte Geräusch wahrnehmen zu können. Ohne mich zu bewegen, blieb ich da sitzen, wurde langsam zu einem Stein und rührte mich auch nicht, als meine Eltern zusammen mit dem Licht zurückkamen. Ich weiß auch nicht mehr, wann sie mich im Badezimmer entdeckten und was sie sagten oder taten. Ich weiß nur noch, dass es von da an eine beliebte Geschichte wurde, die sie in der Verwandtschaft und Bekanntschaft vor allem in meinem Beisein erzählten. Wie sie ins Theater gehen wollten und ich ihnen ein Theater gemacht hätte, und wie sie dann die Sicherungen ausgedreht hätten, damit ich im Bett bliebe. Aber dass das alles nichts genützt hätte, denn als sie nach Hause gekommen wären, sei ich keineswegs im Bett gewesen, sondern sie hätten mich im Bad ganz ruhig an der Badewanne sitzend gefunden. Aber ich würde ja immer tun, was ich wollte. „Dieses Kind ist nicht zu erziehen", pflegte meine Mutter zu sagen.
Jedes Mal habe ich mich geschämt und mir gewünscht, ich hätte ihnen kein Theater gemacht.

Es kommen noch mehr Erinnerungen. Einmal haben sie mich in die Gästetoilette gesperrt. Wenn ich um Verzeihung bitten und versprechen würde, wieder lieb zu sein, dürfte ich wieder herauskommen. Wie alt ich war und was ich gemacht hatte, weiß ich nicht mehr, aber ich weiß noch, dass ich unbedingt wollte, dass sie mich wieder lieb haben, dass ich verzweifelt an die Tür gehämmert und geschrien habe: „Ich will wieder lieb sein, ich will wieder lieb sein."

Aber die Tür ging nicht auf und irgendwann war ich still. Ich hielt wieder die Luft an und wartete darauf, näherkommende Schritte zu hören. Aber es blieb totenstill. In der Wohnung war nichts zu hören. Ich setzte mich auf den Boden und horchte weiter. Ich traute mich nicht zu atmen, aus Angst, ich könnte etwas überhören. Aber es blieb alles still. Nie würde diese Tür aufgehen. Nie. Ich war böse, ich konnte mich auch nicht leiden. Kein Wunder, dass Mama und Papa nicht wiederkamen. Ich würde so ein Kind, wie ich es war, auch nicht haben wollen. Ich wurde immer stiller und spürte meinen Körper immer weniger, und als ich gar kein Gespür mehr für ihn hatte, war es, als wären von mir nicht einmal mehr Gedanken übrig geblieben. Gar nichts übrig geblieben. Nichts tat mehr weh.

Es gibt eine ganze Kette solcher Erinnerungen, nicht nur aus der Kinderzeit und nicht nur im Zusammenhang mit meinen Eltern. Zum Beispiel Freundinnen, die mir wichtig waren und mich fallen ließen, weil sie plötzlich eine neue beste Freundin hatten. Da war auch mein Warten vergeblich, ich konnte sie nur beobachten, wie sie vertraut miteinander taten, miteinander kicherten und mich bedeutungsvoll anguckten, bevor sie wieder miteinander etwas zu lachen hatten, wahrscheinlich über mich. Meine Ehe war eine einzige Aneinanderreihung solcher Erlebnisse und ich will mich an die Vielzahl dieser schmerzhaften Erfahrungen nicht erinnern. Nur die Gefühle, die nacheinander auftauchen und die immer mit dem gleichen enden, nämlich mit der vollständigen Lähmung von mir selbst, die kann ich nicht verdrängen. Ich brauche mich nur bedürftig zu fühlen, mir Halt, Geborgenheit, Nähe, Wärme, Zuneigung, Zärtlichkeit, Sexualität zu wünschen, Kontakt, Interesse an mir. Mir wünschen, jemandem von mir erzählen zu können, ernst genommen zu werden und eine Bedeutung haben zu wollen, immer dann, wenn ich so etwas oder so etwas ähnliches möchte, ende ich mit diesen Gefühlen von Angst und Lähmung. Manchmal sogar, bevor ich solchen Wünschen auch nur den geringsten Ausdruck geben kann.

Und jetzt sitze ich mit meiner Bedürftigkeit und der zugehörigen Angst vor Vernichtung am Telefon und bin nicht in der Lage, Reineke Fuchs anzurufen. Ich brauche einen rationalen Grund, damit ich meine eigene

Bedürftigkeit ein bisschen auch vor mir selbst verstecken kann. Nur im Moment fällt mir keiner ein.

Was mir aber bewusst wird, ist das alte Muster. Wieso mache ich mich nicht von diesem alten Muster frei. Ich brauche mir nur bewusst zu halten, dass dieses alte Muster heute nicht mehr real ist. Es ist vollkommen normal, bedürftig zu sein und sich von anderen Menschen abhängig zu fühlen, sie fühlen sich ja auch bedürftig. Ich muss nur diese Angst aushalten. Ich kann sie Reineke Fuchs auch einfach sagen. „Ich habe furchtbare Angst, dich anzurufen, weil ich Angst habe… " Ja, wovor eigentlich. Ich kann sagen, ich würde ihn gern wiedersehen, und im schlimmsten Fall sagt er, er mich aber nicht. Das ist alles. Er sagt, dass er mich nicht wiedersehen möchte. Vielleicht. Wahrscheinlich. Bestimmt.

Risiko, ich muss ein Risiko eingehen. Ich kann ja erst einmal die Nummer von dem Institut herausfinden. Da fällt mir ein, dass ich sie natürlich kenne. Sowohl die von der Zentrale als auch die von dem Büro meines Vaters. Ehemaligem Büro.

Kurzentschlossen – den ersten kleinen Impuls ausnutzend, ich warte besser nicht darauf, dass er größer wird, er wird es nicht – wähle ich die Nummer der Zentrale und sage, ich möchte mit Dr. Fuchs verbunden werden, und bitte vorher auch die Durchwahlnummer haben.

Er meldet sich und ist richtig erfreut. „Wie schön, dass du anrufst, ich hätte heute auch noch versucht, dich zu erreichen. Willst du heute Abend mit mir essen gehen." Ich freue mich, sage es auch, und verabrede mich mit ihm.

Ich brauchte gar keinen rationalen Grund, ich brauchte gar keinen Grund. Offensichtlich brauchen Wünsche keine Gründe.

Es gilt heute immer noch, was damals galt. Die Zeit, als das Wünschen noch geholfen hat, ist noch nicht vorbei.

Ich denke, es muss heißen: Heute ist die Zeit, in der das Wünschen das Einzige ist, was noch hilft.

Kapitel 31

Schmerzhafte Defizite

Menschen sind soziale Wesen und auf wechselseitige emotionale Zuwendung angewiesen. Freundlicher und liebevoller Kontakt ist – wie heute bekannt – lebenswichtig, nicht nur für Kinder, sondern auch für Erwachsene jeden Alters.

Wenn ein Mensch emotional fast verhungert ist und plötzlich wendet sich ihm ein anderer Mensch mit Freundlichkeit und Interesse zu, dann tut dies ihm weh. Das bisher verdrängte Defizit an Wertschätzung und Zuneigung wird entweder weiter verdrängt oder es wird das, was so lange Zeit gefehlt hat, schmerzhaft bewusst.

Viele Menschen haben jedoch gelernt, den potentiell plötzlich auftauchenden Schmerz erst gar nicht wahrzunehmen oder sofort zusammen mit der entgegengebrachten Zuwendung abzuwehren.

Das bedeutet jedoch, dass sie die Zuneigung und die Wertschätzung ihrer Person nicht annehmen, wodurch sich gleichzeitig ihr emotionales Defizit weiter vergrößert.

Es kostet Mut, sich zu trauen, den Schmerz zuzulassen und einem anderen Menschen das eigene Leiden zu zeigen. Allerdings wird man manchmal auch vom Schmerz überwältigt.

Sie kann ihren Schmerz nicht kontrollieren und wird von seiner Intensität überrascht.

Es war ein aufregender, schmerzhafter, aber trotzdem wunderschöner Abend. Ich glaube, ich bin dabei, mich zu verlieben. Aber darüber will ich jetzt nicht nachdenken. Ich bin ja immer noch bei meinem Vaterprojekt, selbst wenn es sich ununterbrochen verändert. Reineke Fuchs hat unter anderem versucht, mir zu erklären, womit sich mein Vater in den letzten Jahren auseinandergesetzt hat. Er hat mir unter anderem etwas von Chaostheorie und seltsamen Attraktoren erzählt, aber ich habe nicht viel davon verstanden. Er will mir ein paar Buchtitel nennen, in denen dieses Gebiet populärwissenschaftlich erklärt wird, dann kann ich es selbst noch einmal lesen und verstehe vielleicht mehr. Ich habe ihn gefragt, warum mein Vater eigentlich mit Biochemie aufgehört hat, und er hat gesagt, er habe nicht damit aufgehört, nur das Forschungsinteresse verschoben. Ich habe ihn auch gefragt, ob er meinen Vater für ängstlich, schüchtern und unsicher gehalten habe, und er hat gemeint, ihm gegenüber sei mein Vater vorsichtig, rücksichtsvoll und freundlich gewesen. Na, so was.

Plötzlich sagt er ganz unvermittelt: „Ich liebe die kleinen Lachfältchen an deinen Augen, komm bitte nie auf die Idee, sie dir wegspritzen zu lassen." Ich will wissen, was er denn dagegen habe und er sagt, dass wolle ich bestimmt nicht so genau wissen. Schließlich erfahre ich, dass für das Botox[30], das für diese Schönheitsspritzen benutzt wird, viele Mäuse auf schreckliche Art qualvoll sterben müssten, über Tage müssten sie sich quälen, bis sie schließlich tot seien. Und dann fügt er noch hinzu, dass er die Frauen nicht versteht, jede kleine Falte sei doch ein Zeichen für gelebtes Leben. Und ich werde ärgerlich und sage: „Die Frauen machen das doch nur wegen der Männer. Um noch begehrenswert zu sein. Sie merken doch, dass sich Männer meist doch nur für die jugendlich aussehenden Frauen interessieren, die anderen werden doch gar nicht mehr angeguckt." „Ich weiß, es gibt wirklich dumme Männer", sagt Reineke Fuchs und lächelt mich an, „ich hoffe, ich gehöre nicht dazu." Als ich wissen will, ob er im Rahmen seiner Arbeit auch Tierversuche gemacht hat, nickt er und sagt, dass sei eine seiner Schwierigkeiten gewesen und er sei sehr froh, dass er seinen Arbeitsschwerpunkt zusammen mit meinem Vater unter anderem auf selbstorganisierende Systeme und Emergenzphänomene[47] verlagert habe und keine Tierversuche mehr machen würde. Aber die seien immer noch absolut üblich in der Forschung, nicht nur in der chemischen und biochemischen, sondern auch in der Hirnforschung, und er fände das, was da teilweise üblich sei, einfach nur furchtbar. So würde man, um herauszufinden, welche Teile des Gehirns für welche Leistungen zuständig seien, den Tieren, zum Beispiel Katzen, Teile des Gehirns entfernen, um dann zu sehen, wozu die Tiere dann noch in der Lage seien. Die Forscher sprächen dann von dekortizierten Tieren, sagt er. Aber dann schüttelt er den Kopf, als wollte er die Erinnerungen daran aus seinem Kopf schütteln und sagt: „Lass uns von uns reden, habe ich dir schon gesagt, dass ich dich schon immer sehr faszinierend finde."

Ich werde sehr verlegen, ich merke, wie ich den Satz abwehren will, wie ich sagen will, er solle so etwas nicht sagen, er solle nicht so dick auftragen, er solle mich nicht so in Verlegenheit bringen, er solle aufhören, mich anzusehen, am besten solle er überhaupt nicht mehr da sein, nein, am allerbesten sollte ich nicht mehr da sein. Ich kneife mich heimlich unter dem Tisch, um nicht schon wieder alles abzuwehren, was mir eigentlich so gut tut, lächele und sage gar nichts. Als ich wieder hochsehe, sagt er: „Du bist wohl nicht gerade verwöhnt worden mit liebevoll gemeinten

Worten." Ich kann mich überhaupt nicht stoppen, ich fange derartig an zu weinen, dass ich gar nicht aufhören kann. Reineke Fuchs legt seinen Arm um meine Schultern, und der Wirt kommt mit einem einer Handvoll weicher, weißer Servietten.

„Es ist mir so peinlich, ich verstehe das gar nicht", sage ich unter Schluchzen. Reineke Fuchs sagt gar nichts, sondern reicht mir eine weitere Serviette.

Dieses unerwartete Verständnis von ihm für meine Bedürftigkeit, meine Tendenz abzuwehren, für meine Scham und für meine Verletztheit, damit habe ich nicht gerechnet. Die Überraschung und der Schmerz haben mich einfach überwältigt.

Erfahren habe ich meistens das Gegenteil. Mir fällt eine Situation ein, die ich mit dem Mann erlebt habe, mit dem ich einmal verheiratet war. „Mein Mann" konnte ich damals schon nicht sagen, er war nicht „mein" Mann. Es ist früher Abend. Wir stehen beide im Flur und er sagt: „Übrigens, wir sind heute Abend bei den Borgs eingeladen." Ich bin ganz enttäuscht und frage, wo wir denn jetzt noch einen Babysitter herkriegen können und warum er mir das denn nicht früher gesagt habe. Da zerrt er mich vor den Spiegel im Flur und sagt: „Na, guck dich doch an, mit dir kann man sich doch nirgendwo sehen lassen." Und als ich anfange zu weinen, meint er, ich solle mich doch nicht so anstellen. Ich sei eben einfach zu empfindlich. Und er würde sich jetzt umziehen und gehen. Das Schlimme an der Situation ist, dass ich ihm glaube, ich sehe mich im Spiegel und kann mich auch nicht leiden. Es stimmt, was er sagt. Ich nehme es zur Kenntnis, so, als wäre ich eine fremde Person. Ich fühle nichts mehr. Ich bin innerlich ganz leer. Ich weiß es noch wie heute.

Als er weg ist, fühle ich mich entsetzlich bedürftig, voller Sehnsucht nach einem Menschen, der mich in den Arm nimmt und tröstet, mich gern hat und es mir auch sagt, und ich hasse mich dafür. Ich hasse mich, weil mich diese Sehnsucht so ausfüllt; weil sie nicht weggeht; weil es so weh tut, dass es für mich einen solchen Menschen nicht gibt.

Und schon überwältigt mich die nächste Erinnerung.

Meine Eltern sind mit mir für ein verlängertes Wochenende an die Ostsee gefahren. Mein Vater hat dort eine Konferenz. Ich bin fünf oder sechs und es ist meine erste Reise. Glücklich wandere ich zwischen ihnen beiden am Meer entlang, jeder von ihnen hält eine Hand von mir. Dann kommen wir zurück zum Hotel, und meine Mutter bestellt für mich ein Wurstbrötchen und ein Glas Milch aufs Zimmer. Als ich aufgegessen habe, muss ich ins Bett. Ich liege in dem Kinderbett und beobachte, wie die beiden ihre Abendgarderobe anziehen. „Geht Ihr noch weg?", will ich wissen.

„Ich will mit, ich will hier nicht hier allein bleiben." Aber sie sagen, sie könnten mich nicht mitnehmen, ich sei noch zu klein, ich würde mich nur langweilen, ich wüsste nicht, wie man sich bei einem offiziellen Essen benimmt, es kämen auch sonst keine Kinder, es würde einen schlechten Eindruck machen, wenn sie mich mitnehmen würden. Sie reden auf mich ein, vor allem mein Vater. Ich höre nicht mehr zu, ich habe es schon verstanden. Sie wollen mich nicht mitnehmen, sie denken, ich kann mich nicht benehmen, sie schämen sich für mich. Sie gehen ohne mich.

Es gibt noch mehr solcher Situationen, manche mit meinen Eltern, viele mit meinem Vater, viele aus der Schule und auch noch einige aus der Hochschule. Und viele vor allem aus meiner Ehe. Eine nach der anderen fällt mir ein und ich weine weiter, jetzt aber vor allem aus Selbstmitleid. Und als ich das merke, höre ich mit Weinen auf.

„Du hast recht", sage ich zu Reineke Fuchs, „ich bin nicht sehr verwöhnt, was Freundlichkeit anbetrifft." „Na, dann wird es aber Zeit", sagt er und grinst mich an. Diesmal lächle ich, allerdings ziemlich unsicher, zurück und denke dabei, der Mann ist nicht real.

Bin ich dabei, mich in ein Phantom zu verlieben. Normalerweise verhalten sich Männer doch nicht so, wie er heute Abend.

„Ich möchte gern noch einen Wein", sage ich, „und dann wäre ich sehr gerne sehr albern." Er nickt zustimmend, lächelt und fragt mich: „Was macht eine Ehefrau, wenn ihr Mann im Garten Zickzack läuft?" Ich weiß es nicht und er sagt: „Nachladen und weiterschießen." Ich lache und er fragt weiter: „Und was macht eine Ehefrau, wenn ihr Mann beim Kartoffeln holen die Kellertreppe hinuntergefallen ist und sich das Genick gebrochen hat?" Ich weiß auch das nicht und er sagt: „Nudeln oder Reis." Und dann lachen wir beide, ich auch über die innewohnende Logik. Es war genau die richtige Art von Witzen für den Anfang, aber dann erzählen wir uns abwechselnd Häschenwitze und Witze über den großen Elefanten und die kleine Maus, die ich so liebe und dann, was uns so noch einfällt.

Reinecke Fuchs bringt mich bis vor die Tür, versucht nicht, mich zu küssen, nimmt mich aber in den Arm und fragt: „Du oder ich ruft an, ja?" Und ich nicke und sage nur: „Ja." Und nach einigem Zögern sage ich noch: „Gerne."

Irgendwas findet dieser Mann an mir. Es ist mir schleierhaft, was. Ist auch egal, denke ich und irgendwie gehe ich ganz beschwingt in die Wohnung. Ich gehe in die Bibliothek, zünde dort die Kerzen in den beiden Kerzenhaltern an und lege die Musik von Cesaria Evora[31] auf, die ich so liebe, und tanze solange, bis mir die Füße wehtun und ich mich so müde fühle, dass ich nur noch ins Bett falle.

Kapitel 32

Überraschungen

Das Selbst eines Menschen ist nicht etwas, welches unabhängig von den Beziehungen dieses Menschen zu seiner Umwelt existiert. Das Selbst[32] stellt sich immer wieder neu her und zwar auf der Basis bisheriger Erfahrungen und neuer Informationen aus dem eigenen Inneren und aus der Umwelt. Insofern machen manche Menschen ganz andere Erfahrungen mit einer Person als andere und wundern sich oft über die ihnen geschilderten Seiten ein und desselben Menschen. An den entstehenden und beobachtbaren Variationen des Verhaltens einer Person wirken immer alle Beteiligten und die Umstände mit.

Menschen als soziale Wesen mit ihren intensiven Wünschen nach Bindung und nach Zugehörigkeit zu sozialen Gruppen entwickeln und zeigen in Interaktionen jeweils andere Aspekte ihrer Person, je nachdem, welche Intentionen sie verfolgen, wer ihr jeweiliges Gegenüber ist und wie sich die Qualität ihrer Wechselwirkungen entwickelt.

Insofern sind Beschreibungen, wie eine Person „als Person" sei, meistens problematisch und Bewertungen, die sich auf eine Person als ganze beziehen, führen mit hoher Wahrscheinlichkeit nur zu Vorurteilen.

Sie stellt fest, dass sie immer neue Seiten an ihrem Vater – und damit auch an sich selbst – entdeckt.

Viola rief an und fragte, ob es mir recht sei, wenn sie käme, und ich habe mich gefreut.

Sie ist mit frischen Brötchen gekommen und kocht in der Küche die Eier, während ich mich anziehe. Ich komme dazu. als die Kaffeemaschine die letzten Tropfen in die Kanne fallen lässt. Sie ist ganz aufgeregt, als sie mir sagt, sie hätte einen Brief vom Rechtsanwalt bekommen, es ginge um etwas Erfreuliches in Bezug auf ihre Wohnung und sie solle ihn anrufen, um den vorgeschlagenen Termin wegen der Einzelheiten mit ihm zu bestätigen oder einen neuen zu verabreden. „Weißt du, worum es da geht?" Ich mache ein geheimnisvolles Gesicht, zucke mit den Schultern und sage, fest entschlossen, nichts zu verraten: „Nein, nicht genau. Du musst abwarten, was er dir sagt", und setze fort, „aber ich bin froh, dass du da bist, weil ich noch so viele Fragen übrig habe vom letzten Mal."

Und dann frage ich sie, was denn aus dem Bruder und der Schwester meines Vaters geworden wäre.

„Ach", sagt sie, „das sind traurige Geschichten. „Die Schwester deines Vaters hat sich mit neunzehn das Leben genommen und der Bruder ist kurz nach seiner Volljährigkeit in die USA gegangen." „Mein Gott, warum hat sie sich denn umgebracht?", frage ich ganz entsetzt und sie meint, sie wüsste es nicht genau, mein Vater habe gesagt, sie hätte Depressionen gehabt. „Und der Bruder, lebt der noch?" „Nein, er ist vor ungefähr zwölf Jahren an Leukämie gestorben." „Mein Vater hat nie von ihm gesprochen, haben sie sich denn überhaupt wiedergesehen? Hat meine Mutter denn von ihm gewusst?" „Ich glaube nicht, dass deine Mutter von ihm gewusst hat. Dein Vater hat mir gesagt, er hätte sie nicht belasten wollen. Sein Bruder habe schon Leukämie gehabt, als er sich an deinen Vater gewandt hat. Er brauchte eine Knochenmarkspende und es war die Frage, ob dein Vater dafür in Frage kam.

Dein Vater hat wohl deiner Mutter gesagt, er müsse zu einer Konferenz nach New York. Es hat sich dort herausgestellt, dass dein Vater als Spender geeignet war und er ist danach noch mehrmals in die USA geflogen, sowohl wegen weiterer Knochenmarkspenden, als auch einfach, um mit seinem Bruder zusammen zu sein. Sie haben sich wohl sehr gemocht."

Ich bin mir nicht sicher, ob ich traurig, einfach nur berührt oder wütend bin. Mein Vater beschließt, seine Frau vor der Konfrontation mit seiner schwierigen Familiengeschichte, mit der Krankheit seines Bruders und dessen potentiellem Tod zu schützen. Statt sie einzubeziehen, schweigt er oder belügt sie und durchleidet seine Angst und seine Trauer ganz allein, ohne sie daran teilhaben zu lassen. Sie hatte gar keine Chance, ihm nahe zu sein.

Um sie zu schonen, verschweigt er ihr, was für ihn wichtig ist. Mein Gott, was für ein Frauenbild und was für eine Vorstellung davon, wie ein Mann zu sein hat. Und ich habe beides geerbt. Nur mit dem Unterschied, dass ich nicht die anderen, sondern mich selbst schone. Aber vielleicht hat mein Vater ja auch sich selbst geschont. Wenn er nicht davon spricht, dass er Angst vor dem Verlust des neugefundenen Bruders hat, oder Angst vor der Operation, Angst davor, selber krank zu werden und Angst davor, selbst auch sterblich zu sein, dann hat er diese Ängste vielleicht nicht so gespürt. Wenn ich mir nicht gestatte, traurig zu sein, spüre ich die Trauer nicht. Wenn ich mich gleichgültig mache, merke ich nicht, wie verletzt ich mich fühle und wie weh mir etwas tut. Wenn ich mich taub machen will, halte ich die Luft an und atme dann ganz flach weiter, und meist gelingt es mir auch. Obwohl ich merke, dass es mir mit zunehmendem Alter immer schwerer fällt, mich gefühllos zu kriegen.

Gleichgültig, ob mein Vater sich nun selbst oder seine Frau und seine weitere Umwelt geschont hat, ich finde, er hätte wenigstens fragen können, ob ein solches Verhalten erwünscht ist oder nicht, statt es einfach über die Köpfe der anderen Menschen hinweg zu entscheiden.

Viola schweigt, während ich darüber nachdenke, und dann sage ich zu ihr, dass ich sein Verhalten gegenüber meiner Mutter nicht in Ordnung finde. Sie nickt. „Weißt du, er hat es einfach nicht gelernt sich mitzuteilen. Irgendwann einmal hat er mir erzählt, dass er als Kind sehr viel Zeit allein verbracht habe, denn jedes Mal, wenn es irgendein Problem gab, wurde er auf sein Zimmer geschickt mit der Aufforderung, darüber nachzudenken, was er falsch gemacht habe. Sein Vater pflegte so Sätze zu sagen, wie „Probleme hat man nicht, Probleme löst man, und zwar allein", „Wenn du nicht allein damit fertig wirst, macht es dich fertig", oder „Was dich nicht umbringt, macht dich stärker", und ähnliches mehr. Am häufigsten sagte er, „Lass mich in Ruhe, geh zu Deiner Mutter", und seine Mutter hätte immer gesagt: „Ich habe keine Zeit, geh zu deinem Vater" oder „Davon verstehe ich nichts, frag doch deinen Vater." Beide hätten ihn immer weggeschickt, ihn und seine Geschwister. Vielleicht hat der Vater die Kinder auch geschlagen oder noch auf andere Weise gequält, das weiß ich nicht genau. Sein älterer Bruder hätte sich gegen die Eltern aufgelehnt und immer mehr Probleme gemacht, wohl um seine Eltern zu zwingen, sich mit ihm auseinander zu setzen, und seine Schwester sei immer stiller geworden. Und als sein Bruder dann ins Heim kam, hätte er seine Lektion gelernt. Und ich", fügt Viola hinzu, „habe wieder ein bisschen besser verstanden, warum er sich so und nicht anders verhielt."

„Wie kommt es, dass er dir solche Sachen erzählt hat und sonst niemandem?" Ich bin ein bisschen eifersüchtig. „Ich weiß es nicht genau, ich habe wohl zu den passenden Zeitpunkten nachgefragt", sagt sie, „und ich denke, mit zunehmendem Alter beginnt man sich mehr und mehr zu erinnern, und außer mir war niemand da, der gefragt hat. Und – das ist, glaube ich, das Wichtigste – ich gehörte nicht zur Familie, ich war für ihn eine Randfigur in seinem Leben, zwar nicht unwichtig, aber eben doch eine Randfigur. Für mich galten deshalb die eingefleischten Regeln nicht."

„Weißt du etwas darüber, was der Bruder in den USA gemacht hat, ob er Familie hat und so?", frage ich weiter. „Ich glaube, er hat allein gelebt und war nicht verheiratet, aber beruflich war er sehr erfolgreich. Dein Vater hat mir erzählt, er habe klein angefangen, mit Kindernahrungsmitteln aus biologisch angebautem Gemüse und Obst und sei sehr schnell – weil das neu war – erfolgreich gewesen. Zum Schluss habe er eine große Fabrik besessen und die habe er kurz vor seinem Tode verkauft."

Ich denke, da könnte das Geld herkommen, von dem mein Vater das Haus gekauft hat. Er hat also doch nichts Kriminelles getan. Ich hätte ihm das eigentlich auch nicht zugetraut. Aber ganz sicher bin ich noch nicht.

„Weißt du noch mehr, was für mich wichtig sein könnte", frage ich Viola, und sie meint, im Moment würde ihr nichts Konkretes einfallen. Jetzt erst fange ich an, mich auf das Brötchen mit Butter und Salz und das weiche Ei zu konzentrieren. Viola hat auch noch Ziegenfrischkäse mitgebracht und ich denke, das Leben ist eigentlich voller wundervoller Geschenke.

„Ich werde heute in meine Wohnung gehen und mir ein paar Sachen holen, ich werde wohl in der nächsten Zeit hier bleiben", sage ich, „ich merke immer mehr, wie sehr ich noch über meine Beziehung zu meinem Vater und seiner zu mir, und was das für mich und mein bisheriges und zukünftiges Leben bedeutet, nachdenken muss."

„Das glaube ich dir", sagt Viola, „was habe ich darunter gelitten, wenn er mir etwas gesagt hat und mich nicht dabei angesehen hat oder aus dem Haus ging, wenn ich kam. Wenn er sagte, ich solle es einfach so machen, wie ich denke. Oder wenn er mir einen Zettel auf den Küchentisch gelegt hat, auf dem stand, wie viele Gäste zum Essen kämen, aber keine Anrede und keine Unterschrift, geschweige denn ein Gruß oder ein Danke. Bis ich ihn einmal gefragt habe und er mir sagte, dass er sich nicht sicher war, wie er mich anreden sollte. „Liebe Frau Sowieso" oder sogar „Liebe Viola", das ginge nicht, weil ich immer „Sehr geehrter Herr Professor" geschrieben hätte und „Hallo, Frau Sowieso" könne er nicht leiden oder nur „Frau Sowieso", das fände er unhöflich, und deshalb habe er die Anrede einfach weggelassen. Ähnlich sei es ihm mit der Unterschrift gegangen. Er hat sich wirklich Gedanken gemacht, weil er verhindern wollte, dass ich mich beleidigt oder gekränkt fühle", fügt sie hinzu, „und ich habe es ihm lange Zeit als Missachtung ausgelegt."

„Er hat genau das in Gang gesetzt, was er verhindern wollte, denn du hast dich doch verletzt gefühlt, oder?" Sie nickt und ich denke an die vielen kleinen Situationen, in denen ich mich verletzt fühlte und die meine späteren Interpretationsmuster des Verhaltens von anderen – insbesondere von Männern – entscheidend beeinflusst haben.

Nachdem Viola gegangen ist, suche ich mir leere zwei Koffer und eine Reisetasche aus, packe sie ineinander und beschließe, mich wegen der fehlenden Parkplätze bei meiner Wohnung und der Tatsache, dass ich nicht so schwer und soweit tragen will, mit einem Taxi in meine Wohnung zu begeben. Ich registriere, wie sehr ich offensichtlich meine Begründungen für diese eigentlich überflüssige Ausgabe brauche und dass ich zu mir selbst sage, ich solle mich nicht so anstellen, so schwer seien auf dem Rückweg die Koffer und die Tasche doch wahrscheinlich nicht.

Und als ich denke, wie gut, dass ich drei Gepäckstücke mitnehmen will, die ich ja nun wirklich nicht tragen kann, kommt sofort die innere Stimme wieder und meint, ich können ja auch zweimal gehen. Ich lasse die innere Stimme sozusagen links liegen, bestelle das Taxi und fühle mich erleichtert, dass ich bei meiner ersten Idee geblieben bin.

Kapitel 33

Märchenhafte Erinnerungen

Die Wirklichkeiten von Frauen und Männern sind seit vielen Jahrhunderten verschieden, wenn auch auf immer wieder unterschiedliche Arten und Weisen. Eines aber scheint sich durch die Jahrhunderte durchzuziehen: Fehlende Achtung vor dem Leben der anderen – ob Menschen, Tiere oder Pflanzen.
Dabei sind die Handlungsweisen von Männern und Frauen durchaus verschieden. Während Frauen sich eher unterschwellig aggressiv verhalten, lässt sich bei Männern häufig beobachten, dass sie zwar einerseits sehr gewalttätig werden können, andererseits aber auch unsicher, ängstlich und bereit sind, sich anderen – sowohl Männern als auch Frauen – zu unterwerfen. Viele Märchen[33] aus aller Welt zeigen, wie diese Ängstlichkeit und Konfliktscheu nicht nur die Beziehung zu ihren Frauen, sondern auch zu ihren Kindern beeinträchtigt.

Sie hat auch an der daraus resultierenden emotionalen Distanz gelitten.

In meiner Wohnung angekommen, gehe ich erst einmal die Post durch. Eine Nachbarin hat sie auf meine Bitte hin regelmäßig aus dem Kasten genommen und auf den Küchentisch gelegt. Interessant, immer ist es der Küchentisch, auf dem alles gesammelt wird, sich alles wiederfindet und an dem bevorzugt Platz genommen wird. Wahrscheinlich hat es eine Bedeutung, dass im Verlaufe der Zeit bis heute die Küchen immer kleiner geworden sind, so dass man sich in neugebauten Apartments nicht mehr mit mehreren Personen in die Küche setzen kann. Isolierung der weiblichen Tätigkeiten und der Frau selbst vom Rest der Welt? Oder fehlender Zusammenhalt in der Familie? Lieferdienste für Essen? Ich weiß es auch nicht. Es ist auch nicht so wichtig. Dann höre ich meinen Anrufbeantworter ab. Nichts Persönliches. Meine Freundinnen und Freunde denken sowieso, ich sei noch immer verreist.
Ich werde ihnen einen Brief schreiben:

Liebe Freundinnen und Freunde,
ich brauche noch einige Zeit, bis ich zurückkomme. Ich bin im Lande meines Vaters. Ich habe eine schöne Wohnung, alles was ich zum Über-

leben brauche und viel Zeit, das Land meines Vaters kennen zu lernen. Auf den ersten Blick ist hier alles klar und leicht einzuordnen, Berge sind Berge, Täler sind Täler und so weiter. Es gibt hier alle Arten von Landschaften. Von Wüste bis Urwald. Nur der erste Eindruck von Klarheit und Eindeutigkeit täuscht. Zwar habe ich erst sehr wenig gesehen, aber alles, was ich gesehen habe, hat sich bereits beim ersten Betrachten in etwas anderes verwandelt. Nichts ist so, wie es scheint, ich selbst auch nicht. Ich denke, ich bin wütend, dabei fühle ich mich verletzt. Ich denke, ich bin voller Angst, dabei bin ich traurig. Ich denke, etwas ist wunderschön und es entpuppt sich als der schiere Terror. Mein Vater hat mir sein Land immer so geschildert. als sei es sicher, klar und eindeutig, voller vernünftiger Grundlagen und stabiler Strukturen, auf die man sich verlassen kann. Ein Land, in dem man nicht nur wissen kann, sondern auch wissen muss, was gut, richtig, sinnvoll, gerecht und verantwortungsbewusst ist und was nicht.

Es schien für mich so zu sein, als sei es im Prinzip das einzige Land, in dem man sich mit gutem Gewissen niederlassen kann, doch allmählich bekomme ich den Verdacht, mein Vater hat sich in seinem eigenen Land doch nicht so wohl gefühlt, wie ich dachte.

Ich will hier noch ganz viel lernen, vor allem über mich selbst, denn ich glaube, ich habe mich verliebt. Aber solange ich das Land meines Vaters nicht wirklich kennen gelernt habe und mein eigenes fast gar nicht kenne, will ich mich nicht auf eine Beziehung einlassen. Es wäre eher eine Beziehung mit meinem Vater und nicht eine mit dem Mann, den ich kennen gelernt habe, denn ich hätte Schwierigkeiten, beide voneinander zu unterscheiden.

Also habt bitte Verständnis, dass ich noch Zeit brauche. Ich denke an Euch.

Mit großer Zuneigung, füge ich innerlich noch hinzu.

Aber ich schreibe den Brief nicht. Bevor sie diesen Brief verstehen würden, müsste ich noch sehr viel mehr erklären. Und das ist mir zu schwierig und zu mühsam.

Und deshalb werde ich ihnen nicht schreiben.

Ich packe Kleider, Hosen, Blusen, Pullis, Wäsche, weitere Lieblings-CDs, Seidenschals und ein bisschen Modeschmuck – anderen habe ich sowieso nicht – ein, weil ich denke, ich will mich in der nächsten Zeit nett anziehen. Und dann speichere ich noch alles, was ich von meinem Computer brauche, auf meinem USB-Stick. In der anderen Wohnung gibt es ja einen Laptop, den ich benutzen kann.

Anschließend gehe ich in meiner Wohnung umher und lasse sie auf mich wirken. Sie ist eindeutig klein. Es gibt diesen winzigen Balkon, auf dem höchstens eine Person an einem kleinen Klapptischen frühstücken kann, das Schlafzimmer, welches durch den Kleiderschrank beengt wirkt, das Wohnzimmer, in dem die Bücher die Wände verstellen und man sich zwischen den Sesseln und den Regalen hindurch winden muss, um an den Schreibtisch oder an die Fenster zu kommen. Es gibt noch ein halbes Zimmer mit einem Bett für Besuch und der Möglichkeit, den Staubsäuger, das Bügelbrett, die Nähmaschine und so weiter abzustellen, und es gibt ein kleines Bad. Die ganze Wohnung wurde vor langer Zeit von einer anderen abgetrennt. Deswegen ist auch die Küche nicht zu klein, sondern größer als normal, und man kann zu mehreren darin sitzen. Meine Küche gefällt mir. Sie ist, so wie sie ist, Bestandteil meines Landes. In der Fensterbank wachsen Kräuter, Fotos kleben an den hölzernen Türen der Schränken und an der einen noch freien Wand habe ich Drucke von Klee, Hundertwasser und Miró in farbigen Rahmen aufgehängt. In den Messingleuchtern auf dem Holztisch in der Mitte stecken gelbe Kerzen, daneben steht eine wunderschöne blaue Glasschale für Obst, auf den Stühlen ringsherum liegen selbstbemalte und selbstgenähte Seidenkissen und meine Lieblingskochbücher stehen in einem alten, mit Schnitzereien verzierten Holzregal an der Wand.

Ich setze Wasser für einen Tee auf, zünde die Kerzen an und beschließe, noch etwas Zeit in dieser Küche zu verbringen und nachzudenken.

Meine selbstgemalten Kissen habe ich nur in der Küche zugelassen. Sie sind sehr farbig und machen gute Laune, wenn man sie ansieht. Jedenfalls mir.

Was habe ich heute von Viola erfahren? Mein Vater war unsicher, ungeschickt im Umgang mit Menschen, aber ehrlich, wenn man ihn fragte. Habe ich ihn je gefragt, wie er etwas gemeint hat, was ihn veranlasst hat, dieses zu tun und etwas anderes zu lassen, was er sich wünscht, was ihn glücklich oder traurig macht? Nein.

Ich wollte von ihm gefragt werden, nicht umgekehrt. Ich denke, das ist auch in Ordnung, ich war das Kind und er der Vater. Die Richtung sollte von ihm zu mir gehen, nicht umgekehrt. Manchmal war die Richtung auch in Ordnung, er hat mir Orientierung gegeben und versucht, mich so zu erziehen, wie er das für richtig hielt. Und natürlich musste er daran glauben, dass das, was er glaubte und tat, auch richtig war.

Ich denke, ich habe den Fehler gemacht, zu glauben – wenn ich mich abgelehnt fühlte – dass er mich tatsächlich ablehnt oder – wenn ich mich ungeliebt fühlte –, dass er mich tatsächlich nicht liebt. Und dann habe ich, damit ich nicht so böse auf meinen Vater sein musste, das Mich-nicht-

geliebt-fühlen einfach verallgemeinert: Ich habe angefangen zu glauben, dass man mich nicht lieben kann, weil ich nicht liebenswert bin.
Also noch einmal: Mein Vater verhält sich mir gegenüber, als sei ich nicht da, ich fühle mich verletzt, ich suche nach einer Erklärung. Mein Vater ist wunderbar, was er tut, ist richtig. Also ist es richtig, wenn er sich nicht für mich interessiert, ich bin einfach nicht interessant. Ich bin langweilig, dumm; besser wäre, ich wäre nicht da. Es führt zu Kurzschlüssen, wenn ich so denke und ich respektiere dann auch nicht, dass er ein ganz anderer Mensch ist als ich.

Aber das erklärt noch nicht sein Verhalten, warum hat er mich nicht wahrgenommen, warum hat er sich nicht wirklich für mich interessiert, warum hat er mich immer weggeschickt, warum hat er mir nichts zugetraut, warum hat er alles verbessern müssen, was ich gemacht habe, warum hat er mich nicht einfach einmal so akzeptiert, wie ich war, warum war seine Arbeit immer wichtiger als ich, warum hat er mich immer wieder allein gelassen? Und die Sicherungen ausgedreht?
Die Antwort auf diese Fragen muss ich nicht mehr unbedingt in meinem Inneren, in meiner Person, in meinem Körper, in meinen Eigenschaften oder in meinem Verhalten finden. Die Antworten liegen wahrscheinlich in ihm.
Ich kehre erst einmal zu meiner ursprünglichen Frage zurück. Wer war mein Vater, wie ist er so geworden, welches waren die Einflüsse, die ihn geprägt haben und weshalb hat er sich selbst nie in Frage gestellt. Jedenfalls habe ich davon nichts gemerkt. Aber wenn ich nichts davon gemerkt habe, heißt das ja nicht, dass er es nicht doch getan hat.
Ich sitze da am Küchentisch und sehe in die Kerzen.
Merkwürdigerweise denke ich an die Märchen meiner Kindheit. An die Väter in diesen Märchen. Warum hat der Vater von Aschenputtel eigentlich die eigene Tochter nicht vor ihrer Stiefmutter und ihren Stiefschwestern geschützt? Wie muss sich Aschenputtel gefühlt haben. Im Märchen steht nichts darüber drin, aber ich kann es mir lebhaft vorstellen. Völlig verzweifelt, ausgeliefert und hilflos. Wahrscheinlich hat der Vater, als sie zu ihm kam, um ihn um Hilfe zu bitten, auch noch so Sätze zu ihr gesagt, wie: „Nun stell dich mal nicht so an. Es wird schon nicht so schlimm sein. Deine Stiefmutter ist doch kein Unmensch. Nun sei doch nicht so eifersüchtig auf deine Stiefschwestern.", „Arbeit hat noch nie jemandem geschadet.", „Man braucht nicht ständig neue Kleider.", „Du bist doch nur neidisch. Und du musst doch wirklich nicht auf jede Party gehen."
Und Aschenputtel war sicher fassungslos darüber, wie ihr Vater so blind sein konnte, nein, vorher hat sie sicher gedacht, sie sei ein „Böses Kind",

nicht liebenswert, nicht wert beachtet zu werden. Den eigenen Vater nicht nur zu lieben, sondern auch kritisch sehen zu können, ist ja schon eine höhere Stufe der psychischen Entwicklung, denke ich etwas ironisch.

Aber es gibt ja noch mehr Märchen, in denen die Väter sich nicht um die Töchter kümmern.

Warum hat der Müller in dem Märchen „Das Mädchen ohne Hände" nicht an seine Tochter gedacht, als er dem Teufel gegen viel Geld das erste, was ihm auf dem Weg zu seinem Hause entgegenkommt, versprach.

In dem Märchen hat die Tochter – so kann ich mich erinnern – sehr geweint und viel gebetet, aber es hat ihr nichts genützt. Weil sie zu lieb und fromm war, als dass der Teufel sie hätte mitnehmen können, hat er darauf bestanden, dass ihr wenigstens die Hände abgeschlagen werden. Und der Vater schlägt ihr tatsächlich die Hände ab, bindet ihr die abgeschlagenen Hände auf den Rücken und so verlässt sie ihr Elternhaus. Später habe ich gelesen, dass die abgeschlagenen Hände für mangelnde Aggressionen[33)] stehen, tiefenpsychologisch gesehen. Das hat mir damals sehr eingeleuchtet, ohne Hände ist man doch etwas eingeschränkt, im Sinne von „adgredi" oder „aggredi", in die Welt zu greifen.

Bei vielen Märchen kann man ähnliche Fragen stellen. Warum hat der Vater bei Hänsel und Gretel seiner Frau nicht widersprochen und dann seine Kinder im Wald ausgesetzt.

Warum hat der Vater in dem Märchen „Die sieben Schwäne" seine Söhne vor seiner neuen Frau nicht geschützt und sich um seine Tochter nicht gekümmert. Warum hat der Vater von Rapunzel seiner Frau gehorcht und im Garten der Zauberin Rapunzel gepflückt und dann seine Tochter einfach hergegeben.

Die Vater-Tochter-Beziehung ist doch offensichtlich schon lange problematisch. Aber die Mutter-Tochter-Beziehung ist es wahrscheinlich auch. Ich brauche nur an Schneewittchen zu denken. Und es war die richtige Mutter – sie war nicht die Stiefmutter –, die Schneewittchen töten lassen wollte

Und es ist eben nicht nur eine persönliche Frage zwischen mir und meinem Vater, und auch nicht nur eine Frage zwischen seinen Eltern, Geschwistern und ihm. Es hat offensichtlich nicht nur familiäre, sondern zusätzliche kulturelle Wurzeln, und die haben sich auch in mir verzweigt. Ich muss so viel nachlesen, so viel begreifen, um mir selbst auf die Schliche zu kommen und für mich herauszufinden, wieso ich eben auch so geworden bin wie die Menschen in der Generation vor mir. Und zwar nicht, um es nur zu wissen, sondern um nicht immer die gleichen Muster zu wiederholen, die mich ängstlich, misstrauisch, unlebendig und unglücklich sein lassen.

Ich lösche die Kerzen, spüle den Teebecher aus und rufe die Taxizentrale an. Der Fahrer möchte mir bitte im Treppenhaus entgegenkommen und mir beim Tragen helfen, sage ich noch. Sieh einer guck, ich kann um Hilfe bitten. Aber ich weiß, ich muss es nachher mit einem großzügigen Trinkgeld wieder gut machen. Einfach einmal annehmen und einfach einmal nur „Danke" sagen geht noch nicht. Freundlichkeit wird von mir immer noch als der eine Teil eines Warentauschs gesehen.

Kapitel 34

Trauer oder Das eigene Reich

Die Unterschiede zwischen Männern sind möglicherweise ähnlich groß wie die zwischen Männern und Frauen.
Das gleiche gilt wahrscheinlich auch für Frauen, auch sie sind untereinander sehr verschieden.
Daraus folgt, dass sich Männer und Frauen durchaus auch sehr ähnlich sein können und der immer wieder behauptete grundlegende Unterschied zwischen den Geschlechtern so groß gar nicht ist. Sehr unterschiedlich sind allerdings die gesellschaftlichen Erwartungen an Männer und Frauen und die auf der Grundlage individueller Erfahrungen entstehenden unterschiedlichen Wirklichkeiten der einzelnen Personen.
Die Übernahme kulturell vorgesehener Rollen kann dabei die Entwicklung eigenständiger Lebensvorstellungen sehr erschweren.

Sie beschließt, ihre Gewohnheiten und Überzeugungen kritisch zu prüfen und ihr Leben aktiv selbst zu gestalten.

Kaum bin ich zurück in der Wohnung meines Vaters, werde ich richtig geschäftig. Ich weiß, wenn ich es herausschiebe, bleiben die Sachen, die ich mir vorgenommen habe, für Jahre liegen.
Ich treibe mich damit an, dass ich mir sage, dass es viele Menschen gibt, welche die Anziehsachen meines Vaters gut gebrauchen können. Ich weiß ein, zwei Stellen, wo ich sie hinbringen kann. Ich packe meine Sachen noch nicht aus, sondern hole zwei weitere leere Koffer vom Hängeboden auf dem hinteren Flur. In den einen packe ich die wirklich guten Sachen, in den anderen die weniger guten. Nur von den Schlipsen kann ich mich nicht trennen, weil ich mich durch sie an bestimmte Situationen oder Ereignisse erinnert fühle. Ich tue sie in eine Schachtel und stelle diese in eine Schublade in der Kommode. Manche zu persönliche Anziehsachen wie Unterwäsche, Skiwäsche, Pyjamas und manche Hemden entschließe ich mich, ganz weg zu tun und packe sie in blaue Säcke. Auch die Schuhe kommen in blaue Säcke, aber die kommen zum Roten Kreuz.
Während ich die Sachen zusammenpacke, merke ich, wie flach ich atme, wie ich meine Gefühle versuche zu kontrollieren, vor allem, wenn ich seinen vertrauten Geruch rieche, kann ich meine Tränen kaum zurückhalten.
Ich vermisse ihn, ich fange an zu weinen, und ich werde auch ein biss-

chen wütend. „Warum hast du mich jetzt schon wieder allein gelassen, wo ich endlich anfange, begreifen zu wollen, was uns eigentlich immer so getrennt hat. Wo wir vielleicht eine Chance gehabt haben zu lernen, uns wieder zu verstehen."

Ich mache immer wieder eine Pause beim Packen und weine, und dann mache ich weiter. Zwischendurch schiebe ich mir eine Pizza in den Backofen, weil ich merke, wie hungrig ich bin. Als die Koffer und die blauen Säcke voll und geschlossen sind, stelle ich sie in den vorderen Flur. Anschließend fühle ich mich so erledigt, als hätte ich eine Woche lang ununterbrochen in einem Steinbruch gearbeitet. Aber ich höre nicht auf. Ich mache nur eine Pause und esse die inzwischen fertige Pizza zur Hälfte auf. Dann nehme ich die nach Honig und Orangen duftende Bienenwachsmöbelpolitur und weiche Tücher aus der Schublade in der Küche und reibe den inzwischen leeren Kleiderschrank im Schafzimmer innen und außen damit ein.

Als ich fertig bin, packe ich meine Sachen aus und besetze den Schrank meines Vaters. Es ist ein toller Schrank, mit Auszügen, die sich ganz leicht hin und her bewegen lassen. Und Stangen zum Hängen für lange und kurze Sachen. Ich frage laut in die Gegend: „Papa, ist es dir recht?" und bin gar nicht erstaunt, ein freundliches Ja zu hören. Dann gehe ich in die Küche, mache die restliche halbe Pizza noch einmal heiß, zünde die Kerzen an und gieße mir ein Glas Rotwein ein, einen portugiesischen, er heißt Almocreve und ist ein Vinho Regional Alentejano und fange wieder an zu weinen. Ich bin mir ganz sicher, wenn ich es heute nicht gemacht hätte, wären die Sachen meines Vaters noch die nächsten zehn Jahre im Schrank geblieben. Ich weiß ja noch, wie ich es mit den Sachen meiner Kinder gehandhabt habe. Ich konnte mich nicht trennen und bin auch in die kleine Wohnung noch mit einem Teil ihrer Sachen umgezogen. Sie sind im Keller und oben auf dem Hängeboden: Die ersten kleinen bestickten Kleidchen meiner Tochter und die von meinem siebenjährigen Sohn bemalten Baumwollshirts, die Schulhefte von beiden mit den ersten Aufsätzen und die vielen Zeichnungen, Ölbilder und Collagen, ihre ersten Bilderbücher, Teddybären und andere Tiere und selbstgemachte Kasperlefiguren und so weiter. Hier in dieser Wohnung will ich nicht das Gleiche wiederholen. Es macht einen Unterschied, um welche Generation es sich dabei handelt. Es kann ja sein, dass meine Tochter ihrer Tochter eben diese Kleidchen auch einmal anziehen möchte. Es kann noch etwas weitergegeben werden. Es ist anders mit den Sachen meines Vaters. Da kann ich als die nachfolgende Generation entscheiden, was ich davon behalten oder eventuell weitergeben will an die nächste Generation und was nicht.

Diese Entscheidungen habe ich gerade hinter mir, und es war wirklich psychische Schwerarbeit. Und es ist ja noch nicht zu Ende.

Ich denke daran, dass ich vielleicht meine Sachen einmal ausmisten sollte, damit meine Kinder nicht so viel Arbeit haben. Andererseits könnte ich ihnen auch die ausdrückliche Erlaubnis geben, einfach alles wegzuwerfen. Wir leben eben in einer schnelllebigen Wegwerfgesellschaft. Aber das ist Quatsch, als ob das die Arbeit des Loslassens erleichtern würde. Dabei erinnere ich mich an die Trauerfeier meiner Tante, der Schwester meiner Mutter. Da stand, umgeben von Blumen, die Urne vor dem Altar und ich konnte es nicht fassen, meine eindrucksvolle Tante, reduziert auf ein so kleines Volumen. Dies war die erste Begegnung damit, dass von einem menschlichen Leben manchmal auf der materiellen Ebene nur sehr wenig übrig bleibt. Mir treten schon wieder die Tränen in die Augen, von mir wird auch nicht mehr übrig bleiben. Was zählt, ist die Erinnerung, denke ich, und es gibt viele Menschen, die ich nicht vergesse. Viele davon leben noch, einige nicht, aber sie leben in mir weiter. In dem Film „Jakobowsky und der Oberst"[34] sagt einer zum anderen, ich weiß nur nicht mehr, wer zu wem: „In der Kathedrale meines Herzens wird immer eine Kerze für dich brennen." So fühle ich mich manchmal, obwohl ich es etwas vermessen finde, mein Herz mit einer Kathedrale zu vergleichen. Ich denke, viele Kerzen brennen in mir, und die meisten Menschen, zu denen sie gehören, wissen es noch nicht einmal, weil ich es ihnen nie gesagt habe. Das muss anders werden, denke ich und ich sage laut in die Küche: „Papa, ich werde dich nie vergessen. Ich werde mich noch weiter mit dir auseinandersetzen, mit all den Gefühlen, die dazu gehören., und ich weiß nicht genau, was dabei herauskommt, aber vergessen werde ich dich nie."

Ich blicke noch eine Weile halb ins Leere und halb in die fast heruntergebrannten Kerzen und dann entschließe ich mich, eine Freundin anzurufen. Sie heißt Monika.

Sie ist auch zuhause. „Wo bist Du denn?", fragt sie, und als ich es ihr sage und die Begleitumstände erkläre, ist sie ganz betroffen. „Wieso hast du es nicht einfach gesagt?", aber sie akzeptiert, als ich ihr sage, ich hätte es zu dem Zeitpunkt nicht gekonnt. Ich würde sie gerne sehen, sage ich ihr, und sie sagt, es sei erst neun Uhr, und sie könne sofort kommen. In zehn Minuten sei sie da, ob sie irgendetwas mitbringen solle? Plötzlich bin ich wieder zu Tränen gerührt und schluchze ein bisschen und sie sagt „Ich bin gleich da."

Ich räume ein bisschen in der Küche auf, stecke neue Kerzen in den Leuchter und stelle saubere Gläser auf den Tisch.

Kurze Zeit später steht sie in der Tür und umarmt mich. „Ich bin so froh, dass du angerufen hast", sagt sie dann auch noch, und ich fange wieder vor Rührung an zu weinen. „Ich bin ganz aufgeweicht", sage ich zu ihr, „ich weine nur, weil ich so gerührt bin."

„Ach, Schätzchen", sagt sie und geht mit mir in die Küche. Ich erzähle und sie fragt nach, dann erzählt sie selbst. Wie ihr Vater ihre Beziehung zu Männern bestimmt habe, weil keiner gut genug war, Ihr Vater war anders als meiner. Sie war immer seine Prinzessin, so dass ihre Mutter eifersüchtig auf ihre Tochter war. Er nahm sie überall mit hin, war stolz wie Oskar auf jede ihrer Lebensäußerungen. Sie war das einzige Kind und sein Lebensinhalt. „Weißt du", sagte sie, „ich habe dann von jedem Mann diese Art von Aufmerksamkeit erwartet, ich wollte im Leben jeden Mannes, den ich kennen lernte, die Prinzessin sein. Du kannst es dir nicht vorstellen."

Doch, ich konnte, es gab nur einen einzigen Unterschied, ich wollte dasselbe wie sie, nur hielt und hält sie die Wunscherfüllung für möglich und ich sie für unmöglich. Ich hatte kein Recht, solche Wünsche zu haben, während für sie die Wunscherfüllung eine Selbstverständlichkeit war.

Als wir uns nach einigem Hin und Her genau über diese Unterschiedlichkeit verständigt haben, fangen wir an, uns ausgesprochen zu amüsieren. Wir einigen uns darauf, dass wir beide doch lieber Königinnen wären, als nur Prinzessinnen, was natürlich bedeutet, den ehemaligen König, unseren jeweiligen Vater, zu entmachten. Wir hatten viel Spaß damit, uns auszumalen, was wir als Königinnen unserer jeweiligen Reiche alles unternehmen und wie wir uns unsere jeweiligen Reiche gestalten würden. Wir haben viel Rotwein getrunken und viel gelacht und Monika ist erst sehr spät mit einem Taxi nachhause gefahren. Leider konnte ich mich am nächsten Tag nicht mehr wirklich erinnern. Die Arbeit, mir mein eigenes Reich zu erschaffen, kann mir offensichtlich niemand abnehmen. Trotzdem, es war ein wunderbarer Abend und eine wichtige Ermutigung, diese Arbeit in Angriff zu nehmen. Und es war ein tröstlicher Gedanke, dass ich das nicht allein tun musste. Auch Monika war sehr klar, dass sie ihre Existenz als Prinzessin aufgeben und sich langsam, aber sicher zu einer Königin in ihrem eigenen Land entwickeln muss.

Und wir können uns darüber austauschen, was es für sie und was es für mich bedeutet, eine Königin in ihrem eigenen Reiche zu sein. Es ist sicher nicht das Gleiche.

Interessant ist dabei natürlich die Frage, wie findet eine Königin einen König für ihr Reich und was bedeutet es für einen Mann, ein König zu sein. Und am allerwichtigsten ist die Frage, woran erkennt man einen König? Aber vielleicht geht es gar nicht darum, einen König für das eigene Reich zu finden? Vielleicht braucht eine Frau, die Königin in ihrem eigenen Land ist, nur einen Mann, der König in seinem Land ist. Jeder lebt in seinem Königreich und sie genießen ihre wechselseitigen Besuche. Vielleicht geht es auch nur darum, dass sich beide als unterschiedliche Menschen, die ja sowieso in verschiedenen Wirklichkeiten leben, mit ihren unterschiedlichen Wünschen begegnen. Und sie – soweit es ihnen möglich ist – sich wechselseitig erfüllen.

Ich weiß es nicht. Ich finde es aber gut, dass ich es wissen will.

Heute Nacht möchte ich gerne zu dieser Frage etwas träumen. Wenn man sich das beim ins Bett gehen vornimmt und darum bittet, soll es ja manchmal passieren, dass man dann etwas Bedeutungsvolles träumt[35]. Ich werde jedenfalls beim Einschlafen intensiv darum bitten.

Kapitel 35

Ansprüche

Zwischen den Geschlechtern entbrennt häufig eine Auseinandersetzung darüber, wer über wen oder über was bestimmt und wessen Wünsche und Interessen die wichtigeren sind. Häufig wird dabei schon das Äußern eines Wunsches oder eines Widerspruchs von der anderen Person als ein Angriff verstanden, der diese dazu berechtigt, mit Vorwürfen oder Gegenangriffen zu reagieren. Damit beginnt dann meist eine Eskalation mit wechselseitigen Vorwürfen. Sich dieser entstehenden Täter-Opfer-Dynamik[36] wieder zu entziehen, erscheint vielen Menschen wie eine unlösbare Aufgabe.

Ihr kommt es so vor, als könne man sich – und damit auch sie selbst – der eigenen Kultur weder entziehen noch ihr entkommen.

Ich habe eine traumlose Nacht hinter mir. Es ist wunderbares Wetter, sonnig mit einem blauen, wolkenlosen Himmel, wie aus dem Katalog. Deshalb lege ich mich nach dem Frühstück auf den Balkon in den Liegestuhl und döse vor mich hin. Und aus dem Chaos der Bilder vor meinen geschlossenen Augenlidern entstehen langsam immer deutlichere Bilder und plötzlich stehe ich in einem lichten Wald mit sehr verschiedenen Bäumen und unterschiedlichem Unterholz. Buchenzweige lassen grüne Schleier aus Blättern zwischen den Bäumen herunterhängen, zwischen denen die Sonne hindurch scheint. Auf dem Boden wächst Gras in dichten Büscheln, die einzelnen Halme sind fast rund und sehr dünn. Ich liebe diese Art Gras, es wächst – glaube ich – nur im Wald. Zwischendurch sind Flecken kleiner blauer Blumen zu sehen. Ich gehe einen kaum sichtbaren Pfad entlang und komme an eine Lichtung mit einem kleinen Bach, der sich zu einem See erweitert. Der See ist umgeben von Bäumen, aber direkt am Wasser führen kleine Sandstrände von wenigen Metern direkt in das klare Wasser. Ich höre das Rauschen des Baches, Vögel und Insekten, sehe aber nur einen Schmetterling. Es ist wunderschön. Ich gehe weiter und sehe hinter einem Busch an dem nächsten kleinen Strand einen Mann sitzen. Das Auffallendste an ihm ist die goldene Papierkrone auf seinem Kopf. Er dreht den Kopf zu mir, als er mich kommen hört, und er sieht irgendwie traurig aus. „Was willst du hier, das ist mein Wald, geh weg." „Entschuldige bitte, das wusste ich nicht", sage ich. „Es gibt überall Schilder, du hättest es wissen können", sagt er. „Es tut mir leid, ich habe keines gesehen", sage ich. Er wird nicht freundlicher, sondern guckt mich weiter böse an. Am besten gehe ich so schnell wie möglich hier weg. Aber plötzlich stoppe ich und frage: „Wieso ist das eigentlich dein Wald? Es könnte doch genauso gut mein Wald sein." „Aber ich habe es zuerst gesagt", sagt er. Ich denke, sind wir denn hier im Kindergarten. „Du meinst doch nicht im Ernst, dass etwas dem gehört, der zuerst sagt, dass es seins sei?" „Aber selbstverständlich", sagt er. „Du irrst Dich", sage ich zu ihm, ich weiß auch nicht, woher ich den Mut nehme, aber ich bin plötzlich überzeugt davon, was ich sage, „dieser Wald gehört mir schon immer. Du warst noch nicht einmal geboren, da gehörte er schon mir." Er starrt mich an, als sei ich ein Geist. „Du darfst mir nicht widersprechen", sagt er, „das kann ich nicht ertragen."

„Weshalb denn nicht?", frage ich ihn und da fängt er an zu weinen. „Was ist denn los?", frage ich weiter. „Ich weiß es nicht", sagt er, „meine Brust wird mir so eng, und mein Herz klopft so schnell, und mir ist so kalt. Ich glaube, ich sterbe." Und dann schreit er mich an: „Du sollst nicht hier sein und du sollst mich nicht so fragen, du machst mich kaputt, du bringst mich um." Ich will mich schon wieder entschuldigen, mich schon wieder so schnell wie möglich zurückziehen, aber dann denke ich, dass das, was er sagt, nicht stimmen kann. „Wie soll das denn gehen? Ich bin dir gegenüber höflich, ich habe keine einzige Waffe, ich fasse dich noch nicht einmal an. Also wie, denkst du, könnte ich dich kaputtmachen?"
„Es macht mich kaputt, wenn du solche Fragen stellst."
Das ist vielleicht eine Logik. Er behauptet, ich mache ihn kaputt und wenn ich ihn frage, wie denn, behauptet er, diese Frage mache ihn kaputt. Das ist so, als behaupte er, ich hätte Macht über ihn, weil ich ihn kaputt machen kann, und wenn ich frage, wie denn, dann sagt er, es sei eben diese Frage, also die Frage nach der Macht, die ihn kaputt mache. Irgendwie muss es ihm ganz wichtig sein, dabei zu bleiben, dass ich ihn kaputt machen kann, so wichtig, dass er glaubt, sein Leben hinge davon ab. So als würde es ihn kaputt machen, wenn er nicht mehr daran glauben könnte, ich könnte ihn kaputt machen. Wie schrecklich, wie furchtbar. Wie ausweglos. Wie dumm.
„Weshalb willst du denn glauben, dass ich dich kaputt machen kann?" Er sieht mich an, als sei ich nicht ganz dicht. „Weil es so ist", sagt er, „weil ich mich so schlecht fühle, weil ich denke, dass ich gleich sterben muss, wenn du mich so ansiehst und solche Sachen sagst und solche Fragen stellst." „Du bist blöd", sage ich und er sagt: „Jetzt machst du schon wieder, dass ich mich so schlecht fühle. Du beweist es doch selbst, dass du mich kaputt machen kannst. Geh weg und lasse mich in Ruhe."
„Und du willst ein König sein? Du bist ein armes Opfer!", schreie ich ihn

an. Und damit bricht die Szene ab.

Ich mache die Augen wieder auf und denke, das war wohl nichts. Der Wald war ja wirklich sehr schön, da könnte ich in meiner Phantasie öfter einmal hingehen, das nächste Mal aber ohne den Wunsch, dort einen König zu treffen.

Obwohl ich versuche, diesen Tagtraum beiseite zu schieben und lieber ein bisschen in den Himmel und auf die Bäume im Innenhof, die etwas weiter weg stehen, gucken möchte, geht er mir nicht aus dem Sinn. Irgendwie erinnert mich die Empfindlichkeit dieses Königs doch an mich selbst, obwohl ich es nicht wahrhaben möchte. Aber es stimmt. Ich kann es auch nicht ertragen, wenn jemand zu mir sagt, ich würde mich irren oder ich sei blöd. Ich würde mich auch ein bisschen kaputt gemacht fühlen. Nur ein bisschen, natürlich.

Und wenn ich an meine Tendenzen, mich zurückzuziehen, denke; wenn ich mir bewusst mache, dass ich lieber an den phantasierten Gewässern meiner Seele sitze, statt mich unter Menschen zu begeben, dann wird mir die Ähnlichkeit noch deutlicher. Und voller Scham erinnere ich mich an meinen letzten inneren Satz. Habe ich wirklich noch so viel von einem Opfer in mir, dass ich es auf diesen armen König projizieren musste? Und die goldene Papierkrone enthält ja wohl auch eine Botschaft an mich.

Aber ich will mir den Spaß, den Monika und ich gestern Abend mit unseren Phantasien über Königinnen sein oder werden und die begleitenden Ideen nicht verderben und überlege einfach nicht weiter.

Mir wird auch langsam kalt, und gehe wieder in die Wohnung, um mir etwas zu essen zu machen. Während das Wasser für die Spaghetti heiß wird, greife ich mir das Buch „Philosophie der Lebenskunst" von dem Stapel, an dem mein Vater offensichtlich als letztes gearbeitet hat, und schlage es da auf, wo einer der Zettel ist. Was hat meinen Vater an „Lebenskunst" interessiert, er hat doch nur gearbeitet und gearbeitet. Ich lese:

„Lebenskunst ist nicht das, was wir haben, sondern das, was uns fehlt und immer wieder auf terrible Weise fehlen wird. Ihr strukturelles Fehlen scheint zudem charakteristisch für moderne und postmoderne Kulturen zu sein; das Bemühen um eine reflektierte Lebenskunst geht daher zwangsläufig mit der Suche nach einer anderen Moderne einher."(Schmid, S. 94)

Hat mein Vater dem nun zugestimmt oder nicht? Ich denke eher das erste, aber inzwischen bin ich mir doch sehr unsicher geworden, ob Unterstreichungen bei ihm Zustimmung oder Kritik bedeuten. Vielleicht gibt es ja auch die Kategorie „bemerkenswert". Ich lasse es einfach offen. Ich muss

mich ja auch nicht festlegen. Es darf auch einmal etwas „unbestimmt"
und ich „unsicher" bleiben. Auf einer anderen Seite bei einem anderen
Zettel weiter vorn im Buch steht:

> „Die reflektierte Lebenskunst setzt an bei der Sorge des Selbst um sich, die
> zunächst ängstlicher Natur sein kann, unter philosophischer Anleitung jedoch
> zu einer klugen, vorausschauenden Sorge wird, die das Selbst nicht nur auf
> sich, sondern ebenso auf Andere und die Gesellschaft bezieht." (Schmid, S. 51)

Hat er sich doch danach gesehnt, hat er sich gefragt, wie man sie erlernen
kann? Es ist interessant, dass nach der Ansicht von Schmid die Lebenskunst mit der Sorge um sich selbst beginnt. Das gefällt mir.
Ich denke, die Sorge um mich kenne ich, aber kenne ich auch die Weite-
rungen, und wenn ja, mit welchen Motiven dahinter? Denn als ich um-
blättere, lese ich, wie zur Ergänzung der bisherigen Aussagen:

> „Was das Selbst aus sich und seinem Leben macht, ist eine Frage seiner
> Selbstaneignung, mit der es sich der Inbesitznahme durch Andere, aber auch
> durch schicksalhafte Verhältnisse selbst dann entzieht, wenn es ihnen nicht
> entkommt."(Schmid, S. 52)

Das ist leichter gesagt als getan: Sich der Inbesitznahme durch Andere
zu entziehen, selbst wenn man ihnen nicht entkommt. Den Satz muss ich
noch zweimal lesen. Ich denke, dies ist vor allem ist ein Satz für Kinder,
für alle Kinder: Sich der Inbesitznahme durch ihre Eltern zu entziehen,
selbst wenn sie ihnen nicht entkommen. Wie soll das gehen? Kein Kind
entkommt seinen Eltern. Und wie soll sich ein Kind der Inbesitznahme
entziehen? Als Kind kann man es sicher nicht. Und ich merke ja, wie
schwer es auch für Erwachsene wie mich ist. Aber dieser Satz ist für
mich eine weitere Aufforderung, mir die Inbesitznahmen, die bisherigen
Beeinflussungen bewusst zu machen und mich ihnen dann zu entziehen,
auch wenn ich ihnen nicht entkommen kann.
Ich suche nach einem Beispiel: Ich bin eine Frau, diesem biologischen
Schicksal kann ich nicht entkommen. Die Inbesitznahme von Frauen beinhaltet eine Reihe von Vorstellungen, die Frauen teilweise seit Jahrhunderten glauben oder glauben sollen. Wenn sie sich dieser Inbesitznahme
entziehen, dann glauben sie nicht mehr an diese Vorstellungen. Oder besser: Durch Nichtglauben der Vorstellungen, wie eine Frau zu sein hat,
entziehen sich die Frauen der Inbesitznahme, die darin besteht, den Vorstellungen, wie eine Frau zu sein hat, zu entsprechen, obwohl sie dem
Frausein nicht entkommen können. Dieser Prozess des sich Entziehens

geschieht auf eigenes Risiko, sollte man eigentlich dazusagen.

Wenn ich als Frau wahrgenommen werden möchte – schließlich bin ich ja eine – muss ich dann nicht auch den gängigen Vorstellungen, wie eine Frau zu sein hat, entsprechen? Wird mir nicht sonst abgesprochen, eine Frau zu sein? Sondern stattdessen ein Mannweib, eine Schlampe, eine Emanze, eine, mit der man nichts zu tun haben will, die man am besten ausgrenzt?

Aber ich gebe Herrn Schmid insofern Recht, als es in diesen Bereichen große Spielräume gibt.

Ich kann mich ohne Bewusstheit in Besitz nehmen lassen und vorgeschriebenen oder angetragenen Vorstellungen folgen oder ich kann mich bewusst zu einem Kompromiss zwischen meinen eigenen Vorstellungen und gesellschaftlichen Erwartungen entschließen und der Unterschied zwischen diesen beiden Haltungen ist sehr groß.

Leider weiß ich bis jetzt nicht genau, inwieweit ich immer noch besetzt bin und diese Inbesitznahme sogar noch auf andere ausdehne.

Aber das Buch hat noch mehr Zettel. Ich schlage das Kapitel „Grundlegende Perspektivität: Dem Leben Sinn geben, zu leben verstehen" auf und lese:

„Vom Standpunkt des Selbst aus eröffnet sich ein Blick quer durch die Vielfalt der Phänomene, der zugleich ihr Erscheinungsbild organisiert – alles gewinnt unter dieser Perspektive allmählich Nähe und Ferne, Zusammenhang und Dimension; es entsteht ein Raum voller Sinn und Bedeutung, der für Andere nicht ohne weiteres nachvollziehbar, für das Selbst aber grundlegend ist, denn es ist seine eigene Welt, die dabei in Frage steht." (Schmid, S. 292)

Und etwas später heißt es:

„Das Verstehen von Leben meint auch dies: Mit all dem zu leben, was nicht zu verstehen ist und dennoch Bedeutung hat; die Perspektivität zu reflektieren und die strukturellen Zusammenhänge so zu interpretieren, dass sie lebbar werden, um sich auf diese Weise aufs Leben zu verstehen und zu leben verstehen. Mit den Grenzen des Verstehens zu leben, ist grundlegend für die Lebenskunst, die nicht der Illusion erliegt, sämtliche Komponenten des Lebens klären und kalkulieren zu können." (Schmid, S. 295)

Ich denke über diese Textstellen nach. Nimmt man sie ernst, so bedeuten sie, dass jedes Selbst in seiner eigenen Welt lebt, die nicht ohne weiteres von anderen nachvollziehbar ist, und das es entscheidend ist, die Grenzen des Verstehens zu akzeptieren, um zu verstehen zu leben.

Allerdings ist zwei Seiten später ein anderer Satz angestrichen:

„Der Begriff des Wissens, dessen also, was als gewiss erscheint und was mit Gründen für diese Gewissheit ausgestattet ist, wird in der Hauptsache beansprucht von der Wissenschaft, worunter die methodisch – systematische Arbeit des Wissensgewinns, der organisatorisch – institutionelle Rahmen hierfür, sowie der Inbegriff dessen, was an wissenschaftlich gewonnenem Wissen bereits zur Verfügung steht, zu verstehen ist." (Schmid, S. 297)

Und ein paar Seiten weiter heißt es:

„Denn die Wissensarbeit sorgt nicht nur für die Aufklärung von Zusammenhängen und ermöglicht so die kluge Wahl des Subjekts, sie bringt vielmehr auch eine bestimmte Erfahrung für das Subjekt mit sich, auf die in einer reflektierten Lebenskunst nicht verzichtet werden kann. Sich Wissen zu beschaffen, ist eine Übung, Distanz zu sich zu gewinnen und jenen allgemeineren Horizont in den Blick zu bekommen, der über die Unmittelbarkeit einer Fragestellung hinausführt in ein Aussen. Diese bewusst gewählte Objektivierung belässt das Subjekt nicht als dasselbe, es findet sich vielmehr neu in einem erweiterten Horizont, so dass die Objektivierung als Kunstgriff der Lebenskunst bezeichnet werden kann, mit dessen Hilfe das Subjekt sich selbst gestaltet und transformiert; dieser selbsttechnologische Aspekt allein ist schon Grund genug, die Arbeit des Wissens nicht gering zu schätzen. Die Wissenserfahrung wird selbst zur Lebenserfahrung, und in zweifacher Hinsicht wird das Wissen zum Instrument der Sorge des Selbst um sich: Zum einen, um Wissen und somit Macht über Zusammenhänge zu erlangen, zum anderen aber, um sich nicht einzuschließen in sich selbst." (Schmid, S. 309)

Da haben wir ja eine theoretische Begründung für die Bevorzugung der Distanz, die Vorliebe für die Beobachterposition und die versuchte Gleichsetzung von Wissen und Leben, und Macht spielt dabei offensichtlich eine große Rolle. Den zweiten Grund finde ich fast noch spannender: Hat mein Vater wissenschaftlich gearbeitet, um sich nicht einzuschließen in sich selbst?
Darüber muss ich glaube ich, länger nachdenken. Ich lege das Buch weg. Aber eine Frage bleibt offen. Müssen Wissenschaftler so kompliziert schreiben? Können sich so kluge Menschen nicht auch einfacher ausdrücken, so dass man nicht dreimal lesen muss, um eine Ahnung davon zu bekommen, was sie meinen? Oder sind die Aussagen, die sie machen

wollen, so komplex, dass ihnen nur übrig bleibt, ihre Sprache dem anzupassen, was sie ausdrücken wollen? Ich weiß es nicht. Für heute habe ich genug. Morgen sehe ich mir ein anderes Buch an.

Kapitel 36

Irritationen

Neue Erkenntnisse verschiedener Wissenschaften verweisen darauf, dass Lebewesen selbstorganisierende[37)] Wesen sind. Diese sind – im Gegensatz zu bisherigen kulturell bevorzugten Vorstellungen – nicht gezielt beeinflussbar und damit auch in ihren Prozessen nicht kontrollierbar. Viele Wünsche von Menschen nach Macht und Kontrollmöglichkeiten stellen sich daher in Bezug auf selbstorganisierende Systeme – wie z. B. es auch Menschen sind –, als nicht erfüllbar heraus. Auch die Möglichkeiten, andere Menschen für die eigenen Gefühle, Gedanken und Zustände verantwortlich zu machen, entbehren jeder wissenschaftlichen Grundlage.

Sie ist über die neuen Vorstellungen erfreut und entsetzt zugleich und weiß nicht, welche Konsequenzen diese nach sich ziehen.

Inzwischen habe ich mir neues Papier gekauft. Ich starre den unberührten Stapel an und denke, ich hätte vielleicht doch ein Din A4 Heft kaufen sollen. Dann hätte ich hineinschreiben und anschließend das Heft wieder zuklappen können. Diese einzelnen Blätter sehen so vereinzelt, so einsam, so verletzlich aus. Na, kein Wunder, ich habe die letzten fünfhundert Blätter einfach klein gerissen und zerknüllt. Trotzdem suche ich mir jetzt erst einmal eine Hülle für die eventuell von mir beschriebenen Blätter. Ich kann nicht einfach weiter so unorganisiert herumassoziieren, mal hier ein Buch, mal da ein Manuskript oder einen Blick in seinen Computer. Von jetzt an werde ich systematischer vorgehen, um mein Forschungsprojekt „Vater" voranzutreiben. Wesentlich für diesen Entschluss ist, dass der neue stellvertretende Direktor mit mir telefoniert und mich gefragt hat, ob er mir die noch im Institut vorhandenen Bücher und Papiere und eine externe Festplatte mit der Kopie des Inhalts seines Computers schicken dürfe. Und jetzt stehen drei Kartons mit seinen Sachen an der einen Wand in einem seiner Arbeitszimmer.
Ich habe Papier, ich habe eine Hülle, ich habe einen Stift und ein Radiergummi, aber ich weiß nicht, was ich damit anfangen kann. Draußen ist es windig und es regnet, zwischendurch schüttet es geradezu. Alles ist grau. Ich auch. Innen und außen.
Reiß dich zusammen, sagt meine böse innere Du-Stimme, auf die ich aber nicht mehr hören will, seitdem ich weiß, wo sie herkommt, wie bösartig

und grausam sie meistens ist und was sie mit mir im Schilde führt. Meine Reaktion auf die Stimme ist sowieso im Allgemeinen nur, dass ich nicht will, egal, was es ist. Das hat meist nur mir geschadet, weil ich dann selbst das nicht wollte, was eigentlich sehr wichtig für mich war, beziehungsweise gut für mich gewesen wäre.

Die entscheidende Möglichkeit, diese Stimme still zu kriegen, besteht darin, mir die Frage zu stellen, was ich selber will.

Gut, ich kann das manchmal nicht beantworten, aber dann lasse ich mir eben Zeit, um herauszufinden, was ich will.

Ich lasse die Kartons erst einmal da stehen, wo sie sind, und wende mich dem Buch zu, welches als zweites oben auf dem Stapel liegt. Es heißt „Das intelligente Universum" und ist von Timothy Ferris, einem Astrophysiker von der University of California in Berkeley. Es gibt nur zwei Zettel in dem Buch. Bei dem ersten finde ich ein angestrichenes Zitat über den Homo sapiens:

„Wir sehen eine gewalttätige Spezies, die sich mit der Geschwindigkeit einer Krebsgeschwulst vermehrt, den eigenen Planeten verwüstet, gegeneinander Krieg führt, mehr Geld für Rüstung als für Bildung und Erziehung ausgibt, Reichtum in der Hand einiger weniger anhäuft, während gleichzeitig weite Teile der Bevölkerung mit unzureichender Ernährung und Hygiene, Gesundheitsvorsorge und Bildung kämpfen, eine Spezies, die jedes Jahr Millionen Kinder an heilbaren Krankheiten sterben oder infolge von Unterernährung an dauernden Gehirnschäden leiden lässt, deren Leben jedoch für weniger Geld gerettet werden könnte, als manche alte Dame in irgendeinem Vorort für die Computer-Tomographie ihres Hündchens bezahlt – kurz gesagt, eine Spezies, die so kurzsichtig und so gleichgültig gegenüber dem Gemeinwohl ist, dass der Begriff „menschlich" zu einem schlechten Scherz wird." (Ferris, S. 63)

Den Bezug auf die alte Dame finde ich ziemlich daneben, es sind doch nun wirklich ganz andere Verflechtungen, in denen Personen mit ihrer Gier und den zugehörigen wirtschaftlichen und politischen Entscheidungen solche Zustände aufrechterhalten. Aber ansonsten stimme ich diesem Timothy Ferris völlig zu. Leider gibt es gibt viele Menschen, die sich durch das Ziel, noch mehr Gewinn zu machen, oder durch die Gewinnwünsche von Aktionären so beeinflussen lassen, dass sie immer wieder aktiv etwas dazu tun, dass sich das Leben von vielen Menschen und die Zustände in der Welt verschlechtern.

Aber was ist meinem Vater an diesem Zitat so wichtig gewesen? Die Einschätzung der menschlichen Spezies durch Timothy Ferris ist ja nicht neu und wird von vielen geteilt.

Der zweite Zettel bringt mir auch nicht viel. Da hat mein Vater nur einen Satz mit einem Fragezeichen versehen. Er heißt:

„Sind wir freie Handelnde, die das Universum erkunden wollen, oder sind wir nur Werkzeuge, mit deren Hilfe das Universum sich selbst erkunden will?" (Ferris, S.74)

Je nachdem, wie die Antwort auf die zweite Frage ausfällt, ändert sich die Bewertung der ersten Aussage. Es kann ja sein, dass wir überhaupt nichts dafür können, dass wir so sind, wie wir sind und das tun, was wir tun. Aber das wäre mir gar nicht recht. Ich will, dass wir etwas dafür können. Ich will auch, dass ich etwas dafür kann, was ich tue.
Ich wundere mich darüber, dass sich mein Vater eine solche Frage stellt. Es muss etwas mit dem zu tun haben, mit dem er sich in den letzten Jahren beschäftigt hat. Mit Selbstorganisation, Chaostheorie usw., wie Reineke Fuchs gesagt hat. Aber ich weiß zu wenig darüber. Deshalb beschließe ich, noch ein bisschen in dem Buch zu blättern.

Ein Satz fällt mir besonders auf:

„Der Geist ist nicht der allwissende Herrscher des Gehirns, sondern nur ein kleiner runder Feuerschein auf einem dunklen Kontinent von der Größe Australiens, wo die unbewußten Gehirnvorgänge ablaufen." (Ferris, S. 67)

Ferris bestätigt diese Aussage in seinem Buch mit einer Reihe von Forschungsergebnissen und beim Lesen wird immer deutlicher, dass das Gehirn sehr viele Prozesse für uns schon im Vorfeld entscheidet, obwohl wir glauben, es seien unsere bewussten Entscheidungen gewesen. Dabei gibt es offensichtlich keine Entscheidungsinstanz im Gehirn, sondern mehr oder weniger alles, was geschieht, ist ein Ergebnis der Selbstorganisation[38]. Und das gilt nach Aussage von Ferris und einigen anderen Wissenschaftlern für alles Mögliche und irgendwie sogar für das ganze Universum. Dabei fällt mir ein, dass ich ein Buch mit einem solchen Titel im Regal gesehen habe. Ich stehe auf und hole es mir. Es heißt „Die Selbstorganisation des Universums" und ist von Erich Jantsch.
Und ich bin erstaunt, dass Selbstorganisation in fast allen wissenschaftlichen, aber auch in wirtschaftlichen, kulturellen und spirituellen Bereichen eine bedeutende Rolle spielt. Kein Wunder, dass mein Vater sich für dieses neue Wissenschaftsgebiet, das mehr oder weniger quer zu den anderen Disziplinen liegt, in den letzten Jahren so interessiert hat.

Aber wenn die treibende Kraft aller lebendigen beziehungsweise ähnlichen Prozesse die Selbstorganisation der jeweiligen Gebilde ist, und nicht mehr der bewusste Geist, wo bleiben dann die Kontrollmöglichkeiten des menschlichen Geistes? Also zum Beispiel die Kontrollmöglichkeiten meines Vaters über mich oder meine Mutter oder über die Prozesse in seinen wissenschaftlichen Untersuchungen, oder über seine Mitarbeiter, seine Kollegen und so weiter? Alles futsch. Aus, futsch und vorbei.

Irgendwie kann ich nicht glauben, was ich durch diese Bücher erfahre, und inzwischen habe ich mir noch einige vom Stapel genommen und darin herumgeblättert. Aber es muss wohl etwas daran sein.

Ich finde es sehr irritierend und es macht mir auch ein bisschen Angst. Die Folgen sind doch gar nicht auszudenken. Was ich tun will, wird nicht wirklich von mir entschieden, ich kann offensichtlich höchstens noch entscheiden, ob ich etwas tue oder nicht? Ich kann den mir nicht bewussten Impuls haben, meinem Gegenüber eine Ohrfeige geben zu wollen. Und auf halber Strecke erfindet irgendetwas in mir noch eine Begründung dafür, und das einzige, was mir an bewusster Entscheidung bleibt, ist: MICH ZU STOPPEN?

Meine Güte, das darf nicht wahr sein. Und irgendwie gehen diese Überlegungen ja noch weiter: Mein Gehirn entscheidet, was ich sehe, wie ich es sehe und was ich nicht sehe; was ich höre und was nicht und wie ich es höre; wie sich etwas für mich anfühlt, wie ich meinen Körper wahrnehme, wann ich Hunger habe und wann Durst. Meine gesamte Selbstorganisation erfindet nach dieser Theorie aus der vorhandenen Umwelt und aus mir die Wirklichkeit, in der ich lebe und mit deren Hilfe ich auf eben diese Umwelt wieder einwirke.

So jedenfalls entnehme ich das den Büchern aus dem Stapel. Eines davon ist Joseph LeDouxs „Das Netz der Gefühle". In seinem Buch habe ich auch den Satz gelesen:

„Eine der bedeutendsten Einsichten, die dieser Ansatz ermöglicht, besteht darin, dass sowohl die Kognition als auch die Emotion unbewusst zu operieren scheint und nur das Ergebnis der kognitiven bzw. emotionalen Verarbeitung ins Bewußtsein tritt und unseren bewussten Geist ausfüllt, und das auch nur in einigen Fällen." (LeDoux, S. 23)

Irgendwie bin ich entsetzt. Wenn ich mir das alles zusammen überlege, dann denke ich, das kann so nicht stimmen. Das hätte sonst ja furchtbare Konsequenzen.

Es würde zum Beispiel auch bedeuten, dass nicht ich mich verliebe, sondern meine Selbstorganisation irgendwie beschließt, dass ich den Reineke

Fuchs anziehend finde, das nicht ich mich entschließe, ihn anzurufen, meine Selbstorganisation hat das alles schon vorbereitet, mein Anteil besteht nur darin, es tatsächlich zu tun oder es zu lassen. Oder vielleicht nicht einmal das?

Das scheint mir alles zu einfach und gleichzeitig zu kompliziert zu sein. Wahrscheinlich habe ich das einfach nicht richtig verstanden. Ich brauche viel mehr Zeit, um das alles zu verstehen.

So kann das jedenfalls alles nicht gemeint sein. Das würde ja jeder Erfahrung widersprechen.

Ich packe die Bücherkartons aus und lege die Bücher daneben auf die Erde. Es ist eine ganze Menge, in denen etwas über Selbstorganisation, Hirnforschung und Bewusstsein, über nichtlineare dynamische Systeme und über Komplexitätstheorie und Ähnliches steht. Komisch, und ich habe gedacht, mein Vater wäre ein ganz konservativer, analytisch-experimenteller Wissenschaftler. Ich habe ihn doch ganz oft so reden hören. Da kommt wohl noch manche Überraschung auf mich zu.

Kapitel 37

Entlastung oder Selbstorganisation

Für selbstorganisierende Systeme, wie es z. B. Lebewesen und damit auch Menschen sind, ist nach den neuen Erkenntnissen der Wunsch nach Sicherheit und Vorhersagbarkeit nicht erfüllbar. Auch der Glaube, man könne andere Menschen ohne deren – bewusste oder unbewusste – Zustimmung manipulieren und hätte die Macht, sie gezielt zu beeinflussen, ist nicht mehr haltbar. Allerdings scheinen damit auch große Bereiche der persönlichen Selbstverantwortung auf die eigene Selbstorganisation überzugehen[39].

Sie fragt sich, was dadurch aus den Beziehungen zwischen Ursachen und Wirkungen wird.

In dieser Nacht habe ich einen sehr merkwürdigen Traum. Ich bin auf einem sehr großen Empfang, wahnsinnig viele Leute, der Champagner fließt in Strömen, wie man so sagt. Ich fühle mich etwas verloren und frage, was denn hier gefeiert wird. Die Leute sehen mich an, als hätte ich mich heimlich auf die Party geschlichen und sie müssten jetzt gleich die Saalordner rufen. Einer sagt pikiert: „Es heißt, „Wer". Wer wird hier gefeiert. Und ich verrate es Ihnen. Hier und heute wird „die Selbstorganisation" gefeiert. Sehen Sie, da vorne steht sie, in dem schillernden Umhang."
Ich gucke und denke, ich sehe nicht recht. Die Selbstorganisation sieht abwechselnd aus wie mein Vater und wie meine Mutter. „Und wieso wird sie gefeiert?", frage ich. „Sie hat uns alle Schuld abgenommen, sie hat für alles die Verantwortung übernommen, sie hat uns von der Erbsünde erlöst", sagt einer neben mir ganz überwältigt und mit glänzenden Augen. „Ich dachte, das hätte schon Jesus Christus getan", sage ich. Und der auf der anderen Seite neben mir antwortete: „Erstens ist es schon lange her und zweitens ist unsere Unschuld jetzt wissenschaftlich bewiesen. Die Selbstorganisation ist bereit, die Verantwortung für alles immer und immer wieder zu übernehmen." „Das einzige Problem", sagt ein anderer, „ist, dass man sie nicht leicht erkennen kann. Heute mit dem Umhang geht es ja noch, aber sonst kann man sie überhaupt nicht erkennen, weil sie für jede Person anders aussieht." „Bedeutet das nicht, dass sie für jede Person auch anders ist?", frage ich, aber darauf bekomme ich keine Antwort, nur Kopfschütteln.

„Eines musst du allerdings wissen", sagt mir ein Dritter, der da auch so ziemlich geschniegelt herumsteht, „nur die Reichen haben eine gut funktionierende Selbstorganisation, bei den Armen und den Misshandelten, oder denen, die in Kriegsgebieten leben, Angst haben oder hungern müssen, bei denen ist die Selbstorganisation meistens mehr oder weniger beschädigt, und dann gehen sie leicht kaputt, werden kriminell, krank oder sterben. Aber das ist nicht so schlimm, es gibt so viele davon."
Ich denke, was für ein Zyniker. Und was sind das hier für Leute. Sie sehen tatsächlich alle sehr reich aus, sehr gepflegt, sie sind sehr gut, geradezu luxuriös angezogen und tragen alle sehr viel und sehr teuren Schmuck. Alle reden lebhaft, mit etwas zu hohen Stimmen, fast ein bisschen hektisch miteinander, ohne wirklich Kontakt miteinander aufzunehmen. Es sind Hunderte und während ich da stehe, wird der Raum immer größer. Die Menschen werden immer zahlreicher, die Wände lösen sich auf und langsam wird mein ganzes Blickfeld von den Rändern her strahlend weiß, bis das Weiß alles ausfüllt. Ich wache auf und mein Blickfeld ist immer noch weiß. Ich mache das Licht an, und erst allmählich kann ich die Gegenstände im Zimmer wieder erkennen, weil sich das Weiß langsam zurückzieht. Was für ein böser Traum.
Ich weiß nicht, was ich davon halten soll.

Offensichtlich bin ich von diesen neuen theoretischen Erkenntnissen, mit denen sich mein Vater in den letzten Jahren beschäftig hat, mehr durcheinander als ich dachte. Und ich habe mich bisher immer für viel aufgeschlossener als er gehalten. Für ihn war doch immer so entscheidend zu wissen, welche Ursache welche Wirkung hervorrief, und nun sollte so etwas Ominöses, nicht Greifbares wie „Selbstorganisation" die von uns beobachtbaren Wirkungen in uns selbst – aber auch in unserer Umwelt – hervorrufen. Für meinen Vater war Sicherheit etwas entscheidend Wichtiges. Er hat häufig etwas mitleidig über die Trendwissenschaftler, wie er sie nannte, die Soziologen, Politologen, Meteorologen, Ökologen usw., geredet. Er hat gemeint, mehr als vage Aussagen würden sie leider nicht zustande bringen, er würde doch die exakten Wissenschaften mit ihren eindeutigen Aussagen bevorzugen. Auch im Umgang mit meiner Mutter und mit mir war ihm Sicherheit wichtig. Er wollte immer wissen, wo meine Mutter war und wann sie wieder nach Hause kam, und am liebsten war es ihm, wenn sie überhaupt nicht wegging. Meine Mutter hielt dies für ein Zeichen von Liebe. „Ach Kind, er macht sich doch nur Sorgen", pflegte sie zu sagen, wenn ich mich wieder einmal in ungerechtfertigter Weise von ihm kontrolliert fühlte. Er kontrollierte meine Hausaufgaben, meine Telefonanrufe, mit wem ich befreundet war, mit wem ich mich traf, wo ich hinging und wie ich mich anzog. Jedenfalls habe ich es immer als Kontrolle empfunden.

Vielleicht hat er sich wirklich Sorgen gemacht. Seitdem ich von dem Bruder meines Vaters weiß, der angeblich als Kind gestohlen hat, drogenabhängig war und kriminelle Freunde hatte, kann ich in gewisser Weise verstehen, dass mein Vater sich möglicherweise wirklich nur Sorgen gemacht hat.

Bei einem so großen Bedürfnis nach Sicherheit muss es für ihn sehr schwierig gewesen sein, sich mit solchen neuen Konzepten auseinander zu setzen und sich eventuell auch von ihnen in Bezug auf das eigene bisherige Weltbild verunsichern zu lassen.

Was das für ihn bedeutet hat, kann ich sicher erst erfassen, wenn ich mehr über meinen Vater und mehr über diese neuen Ansichten weiß.

Ich werde Reineke Fuchs anrufen und ihn fragen, ob ich ihn ausfragen kann.

Die Frage, was diese neuen Ideen für mich bedeuten, habe ich mir bis jetzt nicht gestellt und das finde ich interessant. Immerhin, es fällt mir wenigstens jetzt auf.

Anfangs denke ich, ich kann meine Suche nach der Wechselwirkung zwischen meinem Vater und mir, seiner Tochter, aufgeben, weil es ja offensichtlich meine Selbstorganisation ist, die für mich bereits vor meiner Geburt angefangen hat, meine Wirklichkeit immer neu herzustellen, aber dann wird mir bewusst, dass sie dies auch auf der Basis meiner Wahrnehmungen der mich umgebenden Umwelt tut. Und mein Vater und meine Mutter waren schon immer Bestandteile meiner Umwelt und haben deshalb Anteil an dem, was meine Selbstorganisation an Wirklichkeit für mich hergestellt hat und jeden Moment neu herstellt.

Ich kann weiter nach Antworten auf meine Fragen suchen, die Antworten werden nur ein bisschen anders ausfallen. Es wird keine eindeutigen Ursachen mehr für das geben, was ich oder was mein Vater und meine Mutter geworden sind. Und außerdem wirkt sich jede Umwelt auf jedes Lebewesen offensichtlich unterschiedlich aus. Und umgekehrt, füge ich noch hinzu. Irgendwie sehr interessant, denke ich.

Reineke Fuchs hatte ich nicht erreicht, aber seine Sekretärin hat ihm offensichtlich Bescheid gesagt und er hat mich zurückgerufen. „Gern", sagt er, als ich ihm mein Anliegen sage, „Möchtest Du, dass ich zu dir komme oder möchtest du dich mit mir in der kleinen Pizzeria treffen?" Wieder weiß ich nicht, was er möchte, wieder fühle ich mich allein gelassen, spüre ein leichtes Angstgefühl, was er denken könnte, wenn ich mich für das eine oder das andere entscheide. Dass ich ihn nicht in der Wohnung haben will, dass ich Angst davor habe, mit ihm allein zu sein oder dass ich ihn in der Wohnung haben will, weil ich ihn vernaschen möchte, dass ich nicht kochen kann, dass ich eingeladen werden möchte, oder…Da unterbricht er mich in meinen Phantasien und sagt: „Du zögerst, vielleicht möchtest du ganz woanders hin, oder ich könnte auch in meiner Wohnung irgendetwas zum Essen machen?" Nun ist es ganz aus, was will ich denn, was sage ich bloß?

Es ist doch einfach lächerlich, dass ich in meinem Alter immer noch solche Schwierigkeiten habe, aus einem Angebot das auszuwählen, was ich gerne möchte. Schließlich sage ich: „Ich weiß nicht, was ich will." Ich kann mich gerade noch zurückhalten, ihm zu sagen, er solle entscheiden. „Überlege es dir doch bis heute Abend, ich rufe dich kurz vor acht noch einmal an. Bis später." Und nachdem ich zugestimmt habe, legt er auf.

Ich denke, dieses innere Hin und Her ist lächerlich, das kann man doch niemandem erzählen. Und trotzdem quälen mich solche Situationen immer noch. Und wieder steht die Frage nach dem Warum im Vordergrund, obwohl meine „Selbstorganisation" – denke ich ironisch – mir mit Sicherheit keine eindeutige Antwort auf diese Frage geben wird, weil nicht mehr festgestellt werden kann, was von außen und was von innen gekommen ist.

Sinnvoller ist es sicher herauszufinden, welche Vorteile mir diese Schwierigkeit bietet, so dass ich immer noch daran festhalte oder noch besser: Antworten zu suchen, wie ich diese Schwierigkeit überwinden kann.

Ich erinnere mich, dass Wünsche und eindeutige Aussagen in unserer gesamten Familie schwierig waren. Es war nur in Bezug auf meine Mutter und meinen Vater auf verschiedene Weise schwierig. Wenn ich von meiner Mutter etwas wollte, sagte sie so etwas wie: „Mal sehen", und dann kam sie nie wieder von sich aus darauf zurück. Wünsche gingen irgendwie ins Leere, wenn sie nicht passten oder wenn kein Geld dafür da war. Manchmal allerdings sagte sie und hatte ein ganz trauriges Gesicht dabei: „Kind, du weißt doch, dass das nicht geht. Du musst doch nicht immer so insistieren." Ich wusste damals nicht, was „insistieren" bedeutete, aber es war irgendwie unanständig, man machte so etwas nicht, es war böse. Meine Mutter war traurig wegen mir und ich war ein böses Kind. Das jedenfalls habe ich daraus gemacht. Diese Erfahrungen waren nicht gerade ermutigend, sich etwas zu wünschen.

Mit meinem Vater war es anders. Wenn ich etwas von ihm wollte, sagte er meist: „Ja, ja, gleich", und nach einiger Zeit fragte er: „Was wolltest Du noch mal?" Aber er wartete meist nicht ab, sondern redete weiter:

„Kannst du damit nicht zu Deiner Mutter gehen?" Und ich ging, zutiefst enttäuscht, er hatte sich noch nicht einmal angehört, was ich von ihm wollte. Was ich wollte, wollte ich von ihm und nicht von meiner Mutter. Ich überlege, was es so im Einzelnen war, was ich von ihm wollte, aber mir fällt nichts mehr ein. Wahrscheinlich wollte ich ihm etwas erzählen, etwas fragen, etwas zeigen, für ihn sicher unwichtige Kleinigkeiten, aber für mich von großer Bedeutung.

Mir fällt eine Freundin aus der Grundschule ein, die ich viel später, als meine Kinder schon groß waren, wieder getroffen habe. Wir beide haben über unsere Schwierigkeiten mit „Wollen" und „Wünschen" geredet und sie hat mir erzählt, dass sie während ihrer ganzen Kindheit nie das bekommen hat, was sie sich gewünscht hatte. Sie wollte gerne einen kleinen Hund, der für sie da ist, der sie liebt und der sich freut, wenn sie aus der Schule kommt und mit dem sie spazieren gehen kann, aber sie bekam eine Schildkröte mit der Begründung ihrer Mutter, eine Schildkröte hätte nicht so viele Ansprüche, und dann wäre es nicht so schlimm, wenn sie irgendwann keine Lust mehr hätte, sich zu kümmern. Mit einem Hund wäre sie doch ganz schnell überfordert. Meine Schulfreundin bekam selbst nach so vielen Jahren Tränen in die Augen, als sie sagte: „Ich war so enttäuscht. Und es war immer so. Ich wünschte mir eine Babypuppe, ich bekam eine, die aussah wie eine Prinzessin, ich wünschte mir die Märchen aus Tausend und einer Nacht, und ich bekam die von Christian Andersen. Ich weiß bis heute nicht, was sich meine Eltern dabei gedacht haben." Mir ist auch nichts dazu eingefallen, außer dass ich ein solches Verhalten ziemlich gemein fand. Sie erzählte mir dann, dass ihr nie etwas einfallen würde, wann immer sie von anderen gefragt werde, was sie sich zum Geburtstag oder zu Weihnachten wünschen würde. Und wenn sie sich wirklich einmal etwas wünscht, was selten genug vorkomme, dann würde sie es sich selber kaufen. „Das Dumme daran ist", fügt sie lachend hinzu, „dass ich auf diese Weise auch noch heute lauter Sachen geschenkt bekomme, die mir nicht gefallen oder die ich eigentlich nicht will. Verrückt, was? Wie sich die Dinge aus der Kindheit so fortsetzen. Aber was soll man machen."

Sie hat nicht ernsthaft gefragt, und ich habe damals nicht zu ihr gesagt, sie solle sich doch einfach mehr Zeit nehmen, um herauszufinden, was sie will und das den anderen auch sagen. Ich wusste ja, wie schwer es ist, etwas anders zu machen, als man gelernt hat. Und ich hatte ja selbst solche Schwierigkeiten. Wenn man mich damals gefragt hat, ob ich dies oder das will, brach mir der kalte Schweiß aus. So schlimm ist es heute nicht mehr. Also, was will ich in Bezug auf die Verabredung. Was wäre mir am liebsten. Und dann weiß ich es plötzlich. Am liebsten wäre mir, Reineke Fuchs käme zu mir, also in die Wohnung, die inzwischen mir gehört. Ich würde am liebsten mit ihm in der Küche sitzen und etwas Selbstgemachtes essen, und dann mit ihm in die Bibliothek gehen, und ihm die Bücher, die aus dem Institut gekommen sind, zeigen. Und ich hätte gern eine Nachhilfestunde. Nach dieser Entscheidung fühle ich mich erleichtert und nehme mir vor, auf keinen Fall die gleiche Arie innerer Verunsicherungen in Bezug auf das, was ich zu essen machen will, zu wiederholen. Ich entscheide, ich werde ein bisschen Broccoli, ein paar flache Bohnen und ein paar Mohrrüben mit Backkartoffeln machen und dazu das Lammfilet aus dem Tiefkühler. Hinterher Eis mit heißen Himbeeren, ich habe ja gut eingekauft und es ist alles da. Ich putze das Gemüse und die Kartoffeln, nehme das Filet und die Himbeeren heraus, decke den Tisch und lege mich dann zum Entspannen in die Badewanne. Das Telefon lege ich auf den kleinen Hocker daneben. Ich bin sehr froh: Wenn Reineke Fuchs anruft, weiß ich, was ich will.

Kapitel 38

Männliche Sozialisation

Kleine Mädchen und kleine Jungen werden in unserer Kultur schon sehr früh auf ihre Geschlechtsrollen hin typisiert und sollen in diesem Zusammenhang auf wichtige Aspekte ihres menschlichen Potentials verzichten. Beide Geschlechter zahlen einen hohen Preis dafür, ihre Positionen als Mann oder als Frau in der Gesellschaft einnehmen zu können.

Durch die Erziehung zu emotionaler Distanz verzichten Männer auf psychische Kraft und Ausstrahlung, Frauen entwickeln emotionale Abhängigkeit und fühlen sich häufig aufgrund defizitärer persönlicher Beziehungen emotional überfordert. Obwohl Mann und Frau zusammenzupassen scheinen, dadurch, dass das, was dem Mann fehlt, die Frau zu viel hat, werden die Beziehungen zwischen den Geschlechtern aus genau diesem Grunde leicht unbefriedigend und zerbrechlich.

Eine Begegnung auf gleicher Ebene ist kaum möglich.

Sie merkt, wie viel Bewusstheit es erfordert, mit einem anderen Menschen auf wechselseitig befriedigende Weise zusammenleben zu können.

Reineke Fuchs war gekommen, hatte eine orangefarbene Lilie und zwei Flaschen Rotwein mitgebracht. Ich finde ihn immer attraktiver und will das nicht wirklich wahrhaben. Ich will mich nicht in einen Mann verlieben, der mich vielleicht höchstens ganz nett findet und mehr nicht. Ich versuche, diese Gedanken beiseite zu legen, und wende mich den letzten Vorbereitungen für das Essen zu.

Während des Essens erzähle ich ihm, was ich bisher von dem Konzept der Selbstorganisation verstanden habe, und er meint, dies sei weitgehend zutreffend, aber es sei meist noch komplizierter, weil immer dann, wenn zwei solcher Systeme zusammenträfen, sie ein neues übergeordnetes System mit neuen Eigenschaften bilden würden. Und das bedeute, dass letztlich alle Systeme in irgendeiner Weise zusammenhingen.

„Stell dir einen Ameisenhaufen oder einen Termitenhügel vor. Keine Ameise und keine Termite erhält von einer zentralen Stelle eine Anweisung, was sie tun soll, und doch erledigt jedes dieser Insekten sehr spezifische und insgesamt gesehen sehr komplexe Aufgaben." „Aber sie müssen doch von irgendwoher wissen, was sie tun müssen, vielleicht werden sie von der Königin gesteuert, und man weiß nur noch nicht genau, wie", sage ich. „Die Ameisen untereinander verständigen sich schon", sagt er, mit Gerüchen und damit, dass sie sich gegenseitig auf unterschiedliche Weise berühren. Betrillern, wie man wohl sagt, aber es gibt keine zentrale Stelle, mit deren Hilfe alles organisiert wird, immer ist das gesamte System, aber natürlich auch die umgebende Umwelt, daran beteiligt." „Wahnsinn", sage ich, „ das ist ja kaum vorstellbar. Und das soll auch für jedes einzelne Lebewesen gelten, also für Ameisen und für Menschen und alles dazwischen, wenn es denn lebendig ist." Wir unterhalten uns eine Weile darüber, was es bedeutet, dass es in Lebewesen keine zentrale interne Kontrolle gibt. „Ich habe doch aber meistens den Eindruck, dass ich diese zentrale Instanz bin, weil ich entscheide, ob ich schlafen oder aufstehen, Tee oder Kaffee trinken oder was weiß ich tun oder lassen will." Reineke Fuchs lacht. „Ich weiß, wir hätten alle gern die Kontrolle, nicht nur über uns selbst, sondern am besten auch über die Mitmenschen und die ganze uns umgebende Umwelt", sagt er, „aber leider zeigen die neueren Forschungsergebnisse, dass es in Bezug auf selbstorganisierende Systeme prinzipiell keine gezielte Einflussnahme und damit auch keine Kontrolle gibt. Aber warum interessiert dich das eigentlich alles?"

Und dann erzähle ich ihm, wie ich als Kind und junges Mädchen den Eindruck hatte, ich sei nicht wichtig für meinen Vater und dass das einzig wichtige für ihn seine Arbeit gewesen sei. Wie die Erfahrungen, dass ich mich nicht ernst genommen und ohne Bedeutung für ihn gefühlt hätte, dazu geführt haben, dass ich schüchtern und unsicher wurde und eine negative Selbsteinschätzung und sehr geringes Selbstwertgefühl entwickelt habe, das erzähle ich ihm nicht.

Stattdessen sage ich, dass ich den Eindruck habe, dass seine wissenschaftlichen Überzeugungen und seine berufliche Sozialisation als Forscher und die Art seiner wissenschaftlichen Arbeit einen Anteil daran hätten, dass er immer nur gearbeitet, alles immer nur sachlich und „objektiv" betrachtet habe und emotional so karg gewesen sei. „Das hat meine Freundin mir auch vorgeworfen", sagt Reineke Fuchs, „und ich denke, dass an deiner Vermutung wirklich etwas dran ist. Aber vielleicht ist es nicht nur die Wissenschaft, sondern auch die Art, wie Jungens zu Männern erzogen werden und daran sind auch die Frauen maßgeblich beteiligt." Ich merke, wie ich ärgerlich werde. Machen alle Männer eigentlich überall dasselbe? Wann immer ich mit einem Mann über etwas Bestimmtes reden wollte, wies er mich darauf hin, dass es auch noch etwas anderes gäbe, was auch wichtig sei. Besonders auffallend war es, wenn es um Männer und Frauen ging. Wenn ich von einem Mann wissen und deshalb mit ihm darüber reden wollte, warum es manchen Männern und ihm eben auch so schwer fällt, sich festzulegen, dann bekam ich auf der Stelle zu hören, Frauen hätten genau das gleiche Problem. Wenn ich darüber reden wollte, warum Männer sich häufig so dominant verhalten, warum Männer so schnell aggressiv werden, warum Männer finden, Hausarbeit sei Frauenarbeit, warum Männer nicht von sich reden können oder wollen, warum Männer dies oder jenes tun oder lassen, dann wurde der Fokus ganz schnell von den Männern weg zu den Frauen hin verlagert und die Fragestellung dementsprechend umdefiniert. Dabei war es nicht wichtig, ob es sich bei dem betreffenden Mann um einen Kollegen, entfernten Bekannten oder nahen Freund handelte, sie verhielten sich alle ähnlich. Als wollten sie keinen Blick auf sich selbst werfen, als interessiere sie nicht, wer und wie sie sind und was es bedeutet, ein Mann zu sein.

Während mir alle diese Gedanken durch den Kopf gehen, denke ich noch einmal darüber nach, was Reineke Fuchs gesagt hat. Eigentlich hat er nichts anderes gesagt, als dass es viele verschiedene Faktoren sein können, wodurch ein Mann so wird, wie er geworden ist. Und dem kann ich ja eigentlich zustimmen und dann kann man in einem gemeinsamen Gespräch einen Faktor nach dem anderen genauer betrachten.

Und trotzdem, ich würde gerne genauer wissen, warum ihn seine Freundin verlassen hat.

Ich habe erst Angst, dass er die Frage, weshalb seine letzte Freundin ihn verlassen hätte, unverschämt von mir findet, weil es mich im Grunde ja auch nichts angeht. Aber dann überwiegt meine Neugier und ich überwinde meine Hemmung und frage ihn doch. Er zögert erst, aber dann sagt er direkt und ohne herumzureden:

„Es gab mehrere Gründe, die sich teilweise auch widersprechen. Einer der entscheidenden war wohl, dass sie mich langweilig fand. „Nie überrascht du mich", hat sie gesagt, „ du bist so berechenbar, immer muss ich alle Entscheidungen treffen, immer fragst du mich, was ich will. Nie entwickelst du irgendeine eigene Initiative. Und gleichzeitig tust du immer so, als würdest alles schon vorher wissen, als hättest du dir alles schon gedacht. Und das ist in der Kombination einfach unerträglich."

Erst habe ich angefangen, mich zu verteidigen. „Was willst du eigentlich? Ich bemühe mich, es dir recht zu machen und richte mich ständig nach dir. Natürlich frage ich dich dann, was du willst und jetzt wirfst du mir das auch noch vor. Hätte ich so ein Macho-Typ sein sollen? Ist es das, was du willst?"

Und sie hat gemeint, ich würde überhaupt nichts verstehen und ich könnte mir mein Schwarz-Weiß-Denken an den Hut stecken. „Anders sein" meint nicht „das Gegenteil sein", hat sie mich angebrüllt."

Und ich denke im selben Moment, die Frau würde ich gerne kennenlernen. Und dann sage ich es ihm auch. „Ja", sagt er, „ich habe sie auch sehr vermisst, als sie gegangen ist. Sie hat jetzt einen neuen Freund, der ist ganz anders als ich. Wir haben wohl doch nicht so gut zusammengepasst, obwohl wir uns mögen. Und natürlich gab es auch noch andere Schwierigkeiten, die sie mit mir hatte. Ab und an treffen wir uns und reden, und im Nachhinein verstehe ich manches besser."

Und als ich ihn frage, inwiefern er denn anders sei als ihr jetziger Freund, schweigt er erst mal. „Weißt Du", sagt er dann, „ich habe lange darüber nachgedacht, was sie mir so alles gesagt hat. Sie hat mir vorgeworfen, ich würde keine Verantwortung für mich übernehmen, ich würde immer ihr die Schuld für alles Mögliche zuschieben. Einmal hat sie gesagt, „Ich kann ja richtig froh sein, dass du mir nicht auch noch die Verantwortung für deine Verdauung gibst. Ansonsten bist Du ja ständig das Opfer von mir." Ich habe nicht verstanden, was sie meint. Ich habe gedacht, ich tue doch alles für sie, ich bin doch einfach nur nett."

Ich schweige und nach einiger Zeit redet er weiter: „Als sie weg war, habe ich noch einmal eine Therapie angefangen. Und da habe ich langsam verstanden, was sie so unerträglich fand. Ich habe mich tatsächlich ganz oft wie ein Opfer gefühlt. Ich fühlte mich sehr schnell von anderen – und nicht nur von ihr – provoziert, schlecht behandelt, nicht ernst genommen, kontrolliert, ausgenutzt und genötigt zu tun, was andere wollten, und ich habe es ihnen übelgenommen. Aber ich habe ihnen nicht gesagt, was ich nicht will und was ich will. Erst in der Therapie habe ich es begriffen: Ich war konfliktscheu, habe alle Reibungspunkte vermieden und das „nett" genannt. Die anderen waren die „Bösen" und ich habe mich als Opfer gefühlt und andere für meine Zustände verantwortlich gemacht. Also auch meine ehemalige Freundin. Ihr Verhalten war entscheidend dafür, ob es mir gut oder schlecht ging. Und natürlich wollte ich, dass es ihr gut geht, weil es mir dann auch gut ging. Deshalb habe ich versucht, alles dafür zu tun, aber auch alles zu vermeiden, was sie vielleicht ärgern könnte. Und wenn etwas dabei schief lief, habe ich mich als ihr Opfer gefühlt und ihr die Schuld dafür gegeben."

Dann lacht er und meint, er habe auch die passende Kindheit gehabt, seine Mutter wäre auch nur glücklich gewesen, wenn es ihrem Söhnchen gut gegangen sei.

Sein Vater allerdings sei streng, fordernd, laut und selten zufrieden gewesen, seine Mutter dagegen sanft, passiv, leidend und unglücklich. Und ihr Sohn war ihre einzige Freude. Aber sein Vater hätte gern einen richtigen Jungen gehabt, einen Draufgänger, nur seine Mutter hatte immer Angst um ihn und konnte mit diesen „Raufbolden", wie sie seine Klassenkameraden nannte, gar nichts anfangen.

„Ich fühlte mich zwischen ihren unterschiedlichen Erwartungen gefangen. Mir war ganz klar, dass mein Vater meine Mutter unglücklich machte, und ich wollte sie glücklich machen. Damals dachte ich noch, dass das möglich wäre. Und damals habe ich wohl auch gelernt, jedem potentiellen Konflikt aus dem Wege zu gehen oder mich als Opfer der anderen oder der Umstände zu stilisieren."

Er grinst und fügt hinzu, es habe ihn ganz schön viel gekostet, sein bisheriges Selbstbild vom „Gutmenschen" aufzugeben und zu begreifen, dass er auch nur ein ganz normaler Mensch sei, mit allem, was dazu gehört, mit Ängsten, Unsicherheiten, Bedürfnissen und den ganzen anderen Gefühlen von Ärger, Wut, Verzweiflung und dem Wunsch, alles Unangenehme zu vermeiden.

„Am schwierigsten für mich war es, mir meine Vorurteile gegenüber Frauen bewusst zu machen. Stell dir vor, als ich elf Jahre war, habe ich meiner Mutter von meinem Taschengeld eine Rose gekauft und sie ihr zum Trost dafür geschenkt, dass sie nur eine Frau ist. Auch dass ich meine damalige Freundin immer gefragt habe, was sie will, anstatt auch einmal auszusprechen, was ich möchte und ihr zuzutrauen, ja oder nein zu sagen, war ein Zeichen dafür. Nur dass ich im Grunde aus Angst vor Ablehnung nicht ausgesprochen habe, was ich gerne wollte, habe ich erst in der Therapie gemerkt."

Nach einigem Zögern fügt er hinzu: „Am Entstehen dieser Angst war auch mein Vater beteiligt. Widerspruch oder eigenständige Vorstellungen, die von seinen abwichen, waren ihm verhasst. Und ich hatte Angst vor ihm und Angst davor, dass meine Mutter – wenn ich widerspräche – wieder unglücklich über die Unstimmigkeiten in der Familie war. Es war immer eine Gratwanderung."

Mir fällt auf, dass seine Art, aus seiner Vergangenheit zu erzählen, viel abstrakter ist als meine und so sorgfältig formuliert, trotz des emotionalen Inhalts. Mir fallen viel mehr konkrete Situationen aus meiner Kindheit ein, ich sehe dann alles, wie es damals war, wie einen Film vor mir, und ich fühle mich auch so. Als ich es anspreche, stimmt er mir zu. „Vielleicht liegt es daran, dass kleine Jungen alles aushalten müssen, keine Gefühle haben dürfen, alles als Herausforderung begreifen sollen oder als Problem, welches möglichst schnell gelöst werden muss."

Und dann erzählt er – als Beispiel dafür, dass er alles mit sich selbst ausmachen musste – aus seiner Schulzeit. „Ich war die Intelligenzbestie", sagt er, „der Streber, der Klugscheißer, oder Ähnliches, und die anderen in meiner Klasse haben es mir auf wirklich üble Art heimgezahlt, dass ich besser war als sie. Zuhause konnte ich nichts davon erzählen, mein Vater hätte mich einen Feigling genannt, der sich nicht wehrt, und meine Mutter hätte sich furchtbar aufgeregt, wie jemand ihren Liebling so behandeln kann. „Das kann doch nicht wahr sein" und „Das ist doch nicht möglich" waren ihre Lieblingssätze. Sie wusste, wie sie das Böse in der Welt vermeiden und sich ihre Unschuld erhalten konnte."

Ich denke, kleine Jungen haben es genauso schwer wie kleine Mädchen, sie werden nur unterschiedlich behandelt und es werden unterschiedliche Verhaltensweisen von ihnen erwartet. Ich erzähle Reineke Fuchs von einem Versuch, über den ich neulich gelesen habe. Dabei hat man Babys einmal rosa und einmal blau angezogen und beobachtet, wie sich die Erwachsenen ihnen gegenüber verhalten. Die rosa Babys – die vermeintlichen Mädchen – wurden geknuddelt und ihnen wurde gesagt, wie hübsch sie seien usw. Den blauen Babys – die vermeintlichen Jungen – wurde gesagt, dass sie sicher groß und stark und Feuerwehrmann oder ähnliches werden wollten und es wurde auf etwas rauhere Weise mit ihnen gespielt. Sie wurden z. B. in die Luft geworfen und wieder aufgefangen usw. Kein Wunder, dass die Unterschiede zwischen männlich und weiblich so groß werden, wenn die Geschlechtstypisierung schon so früh anfängt.
Wir grinsen uns beide an und stimmen uns wechselseitig zu, dass die Unterschiede nicht wirklich so groß sind unter dem Motto „Mensch bleibt Mensch".
Und dann meint er, er wolle jetzt gehen. Er steht auf, nimmt mich in den Arm und sagt, es sei ein schöner Abend gewesen und er freue sich darauf, mich wiederzusehen. Und dann geht er.
Es geht so schnell, dass ich gar keine Gelegenheit habe, den mentalen Umweg über sein Gehirn zu machen und mir zu überlegen, was er wohl denkt und will und mir dazu meine üblichen Gedanken zu machen.
Er ist weg, und ich fühle mich innerlich leer. Vermisse ich etwa meine Selbstzweifel, meine mich selbst zerfleischenden Gedanken, meine differenzierten Selbstablehnungen? Ich habe im Moment keinen Raum dafür.
Ich glaube, eigentlich bin ich glücklich.

Kapitel 39

Geschlechterrollen

Die Geschlechterrollen sowohl von Frauen als auch von Männern sind im Umbruch begriffen. Männer fühlen sich in einer sich aufweichenden Männerrolle unsicher und Frauen gefällt die alte, von ihnen erwartete Frauenrolle nicht mehr. Obwohl Frauen glauben, gleichberechtigt zu sein und inzwischen die gleichen Chancen zu haben wie die Männer, zeigt jeder Blick in die Statistiken, dass das nicht stimmt.
Gleichzeitig hat die – meist unbewusste – Gehorsamkeit von Frauen in Bezug auf die gesellschaftlichen Erwartungen, jung, schön und für die Männer sexuell attraktiv zu sein, zugenommen.

Sie weiß, dass diese gesellschaftlichen Erwartungen auch ihren eigenen Wünschen entsprechen und weiß nicht, wie sie sich dazu verhalten soll, will und wird.

Am nächsten Morgen denke ich noch einmal darüber nach, was Reineke Fuchs in Bezug auf seine Vorurteile über Frauen gesagt hat. Und da ich auch in dieser patriarchalen Kultur aufgewachsen bin, werde ich wohl von Vorurteilen gegenüber meinem eigenen Geschlecht auch nicht verschont geblieben sein. Und während ich noch darüber nachdenke, fällt es mir siedend heiß auf:
Warum bin ich wie selbstverständlich davon ausgegangen, es seien alles die Bücher meines Vaters und sein geistiges Eigentum und meine Mutter hätte nichts damit zu schaffen. Offensichtlich war ich nicht bereit, meiner Mutter ein eigenständiges geistiges Leben zuzutrauen. Ich habe meiner Mutter nicht zugestanden, dass sie auch viele der Bücher gelesen haben könnte oder es sogar ihre Bücher waren. Dabei haben wir uns doch ganz oft unterhalten. Wahrscheinlich war mein Vorurteil, sie sei das Sprachrohr meines Vaters, zu groß.
Ich bin immer noch erschrocken über mich, denn dass ich erst nach dem Gespräch mit Reineke Fuchs ernsthaft annehme, dass wahrscheinlich meine Mutter die Zettel zwischen die Seiten in Rousseau's Buch gelegt hat, wirft ein sehr schlechtes Licht auf mich. Ich achte Frauen offensichtlich auch nicht, ich traue ihnen auch nichts zu. Ihnen nicht und mir nicht. Ich bin ebenso wie die Männer ein Kind des Patriarchats.
Meine Beziehung zu Frauen bewegt sich offenbar auf zwei Ebenen: Ich

verstehe mich gut mit den Frauen, die ich kenne. Ich vertraue ihnen, ich finde sie bereichernd und genieße ihre Gegenwart. Und dann gibt es noch die abstrakte Kategorie „Frauen". Das ist die Ebene, auf der die Vorurteile zuhause sind. Auf dieser Ebene sollte ich vielleicht einmal spazieren gehen, um mehr über meine Vorurteile zu erfahren.

Schon jetzt fällt mir einiges ein: Frauen sind so abhängig, so oft so mutlos, um nicht zu sagen „feige"; Frauen sind so oberflächlich: Wie sehe ich aus, was ziehe ich an, was soll ich bloß machen, stell dir vor, was er schon wieder gemacht hat. Und dann kommt die jeweilige kleine Geschichte, in der sie nur noch das „Opfer" sind:

„Stell´ dir vor, er fährt mich zwar zum Arzt, aber als ich ihn frage, ob er noch bleiben könne oder ob er gleich weiter müsse, sagt er doch glatt, ja, er hätte gar keine Zeit. Dabei weiß er doch, was ich für Ängste vor dem Ergebnis der Untersuchung habe."

„Neulich hat er mich doch mitsamt meiner schweren Tasche einfach vor dem Bahnhof abgesetzt. Er weiß doch, dass ich wegen der Operation in der letzten Woche nichts tragen darf, und dann kommt er nicht einmal mit zum Bahnsteig."

„Weißt du, was er sich neulich geleistet hat. Bringt er doch einfach abends seine Ruderfreunde und erwartet, dass ich für alle was zu essen mache. Kann er nicht vorher mal anrufen und fragen, ob es mir passt oder wenigstens ankündigen, was er vorhat."

„Gestern war ich richtig platt. Kommt er nachhause, sagt er, ich könne mich freuen, er habe seinen Roller verkauft. Und als ich ihn frage, warum ich mich freuen soll, sagt er, ich hätte doch immer etwas dagegen gehabt, dass er mit dem Roller fährt. Dabei habe ich nie etwas gesagt."

Als mir diese Gesprächsfetzen wieder einfallen, merke ich, wie ich wieder ärgerlich und geringschätzig werde. Warum denken Frauen, Männer könnten Gedanken lesen, warum können Frauen nicht sagen, was sie sich wünschen. Aber als ich den Satz „dabei habe ich doch gar nichts gesagt" noch einmal in mir nachklingen lasse, wird mir bewusst, wie oft ich selbst diesen Satz gedacht habe. Ein Konflikt bahnte sich an und ich dachte „Ich habe doch gar nichts gesagt". Ich hatte auch nichts getan. Ich habe mir immer nur Mühe gegeben. Und ich habe mir vor allem immer Mühe gegeben, meine langsam in mir aufsteigenden Gefühle nicht zu merken. Damals wusste ich noch nicht, dass ich mich so oft ärgerlich, empört, zornig und vor allem wütend fühlte. Ich bemühte mich, „es" nicht zu merken. Aber das bedeutet nicht, dass es die anderen nicht gemerkt haben. Oft hört man schon am Klang der Stimme und kann es am Gesichtsausdruck erkennen, dass jemand irgendwie gereizt, genervt, ärgerlich oder sonst was ist.

Ich erinnere mich daran, was mir Reineke Fuchs von seiner Therapie erzählt hat und denke, dass wir uns in unseren Schwierigkeiten doch ziemlich ähnlich waren.

Wie oft hörte ich so Sätze wie „Das ist doch Quatsch", „Das stimmt doch nicht", „Das ist doch nicht wichtig", „Das gehört nun wirklich nicht hierher", „Das ist doch völliger Unsinn", „Du spinnst ja", „Du bist viel zu empfindlich", und so weiter. Viele solcher Sätze fallen mir ein. Alle tun weh. Nicht nur Männer reden so, auch Frauen, wir leben schließlich in derselben Kultur.

Es gab auch nette Varianten von Männern: „Ich bin doch da", „Ich passe schon auf", „Ich lasse es nicht zu, dass dir etwas passiert", „Du brauchst dir keine Sorgen zu machen", „Es wird schon klappen", „Das kriegst du schon hin", „Es wird alles gut gehen" Sie sagten solche Sätze, als wären sie Gott, als wüssten sie, was in der Zukunft geschehen wird, als hätten sie über alle möglichen Geschehnisse die Kontrolle und könnten tatsächlich bestimmen, welches Schicksal mich denn ereilen sollte.

Ich hätte sie mal nach den Lottozahlen fragen sollen, dann wäre ich – ginge es nach ihrem Selbstverständnis – jetzt reich.

Und mache ich es anders? Mein Sprachgebrauch hat sich doch auch in diesem Umfeld entwickelt. Ich rede doch genauso. „Es wird schon klappen", „Das brauchst du doch nicht so ernst zu nehmen", „Es ist doch ganz einfach", „Das schaffst du schon."

Es fehlt etwas, wenn Mann und Frau so miteinander reden. Aber was?

Um das herauszufinden, werde ich wohl mein eigenes Verhalten genauer betrachten müssen. Als eine Freundin neulich zu mir sagte, sie sei ganz nervös wegen ihrer Prüfung am nächsten Tag, da habe ich sie genau mit dem Satz abgespeist, der mir gerade eingefallen ist: „Das schaffst du schon". Der Grund ist: Ich will, dass sie sich beruhigt, dann habe ich auch meine Ruhe, ich will mich auf ihre Nervosität gar nicht einlassen. Ich frage sie nicht: „Was macht dich denn so nervös?" oder „Wovor hast du denn Angst?" Ich will auch nicht von ihr wissen, was sie denn denkt, was passieren könnte, oder irgendetwas anderes, durch das ein Interesse an ihren Sorgen, ihren Ängsten, oder ganz allgemein an ihrem Zustand deutlich werden könnte.

Ich lasse sie damit allein und will offensichtlich nichts anderes, als dass sie sich möglichst schnell wieder normalisiert, was immer das auch ist. Langsam wird mir bewusst, dass ich hätte mit ihr mitfühlen und meine Hilflosigkeit hätte aushalten müssen, wenn ich mich auf sie und ihren emotionalen Zustand eingelassen hätte. Ich hatte kein Mitgefühl für sie übrig. Die anderen haben auch keines für mich und interessanterweise habe ich auch für mich selber keines, kein Mitleid und kein Mitgefühl.

Was ist los mit den anderen? Was ist los mit mir?

Ich denke an die anderen und an die nicht so netten Sätze, die sie wahrscheinlich meist gedankenlos aussprechen. Ich weiß, dass es mir wehtut, wenn jemand etwas Respektloses oder Missachtendes zu mir sagt, und dass ich wütend werde, mich aber nicht sicher und stark genug fühle, um zu widersprechen. Geschweige denn Achtung für mich und das, was ich denke, einzufordern.

Es schmerzt mich und ich habe kein Mitgefühl mit der Person, der etwas weh tut. Nicht mit anderen und nicht mit mir selbst. Stattdessen sage ich innerlich zu mir, ich solle mich nicht so anstellen. Ich will den eigenen und den fremden Schmerz so schnell wie möglich wieder loswerden und ich schiebe ihn mit dem Gedanken beiseite, ich müsse das, was mein Gegenüber gerade sagt, nicht so ernst nehmen. Damit mache ich das gleiche wie mein Gegenüber.

Mein Gegenüber nimmt mich nicht ernst, ich nehme meinen Schmerz und meine Empörung nicht ernst und damit mir das gelingt, nehme auch ich mein Gegenüber nicht ernst. Neugier, Interesse und Mitgefühl gibt es in dieser Interaktion nicht. Für keinen der Beteiligten.

Dabei fällt mir ein, dass ich unter den Büchern in dem kleinen Wohnzimmer, an das sich die beiden großen Arbeitszimmer meines Vaters anschließen, ein Buch gesehen habe, auf dem irgendetwas mit „Mitgefühl" darauf stand. Ich stehe auf und ziehe es heraus. Es heißt „Der Verlust des Mitgefühls" von Arno Gruen und stand neben „Der Fremde in uns" vom gleichen Autor. Interessiert betrachte ich auch die anderen Bücher. Da stehen alle Bücher von Alice Miller und „Jokastes Kinder" von Christiane Olivier.

In vielen stecken Zettel und als ich das Buch über den Verlust des Mitgefühls aufschlage, erkenne ich auch die Schrift meiner Mutter. „Wie furchtbar" hat sie an den Rand einer Seite geschrieben. Sie hat offensichtlich diese Bücher ebenso, wie den Rousseau, gelesen. Es sind nicht nur die Bücher meines Vaters, es sind auch die Bücher meiner Mütter. Und da stehen auch Bücher von Nancy Friday, Marilyn French, und anderen Schriftstellerinnen, die sich kritisch mit der Situation der Frau in unserer Gesellschaft auseinandergesetzt haben. Ich habe sie einfach übersehen. Wieso sind sie mir nicht aufgefallen?

Ich habe ihr großes Unrecht getan.

Aber warum habe ich es nicht gemerkt? Weil ich es nicht merken wollte? Weil ich sie genau so missachten wollte, wie mich selbst? Frauen sind auch in unserer Kultur – und nicht nur in anderen Kulturen – Menschen zweiter Klasse.

Und nun fallen mir Gespräche mit meiner Mutter wieder ein. Wie sie vorsichtig versucht, mit mir darüber zu reden, wie ich mit den Problemen mit meinem Exmann umgehe, wie ich mit meinen Kindern umgehe, wie ich mit mir selbst umgehe. Und wie ich mich damals sofort bevormundet fühlte, wie meistens, wenn sie versuchte, irgendetwas mit mir zu besprechen.

Es gab keine Neugier von mir zu ihr und auch kein Mitgefühl. Ihre Neugier habe ich als einen Versuch, mich zu kontrollieren, interpretiert und ihr Mitgefühl wollte ich nicht haben, weil ich mir meine eigene Verzweiflung nicht leisten konnte.

Konfrontiert hat sie mich nicht, genauso wenig wie meinen Vater. In etwas unterschiedlicher Weise haben wir beide das Erbe der Väter angenommen. Ich bin mir sicher, dass es das Erbe der Väter ist, obwohl Mütter – jedenfalls im vergangenen und im jetzigen Jahrhundert – meistens die Kinder erziehen.

Vielleicht hat es auch damit etwas zu tun, dass in unserer Kultur an einen Vater-Gott geglaubt wird. Vater – Sohn – und Heiliger Geist, und der letztere ist auch männlich.

Und meine Mutter, ebenso wie ihre Mutter und wahrscheinlich auch die Mütter davor, alle haben sich angepasst. Sie hat geschwiegen und gelächelt – genau wie ich – und sie hat immer meinen Vater in Schutz genommen.

Ist sie insgeheim davon ausgegangen, dass wir Frauen doch die Stärkeren und Stabileren sind, die großzügig und unterstützend sich selbst zugunsten der Schwächeren zurücknehmen? Ist sie insgeheim davon ausgegangen, dass Männer es brauchen zu denken, sie wüssten alles besser und hätten alles unter Kontrolle, damit sie sich stärker vorkommen können, als sie sind?

Eines weiß ich, ich war und bin voller Vorurteile gegenüber meinem Vater, meiner Mutter und mir selbst. Aber was fange ich mit dieser Erkenntnis an. Ich fühle mich sehr ratlos.

Es gibt jetzt noch einen Grund, weshalb ich mich auf das nächste Gespräch mit Reineke
Fuchs freue. Er hat so ähnliche Fragen wie ich.

Kapitel 40

Trauer um unerfüllbare Wünsche

In unserer Kultur wird sehr viel Energie von vielen Menschen – insbesondere von Frauen – dafür eingesetzt, die Erfüllung unerfüllbarer Wünsche zu erreichen. Dabei sind diese Art von Wünschen von Männern und Frauen häufig strukturell ähnlich. Manche wünschen sich, dass die jeweils andere Person sich oder ihr Verhalten ändern soll, damit es ihnen selbst besser geht. Ein meist unerfüllbarer Wunsch: Menschen als selbstorganisierende Systeme ändern sich im Allgemeinen nicht.[38]
Andere Wünsche beziehen sich darauf, dass die jeweils andere Person einen selbst glücklich oder wenigstens zufrieden machen oder andere wunderbare Gefühle verschaffen soll. Auch das ist neurophysiologisch nicht möglich.
Da niemand sich einfach so ändern kann und Gefühle und Gedanken immer im eigenen Inneren entstehen, lassen sich Wünsche dieser Art nicht erfüllen.

Allmählich begreift sie, dass auch sie sich eine Reihe von Illusionen über Wünsche und deren Erfüllbarkeit gemacht hat.

Die Überlegungen von gestern sind mir noch ziemlich im Gedächtnis. Ich denke: Noch einmal von vorn. Also, ich fühle mich meinem Vater unterlegen, er weiß immer alles besser, er interessiert sich nicht wirklich für mich, ich bin für ihn nicht wichtig. Für meine Mutter bin ich wichtig, aber ich bin empfindlich in Bezug auf Belehrungen, Vorschriften, Anweisungen, Befehlen, aber eben auch gegenüber Empfehlungen und Vorschlägen geworden. Meine Mutter versuchte mir zu raten, aber ich habe Anordnungen daraus gemacht. Ich erinnere mich, wie aggressiv ich wurde und wie sie dann sagte: „Aber Kind, ich wollte doch nur…" Sie ist vor mir genau so zurückgewichen wie vor meinem Vater. Sie hat mir mein aggressives Verhalten nicht vorgeworfen, sie wurde nicht ärgerlich oder wütend auf mich und sie hat mich nicht in meine Schranken gewiesen. Ich hatte die Freiheit, ohne weiteren Streit, jeweils noch einmal darüber nachzudenken. Leider habe ich diese Chance nicht genutzt. Allerdings hat sie mit diesem Verhalten nicht nur mich, sondern auch sich geschont. Aber vielleicht war ihr schon lange bewusst, dass man Menschen, auch wenn man es möchte, nicht ändern kann. Sie können sich ja oft nicht einmal dann ändern, wenn sie es selbst wollen. Ach, ich weiß es nicht. Auf jeden Fall habe ich ihr Unrecht getan und ihr die gleiche Verachtung zukommen lassen, welche die kulturelle Vorstellungswelt des Patriarchats für Frauen vorgesehen hat. Bei meiner Mutter komme ich nicht auf die Idee, herausfinden zu wollen, wie sie war, wie sie gedacht hat und wer ihre geistigen Mütter waren.

Plötzlich wird mir überdeutlich, dass es mir in Bezug auf meine Mutter vor allem darauf ankommt, mich zu erinnern, was ich mit ihr erlebt habe. Ich sehe sie vor mir, im Garten. Sie hat sich hingehockt und dadurch sind wir etwa gleich groß. Sie breitet die Arme aus und ich renne auf sie zu und werfe mich ihr in die Arme. Sie fällt rückwärts ins Gras und ich falle auf sie drauf, festumschlungen von ihren Armen. Ihr ganzes Gesicht ist ein einziges Lächeln und sie riecht so gut. Wir fangen beide an zu lachen. Die Szene wechselt. Ich liege im Bett und habe Bauchweh. Sie sitzt neben mir und streichelt meinen Bauch mit langsamen, kreisförmigen Bewegungen. „Trink ein bisschen Tee", sagt sie. Er schmeckt süß, nach Fenchel, Anis und ein bisschen nach Kümmel. Ich trinke diesen Tee noch heute, wenn ich mich entspannen möchte.

Viele solcher Szenen fallen mir ein. Wie ich weine, weil meine bisherige beste Freundin nun eine neue beste Freundin hat und nicht mehr mit mir spielen will, und wie meine Mutter mir die Haare aus dem Gesicht streicht und die Tränen abwischt. Wie ich mein erstes Kind nach der Geburt im Arm halte und meine Mutter mich unter Tränen anlächelt und sagt: „Ich bin so glücklich, dass es euch beiden gut geht."

Plötzlich habe ich ganz zärtliche und liebevolle Gefühle für meine Mutter. Mir steigen die Tränen in die Augen. Ich vermisse sie.

Die Bücher meiner Mutter werde ich nicht deshalb lesen, um meine Mutter kennenzulernen, so wie bei meinem Vater. Ihre werde ich lesen, soweit ich sie noch nicht kenne, weil ich neugierig bin und glaube, etwas über mich herauszufinden und etwas für mich dazu zu lernen. Und trotzdem lauert im Hintergrund meiner im Moment liebevollen Gefühle etwas ganz anderes: Nämlich ein tiefer Groll. Sie hat etwas versäumt, mir etwas vorenthalten, etwas nicht geschafft, und ich weiß nicht genau, wie ich es in Worte fassen kann. Ich kenne nur das Resultat: Ich hasse es, eine Frau zu sein, ich wäre lieber ein Mann. Schon als Kind fand ich Mädchen doof, ich wollte lieber mit Jungen spielen. Und das habe ich auch getan. Ich weiß noch, dass es beim Aufnahmeritual in die Jungenbande darum ging, als Mutprobe einen lebendigen Regenwurm zu essen. Ich habe mich geweigert und gesagt. „Entweder Ihr wollt mich oder nicht!" Ich blieb im Kreis sitzen und die Jungens verzogen sich in die Büsche. Sonst war das umgekehrt. Als sie wiederkamen, hatten sie beschlossen, dass ich dabei sein konnte, auch ohne Regenwurmessen. Ich denke, sie brauchten mich für besondere Aufgaben, vor denen sie zu viel Angst hatten und ich nicht. Drähte spannen in größeren Höhen mit den zugehörigen Balanceakten waren für die Sicherheit der nachfolgenden Kletterer nicht unwichtig. Damals war ich noch mutig.

Ob mein Wunsch eigentlich lieber mit den Jungen spielen zu wollen, und mein dementsprechendes Verhalten letztlich zum Scheitern aller meiner Beziehungen zu Männern – angefangen mit meinem Vater – geführt hat?

In der Nacht träume ich, ich sei in einer weißen Stadt am Meer. Viele enge Gassen und Treppen führen in immer neue Richtungen oder direkt an den Strand. Kleine Geschäfte mit bunten Tüchern, Kleidern, Taschen, Handtüchern, Schuhen und bemaltem Geschirr, mit Gemüse und Obst, Zeitungen und Illustrierten wechseln einander ab. Ab und an sieht man ein Café oder ein Restaurant. Menschen sitzen davor und reden miteinander. Es sind alles Frauen. Die meisten sind sehr bunt gekleidet, aber einige sind ganz schwarz angezogen. Man sieht nicht einen einzigen Mann. Mir kommt das sehr merkwürdig vor, es ist, als ob etwas Wichtiges fehlt. Ich setze mich an einen der kleinen Tische vor einem Café, um einen Kaffee zu trinken. „Wo kommst du denn her?", fragt mich die Frau vom Nebentisch und ohne nachzudenken, sage ich spontan: „Ich weiß es nicht." „Soso, du weißt es nicht", wiederholt sie und lächelt dabei, so als käme das öfter vor. Ich selber bin ganz erstaunt über mein Unwissen. Wieso weiß ich nicht, wo ich herkomme? Aber ich weiß es wirklich nicht. Ich frage zurück: „Wo bin ich denn hier?" „Also, das weißt du auch nicht", sagt sie in einem Tonfall, als sei es ziemlich selbstverständlich, das nicht zu wissen.

Ich bin irritiert. Ich wiederhole mir innerlich, was ich alles nicht weiß. Ich weiß nicht, wo ich herkomme, ich weiß nicht, wo ich bin. Und wo ich hinwill, weiß ich erst recht nicht. Um mich abzulenken, frage ich die Frau vom Nebentisch, warum manche Frauen ganz schwarz gekleidet seien und sie sagt: „Sie trauern noch, sie trauern um die Männer." „Wo sind denn die Männer, ich sehe hier überhaupt keine Männer?" „Sie sind in der normalen Welt", sagt die Frau. „Ist dies nicht die normale Welt?", frage ich. Sie lacht und schüttelt den Kopf. „Du wirst es noch erfahren, wenn du aufgehört hast zu trauern." Erschrocken schaue ich an mir herunter und bemerke, ich bin auch ganz schwarz angezogen. „Wieso trauere ich um die Männer?"

„Ich weiß nur, weshalb ich getrauert habe", sagt sie, „weshalb du trauerst, kannst nur du selbst herausfinden."

„Und weshalb hast du getrauert?", frage ich sie. „Ich habe mir einen Gefährten gewünscht, an dessen Schulter ich mich hätte anlehnen können, der mich immer, wenn ich Angst gehabt hätte, an die Hand genommen und mir gesagt hätte, dass er mir helfen würde. Einen Freund, durch den ich mich sicher und geborgen hätte fühlen können, durch den ich so viel Vertrauen hätte gewinnen können, zu glauben, ich könne glücklich sein und mich würde kein Unglück treffen. Ich habe mir einen Mann gewünscht, der mich lieben und mir die Welt zu Füßen legen und für den ich auf immer und ewig begehrenswert und schön und die wunderbarste Frau der Welt sein würde. Ich habe lange getrauert, weil keiner der Männer, die ich traf, diese Wünsche erfüllt hat." Sie lacht und ich verstehe nicht, warum sie lacht.

So ähnliche Wünsche habe ich auch. Laut frage ich: „Trauert nicht jede Frau hier aus dem gleichen Grund?" „Nein, jede Frau hat andere Gründe. Siehst Du die Frau mit den rötlichen Haaren und dem bestickten Kleid? Sie hat getrauert, weil ihre Hoffnung, ihr Mann würde sich ändern, sich nicht erfüllt hat. Ihr Mann hat sie immer wieder geschlagen und dann hat er geschworen, er würde es nie wieder tun, er liebe sie doch, er könne ohne sie nicht leben. Und er hat es trotzdem wieder und wieder getan und sie hat ihm wieder und wieder geglaubt und ihm verziehen, bis sie eines Tages halbtot von Nachbarn ins Krankenhaus gebracht wurde. Er hatte sie blutend und bewusstlos in der Wohnung liegen lassen. Inzwischen trauert sie nicht mehr, wie du sehen kannst."

„Und was soll ich hier?", frage ich sie und sie meint, sie wisse es nicht. „Weißt du denn überhaupt, warum Menschen trauern?", fragt sie mich noch und fährt fort, „Menschen trauern, wenn sie etwas Bedeutsames aus ihrem Leben verloren haben oder glauben, sie hätten es verloren." Dann lächelt sie, es ist eher ein Grinsen, und sagt: „Man kann auch um den Verlust von Illusionen trauern."

Ich bin nicht sehr beeindruckt und will eigentlich nur weg aus dieser merkwürdigen Stadt. Ich verabschiede mich und begebe mich auf die Suche nach einer Bushaltestelle oder einem Bahnhof, aber wenn ich danach frage, bekomme ich keine zufriedenstellende Antwort. „Ich weiß es nicht", „Ich glaube, so etwas gibt es hier nicht", oder „Vielleicht weiter landeinwärts" und ähnliches. Es gibt keine genaue Auskunft. Ich verirre mich hoffnungslos. Typisch, denke ich, lauter Frauen und keine weiß wirklich Bescheid. Alles, was ich anfangs so anheimelnd, so farbenfroh und lebendig, so voller Sinnenfreude gefunden habe, finde ich jetzt übertrieben und kitschig. Und keine Männer. Was soll das denn!

Plötzlich fühle ich mich vollkommen allein und während ich mich umsehe, werden die Häuser immer niedriger, die Gassen und Treppen, die Geschäfte und Restaurants verschwinden langsam im Erdboden und überall da, wo eben noch ein Haus, eine Bar mit lachenden Frauen oder eine kleine Straße oder ein gepflasterter Weg waren, sind nur noch Sand, Steine, vertrocknete Büsche und ein paar kleine zerzauste Bäumchen zu sehen. Mir wird ganz unheimlich zumute und ich habe große Angst, ebenso wie die Häuser, die anderen Frauen und alles andere, vom Erdboden eingesogen zu werden. Ich stehe da wie gelähmt und betrachte entsetzt das riesige Grab der weißen Stadt und aller ihrer Bewohnerinnen.

Als ich aufwache, spüre ich das Entsetzen immer noch und mein Herz klopft viel zu schnell und zu laut. Ich habe keine Ahnung, was dieser Traum bedeutet. Ich nehme mir vor, diesen Traum mit Monika zu besprechen. Ich werde sie anrufen und sie fragen, wann sie Zeit hat.

Kapitel 41

Verzweiflung

Verzweiflung ist eines der unangenehmsten Gefühle und doch enthält auch dieses Gefühl wichtige Botschaften. Wenn ein Mensch sich verzweifelt fühlt, ist er sowohl traurig als auch wütend und gleichzeitig hilflos. Traurig über das, was er oder sie verloren hat oder glaubt, verloren zu haben. Insofern ist Trauer auch immer ein Gefühl, welches uns ans Leben bindet, uns darauf hinweist, dass es in unserem Leben etwas Bedeutsames gegeben hat. Menschen, die nicht traurig sein können, sind sich ihrer Bindungen ans Leben entweder nicht bewusst oder haben gar keine entwickelt. Wütend ist ein Mensch über die im Zusammenhang mit dem Verlust deutlich werdenden unerfüllten Wünsche und hilflos, weil zurzeit nichts daran zu ändern ist. Verzweiflung weist uns auf die Grenzen des Lebens hin, auf Verlust und unerfüllte Wünsche und die Unmöglichkeit, selbst etwas daran zu ändern. Es gibt nur die Hoffnung, dass sich ständig alles weiter entwickelt und nichts bleibt, wie es ist, und die Gewissheit, dass das Leben aus ununterbrochenen Veränderungen besteht.

Ihr wird bewusst, wie lustvoll es sein kann, lebendig zu sein.

Monika ist nicht zuhause, sie geht auch nicht an ihr Handy, ihre Mailbox ist ausgeschaltet, ihr Anrufbeantworter nicht eingeschaltet. Ich registriere irritiert, wie ärgerlich ich werde. Irgendwo muss sie doch sein. Ich überlege, wen ich alles anrufen kann, um herauszufinden, ob sie sich da oder dort befindet. Es fühlt sich unerträglich an, sie nicht erreichen zu können, es ist, als wolle ich ihr nicht zugestehen, ein eigenständiges Leben unabhängig von mir zu führen. Vielleicht will ich mir kein eigenständiges Leben zugestehen? Ach, was weiß ich.
Trotzdem, der Gedanke daran, dass Monika nicht erreichbar ist für mich, sich meinem Zugriff entzieht – sie hätte ja wenigstens den Anrufbeantworter angeschaltet lassen können – und mich so im Stich lässt, besetzt mich vollständig. Ich kann nur daran denken, dass ich ganz allein bin und keiner für mich da ist, wenn ich einmal einen Menschen brauche. Meine Mutter war nicht für mich da; mein Vater war nicht für mich da, meine Männer waren nicht für mich da, und nun auch eine meiner wichtigsten Freundinnen, sie ist auch nicht für mich da.

Ich finde mich, während ich das denke, zunehmend lächerlich, aber ich merke, dass es nicht die Gedanken sind, auf die ich mit meinen Gefühlen reagiere. Nein, ich fühle mich total verlassen und meine Gedanken passen einfach nur zu dem Gefühl, sie bieten mir sozusagen eine rationale Erklärung für mein Gefühl von Verlassenheit. Nur mir hilft keine Erklärung. Ich fühle mich entsetzlich verlassen und irgendwie scheint es auch keine Erlösung aus diesem Zustand zu geben, gleichgültig, wen ich dafür beschuldige, nicht für mich da zu sein oder mich verlassen zu haben.

Ich bin so traurig, ich kann es nicht verhindern, ich fange ganz jämmerlich an zu weinen. Ich sitze aufrecht in dem Sessel neben dem Telefon und weine. Es wird immer schlimmer, aus dem Weinen wird ein Schluchzen und ich rutsche aus dem Sessel auf den Teppich, krümme mich zusammen und liege schließlich wie ein ungeborenes Kind vollkommen zusammengezogen auf der Erde und heule mit langen verzweifelten Tönen vor mich hin.

Gleichzeitig frage ich mich, was ist denn bloß los mit mir. Aber ich habe keine Antwort.

Nur Bilder. Bilder von Situationen, in den ich sprachlos bin, mich unsicher fühle, fremd oder nicht dazugehörig, unerwünscht, unattraktiv, verlegen, schüchtern, stumpf, bedeutungslos und ohne Wirkung auf die anwesenden Personen. Die anwesenden Personen sind überwiegend männlichen Geschlechts, fremde, bekannte, befreundete, geliebte Männer meines Lebens.

Und in allen diesen Filmen, die sich in meinem Hinterkopf abspielen, bin ich nicht in der Lage, mich selbstbewusst und angemessen zu verhalten.

Meine Mutter war mir kein Vorbild für eine selbstverständliche, bewusste Weiblichkeit und mein Vater war mir kein Vorbild dafür, wie ich als Frau von einem Mann behandelt werden wollte.

So wie meine Mutter wollte ich nicht sein und so wie sie wollte ich auch nicht von einem Mann behandelt werden. Aber ich wusste nicht, wie ich sein wollte oder sein will und was ich von einem Mann erwarten will.

Nur eines weiß ich ganz genau: Ich bin wütend und traurig, während die Bilder und Worte meiner Erinnerungen sich immer schneller in mein Bewusstsein drängen.

Meine Mutter hat verhindert, dass aus mir eine sich ihrer Weiblichkeit bewusste Frau wurde und meinem Vater war es recht, er hat ja sogar seine eigene Frau wie ein Kind behandelt. Sie war für ihn mehr eine Art Haustier und ich war auch nichts Besseres, für keinen der Männer, die ich bisher kennengelernt habe, und ich habe nie gelernt einzufordern, wie ein Mensch behandelt zu werden.

Ich habe schon vor einiger Zeit aufgehört, diese heulenden langgezogenen Töne von mir zu geben. Das Wolfsrudel hat offensichtlich meinen Bauch verlassen und sich in ein unbekanntes schützendes Dickicht zurückgezogen. Und mir wird so allmählich bewusster, weshalb ich den Traum von der weißen Stadt hatte. Lauter lebendige, selbstbewusste Frauen, glücklich und dem Leben gegenüber aufgeschlossen, nicht so zugeschlossen wie ich. Nicht mehr in Trauer um die unerfüllten und großenteils unerfüllbaren Wünsche an die Männer in ihrem Leben und die nicht erfüllbaren Erwartungen an sich selbst. In meinem Traum wollte ich meine Traurigkeit nicht wahrhaben, wollte mich auf die Möglichkeit eines befriedigenden Lebens ohne Männer nicht einlassen, wollte ich nicht damit zufrieden sein, lebendig zu sein und mich allein oder zusammen mit anderen Frauen an den einfachen Prozessen des Lebens zu freuen. Ich habe diese Möglichkeiten zusammen mit der weißen Stadt, den lebendigen, selbstbewussten und den trauernden Frauen unter Sand, Steinen und vertrockneten Büschen begraben. Der Verdrängung anheim gegeben.
Aber wieso war ich im Traum darüber so entsetzt und hatte solche Angst, selbst auch in diesem riesigen Grab zu landen?

Und die zweite Frage, die ich im Moment in meinem Inneren herumtrage, ist: Wenn ich heute in die weiße Stadt zurückgehen könnte, hätte ich dann immer noch schwarze Kleider an? Trauere ich immer noch, weil mir so viele Wünsche von den Männern meines Lebens nicht erfüllt wurden oder nicht erfüllt werden konnten, weil sie unerfüllbar sind? Schließlich sind Männer auch nur Menschen.
Oder trauere ich um etwas anderes, vielleicht um meine verlorene oder mir nicht bewusste Weiblichkeit, so dass ich mich für meine Wünsche gar nicht einsetzen konnte und mich stattdessen selbst wie ein bedürftiges Kind verhalten habe? Dann müsste ich mich auch nicht darüber wundern, dass ich so behandelt wurde. Oder doch?
Ich fühle mich sehr erschöpft und merke, dass ich mit meinen Gedanken um etwas herum kreise, was zwar wichtig für mich zu sein scheint, was ich aber noch nicht kenne. Ich nehme mir vor, irgendwann werde ich herausfinden, was das für ein heißer Brei ist, um den ich mich herum bewege.

Inzwischen ist es früher Abend, ich habe viel Zeit, „zu viel Zeit" denke ich gleich wieder, mit meinen inneren Prozessen verbracht. Ich muss total verheult aussehen. Ich gehe ins Bad und betrachte mich im Spiegel. Meine Augen sind ganz klar, nichts in meinem Gesicht ist rot oder geschwollen, für einen kurzen Moment getraue ich mich sogar, mich hübsch zu finden und mich freundlich anzugucken. Ich bin sehr hungrig und habe keine Lust, mir etwas zu kochen. Vielleicht ist Monika jetzt zuhause und ist bereit, mit mir essen zu gehen. Ich versuche noch einmal, sie zu erreichen und sie meldet sich. Ich widerstehe der Versuchung, sie zu fragen, wo sie denn gewesen sei, warum der Anrufbeantworter nicht angeschaltet und die Mailbox ausgeschaltet war und wofür sie eigentlich ein Handy hat, wenn sie es nicht dabei hat oder nicht dran geht. Es fällt mir zwar schwer, aber ich lasse es. Ich rede auch nicht so, wie ich es sonst mache. Üblicherweise frage ich erst einmal, was sie denn gerade mache, und nur wenn sie so etwas sagt, wie „Ach, nichts besonderes", dann würde ich fragen, ob sie schon etwas gegessen hätte. Und dann würde ich sie vielleicht fragen, ob sie vielleicht Lust hat, mit mir essen zu gehen und natürlich würde ich ihr überlassen zu sagen, wohin wir gehen.

Aber ich mache nicht das, was ich sonst mache.

Stattdessen sage ich ihr, dass ich große Lust hätte, mit ihr essen zu gehen und ob sie dazu auch Lust hat. Und als sie ja sagt, schlage ich ihr die kleine Pizzeria bei mir in der Nähe vor und sage dazu, dass sie mir damit einen ganz großen Gefallen täte und ich ihr sehr dankbar wäre. Sie lacht und sagt, ich solle es mit der Dankbarkeit nicht übertreiben, sie käme gern. Womit habe ich eine solche Freundin verdient? Wahrscheinlich ist das auch eine von den überflüssigen Fragen, von denen so viele in meinem Gehirn herumschwimmen. Niemand muss sich seine Freunde verdienen, man bekommt sie geschenkt, hat mir einmal jemand gesagt, aber ich weiß nicht mehr, wer.

Wir treffen fast gleichzeitig in der Pizzeria ein und fallen uns in die Arme. Sie drückt mich ganz fest an sich, dann streichelt sie mir über die Wange und sagt: „Gut siehst du aus."

Sie sieht so lebendig aus wie immer und sie erinnert mich an die buntgekleideten Frauen in meinem Traum. „Wie machst du das, dass du immer so strahlst?", frage ich sie. „Ich liebe das Leben mit allem Drum und Dran und in jeder Hinsicht", sagt sie, „du solltest das auch einmal probieren, es lohnt sich." Und dann fragt sie mich, ob irgendetwas passiert sei, ich sei so anders gewesen am Telefon, nicht so vorsichtig wie sonst. Ich weiß genau, was sie meint, ich habe ihr gegenüber einfach gesagt, was ich mir wünsche. „Ich hatte heute Nacht einen sehr merkwürdigen Traum, den würde ich dir gern erzählen und dann möchte ich gerne wissen, was du dazu sagst." „Ich höre", sagt sie.

Als ich fertig bin, schweigt sie eine Zeitlang. Ich erzähle ihr, dass ich fast den ganzen Tag geweint hätte, und sie sagt, sie hoffe, es hätte mir gut getan. Ich nicke und dann fragt sie mich, ob ich wüsste, weshalb im Traum die ganze Stadt verschwindet und weshalb ich eine solche Angst gehabt hätte, auch in den Untergrund gezogen zu werden. Ich sage, ich wüsste es nicht genau, ich würde gern ihre Ideen dazu hören. Sie sieht mich mitfühlend an und meint, ich hätte viele Gründe, traurig zu sein und sie sei sich nicht sicher, ob mir diese schon alle bewusst wären. Und meine Angst, im Untergrund zu verschwinden, würde sie interpretieren als meine Angst, mich selber zu verlieren. Und deswegen würde sie meine Suche danach herauszufinden, wie mein Vater, meine Mutter und die Menschen waren, die mir einmal wichtig waren und dann auch aus meinem Leben verschwunden sind, und wie sie sich mir gegenüber verhalten haben, in jeder Hinsicht unterstützen. „Weißt du", fügt sie allerdings noch hinzu, „wichtig ist dabei aber auch, wie du dich verhalten hast. Du kennst ja den Spruch „Wie man in den Wald ruft,...".

Ich bin gleich sehr getroffen. „Meinst du etwa, ich wäre selbst schuld, wenn andere mich schlecht behandelt haben?" „Nein, von Schuld will ich überhaupt nicht reden", sagt sie, „entschuldige bitte, aber es gibt immer so etwas wie Wechselwirkung. Und ich habe mich schon öfter einmal gefragt, wenn dein Mann, dein Ex-Mann, dich wieder einmal schlecht behandelt hat, warum du ihn nicht darauf aufmerksam gemacht, ihn nicht kritisiert oder zurechtgewiesen und ihn auch nicht aufgefordert hast, sich anders dir gegenüber zu verhalten." „Ich hatte Angst, dass dann alles noch schlimmer wird", antworte ich ihr, „es stimmt, ich habe mich ihm gegenüber so verhalten, wie meine Mutter gegenüber meinem Vater, aber ich will das nicht mehr." Und dann erzähle ich ihr noch meinen Traum vom Sternenwein. Sie ist ganz betroffen. „Oh mein Gott, was habe ich für ein Glück gehabt, dass wird mir jetzt erst durch deinen Traum bewusst. Weißt du, meine Mutter hat mir immer gezeigt, dass es etwas Wunderbares ist, eine Frau zu sein und dass jede Frau einen Anspruch darauf hat, dass man ihr mit Achtung begegnet und das sie selbstverständlich diesen Anspruch auch deutlich macht, sollte es jemand einmal vergessen." „Und weshalb hast du dich von deinem Mann getrennt?" „Weißt du, er hatte vergessen, dass es etwas Wunderbares ist, ein Mann zu sein und das jeder Mann einen Anspruch hat, dass man ihm mit Achtung begegnet", sagt sie und lacht dabei, „er hat sich immer als mein Opfer wahrgenommen und sich darüber beschwert und mir Vorwürfe gemacht. Böse Vorwürfe", fügt sie noch hinzu. Und dann sagt sie noch: „Und er war psychisch so schrecklich jung, zwischen vier und zwölf Jahren und manchmal hatte ich den Eindruck, er sei mitten in der Pubertät. Das hat auch meine Fähigkeit, ihm mit Achtung zu begegnen, sehr reduziert. Und das führte dann zu der bereits erwähnten Wechselwirkung, hier mit sehr unangenehmen Folgen." Sie grinst mich an und ich muss lachen, ich habe nicht mehr den Eindruck, sie hätte mir einen Vorwurf gemacht.

„Ich habe immer alles auf mich bezogen, wie hast du es geschafft, auseinanderzuhalten, was dein und was sein Problem war?"

„Gar nicht", sagt sie, „ in einer Beziehung kann man das nicht mehr trennen, sein Problem war mein Problem und meines war seines. Eigentlich kann man sich nur fragen, ob die Wechselwirkungen in einer Beziehung die Beteiligten glücklicher oder unglücklicher werden lassen. Wenn sie unglücklicher werden, müssen sie entweder daran arbeiten, dies wieder zu ändern oder, wenn sie das nicht wollen, sich trennen. Und wenn in einer Beziehung eine Person sich glücklich fühlt und sich nicht dafür interessiert, wieso die andere Person unglücklich ist, dann stimmt die Beziehung nicht. Man kann das natürlich auch noch etwas komplexer sehen, aber als ich mich damals getrennt habe, hat mir die Erfahrung, dass ich todunglücklich war und ihn das nicht interessierte, als Begründung für die Trennung ausgereicht."

Wir tauschen uns noch ein bisschen darüber aus, was uns alles so todunglücklich hat werden lassen, lachen darüber, dass wir schon lange nicht mehr so todunglücklich sind und ich freue mich darüber, dass sie so anders ist als ich. „Kannst du mir nicht ein bisschen Selbstbewusstsein abgeben?", frage ich sie und sie meint, ich hätte dafür Selbstbewusstheit und beides könne man nicht gut zusammen haben. Ich widerspreche ihr und wir diskutieren den Unterschied zwischen Selbstbewusstsein und Selbstbewusstheit und weitere damit zusammenhängende Fragen, während wir noch ein bisschen Rotwein trinken und auf das Hauptgericht warten.

Aber wir finden nicht heraus, welche Bedingungen es braucht, damit ein Mensch sowohl über Selbstbewusstsein als auch über Selbstbewusstheit verfügen kann.

Wir wenden uns daher anderen Themen zu und der Abend wird sehr lang und sehr vergnüglich.

Kapitel 42

Lähmung

Kinder nehmen häufig die oft unbedacht geäußerten Sätze der Erwachsenen sehr ernst und beziehen das Gesagte auf sich selbst. Sie können die Aussagen der Erwachsenen nicht als bloßen Selbstausdruck – und mehr ist es nie – verstehen. Selbst den Erwachsenen ist meist nicht bewusst, dass sie immer nur etwas von sich selbst ausdrücken. Auch wenn sie sich direkt auf ihr Gegenüber beziehen, sagen sie immer nur etwas von sich selbst.
Aber da durch solche Gedankenlosigkeiten, Vorwürfe, Beschimpfungen usw. die Wünsche der Kinder nach Zugehörigkeit, Bedeutung und Liebe nicht erfüllt werden, hinterlässt diese fehlende Wunscherfüllung bei den Kindern Spuren, die sich auf unterschiedliche Weise problematisch auswirken können.
Es kann z. B. in einer Person ein Gefühl von Lähmung dadurch entstehen, dass ihr nichts mehr anziehend, sondern alles nur noch sinnlos erscheint.

Sie merkt, dass ihre Passivität und das Gefühl von Sinnlosigkeit nur Vermeidungen sind, weil ihr das Anziehende als zu gefährlich erscheint.

Ich glaube, ich habe trotz des wunderbaren Abend mit Monika – vielleicht aber auch deshalb – wieder eine meiner immer wiederkehrenden, aber leider unberechenbaren depressiven Verstimmungen. Ich will nicht einmal aufstehen. Ich liege im Bett und versuche, mich auf irgendeine Weise ins Nichts zu katapultieren. Es ist so, als sei ich die drei Affen, die nichts sehen, nichts hören und nichts sagen wollen oder sollen, in einer Person. Ich weiß noch, dass ich, als ich die Skulptur dieser drei nebeneinander sitzenden Affen zum ersten Mal sah, richtig wütend wurde. Ich war damals, glaube ich, neun Jahre alt und mein Vater erklärte mir die Bedeutung. Er meinte, dass es manchmal ganz wichtig sei, nicht hinzusehen, nicht hinzuhören und nichts zu sagen, weil einem das viel Ärger ersparen könne. Damals wollte ich noch immer alles genau sehen und hören und natürlich auch sagen und ich wusste auch, dass die Erwachsenen darüber oft ärgerlich waren. „Guck da nicht hin", „Das musst du nicht sehen", Kinder müssen nicht alles hören", „Das ist nichts für deine Ohren", „Du musst nicht zu allem deinen Kommentar geben", „Nun sei doch einfach einmal still". Offensichtlich habe ich in dieser Zeit und davor und danach auch gelernt, dass das, was ich sehe, was ich höre und was ich sagen will, nicht wichtig, sondern bedeutungslos, störend und dumm und in vielen Fällen auch einfach überflüssig, lächerlich oder kindisch ist. Jedes Mal, wenn eine solche Botschaft kam, hat es mir richtig wehgetan. Und warum habe ich es geglaubt und glaube es bis heute? Die Antwort liegt auf der Hand, ich war schon damals wie diese drei Affen. Ich habe so getan, als hätte ich den wütenden Blick meiner Mutter, den enttäuschten Gesichtsausdruck meines Vaters nicht gesehen, nicht wirklich gehört, wenn sie mich auf die eine oder andere Art herabsetzten mit so Bemerkungen wie „Da hast du wohl wieder nicht nachgedacht", „Wie siehst du aber auch wieder aus", „Kannst du den anderen nicht auch einmal entgegenkommen" oder ähnliches.

Es waren nicht wirklich bösartige Bemerkungen, aber auch keine wirklichen Fragen. Es war nur klar, ich war, so wie ich war, nicht in Ordnung. Und ich habe es hingenommen und nichts dazu gesagt, sonst wäre ich wohl noch mehr nicht in Ordnung gewesen. „Kind, nun sei doch nicht so empfindlich", „Nun nimm doch nicht gleich alles so ernst", „Fühl dich doch nicht sofort gekränkt, ich habe es doch nicht so gemeint."

Ich war und bin oft heute noch nicht in der Lage zu sagen, dass ich wirklich empfindlich sei, üblicherweise die Worte anderer ernst nehme und Wert darauf lege, dass man zu mir das sagt, was man auch meint. Ich habe bisher auch nur selten nachgefragt, wie es die andere Person denn gemeint habe. Meist habe ich es so gehalten wie der dritte Affe und nichts gesagt.

Diese drei Affen nehmen am Leben nicht wirklich teil und wenn ich mich so verhalte wie sie, dann kann ich auch gleich im Bett liegen bleiben. Ich will nichts sehen, nichts hören und auch nichts sagen.

Wie schrecklich, dass mir das alles gedanklich so deutlich wird, und ich trotzdem keine Energie verspüre, auch nur irgendetwas zu ändern.

Manchmal ist ja der Körper hilfreich und meldet sich mit dem Signal „volle Blase", „Durst" oder „Hunger". Ich erinnere mich an die Zeiten meiner schlimmsten Krisen, da habe ich abends extra viel Wasser getrunken, damit ich morgens aus dem Bett aufstehen muss.

Aber ich habe auch damals schon mit Erstaunen festgestellt, wie intensiv man auch körperliche Bedürfnisse ins Bedeutungslose verschieben kann. Wenn ich warte, bis ich genügend Energie zusammen habe, um aufzustehen, kann ich, das weiß ich aus Erfahrung, lange warten. Ich fasse den Entschluss aufzustehen und rolle mich aus dem Bett. Das ist leichter als sich noch im Bett hinzusetzen und dann hinzustellen, denn vom Fußboden stehe ich auf. Das weiß ich. Da gibt es in meinem Gehirn wohl ein altes Programm: Wenn man auf den Boden fällt, steht man wieder auf.

Also, ich stehe vom Boden auf und ich gehe erst ins Bad und dann in die Küche, um mir ein Frühstück zu machen.

Ich sehe aus dem Fenster und es ist das bekannte Gefühl: Ich sehe zwar etwas, aber es berührt mich nicht und ich kann die Blätter des Baumes vor dem Küchenfenster mit meinen Augen auch nicht berühren. Zwischen mir und meiner Umgebung gibt es wieder einmal keine Verbindung, es ist, als sei eine sehr dicke Glaswand zwischen mir und meiner Umwelt. Jetzt habe ich schon so viel Therapie gemacht, und immer wieder bricht, ohne dass ich es kontrollieren kann, meine Verbindung zur Welt ab. Ich weiß, dass die Vermeidung von Angst, und zwar der Angst vor der Angst, dabei eine Rolle spielt, aber wovor habe ich diesmal Angst. Ich überlege beim Frühstücken, worüber ich gestern mit Monika gesprochen habe, was diese Empfindungslosigkeit, diese Beziehungslosigkeit und die dadurch verborgene Angst ausgelöst haben könnte.
Und dann fällt es mir ein, ich habe ihr von Reineke Fuchs erzählt, genauer: Von meinen Gefühlen für Reineke Fuchs. Und ich denke, schon am Abend hat sich die Aussichtslosigkeit dieser Gefühle für ihn in mir ausgebreitet und eine allgemeine Sinnlosigkeit in mir hinterlassen.
Nicht mit mir, denke ich. Nicht schon wieder. Ich muss etwas tun, nein, ich werde etwas tun.
Ich weiß auch, was. Ich nehme den winzig kleinen Impuls, ihn anzurufen und tue es auch, ohne mein Handeln weiter hinaus zu zögern. Wenn ich gewartet hätte, wäre der Impuls eines unnatürlichen Todes gestorben, getötet von meinen Phantasien und Ängsten.

Reineke Fuchs ist sofort am Apparat und ist offensichtlich erfreut. Ich bin schüchtern und frage ihn, ob ich ihn gerade bei etwas störe. Er verneint und sagt, er hätte mich heute auch noch anrufen wollen, um mich zu fragen, ob ich mit ihm in den Zirkus gehen würde. Ich bin entzückt und wir verabreden uns für Samstagabend. „Ich hole Dich um sieben Uhr ab", sagt er und ich widerstehe der Versuchung, ihm zu sagen, dass müsse er nicht, wir könnten uns auch direkt am Zirkus treffen. Stattdessen sage ich: „Wunderbar, ich freue mich", verabschiede mich und lege auf.

Es geht mir schlagartig besser. Ich rufe sofort Monika an, um ihr von meinen Zustandsvariationen und den psychischen Hintergründen zu berichten und mich für meinen Mut, ihn anzurufen, von ihr loben zu lassen. Sie tut es auch, natürlich mit einer entsprechenden Bemerkung. „Sag mal, wo ist eigentlich dein Selbstvertrauen? Du bist doch eine attraktive kluge Frau, er kann sich doch glücklich schätzen, wenn du dich für ihn interessierst." Wo hat sie nur ihr Selbstbewusstsein her? Ich weiß ja, dass sie ganz anders aufgewachsen ist als ich, aber dass sich die Erfahrungen eines Menschen so bemerkbar machen, wundert mich doch immer wieder. Aber wahrscheinlich gibt es auch noch große Unterschiede darin, wie Menschen das, was ihnen widerfährt, verarbeiten. Ach, was weiß ich. Nebenbei, wie oft ich „Ach was weiß ich" sage, fällt mir inzwischen auch auf. Ich könnte es auch einmal bleiben lassen.

Auf jeden Fall gibt es enorme Unterschiede zwischen den Menschen, und diese sind möglicherweise zwischen den einzelnen Frauen und den einzelnen Männern ähnlich groß wie die zwischen den Geschlechtern.

Kapitel 43

Neue Erfahrungen

In unserer Kultur wird die Bereitschaft, sich auf einen anderen Menschen einzulassen, sehr erschwert. Aufgrund der oft schmerzhaften kindlichen Erinnerungen besteht die Gefahr, andere Menschen als potentielle Feinde zu betrachten, die einen verletzen, kränken, ärgern oder auf andere Weise manipulieren können.

Obwohl inzwischen immer deutlicher wird, dass Menschen meist nur so viel Macht über andere haben, wie diese ihnen geben, sind die Ängste vor schmerzhaften Wiederholungen früherer Erfahrungen oft groß.

Sie erlebt, dass es auch erfreuliche Wechselwirkungen zwischen Menschen gibt.

Der Abend im Zirkus war bezaubernd. Es war eine ganz besondere Präsentation artistischer Leistungen. Es begann mit einer opulenten Hochzeitsfeier, bei der die verschiedensten Artisten zu Ehren des königlichen Hochzeitspaares ihr Können präsentierten. Plötzlich brachen dunkel gekleidete Artisten aus dem Zirkushimmel über die Hochzeitsgesellschaft herein und raubten die Braut. Selbst das entstehende Durcheinander war wunderbar choreographiert. Der verzweifelte Prinz beginnt seine abenteuerliche Reise, auf der er einer Herausforderung nach der anderen begegnet. Er muss ihm feindselig gesonnene Wesen aus einer anderen Welt zu Freunden gewinnen, indem er wiederum ihnen hilft, Abgründe zu überwinden, vom einem Ort der Zirkuskuppel zum anderen zu fliegen, hohe Türme zu ersteigen, sich mit Hilfe phantastischer Kostüme ebenso wie die anderen Artisten immer wieder neu zu verkleiden und dadurch den dunklen Verfolgern zu entwischen und vieles andere mehr. Es war so spannend, dass ich zwischendurch die Luft angehalten habe. Am Ende wird die geraubte Prinzessin gerettet, die Bösen werden besiegt und gefangen genommen und das Hochzeitsfest wird noch schöner und eindrucksvoller als am Anfang zu Ende gefeiert. Das Ganze war von einer ungeheuren Farbigkeit, mit Dekorationen und Kostümen, die je nach der Art des auf sie fallenden Lichtes wie Edelsteine schillerten. Es war einfach märchenhaft.

Reineke Fuchs sagte, ich hätte ausgesehen wie ein Kind, so voller Staunen und Begeisterung. Und ich habe mich auch so gefühlt. Als ich mich für die wundervolle Idee, in den Zirkus zu gehen, bei ihm bedanke, lacht er und meint, er habe geahnt und gehofft, dass es mir Spaß machen würde. „Manchmal wirkst du ganz kindlich, und du siehst dann auch sehr verletzlich aus." Ich nicke nur und mir treten schon wieder die Tränen in die Augen. Bisher hat noch niemand zu mir gesagt, ich würde verletzlich wirken, höchstens, ich sei zu empfindlich und ich solle mich nicht so anstellen. Vorsichtshalber frage ich noch einmal nach. „Findest Du das schlimm?" „Im Gegenteil", sagt er, „ich mache mir höchstens Sorgen, dass ich etwas sagen oder tun könnte, wodurch Du dich dann verletzt fühlst. Das will ich nämlich nicht."

Der Mann ist mir unheimlich. „Du bist ganz anders als alle Männer, die ich bisher kennen gelernt habe", sage ich. „Na, hoffentlich", sagt er. „Aber wieso?", frage ich und er meint, er würde es mir erzählen, nur nicht jetzt auf der Straße, ob ich auch Lust habe, noch irgendwohin zu gehen. Wir gehen in ein kleines Weinlokal, wo man auch eine Kleinigkeit essen kann und nachdem wir beide etwas zu essen und zu trinken bestellt haben, fängt er an zu erzählen.

„Ich habe dir ja schon erzählt, dass beide Frauen, mit denen ich länger zusammengelebt habe, gegangen sind", sagt er, „und ich habe beide Male eine Therapie gemacht. Die letzte habe ich erst vor wenigen Wochen beendet. Die erste habe ich eigentlich nur angefangen, um meine Wunden zu lecken, aber nach einigem Hin und Her und mit Hilfe der Therapeutin habe ich mich auch darum bemüht herauszufinden, was eigentlich mein Anteil an dem Scheitern der Beziehung war. Und es waren für mich zwar schmerzhafte, aber auch spannende Erfahrungen." Ich frage nach, weil ich wissen will, was er noch über das Scheitern seiner Beziehungen herausgefunden hat.

„Die erste Freundin hatte das Gefühl, in der Beziehung mit mir zu ersticken, sie fühlte sich erdrückt und in jeder Hinsicht eingeengt und eingeschränkt und wenn ich sie gefragt habe, wie ich das denn mache und was ich ändern könnte, hat sie gemeint, ich würde es ja noch nicht einmal merken und es sei wahrscheinlich ihr Problem. Ich denke, ich habe versucht, mit ihr eine sehr symbiotische Beziehung zu leben, und die geht meistens auf Kosten einer Person und das habe ich nicht gemerkt. Die Therapie habe ich auch nach der Trennung weiter gemacht und ich glaubte, ich hätte einiges gelernt.

Deswegen war ich so mutig, vor fast acht Jahren eine neue Beziehung anzufangen, aber wie du ja inzwischen weißt, ist sie auch gescheitert. Trotz Therapie. Einiges habe ich dir ja schon erzählt. Dazu kam, dass sie meinte, ich würde mich nicht wirklich auf sie einlassen, meine Arbeit sei mir wichtiger als sie, ich würde mir keine Mühe geben, etwas für die Beziehung zu tun, ich sei langweilig und unromantisch, alles müsse man mir sagen, ich hätte keine Ahnung, wie Frauen seien und was sie wollten. Als sie mir gedroht hat, mich zu verlassen, habe ich noch einmal eine Therapie angefangen. Aber die Beziehung war nicht zu retten, sie hat mich trotzdem verlassen. Aber die Therapie habe ich weiter gemacht und doch noch einiges über mich begriffen.

Beiden Frauen konnte ich, obwohl ich mir Mühe gegeben habe, nichts recht machen. Ich glaube inzwischen, dass das genau der Fehler war, zu versuchen, es ihnen recht zu machen. Meine letzte Freundin, denke ich, hatte von meinen Versuchen, herauszufinden, was sie wohl möchte und sie gleichzeitig immer zu fragen, was sie denn wollte, die Nase voll.

Aus den Erfahrungen mit meiner ersten Freundin hatte ich abgeleitet, ich müsse mir Mühe geben und raten, damit sie mir nicht alles sagen muss. Aus den Erfahrungen mit meiner letzten Freundin habe ich gelernt, dass diese Fragen und die ständig gleichzeitig bereits im Vorfeld produzierten Annahmen in Bezug auf ihre Wünsche, diese ihre Impulse vorwegnehmenden Handlungen, dieses Signalisieren, ich wüsste doch, was sie will, obwohl ich sie immer gefragt habe, es ihr sehr erschwert haben, selber herauszufinden, was ihre Wünsche, ihre Gedanken und Vorstellungen sind. Und sie sagte zu mir, sie sei in der Beziehung mit mir irgendwie verschwunden, weil sie ständig das Gefühl gehabt hätte, für mich mit denken zu müssen und müsse sich nun erst einmal wiederfinden, ohne mich. Ich wäre Gift für sie und ihre persönliche Entwicklung. Und irgendwie hätte sie sich immer so gefühlt, als sei sie meine Mutter und ich der gehorsame Sohn.

Und was ist es, was ich letztlich durch die Therapie begriffen habe, wirst du wahrscheinlich wissen wollen. Verdammt, ich habe es schon wieder gemacht. Also, willst Du noch wissen, was ich glaube, durch die Therapie gelernt zu haben?" Und als ich nicke, sagt er: „Es lässt sich nicht so leicht zusammenfassen. Die Therapeutin hat mich immer wieder gefragt, was ich denn fühle, was ich denn denke, was ich denn wolle, wie ich denn handeln wolle, und ich habe wieder und wieder gemerkt, dass ich es nicht wusste. Das einzige Gefühl, welches ich von Anfang an kannte, war das Gefühl von Wut.

Mühsam habe ich gelernt, meine Körpersignale wahrzunehmen und sie bestimmten Empfindungen, wie unangenehm oder angenehm, eng oder weit, leicht oder schwer usw. zuzuordnen. Allmählich habe ich auch gelernt, differenziert Gefühle wahrzunehmen, ihre Botschaften zu entschlüsseln und sie auszudrücken. Seitdem bemühe ich mich, darauf zu achten, was ich fühle, was ich denke und wie ich handeln möchte und die anderen Personen lieber zu fragen." „Und wie gehst du mit den ganzen Phantasien um, die du über die anderen Menschen hast?" „Na ja, ich weiß, dass es meine Phantasien sind, meine ganz allein", sagt er und grinst.

Ich sitze ihm gegenüber, schweige und denke nach. Ich glaube, ich bin wie seine erste und seine zweite Freundin zusammen. Ich will, dass ein Mann meine Gedanken liest und meine Wünsche errät, und ich werde aggressiv und feindselig, wenn ein Mann glaubt zu wissen, wie ich bin, was ich fühle, was ich denke und was ich will. Wie furchtbar, wie kann ich nur so widersprüchlich sein und wie soll ein Mann damit umgehen. Ich schweige immer noch, vor allem, weil ich so erschrocken über mich selbst bin und höre Reineke Fuchs´ Frage, weshalb ich so schweigsam sei, erst beim zweiten Mal.
Was sage ich bloß? Ich kann das doch nicht einfach sagen, was ich gerade gedacht habe. Was soll er dann von mir denken, dann wird er sich doch gleich abwenden, wer will denn unangenehme Erfahrungen noch einmal wiederholen? Und dann sage ich es doch und er fängt an zu lachen. „Ich habe schon geahnt, dass du komplizierter bist als man denkt, du bist ja eine richtige Herausforderung." „Machst du dich über mich lustig?", frage ich ihn und er nimmt meine Hand, küsst sie ganz zärtlich, lächelt und sagt „Nein, bestimmt nicht."
„Weißt du, das schätze ich an dir. Ich frage dich etwas, und du sagst nicht so etwas wie „ Wie kommst du denn darauf" oder „Was soll denn so eine Frage" oder Wofür hältst du mich eigentlich. Nein, du nimmst sie ernst und beantwortest sie freundlich. Sogar liebevoll", füge ich noch hinzu und werde rot dabei. Und dann sehe ich, dass er es bemerkt und werde noch röter. Und heiß wird mir auch. O mein Gott, denke ich, ich bin dabei, mich zu verlieben. Und dann spreche ich diesen Satz, ohne dass ich mich stoppen kann, laut aus. Ich kann es nicht fassen. Ich habe eben laut zu Reineke Fuchs gesagt, ich sei dabei, mich in ihn zu verlieben. Ich gucke nach unten und weiß nicht, wohin mit mir, und dann höre ich, wie er sagt: „Das freut mich aber." Und dann fügt er hinzu: „Ich bin auch dabei, mich in dich zu verlieben."
Mein Herz macht einen Sprung, und dann fängt es an zu klopfen. „Ich glaube, ich habe Angst", sage ich und er guckt mich an und sagt: „Ich glaube, ich auch, aber ich finde, wir sollten es versuchen." Ich merke, wie groß meine Angst ist und füge hinzu: „Aber bitte ganz langsam."
Plötzlich fühle ich mich ganz entspannt und ich glaube, Reineke Fuchs auch. Wir sehen uns an und fangen beide an zu lachen. An den Rest des

Abends kann ich mich kaum erinnern, außer, dass wir beide viel gelacht haben. Reineke Fuchs hat mich dann nach Hause gebracht und wir haben uns beim Abschied sehr vorsichtig geküsst.
Ich bin glücklich eingeschlafen.

Kapitel 44

Böse Stimmen

Die von Kindheit an verinnerlichten Botschaften der Erwachsenen an die Kinder wirken weiter, auch wenn die Kinder inzwischen erwachsen sind. Dadurch wird die Erziehungsarbeit auf Dauer fortgesetzt. Die von den Kindern introjezierten Sätze wirken häufig in ihrer Gesamtheit wie ein bösartiges Herrschaftssystem im Inneren der inzwischen erwachsen gewordenen Menschen. Erst wenn man beginnt, sich der Botschaften der bösartigen Stimmen bewusst zu werden, kann man ihre destruktiven Wirkungen reduzieren.

Sie beginnt, auf ihre Introjekte[18] zu achten und sie in Frage zu stellen.

Der nächste Morgen war grauenhaft. Ich wachte auf und das Erste, was ich hörte, war meine mir schon bekannte Du-Stimme[40] in meinem Gehirn, die mir sagte: „Du hast wieder einmal alles falsch gemacht. Du hättest ihm nie sagen dürfen, dass du dabei bist, dich in ihn zu verlieben. Du hättest ihm auch nicht sagen dürfen, dass du denkst, du hättest sowohl die Schwierigkeiten seiner ersten als auch die seiner zweiten Freundin und würdest dich fühlen wie eine Mischung aus beiden."
Leider habe ich in dem Moment den Fehler begangen, der Du-Stimme innerlich mit dem Gedanken zu antworten, es sei aber doch die Wahrheit gewesen. Das hat der Du-Stimme gleich den nächsten Angriff ermöglicht: „Du warst schon immer so undiplomatisch, wann lernst du denn mal etwas dazu. Du kannst doch nicht einfach das sagen, was dir in den Kopf kommt, du musst doch auch die Wirkung bedenken, die deine Worte auf die anderen Menschen haben. Und dann redest du auch noch von deiner Angst und stellst dich als völlig bindungsunfähig dar, kein Wunder, dass er auch Angst gekriegt hat." Und als ich denke: „Vielleicht hat er ja auch nur die Wahrheit gesagt", redet die Du-Stimme gleich weiter: „Und überhaupt, dieser Kuss, den du ihm gegeben hast, als wäre er der erste in deinem Leben gewesen. Du hast dich verhalten wie eine Dreizehnjährige. Und er, er hätte wenigstens den Versuch machen können, mit dir ins Bett zu gehen, er hätte überhaupt ein bisschen mehr Leidenschaft zeigen können. Wer weiß, was er wirklich im Schilde führt, Du bist immerhin inzwischen ziemlich vermögend." Und so ging es weiter und weiter. Ich beziehungsweise die Du-Stimme, wir haben, glaube ich,

keine Gemeinheit, keine fiese Unterstellung ausgelassen, die man sich in einem solchen Fall ausdenken kann. Am Ende wusste ich nicht mehr, was ich eigentlich selbst denke und fühle, so massiv haben mich diese inneren Dialoge verunsichert.

Ob andere Menschen auch solche inneren Du-Stimmen haben, die ihnen bei jeder passenden und unpassenden Gelegenheit sagen, was sie zu tun und zu lassen haben, was sie für schreckliche und unfähige Personen sind, wie unmöglich sie aussehen oder sich verhalten und dass sie sich, wenn sie sich nicht ändern, sondern so weiter machen wie bisher, nicht wundern müssen, wenn niemand etwas mit ihnen zu tun haben will.

Ich finde meine Du-Stimme besonders grausam. Ich glaube, wenn sie nicht zusammen mit mir verschwinden würde, hätte sie noch viel intensiver, als sie es schon tut, auf meine endgültige Vernichtung hingearbeitet. Mein Therapeut hat mich immer wieder aufgefordert, darauf hin zu arbeiten, diesen Teil von mir zu integrieren, er gehöre doch schließlich zu mir, aber ich habe mich immer geweigert. Ich weiß durchaus, dass ich auch grausam, neidisch, missgünstig und hinterhältig sein kann, ich muss das nicht leugnen. Ich weiß, dass ich solche Gefühle und Gedanken habe, ich versuche nur, mich nicht so zu verhalten, aber diese Stimme ist total zerstörerisch in Bezug auf mich, meine gesamte Person, auf alles, was mich ausmacht und ich will sie nicht integrieren. Ich will sie ignorieren, habe ich immer wieder zu ihm gesagt. Wir konnten uns nicht einigen.

Vielleicht hat er ja recht gehabt, vielleicht wäre ich sie ja auf diese Weise losgeworden. Aber vielleicht wäre ich jetzt auch tot. Jetzt wütet sie immer noch in mir herum und es fällt mir sehr schwer, sie zu ignorieren.

Ich habe mir inzwischen ein Knäckebrot mit Butter gemacht, trinke gerade die dritte Tasse Kaffee und habe jetzt eher wegen des Koffeins Herzklopfen. Ich habe den kleinen Fernseher in der Küche angemacht, um mich von meiner Du-Stimme abzulenken. Es ist Samstagvormittag kurz nach neun, es laufen fast nur für mich uninteressante Sachen und irgendwelche Uraltserien, aber auch eine Zoo-Serie und da sehe ich ab und an hin. Aber es reicht als Ablenkung nicht aus.

Ich rufe Monika an und frage sie, was sie davon hält, heute um elf zu einem Frauenfrühstück zu mir zu kommen, ich würde auch Viola fragen, und ob ihr noch jemand einfällt. „Ich rufe noch Jutta und Helga an, die haben eh schon nach dir gefragt, und Christiane, die wollte dich immer schon einmal kennen lernen. Ich sage dir noch Bescheid."

Eine viertel Stunde später weiß ich, dass in einer Stunde fünf Frauen zum Frühstück kommen werden.

Wenn ich etwas tue, hat meine Du-Stimme nicht so viel Wirkung auf mich, weil ich mein eigenes Tun mit eigenem Gerede begleite. Ich mache den Kühlschrank auf und sage laut: „Mal sehen, was ich alles habe." Ich bin gut ausgestattet, selbst der Sekt steht schon lange in der Kühlschranktür. Ich koche Kaffee, Tee und Eier, mache einen Krabbensalat mit Dill, schneide die Packungen mit dem Lachs und dem Schinken auf und wickele den Käse aus dem Pergamentpapier, decke den Tisch in der Küche, ich liebe es, in der Küche zu sitzen, zünde Kerzen an und überlege, welche Musik ich hören will. Giora Feidman mit seiner „Singing Clarinet" oder lieber klassische Kammermusik, ich bin zunächst unentschlossen, dann entscheide ich mich für die Klezmermusik. Ich bekomme meistens gute Laune bei dieser Musik und besonders bei der von Feidman.

Dann schneide ich noch mein restliches Obst in kleine Stücke und gerade, als ich fertig damit bin und die Schale mit den Obststücken auf den Tisch stelle, klingelt es.

Monika und Christiane stehen vor der Tür; Jutta, Helga und hinter ihnen Viola kommen die Treppe herauf und ich bin erleichtert, dass alle zur gleichen Zeit ankommen. „Ich bin so froh, dass Ihr alle Zeit habt und gekommen seid", sage ich und habe gleichzeitig ein schlechtes Gewissen darüber, dass ich sie so für die Wiederherstellung meiner psychischen Stabilität funktionalisiere. „Vorsicht", ermahne ich mich, „sie sind alle erwachsen, sie können alle NEIN sagen, sie sind freiwillig hier und ich darf auch einmal andere Menschen brauchen."

Monika stellt Christiane vor und ich Viola, sonst kennen sich alle untereinander.

Einen Moment lang denke ich, was sag ich jetzt bloß, womit könnte ich sie unterhalten, dann rettet mich Monika und sagt: „Kinder, ich muss euch unbedingt etwas erzählen. Meine Tochter will heiraten." Wir sind alle neugierig und wollen Einzelheiten wissen und Monika fängt in Bezug auf ihren zukünftigen Schwiegersohn an zu schwärmen.

„Wie haben sie sich denn kennen gelernt?", will ich wissen und Monika sagt, er habe sie im Supermarkt gefragt, wo er Sahnemeerrettich finden könne und dann habe er sie zum Essen eingeladen. Damit ist eine neue Runde eröffnet, jetzt werden Kennenlerngeschichten erzählt.

Ich sitze wie bestellt und nicht abgeholt daneben und fühle mich irgendwie gar nicht. Was ist bloß los mit mir. Ich glaube, ich mache mich gefühllos, weil ich Angst habe und weil mir meine Du-Stimme so schlimme Dinge sagt und mein Gehirn eine Katastrophenphantasie nach der anderen produziert.

Ohne weiter darüber nachzudenken, frage ich die anderen Frauen, ob sie auch manchmal eine Stimme in ihrem Kopf hören, die ihnen sagt, dass sie hässlich oder unfähig sind. Erst sehen sie mich an, als sei ich plötzlich verrückt geworden. „Wenn du morgens im Bett liegt, sagt du dann zu dir: ‚jetzt musst du aber aufstehen, sonst kommst du zu spät zur Arbeit‘, frage ich Monika, „oder kritisierst du dich mit irgendeiner Bemerkung vor dem Spiegel, in der du dich mit du anredest?“ Plötzlich sind alle nachdenklich und Jutta meint: „Jetzt, wo du es sagst, fällt es mir auch auf. Ich rede immer so mit mir. Zum Beispiel: ‚Jetzt musst du nur noch den Flur saugen und dann bist du fertig.‘ Oder ‚Das kannst du nicht noch einmal anziehen, das hat einen Fleck.‘ Na ja, solche Sachen eben.“ Alle erzählen von ihren inneren Dialogen und bei fast allen spielt die Du-Stimme die Rolle eines Kritikers oder eines Richters, eines Antreibers oder eines Ratgebers, sie wirkt entmutigend oder unterstützend, verbietend oder verunsichernd, demütigend, beleidigend, hilfreich, immer unterschiedlich. Wir fangen an, über diese Unterschiede zu reden und an wen uns die Stimmen erinnern, wer so mit uns geredet hat und weshalb wir das jetzt selbst mit uns fortsetzen. „Meine Mutter hat immer zu mir gesagt, ich sei zu dick, ich müsse abnehmen und heute brauche ich mich nur in einem Spiegel oder einem Schaufenster zu sehen, jedes Mal ist mein erster Gedanke: ‚Mein Gott, siehst du wieder dick aus‘, furchtbar“ sagt Helga, „deshalb mache ich noch heute eine Diät nach der anderen und dabei wiege ich gar nicht so viel.“ „Du siehst hinreißend aus und hast eine tolle Figur“, sagt Monika und wir stimmen alle bestätigend zu. „Bei mir war es überwiegend mein Vater, er hat mir immer vorgeworfen, ich würde mich nur für Jungs und Klamotten interessieren, und das sei ja auch kein Wunder, für alles andere sei ich einfach zu blöd. Und bis heute sage ich zu mir ‚Das verstehst du sowieso nicht‘. Dabei bin ich ziemlich intelligent“, sagt Jutta. „Stimmt“, sagen wir einstimmig.

„Wie bist Du denn darauf gekommen, uns nach dieser Du-Stimme zu fragen“, will Viola wissen und ich fange fast an zu weinen. „Meine Du-Stimme ist so bösartig und grausam und ich fühle mich richtig von ihr gequält“, sage ich, „ich wollte einfach einmal wissen, ob Ihr so etwas kennt und wie Ihr damit umgeht.“

Alle fünf Frauen sind mir gegenüber sehr zugewandt und voller Mitgefühl und da fange ich wirklich an zu weinen. „In letzter Zeit heule ich ständig“, sage ich, aber Monika stoppt mich vor weiterer Selbstkritik mit den Worten, ich hätte auch Gründe dafür und Weinen wäre immer gut, denn Tränen würden eine Reihe von Giftstoffen aus dem Körper transportieren. Ich weiß nicht, ob das stimmt, aber ich fühle mich mit meinen Tränen akzeptiert.

Wir beschließen, verstärkt auf unsere unterschiedlichen Du-Stimmen zu achten, herauszufinden, wo die Botschaften in etwa herkommen, und zu versuchen, ein von dieser Stimme möglichst unabhängiges Leben zu führen. Die Stimmung wird plötzlich bei uns allen heiter und gelöst. Wir beschließen, in vierzehn Tagen ein nächstes Frauenfrühstück zu machen, diesmal bei Monika, um uns dann weiter darüber auszutauschen. Und wir beschließen, auf diesen Entschluss anzustoßen, und ich öffne gleich zwei Flaschen Sekt und ich lege zwei weitere Flaschen in den Tiefkühler für den Fall, dass die ersten zwei nicht reichen.

Bis zum frühen Abend hören wir nicht auf, miteinander zu reden, und als wir uns trennen, fühle nicht nur ich mich zufrieden.

Und dann ruft auch noch Reineke Fuchs an, um mich zu fragen, wie es mir geht. Meine ganzen Sorgen von heute Vormittag waren nichts als Illusionen und Selbstquälereien.

Na ja, man gibt sich eben manchmal Mühe, sich selbst klein und kaputt zu kriegen. Verdammt, ich sollte aufhören, ironisch mit mir selbst zu sein.

Kapitel 45

Selbstablehnung

Viele Menschen haben die Tendenz, sich selbst mehr als alle anderen zu kritisieren, ihre Wahrnehmungen, Gedanken und Gefühle anzuzweifeln oder sich selbst abzulehnen. Obwohl sie darunter leiden, ist ihnen meist nicht bewusst, dass sie mit diesen Selbstablehnungen nur ihre früheren Erfahrungen aus Situationen wiederholen, in denen sie destruktiver Kritik, feindseligen Zuschreibungen oder anderen Angriffen ausgesetzt waren. Sie übernehmen mit ihren Selbstangriffen die Rolle der früheren Angreifer, denen sie damals nichts entgegensetzen konnten. Die Gefühle von Ärger, Wut und Empörung konnten sich nicht auf die damaligen Angreifer richten, das war zu gefährlich.
Und dann wählen Menschen auch noch als Erwachsene als Ziel ihrer destruktiven Gefühle das jeweils ungefährlichste Objekt aus, dessen sie habhaft werden können. Das sind meist sie selbst. Manchmal werden auch die Menschen, von denen sie glauben, dass sie ihnen etwas bedeuten oder von ihnen geliebt werden, als relativ ungefährliche Angriffsziele gewählt.

Sie wird sich dieses Zusammenhangs zwischen erlebter Aggression und auf sich selbst gerichteter Aggression immer bewusster.

Eigentlich gehöre ich zu den Leuten, die Ironie nicht verstehen. Wenn jemand mir irgendetwas Ironisches sagt, nehme ich es immer ernst und reagiere auch entsprechend. „Das kannst du doch nicht ernsthaft meinen?" Das könnte mich ja in Konflikte mit anderen bringen. „Dafür bist du einfach zu feige.", meldet sich meine Du-Stimme. Ich stimme zu. Aber wieso bin ich mit mir selbst ironisch? Ich glaube, das liegt daran, dass ich mich selbst nicht ernst nehme. Das wäre vielleicht ja auch wirklich gefährlich, dass hätte ja vielleicht auch Konsequenzen.
Selbst mein Projekt, herauszufinden, wie mein Vater eigentlich gedacht hat und wer seine geistigen Väter sind, habe ich zugunsten meiner internen Beschäftigung mit Reineke Fuchs und meinen Hoffnungen auf weitere Verabredungen oder sogar noch mehr aus den Augen verloren. Na ja, wer hätte sich – außer mir – auch dafür interessiert. Es war sowieso ein lächerliches Unterfangen.
Ich merke schon, dieses wird wieder einer dieser Tage, an denen ich mich ganz besonders nicht leiden kann. Manchmal wundere ich mich, dass ich

mein Mich-nicht-leiden-Können immer noch steigern kann. Irgendetwas muss ich tun, um dagegen an zu arbeiten. Ich sehe aus dem Fenster. Es ist grau draußen, undefinierbar grau.

Ich gehe in das Arbeitszimmer meines Vaters – es ist immer noch sein Zimmer und wird es wohl noch lange bleiben – und mache den Computer an. Vielleicht kann ich ja irgendetwas aus mir herausschreiben und dann geht es mir eventuell hinterher besser. Ein neues Word-Dokument und ich fange an zu schreiben:

Das Graue
Das Graue war einfach nur grau, nichts besonderes, nichts, was sich hervorzuheben lohnte. Es war einfach nur grau. In gewisser Weise war es ein Fortschritt, vorher war es nur schwarz gewesen, dunkelschwarz, eigentlich vor allem nur dunkel. Grau ermöglichte, zumindest Konturen zu erkennen, Unterschiede festzustellen, Vordergrund und Hintergrund zu unterscheiden, zu merken, wo man sich befindet. Aber das war ihr im Grunde schon zu viel. Soviel von der Welt musste sie nicht bemerken. Weniger war mehr.
Ich glaube, ich bin einfach nur traurig, dachte sie, und Farben würden mir nur noch deutlicher machen, wie unendlich traurig ich bin. Nur warum bin ich so traurig. Sie wusste es nicht. Wie soll ich bei so viel Schwarz und Grau auch fröhlich sein. Diese drückenden Farben, ich muss mich gar nicht wundern, dass ich so traurig bin. Wenn ich Farben sehen könnte, ginge es mir vielleicht besser, andererseits will ich keine sehen, dann würde ich noch deutlicher merken, wie traurig ich bin. Sonnengelb, apfelsinenfarben, grasgrün, kirschrot, himmelblau, ekelhaft.
Mehr als sich in der Welt orientieren zu können, braucht man nicht. Man muss einfach nur wissen, wo man ist und was man zu tun hat. Farben lenken nur ab. Und trotzdem. Vielleicht bin ich nur wegen der fehlenden Farben so traurig. Weil ich sie verloren habe. Weil sie mir abhanden gekommen sind. Weil sie mir jemand weggenommen hat. Ach was. So ein Quatsch. Was ich mir so alles denke, nur weil es erst – auch wenn es schon länger her ist – schwarz und jetzt grau ist. Es ist doch alles in Ordnung. Es ist grau. Einfach nur grau, nichts besonderes, nichts, was sich hervorzuheben lohnt. Es ist einfach nur grau.

Ich lese noch einmal durch, was ich geschrieben habe. Damit hole ich mich auch nicht aus der Verfassung, in der ich mich befinde. Ich finde das, was ich geschrieben habe, einfach nur „theatralisch". Ich möchte nur „Scheiße, Scheiße, Scheiße" schreien, aber das tut man ja nicht. Ich glaube, ich gehe einfach wieder ins Bett. Ohne Kaffee.

Und ich schlafe auch tatsächlich ein. Als ich aufwache, ist es schon dunkel draußen. Ich habe offensichtlich von morgens bis abends geschlafen. Traumlos geschlafen. Irgendwie habe ich das wohl gebraucht.

Aber habe ich es gebraucht, weil ich in der letzten Zeit mich mit den Prozessen meiner Kindheit, Jugend, meinem Frausein usw. und meinen Eltern beschäftigt habe und mir so viele Erinnerungen bewusst geworden sind oder weil ich schon wieder alle Gelegenheiten benutzt habe, mich selber fertig zu machen?

Wahrscheinlich beides. Aber was nützte es mir, wenn ich es wüsste? Gar nichts. Das weiß ich inzwischen ziemlich genau. Trotzdem sitzt dieser Wunsch, die Ursachen für die beobachteten Wirkungen herauszufinden, sehr tief, und ich erinnere mich auch, wie ich zu diesem Wunsch gekommen bin. „Kind, du musst doch eine Erklärung für dein Verhalten haben", „Kind, warum hast du denn das gemacht?" oder „Warum hast du denn das vergessen?", „Warum willst du denn das unbedingt?" Das waren beliebte Fragen meines Vaters, aber auch meiner Mutter. Immer sollte ich die Gründe nennen, weshalb ich etwas gefühlt, gedacht, gewollt oder getan habe oder eben nicht gefühlt, gedacht und so weiter habe.

Ich wiederhole offensichtlich mit diesen Fragen nur eine alte, nicht sehr sinnvolle Gewohnheit.

Aber wieso hat mein Vater diese Gewohnheit zu seinem Beruf gemacht? Und wieso arbeiten auf der ganzen Welt Wissenschaftler an den Fragen, warum etwas so ist, wie es ist und welche Gründe dazu geführt haben, dass es so ist, wie es ist, wenn man es doch eigentlich – außer für sehr mechanisch ablaufende Prozesse – nicht wirklich wissen kann? Die sind doch nicht alle bescheuert, es muss also doch Gründe geben, weshalb sie glauben, es sei sinnvoll, solche Fragen zustellen. Ich glaube, es hat etwas mit dem Wunsch nach Kontrolle zu tun.

Ich muss noch einmal neu nachdenken, oder jemand anderen fragen.

Ich mache die Kaffeemaschine an, gehe duschen, ziehe mich an und gehe, bevor ich mich mit einem Kaffee hinsetze, zum Briefkasten, um meine Post zu holen. Ich hatte einen Nachsendeantrag gestellt, damit ich wegen meiner Post nicht immer in meine Wohnung fahren muss. Der Briefkasten ist ganz voll, und beim Durchsehen finde ich auch einen Brief vom Direktor des Instituts, in dem mein Vater gearbeitet hat.

Ich setze mich in die Küche und öffne ihn.

Es ist ein sehr freundlicher Brief, er schreibt mir noch einmal sehr mitfühlend, er könne verstehen, dass mein Verlust groß sei und er wünscht mir alles Gute. Dann schreibt er noch darüber, wie sehr die Mitarbeiter des Instituts meinen Vater vermissten, wie groß durch seinen unerwarteten frühen Tod der Verlust für die Wissenschaft sei und wie wichtig seine Arbeit gewesen wäre. Und er fügt hinzu, es gäbe noch weitere Unterlagen und Bücher und noch einen Laptop, die er mir gerne zukommen lassen würde, zusammen mit ein paar Kleinigkeiten, die sich noch im Institut befänden. Ich möge ihm bitte mitteilen, wohin er sie schicken solle.

Und ich denke, vielleicht erfahre ich aus diesen Unterlagen Genaueres über die Überzeugungen meines Vaters, weshalb ihm das Herausfinden von Gründen so wichtig war, dass er sogar seine Familie darüber vernachlässigt und mich damit richtig gequält hat.
Und dann fällt mir ein, dass Reineke Fuchs mir erzählt hat, dass mein Vater sein Forschungsgebiet geändert hat. Vielleicht hat er ja früher, als ich noch ein Kind war, ganz anders gedacht als später. Und nur ich habe mein Denken nicht geändert, sondern bin bei dem geblieben, was ich früher gelernt habe. Dann wird es Zeit, dass ich etwas dazu lerne. Ich hole mir Papier und schreibe dem Direktor einen Brief, in dem ich mich bedanke und ihm mitteile, er möge auch diese Sachen an die Adresse meines Vaters schicken lassen.
Ich bin gespannt, was ich darin finden werde. Dabei habe ich die ersten drei Kartons noch nicht vollständig ausgepackt, geschweige denn die externe Festplatte, die er mir schon geschickt hatte, angeschlossen, um zu sehen, was darauf ist.
Während ich weiter meinen Kaffee trinke, wird mir langsam, aber sicher, deutlich, welche Kreise ich gedanklich ablaufe: Ich will die Gründe dafür wissen, die meinen Vater dazu veranlasst haben, seine ganze Kraft zu investieren, um Gründe für dieses oder jenes herauszufinden, so dass er wegen dieser Suche kaum Zeit gehabt hat für sein eigenes Leben oder was ich unter Leben verstehe und im Grunde mache ich nun dasselbe wie er: Ich sitze herum, denke nach, lese, will vielleicht auch einige meiner Gedanken aufschreiben – warum habe ich mir so viel Papier gekauft – und ich verpasse dabei zu leben. Und das alles nur, weil er und einige andere von mir erwartet haben, dass ich ein „begründetes" Leben führe.
Wie wäre es zur Abwechslung mal mit einem genüsslichem, lustigem, abenteuerlichem, aufregendem, anregendem, bedeutungsvollem, einflussreichem oder was sonst auch immer Leben.
Ich merke, dass ich das allein nicht hinkriege und überlege, wen ich anrufen könnte, um irgendeine Art von „Leben" in Gang zu setzen.
Aber bei allen, die ich anrufe, höre ich nur den Anrufbeantworter. Kein Mensch ist zuhause. Offensichtlich führen alle anderen ein interessantes Leben, nur ich nicht. Aber bevor ich noch weiter in die Rolle „Ich armes

kleines Ich" falle, nehme ich ganz schnell meine Jacke, meine Tasche und renne geradezu aus der Wohnung.

Kapital 46

Wachsen

Der seit Jahrhunderten bevorzugte kognitive Zugang zur Welt, die Suche nach den Zusammenhängen zwischen Ursachen und Wirkungen und die Fokussierung auf die Beobachtung der Regeln und Gesetzmäßigkeiten, nach denen die Welt zu funktionieren scheint, haben dazu geführt, dass elementare, sinnliche Zugänge zur Welt und die Akzeptanz der Prozesse des Lebens vernachlässigt wurden.
Alles, was Menschen von Landschaften, von Wasser und Steinen, von Pflanzen und Tieren und dem Leben und Sterben ihrer Mitmenschen lernen konnten, wurde zunehmend für bedeutungslos gehalten. Stattdessen wurden wissenschaftliche Forschungen und die daraus resultierenden Erkenntnisse favorisiert.

Sie begreift, tröstliche Botschaften entstehen aus der Akzeptanz dessen, was ist. Wenn es regnet, kann man das nicht ändern, man kann es aber – wie alles andere auch – einfach akzeptieren.

Ich gehe ziemlich ziellos die Straße entlang, an dem kleinen, heute auf mich trübsinnig wirkenden Café vorbei, in dem kaum jemand sitzt. Und wahrscheinlich sind die wenigen, die sich vereinzelt auf die Tische verteilen, genau so trübsinnig wie das Café, wie die ganze Straße, wie alles um mich herum. Ich gucke auch schon gar nicht mehr, wo ich entlang gehe. Aber plötzlich fallen dicke Regentropfen auf mich. Wenn ich mich nicht sofort unterstelle, werde ich innerhalb weniger Sekunden völlig durchnässt sein. Ich blicke mich um und ich stehe direkt vor einem Blumenladen. Als ich die Tür öffne und hineingehe, ist mir, als beträte ich eine andere Welt. Es duftet, die Luft ist warm und feucht und die vielen Lampen, die an langen Schnüren von der Decke hängen, beleuchten die Blüten und Pflanzen unter sich so, dass sie aus sich selbst heraus in intensiven Farben zu strahlen scheinen. Die Musik, die ich höre, ist langsam und getragen und mir ist, als würde ich immer schon wissen, wie sie weiter geht, obwohl ich sie noch nie gehört habe. Ich stehe am Eingang – draußen prasseln die Regentropfen inzwischen dicht bei dicht auf das Pflaster – und in mir breitet sich eine Ruhe aus, die ich schon sehr lange nicht gespürt habe. Ich stehe einfach nur da und merke, wie ich anfange zu lächeln, einfach so, einfach, weil ich mich so fühle.

Eine junge Frau steht hinter dem großen Tisch, auf dem die ganzen Utensilien liegen, die man zum Binden von Sträußen braucht, sieht zu mir und lächelt ebenfalls. Wellen wechselseitiger Akzeptanz – wenigstens scheint es mir so – breiten sich zwischen uns aus und jetzt lächeln wir uns auch gegenseitig an. Ich könnte weinen. Aber ich tue es nicht. „Ich möchte mich nur umsehen", sage ich stattdessen und sie nickt.

Ich gehe zwischen den Pflanzen umher. Es gibt zwar die üblichen Schnittblumen, aber der überwiegende Teil der meist blühenden Grünpflanzen wächst in Töpfen. Auf einem Regal stehen lauter Kräuter, Oregano, Thymian, Rosmarin, Lavendel, verschiedene Basilikumarten, vier verschiedene Sorten von Pfefferminze und viele andere mehr, die ich noch gar nicht kenne und deren lateinische Namen mir auch nichts sagen. Ich zupfe von der einen und anderen Pflanze ein Blättchen ab, zerreibe es zwischen meinen Fingern, rieche daran und kaue darauf herum. Es müsste Spaß machen, damit zu kochen. Die junge Frau beobachtet mich und sagt mir, die Blüten der Pflanzen in dem benachbarten Regal seien auch alle essbar und würden sehr gerne für Salate gekauft.

Ich bin von dem Laden total beeindruckt und sage es ihr auch. Und es freut sie ganz offensichtlich. „Es war mein Traum, einen solchen Laden zu haben", sagt sie, „ich habe jahrelang darauf hingearbeitet und nun habe ich ihn seit einem Jahr." Dann fragt sie mich, ob ich einen Tee trinken möchte. Ich schlucke gerade noch mein übliches „Nein, danke" im Sinne von „Machen Sie doch bitte wegen mir keine Umstände" mit der Betonung auf „wegen mir" herunter und sage: „Ja, gerne."

Draußen regnet und regnet es, aber wir sitzen im Warmen, Hellen, Duftenden, trinken Tee, hören Musik und reden miteinander. Es ist, als würden wir uns schon seit Jahren kennen. Und ich duze sie einfach.

Irgendwann frage ich sie, wie es käme, dass sie so ruhig und gelassen sei, so ganz anders als die meisten Frauen, die ich kenne. „Ich habe es von den Pflanzen gelernt", sagt sie. „Wenn du willst, erzähle ich es dir", und als ich nicke, fährt sie fort: „Ich habe außerhalb der Stadt ein großes Grundstück gepachtet, auf dem der größte Teil meiner Pflanzen wächst. Ich bin anfangs jeden Morgen um sechs Uhr dort gewesen, nachdem ich die ersten Samen eingesät und die ersten kleinen Pflanzen gesetzt hatte, um ihr Wachstum zu beobachten und natürlich auch, um sie zu wässern. Es ging mir alles nicht schnell genug. Ich war so ungeduldig. Wann sind sie endlich so weit, dass ich sie verkaufen kann und ich von meinem Schuldenberg etwas abtragen kann. Ich war richtig in Stress. Und natürlich ging ständig etwas schief. Die Wasserpumpe für die Bewässerung ging mehrfach kaputt, die Bank wollte erst den Kredit nicht verlängern, es gab ein Unwetter mit so viel Hagel, dass die meisten jungen Pflanzen

kaputt gingen. Und das Schlimmste war die Verwüstung meines Ladens, den ich damals schon hatte. Die Pflanzen waren aus den Töpfen gerissen, und jemand hatte auf ihnen herumgetrampelt. Die schönen farbigen und ziemlich teuren Keramiktöpfe waren alle kaputt, jemand hatte sie mit solcher Gewalt an die Wände geworfen, dass an vielen Stellen der Putz abgeplatzt war und zusätzlich Blumenerde an die Wände geschmiert, so dass alles neu verputzt und gestrichen werden musste." „Das ist ja furchtbar, und hat man den geschnappt, der das gemacht hat", frage ich. Ich sehe mich um, von der Verwüstung ist nichts mehr zu sehen. Blühende Pflanzen stehen in den Keramiktöpfen, die in kräftigen Farben leuchten, die sanfte Musik ist im Hintergrund zu hören, alles wirkt sehr friedlich. „Es war mein Ex-Ehemann, der das gemacht hat. Er konnte nicht ertragen, dass ich ihn verlassen hatte und mir ein eigenes Leben aufbauen wollte und er niemanden mehr hatte, den er fertig machen konnte. Er hat in seiner Stammkneipe, als er schon ziemlich betrunken war und wohl nicht mehr so genau wusste, was er sagt, erzählt, dass und wie er es mir heimgezahlt hat. Und jemand hat es wohl der Polizei erzählt. Jedenfalls musste er mir eine entsprechende Entschädigung zahlen und davon und mit dem Geld der Versicherung konnte ich alles wieder in Ordnung bringen lassen. Aber eigentlich wollte ich von den Pflanzen erzählen. Ich habe versucht, die Pflanzen aus dem Laden zu retten, habe die abgebrochenen Teile entfernt und den Rest wieder eingepflanzt. Ich habe sie alle dicht bei dicht unter Pflanzenlampen in das Hinterzimmer gestellt und hier auch jeden Moment, den ich Zeit hatte, nach ihnen gesehen und versucht, ihre Bedürfnisse zu erfüllen. Aber diesmal war ich nicht ungeduldig, und habe auch nicht an Geld gedacht. Diesmal war ich nur besorgt, ob sie überleben werden. Sie waren so kaputt, dass es sehr unwahrscheinlich war. Ich dachte, ich werde ihnen nur hilflos beim Sterben zusehen können. Schon bei dem Gedanken daran war ich so traurig, dass ich hätte weinen können. Aber dann geschah das vollkommen Unerwartete. Ich sah das erste kleine neue Blatt bei der einen, die erste kleine Knospe bei einer anderen Pflanze und beim genaueren Hinsehen wurde mir klar, dass sie alle überleben werden. Und das hat mich so mit Glück und Dankbarkeit erfüllt, dass ich es gar nicht fassen konnte. Und weißt du", und dabei sieht sie mich direkt an, „da habe ich etwas begriffen. Ich kann es Dir gar nicht so richtig in Worte fassen. Ich habe einfach seitdem viel mehr Vertrauen in das Leben und damit auch in mich – schließlich bin ich trotz allem ja auch lebendig –, mehr als jemals zuvor."
Ich bin nachdenklich. Ich kann auch nichts in mir finden, mit dem ich ihre Worte abwerten könnte, obwohl ich eine solche Tendenz in mir spüre. Vielleicht bin ich auch einfach nur neidisch. Sie sitzt da, in einer völlig

entspannten Körperhaltung, erzählt mir von ihrem Vertrauen in die Kraft des Lebens und ist in der Lage, eine Botschaft von ihren Pflanzen entgegenzunehmen, die für sie eine existentielle Bedeutung hat. Ich habe oft Mühe, meine Umgebung überhaupt wahrzunehmen. Vielleicht sollte ich einen Teil ihrer Umwelt zu meiner machen. „Wenn ich jetzt bei dir verschiedene Pflanzen kaufen würde, gäbe es eine Möglichkeit, sie in meine Wohnung zu bringen?" Das sei überhaupt kein Problem, meint sie, sie beschäftige einen jungen Mann, der unter anderem auch solche Dinge für sie erledigen würde. Ich solle nur aussuchen, was ich haben wolle, und sie würde mich auch gerne beraten, wenn ich ihr sagen würde, was ich wohin stellen wolle.

Ich fange mit einer Reihe von Kräutern und den Pflanzen mit den essbaren Blüten für den Küchenbalkon an und am Ende habe ich große und kleine, grüne und blühende Pflanzen, auch für den anderen Balkon und für drinnen im Werte von mehreren hundert Euro gekauft. Die Wohnung wird mit ihnen ganz anders aussehen. Ich habe sogar eine große Palme für das Badezimmer gekauft.

Draußen hat es aufgehört zu regnen. Ich werde jetzt gehen. Am liebsten würde ich der Frau, die ich nach wie vor die „Blumenfrau" nenne, weil sie mit ihren rötlichen Locken, ihren großen grauen Augen und ihrer weißen Haut wie eine kostbare Orchidee aussieht, sagen, dass ich sie gerne wiedersehen würde, aber ich traue mich nicht. Aber ich habe ja die Rechnung mit ihrem Namen und ihrer Telefonnummer. Ich kann es aufschieben. Wie so vieles in meinem Leben. Es gibt sogar einen Namen dafür: „Aufschieberitis". Ich habe es in einem Ratgeberbuch gelesen.

Ich sehe die Blumenfrau an und sage ihr, dass ich sie gerne wiedersehen würde, und sie lächelt und sagt ganz einfach: „Ich auch." Meinen Namen, die Adresse und Telefonnummer hat sie schon, wegen der Lieferung, aber ich sage, ich würde sie anrufen. Gleichzeitig wird mir klar, dass dies nicht etwa nur ein Entgegenkommen ist, sondern dass ich damit ja auch die Kontrolle über den Zeitpunkt des Anrufes habe. Ich mache immer dasselbe, ich versuche die Kontrolle zu behalten, aber immerhin, ich merke es schon.

Ich verabschiede mich.

Draußen riecht die Luft wie frisch gewaschen, kühl und sauber. Ich gehe Richtung Innenstadt, ich will mir die CD kaufen, die ich in ihrem Laden gehört habe.

Als ob ich mir dadurch etwas Gelassenheit und Frieden für mein Leben kaufen könnte. Meine Du-Stimme ist schon wieder sehr hämisch mit mir. Kann ich natürlich nicht. Aber ich kann mich anregen lassen, und die Musik hatte etwas sehr Beruhigendes.

Kapitel 47

Selbstausdruck

Alles, was Menschen von sich zeigen, was sie sagen und was sie tun, ist ein Ausdruck ihres eigenen momentanen Zustandes. Dieser Selbstausdruck hat nur insofern etwas mit dem jeweiligen Gegenüber zu tun, als die Informationen, die von der Außenwelt – also auch vom Gegenüber – kommen, über die eigenen Sinne aufgenommen werden. Diese werden dann zusammen mit den internen Informationen ununterbrochen im eigenen Inneren verarbeitet. Alles das geht in den jeweiligen Selbstausdruck ein.

Dieser Selbstausdruck basiert daher auf den Wechselwirkungen, die sich in Abhängigkeit vom jeweiligen Gegenüber entwickeln. Zwischen je zwei Personen entstehen deshalb neue Dynamiken, in denen bisher nicht bekannte oder ganz neue Aspekte der beteiligten Personen zum Vorschein kommen können.

In unserer Kultur haben wir nach wie vor die Angewohnheit, das Verhalten und die Aussagen anderer Personen auf uns zu beziehen und im Zweifelsfalle übelzunehmen, obwohl sie mit uns nichts zu tun haben. Sie haben aber durchaus etwas mit den Wünschen zu tun, die wir aneinander haben, und fehlende Wunscherfüllung kann intensive Gefühle von Enttäuschung, Neid, Eifersucht, Wut und Trauer in uns auslösen. Aber das sind unsere eigenen Gefühle, unter denen wir zwar leiden, die uns aber auch etwas über unsere unerfüllten Wünsche verraten.

Sie lernt zu akzeptieren, dass Prozesse der Vergangenheit nicht mehr zu ändern sind, auch dann nicht, wenn sie sich wünscht, sie wären anders abgelaufen.

Wieder zuhause, rufe ich Reineke Fuchs an. Zumindest versuche ich es. Er ist nicht da, weder im Institut, noch bei sich zuhause. Auch über sein Handy ist er nicht erreichbar. Wo ist er, was macht er, weshalb ist er nicht erreichbar. Zu jeder dieser Fragen läuft mindestens ein Film in meinem Kopf ab. Alle haben etwas damit zu tun, dass er sich in meiner Phantasie anderen Menschen – vor allem anderen Frauen – mit mehr Interesse zuwendet als mir. Dass er auf jeden Fall etwas Wichtigeres zu tun hat, als auch nur einen Gedanken an mich zu verschwenden. Zu verschwenden. Also meine Wortwahl gefällt mir nicht. Ich fange schon wieder an, die Person, die ich bin, zu diffamieren, auf unterschiedliche Arten und Wei-

sen herunterzumachen und für wertlos zu erklären, an die jeder Gedanke, jede Aufmerksamkeit, jede Zuwendung „verschwendet" ist. Das Motto dazu ist: „Ich bin nichts, ich kann nichts, ich brauche nichts!"
Und zu all diesen unangenehmen inneren Filmen kommt noch einer dazu: Ich befinde mich plötzlich auf einer weißen Wolke, ich stehe mit vielen anderen an einem Schalter an, alle wollen ein Visum haben, ein Visum für ein Leben auf der Erde. Die meisten bekommen eines, und dann dürfen sie in einen Fahrstuhl steigen, der sie bequem auf die Erde bringt, wo sie schon für ihre Wiedergeburt erwartet werden. Einigen allerdings wird gesagt, man könnte ihnen kein Visum ausstellen. Wenn sie unbedingt auf die Erde wollten, dann nur auf eigenes Risiko, ohne Garantien für irgendetwas und sie müssten eben sehen, wie sie dahin kommen, es gäbe keine weitere Unterstützung. Und dann kommt, was kommen muss. Ich bin an der Reihe, und höre, was ich schon erwartet habe: Kein Visum für mich.
Ich versuche, mich von meinen inneren „Unterhaltungssendungen" abzuwenden oder neue, andere, erfreulichere Filme abzurufen, aber es gelingt mir nicht.
Ich will aber auch meine Überlegungen, warum ich mich selber so ablehne, warum ich solche Schwierigkeiten habe, mich auf andere Menschen und auf das Leben überhaupt einzulassen usw., im Moment nicht wiederaufnehmen. Aber was mache ich dann. Monika ist immer noch nicht zuhause, ich habe schon dreimal bei ihr angerufen und ihr auf den Anrufbeantworter gesprochen.
Ich stehe in der Küche, blicke auf den Innenhof und sehe, dass die Wohnung von Viola, der ehemaligen Haushälterin meines Vaters, erleuchtet ist. Man kann immer sehen, ob sie oder ihre Tochter da ist, sie machen auch am Tage Licht an, damit die Wohnung etwas heller wirkt.
Ich werde sie anrufen und fragen, ob ich sie besuchen kann.
Sie sagt, sie freue sich. Ich nehme zwei Flaschen Sekt aus dem Kühlschrank – sage mir, eine zum Trinken und eine als Geschenk – und mache mich auf den Weg.
Als ich vor der Tür stehe, bin ich doch ziemlich verlegen. Was will ich eigentlich hier. Aber da macht sie schon die Tür auf, lächelt mich an und sagt: „Das ist aber schön. Komm rein und nimm Platz." Ich hatte ganz vergessen, dass wir uns seit dem Frauenfrühstück duzen. Sie nimmt die Sektflaschen entgegen, stellt eine kalt und macht sich ganz selbstverständlich daran, die andere zu öffnen. „Darauf habe ich jetzt richtig Lust", sagt sie und stellt zwei Gläser auf den Tisch.
Wieder sitzen wir in der Küche. Warum sitzen Frauen immer so gerne zum Reden in der Küche? Ich will es nicht wissen.
„Meine Tochter ist auf einer Reise mit ihrer Erzieherin", sagt sie, „wir

sind ganz ungestört." Dann hebt sie das Glas und wünscht mir alles Gute. „Ich dir auch", sage ich. Als wir beide die Gläser wieder absetzen, sehen wir uns an und schweigen eine Zeitlang.

„Weißt du, ich möchte so gern noch einiges über meinen Vater wissen und du hast doch mehr Zeit mit ihm verbracht als ich," sage ich und sie lächelt etwas traurig, soviel Zeit sei es leider nicht gewesen. Aber dann fängt sie doch an zu erzählen.

„Dein Vater war ein eigenartiger Mensch, immer auf der Suche nach etwas und manchmal wusste er nicht einmal genau, was es war. In den letzten Jahren hat er Tiere und Pflanzen aus dem Meer untersucht, wie sie sich gegen Feinde aller Art zur Wehr setzen, vor allem, welche Möglichkeiten sie gegen die Wirkung von Bakterien und Viren entwickelt haben, aber auch, wie sie unter extremen Bedingungen wie Kälte und Hitze, Nahrungs- und Knappheit anderer Ressourcen überhaupt überleben können. Er wollte wissen, welche chemischen Stoffe dabei hilfreich waren und wie diese in der Medizin oder aber auch bei technischen Prozessen einsetzbar waren. Es war oft eine sehr mühselige Arbeit, und manchmal war das Ergebnis so komplex, dass jede Verwendung im Kampf gegen Krankheiten und Schmerzen – trotz beobachtbarer Erfolge im Einzelfall – zu teuer gewesen wäre und aufgegeben werden musste. Und dann fing er wieder von vorne an. Zuletzt hat er sich mit Schwämmen und Giftalgen beschäftigt…"

Ich unterbreche sie und frage, ob sie mir auch etwas über ihn als Person erzählen könne.

Sie lacht und sagt, seine wissenschaftliche Arbeit habe ihn fast vollständig ausgefüllt, bis auf einen kleinen Rest, und dieser kleine Rest, der sei in den letzten Jahren für sie gewesen. „Weißt du", sagt sie. „ab und an haben dein Vater und ich eine Nacht miteinander verbracht. Er war ein sehr zärtlicher Liebhaber und ist mit mir als Person immer sehr vorsichtig und respektvoll umgegangen." „Dann muss er seit dem Tod meiner Mutter und meinem Weggang aber einiges dazugelernt haben, denn mit mir und ihr ist er nicht sehr respektvoll umgegangen. Er hat mich nicht ernst genommen, ich war nur ein Mädchen, und meine Mutter war immer seine Kleine, die er ständig bevormundet hat. Allerdings hat sie es sich auch gefallen lassen. Ich bin gegangen, um mein eigenes Leben zu leben, und auch das ist mir im Grunde nicht gelungen."

Ich klinge bitter und ein bisschen weinerlich, so dass ich kaum höre, wie sie mir voller Mitgefühl sagt, wie leid ihr das tut. Aber dann kommt es bei mir an und mir treten die Tränen in die Augen.

„Ich glaube, er hat wirklich etwas dazugelernt", sagt sie, „aber ich weiß nicht, wann und wie. Jedenfalls hat er einmal zu mir gesagt, er habe im

Umgang mit anderen Menschen viele Fehler gemacht und er wünschte sich, er hätte mehr dafür getan, dass seine Frau mit ihm glücklicher gewesen wäre. Und einmal hat er auch gesagt, wie leid es ihm täte, dass er seine Tochter nicht besser verstanden hätte."

„Aber warum hat er das nicht mir gesagt?" Ich bin aufgebracht. Die wichtigste Botschaft meines Lebens hat er einer für mich fremden Frau gesagt. Sie sagt, als würde sie wissen, was mich gerade wütend macht, „Ich habe ihm gesagt, er müsse es dir sagen und er hat versprochen, das auch zu tun." Und dann fügt sie noch hinzu: „Ich glaube, er war ein sehr ängstlicher und unsicherer Mensch, er hat sich vielleicht einfach nicht getraut." Und da erinnere ich mich, dass Reineke Fuchs das auch gemeint hat. Aber warum bloß. Ich erinnere mich, dass sie mir schon einmal vom Vater meines Vaters erzählt hat, dass dieser sehr hart gewesen sei.

„Hat er dir noch mehr von seiner Familie erzählt?", frage ich. Sie meint, möglicherweise habe er etwas darüber aufgeschrieben. Sie habe ihn manchmal etwas in so schwarze Kladden schreiben sehen und sich gefragt, warum er etwas mit der Hand schreibt. Alle seine wissenschaftlichen Sachen hat er immer sofort in den Computer getippt.

Ich nehme mir vor, nach diesen Kladden zu suchen.

„Wir sind auch manchmal miteinander verreist, und ein paar Mal habe ich ihn auch auf eine Tagung begleitet. Ich habe ein paar Fotos, vielleicht willst du sie dir ansehen?"

Sie holt einen Schuhkarton und ich fange an zu lachen. Meine Fotos liegen auch in Schuhkartons. Zwar in Briefumschlägen geordnet, aber das sind sie auch bei Viola. Irgendwie entspannt sich die Situation zwischen uns aufgrund dieser Ähnlichkeit vollständig, aber vielleicht hat auch der Sekt inzwischen dazu beigetragen. Viola macht die zweite Flasche auf und wir fangen an, uns die Fotos anzusehen. Ich wusste gar nicht, dass mein Vater in den letzten Jahren doch noch einmal so viel gereist ist. Einen Teil der Reisen habe er auch im Interesse seiner Forschungen gemacht, sagt Viola, und er habe dabei den Kontakt zu anderen Wissenschaftlern gesucht, die sich auch mit bestimmten Bakterien, Algen und Schwämmen beschäftigen. Er habe aber auch versucht, interessante Exemplare zu bekommen und sich diese in das Forschungslabor des Instituts schicken zu lassen. Sie habe auf diesen Reisen auch eine Menge über Algen und Schwämme gelernt. Manche Algen seien wahre Verwandlungskünstler[43] und Schwämme die erfinderischsten Tiere[44] in Bezug darauf, mit den verschiedensten für sie gefährlichen Umwelteinflüssen fertig zu werden. Wir sehen uns Bilder von einem kalifornischen Strand bei Big Sur an. Viola sagt, das Wasser sei eiskalt gewesen. Ich sehe, wie sie und mein Vater sich liebevoll ansehen und werde wieder neidisch. „Selbstauslöser" sagt Viola.

Irgendwann ist auch die zweite Flasche zu Ende. Ich habe einen Schwips, Viola offensichtlich auch. Ich gehe beschwingt nach Hause.

Zuhause habe ich zwei Anrufe von Reineke Fuchs und einen von Monika auf dem Anrufbeantworter. Ich freue mich, aber es ist zu spät, um noch zurückzurufen. Sie schlafen sicher alle schon. Und voller innerer Vorfreude gehe ich schlafen.

Kapitel 48

Solidarität mit dem Täter

Auch wenn Kinder von ihren Eltern misshandelt werden, schweigen sie meistens darüber, um ihre Eltern zu schützen. Aber wenn nur ein Kind geschlagen wird und die anderen nicht, zerbricht ganz oft die Solidarität zwischen den Geschwistern. Dieses Muster ist überall auf der Welt bekannt und machtbewusste Menschen wenden es an, um die Solidarität ihrer Opfer zu zerstören.

Aus Angst, ein ähnliches Schicksal zu erleiden wie die beobachteten Opfer, solidarisieren sich viele Menschen mit den Tätern. Und später, als Erwachsene, halten sie oft aggressives Verhalten von anderen für normal und werden durch ihr Schweigen oder Begütigen zu Mittätern. An die Ängste und Schmerzen ihrer Kindheit wollen sie sich nicht erinnern.

Sie beginnt zu bezweifeln, dass Vermeiden oder Leugnen gute Entscheidungen sind.

Der nächste Tag fängt gut an, ich habe wunderbar geschlafen. Und ich bin neugierig auf die schwarzen Kladden, von denen Viola erzählt hat. Ich werde sie suchen und verschiebe es erst einmal, Reineke Fuchs zurückzurufen. Und ich habe sie gefunden. Sie standen in Augenhöhe in dem Regal, welches dem Schreibtisch am nächsten steht, ganz am Rand. Deswegen sind sie mir wohl auch nicht aufgefallen. Sie sind sehr schmal, aber ich kann die Nummerierung auf den Rücken erkennen. Ich schlage die mit der Nummer „1" auf und fange an zu lesen. Und da steht:

„Ich werde die neuen Ereignisse in diese Hefte schreiben, das wird mir vielleicht helfen, Ordnung in das Chaos, vor allem in das emotionale Chaos in meinem Inneren zu bringen. Es fing damit an, als ich die Post aus dem Briefkasten holte. Es war ein Brief aus den USA dabei, ein Brief von meinem Bruder.

Ich kann es noch gar nicht fassen: Heute habe ich einen Brief von meinem Bruder bekommen. Seit meiner Jugend, seitdem er ins Heim gekommen ist, habe ich nichts von ihm gehört. Mein Vater hatte mir jeden Kontakt mit ihm verboten, und ich schäme mich zuzugeben, dass ich aus lauter Angst, mich würde er auch wegschicken, gehorcht habe.

Eigentlich habe ich immer gehorcht. Es reichte, zusehen zu müssen, wie mein Vater meinen Bruder geschlagen hat. Und das Schlimme war, wenn mein Bruder auch nur einen Laut dabei von sich gab, wurde er noch mehr geschlagen. „Dich werde ich lehren, sich zu beherrschen. Ein Ton, und du wirst ihn bereuen." Mein Vater hatte sich eine Reitgerte besorgt, wenn er nicht gerade damit schlug, hing sie an der Wand im Flur. Wenn die Tür zum Wohnzimmer offen stand, und meistens stand sie offen, konnte man sie sehen. Auch von der Küche aus war sie sichtbar. Und mein Vater hatte eine bestimmte Art, bei irgendetwas, was ihm nicht gefiel, vielsagend in Richtung Flur zu blicken und auf besonders gedehnte Weise „Naaah" zu sagen.

Das reichte, wir Kinder verstummten, wir erstarrten geradezu. Weinen war uns verboten.

Mein Bruder war der Älteste und der Einzige von uns Kindern, der geschlagen wurde. Bei meiner Schwester und mir reichte der Blick, das Stirnrunzeln und die leichte Drehung seines Körpers zum Flur. Und ich habe meinen Bruder nie verteidigt. Unsere Mutter auch nicht. Sie hat stattdessen „gelitten". „Musst du Dich denn so verhalten. Andere Kinder sind doch auch nicht so wie du. Warum tust du mir das an? Du machst die ganze Familie kaputt." Manchmal hat sie ihn sogar bei unserem Vater angeschwärzt.

Damals habe ich auch manchmal gedacht: „Warum hält er nicht einfach den Mund.", „Warum macht er auch nicht, was ihm gesagt wird.", „Wieso gibt er auch immer so viele Widerworte."Aber es waren keine Fragen. In meinem Inneren habe ich es ihm vorgeworfen, dass er geschlagen wurde. Ich merkte erst sehr spät, als meine eigene Tochter schon erwachsen war, wie böse das Verhalten von uns allen war.

Heute weiß ich, dass ich den Schmerz, zusehen zu müssen, nicht aushalten konnte oder wollte. Für meine Schwester war es auch unerträglich. Die Brutalität und Grausamkeit, die sie mit ansehen musste, haben so tiefe Spuren bei ihr hinterlassen, dass sie sich umgebracht hat. Kurz nach dem Abschluss der Schule, mit neunzehn Jahren.

Erst als sie tot war, habe ich angefangen zu bereuen, dass ich nie mit ihr über unsere Kindheit gesprochen habe, vielleicht hätte es uns beiden geholfen. Aber ich hatte mir vorgemacht, meine Eltern hätten nur das Beste für meinen Bruder gewollt und er sei eben einfach nicht zu erziehen gewesen.

Ich habe diese Illusion einer schönen Kindheit noch lange aufrechterhalten. Wahrscheinlich habe ich insgeheim befürchtet, die Erinnerungen würden mein mühsam erreichtes inneres Gleichgewicht durcheinanderbringen.

Und jetzt hat mein Bruder mir einen Brief geschrieben."

Ich unterbreche das Lesen, weil ich Tränen in den Augen habe und ein klein bisschen schluchzen muss. Ich war Gottseidank vorgewarnt durch das, was mir Viola erzählt hat, sonst würde mich das, was ich da lese, noch mehr mitnehmen. Und ich will wissen, was der Bruder geschrieben hat und deshalb lese ich weiter.

„Der Brief war kurz. Er hat geschrieben, dass ich vielleicht verstehen würde, warum er sich nicht bei mir gemeldet hat. Er hätte zwar in den letzten Jahren mit Hilfe des Internets meinen Werdegang verfolgt und sich darüber gefreut, aber sich persönlich zu melden hätte er nicht fertig gebracht. Dazu seien seine Wut und seine Enttäuschung, seine Bitterkeit und auch sein Hass gegenüber der ganzen Familie trotz intensiver Therapie noch zu groß gewesen. Aber jetzt würde ihn seine persönliche Situation so sehr bedrohen, dass die Angst vor der Vergangenheit und einem Kontakt mit mir nicht mehr so entscheidend sei.
Und dann hat er geschrieben, dass er Leukämie habe und eine Knochenmarkspende brauche. Seine Ärzte hätten ihm geraten, sich an seinen Bruder zu wenden, da sei die Wahrscheinlichkeit groß, dass er ein passender Spender sei.
Er hat eine Telefonnummer und eine Emailadresse angegeben und ich habe ihn sofort angerufen.

Erst einmal konnten wir gar nicht normal miteinander sprechen. Wir haben beide geweint, ich habe angefangen zu weinen, vor allem als ich ihn um Verzeihung gebeten habe, dass ich ihn nie in seinem „Heim" besucht habe, nie geschrieben habe und ihn so verraten habe. „Ich war feige, ich hatte zu große Angst vor Vater, noch heute wünsche ich mir, ich hätte wenigsten einen Teil deines Mutes", habe ich zu ihm gesagt. Er ist nicht darauf eingegangen und ich merke erst jetzt – beim Aufschreiben –, dass dieser Satz nur meiner eigenen Rechtfertigung gedient hat.
Jedenfalls habe ich zugesagt, mich testen zu lassen. Ich hoffe, ich komme als Spender in Frage, dann kann ich vielleicht einen kleinen Teil meiner Schuld abtragen."

Ich höre erst einmal auf zu lesen. Ich habe auch Tränen in den Augen. Was für eine schmerzhafte Situation, in der diese beiden Bruder waren.

Ich lese weiter und erfahre, dass mein Vater gefragt hat, ob er sich auch in den USA testen lassen könnte, er würde so gern so schnell wie möglich kommen, um ihn wiederzusehen.

Und dann schreibt er darüber, dass er seiner Frau gegenüber die Ausrede gebrauchen wird, ganz überraschend auf eine Konferenz nach New York zu müssen, genau wie Viola es mir erzählt hat.

In der Kladde allerdings schreibt er eine andere Begründung als die, die ich von Viola gehört habe.

Hier steht:

„Ich schäme mich zu sehr, meiner Frau die ganze Geschichte zu erzählen und dass ich vor ihr verheimlichte, einen Bruder zu haben, um den ich mich seit meiner Kindheit und Jugend – Jahrzehnte lang – nicht gekümmert habe, und dass es eine Schwester gab, die sich mit neunzehn umgebracht hat. Aber es ist nicht nur die Scham, ich will nichts davon – von meiner entsetzlichen Kindheit, meiner Angst und meiner Scham – erzählen, weil ich Angst habe, anzufangen zu weinen, wenn ich auch nur ein Wort davon berichte. Was wird sie von einem solchen Schwächling halten. Ich habe mich selbst schon so oft wegen meiner Angst, meiner Schwäche und meiner Feigheit verachtet, sie soll es nicht auch noch tun. Ich glaube, das könnte ich nicht ertragen. Außerdem würde sie das lange Verschweigen als fehlendes Vertrauen empfinden und das will ich auch nicht.

Und mein Bruder ist krank, er braucht mit Sicherheit Schonung und nicht den Besuch von mir und auch noch von meiner Frau. Ich allein bin sicher bei unserer Vergangenheit schon eine Zumutung für ihn. Ich werde allein fahren und ihr gegenüber eine Ausrede benutzen."

Im weiteren Text beschreibt er, bei welchen seiner Kollegen er sich informiert, wie eine Knochenmarkspende stattfindet, ob man dazu im Krankenhaus liegen muss, welche Konsequenzen eine solche Spende für den Spender hat, wie die Wirkungen bei einem Leukämiekranken sein können und welche Heilungschancen es gibt und viele weitere Fragen.

Er führt auch die Literatur an, die er zu Rate gezogen hat und zitiert sie im Einzelnen bei der Beantwortung seiner vielen Fragen.

Sehr präzise beschreibt er, was er dabei herausfindet: Die einzelnen Schritte, die verschiedenen Stadien nach der Spende, die Prozesse, die sich auf Zellebene dabei abspielen können und vieles andere mehr.

Ich überfliege diese Texte nur und stelle fest, dass der ganze Rest der Kladde damit vollgefüllt ist. Ganz zum Schluss kommt noch einmal eine persönliche Bemerkung:

„Als ich meine Notizen noch einmal durchblättere – eigentlich mit der

Frage, ob ich auch alle wichtigen Aspekte in Bezug auf die Krankheit erfasst habe – stelle ich fest, dass ich zwar tatsächlich sehr viele der bekannten wissenschaftlichen Erkenntnisse in Bezug auf diese Krankheit und die möglichen Heilungschancen zusammengetragen habe, aber gleichzeitig damit jeden Gedanken daran, wie sich mein Bruder wohl angesichts einer solchen tödlichen Bedrohung fühlt, beiseitegeschoben habe. Seine innere Verfassung wurde angesichts der wissenschaftlichen Fakten irrelevant.

Ich glaube, so mache ich das immer. Ich bin immer noch der gleiche Feigling wie früher. Ich habe Angst, dass ich Angst um das Leben meines Bruders fühlen konnte, dass ich spüren könnte, dass er mir – trotz der jahrzehntelangen Trennung – etwas bedeutet, immer schon bedeutet hat und dass ich ihn die ganze Zeit vermisse. Ich vermeide alles, wodurch ich mich eigentlich lebendig fühlen könnte. Und jetzt vermeide ich, traurig angesichts dieser Erkenntnis zu sein.

Ich werde weiter in diese schwarzen leeren Kladden schreiben, alles, was mir im Zusammenhang mit mir und meinem Bruder und anderen Menschen auffällt, will ich versuchen, in Worte zu fassen und aufzuschreiben. Diese ist jetzt voll, die nächste werde ich auf der Reise in die USA anfangen."

Ich lege die erste der schwarzen Kladden zur Seite. Ich bin sehr nachdenklich. Das waren sehr ehrliche Worte meines Vaters und ich habe mich darin wiedererkannt. Auch ich vermeide. Ich habe mich auch so oft verletzt gefühlt, und immer wieder – wenn auch vergeblich – beschlossen, dass ich solche Gefühle nicht mehr haben will.
Vielleicht keine gute Entscheidung.
Ich werde auch die anderen schwarzen Kladden lesen, eine nach der anderen.

Aber erst einmal werde ich mir etwas zu essen machen und erst danach weiterlesen.

Kapitel 49

Zugehörigkeit

Menschen sind soziale Wesen und in Bezug auf die Qualität der sozialen Beziehungen außerordentlich empfindsam.
Wichtiger als alles andere scheint daher zu sein, ob und wie Menschen sich einander emotional zuwenden. Selbst kleine Gesten der Ablehnung oder Zuneigung, der Vernachlässigung oder der Fürsorge, der Besorgnis oder der Gleichgültigkeit usw. können aufgrund der Wünsche nach bedeutsamer Zugehörigkeit zu einzelnen Menschen oder zu sozialen Gruppen entscheidend für den psychischen Zustand von Menschen sein.
Zugewandtes Verhalten ist deshalb in zwischenmenschlichen Beziehungen von sehr großer Bedeutung und leider – trotz unserer genetisch verankerten empathischen Fähigkeiten – aufgrund kultureller Einflüsse keineswegs selbstverständlich.

Sie fühlt sich dankbar für die erfahrene Freundlichkeit, Zuwendung und Fürsorge.

Als ich die zweite Kladde öffne, bietet sich mir ein anderes Bild. Ich hatte mich schon gewundert, sie sah viel dicker aus als die erste. Mein Vater hat ganz viele verschiedene Dinge eingeklebt.
Das erste, was ich sehe, ist eine ausgedruckte Email seines Bruders mit der Botschaft:

.... „Ich freue mich, dass du kommst, es geht mir nicht gut genug, um dich vom Flughafen abzuholen. Mein Chauffeur wird dich am Ausgang erwarten. Du erkennst ihn an deinem Namen auf seinem Schild. "

Darunter klebt ein Prospekt von einem sehr exquisiten Hotel.
Offensichtlich hat der Bruder meinen Vater in einem Hotel untergebracht.
Er selbst schreibt dazu:

„Ich bin gerade vom Chauffeur meines Bruders im Hotel abgeliefert worden. Er hat mir noch einen Brief meines Bruders gegeben, in dem er ankündigt, er werde am nächsten Morgen gegen elf Uhr ins Hotel kommen, ob ich dann in meinem Zimmer sein könnte?
Ich bin etwas ängstlich und gleichzeitig froh, erst einmal in einem Hotel

zu sein und nicht bei ihm zuhause. Irgendwie ist es mir und wahrscheinlich ihm auch nicht angemessen, so schnell eine solche räumliche Nähe nach so langer zeitlicher Trennung herzustellen. Aber vielleicht ist es auch einfach die Angst vor der Begegnung.

Ich werde duschen, anschließend zum Essen ins Restaurant des Hotels gehen und dann wahrscheinlich in die Bar. Langweilen werde ich mich nicht. Ich habe eine Menge E-Bücher auf meinem kleinen Lesegerät mitgenommen, das leuchten kann, so dass ich in der Bar sitzen, einen Rotwein trinken und lesen kann, auch wenn das Licht für normales Lesen nicht ausreicht."

Ich unterbreche mein Lesen und bin belustigt. „Hauptsache, er hat was zu Lesen dabei, damit kann er sich immer aus dem Leben herauskatapultieren." Dann wird mir bewusst, dass ich auch immer etwas Sinnvolles tun muss und Zeit nicht etwa verschwenden darf, dass ich auch nicht gerne an unangenehme Prozesse denke, mich von bedrohlichen Erlebnissen oder Phantasien abwende usw., nur verwende ich andere Ablenkungen als mein Vater. Aber es bleiben Ablenkungen. Ich merke, dass mich das Erkennen der Ähnlichkeiten milder stimmt, ich bin nicht so abwertend wie sonst und es geht mir besser damit.

Ich überlese, was mein Vater über den weiteren Verlauf des Abends, das Gespräch mit einem anderen Gast und seine Phantasien in Bezug auf das morgige Treffen schreibt, weil ich neugierig auf die Begegnung der beiden bin.

Und da steht:

„Plötzlich – Punkt elf Uhr – klopfte es, ich habe nicht „Herein " oder „Come in" gerufen – das wäre nicht gut gewesen –, stattdessen bin ich zur Tür gegangen und habe sie aufgemacht. Und da stand er. Wir haben beide erst einmal keine Worte gefunden, wir haben uns nur angesehen. Es war einer der seltenen Momente, in denen man glaubt, einen anderen Menschen vollständig erfassen zu können. Wir haben uns ganz lange in die Augen gesehen, irgendwie wurde sein Augenausdruck ganz weich, meiner wahrscheinlich auch, und dann sind wir uns in die Arme gefallen. Erst habe ich meine Hände noch ganz vorsichtig auf seinem Rücken gelegt und er auch, aber dann haben wir uns ganz festgehalten, so als wollten wir uns nie wieder loslassen. Und wir haben beide geweint. Und nach einer langen Weile haben wir angefangen zu reden und hatten auch da den Eindruck, wir könnten gar nicht mehr aufhören, soviel war nachzuholen. Nach Stunden haben wir gemerkt, wie hungrig wir waren und er hat ein opulentes Mahl aufs Zimmer bestellt. Wir haben es beide richtig genossen.

Danach war er müde und meinte, er müsse sich jetzt ausruhen. Aber vorher hat er mich gefragt, ob ich zu ihm in sein Haus ziehen würde oder ob ich lieber hier im Hotel bleiben würde. Ich habe mich gefreut und das auch sehr deutlich gesagt. Und dann habe ich gepackt, viel war es ja nicht. Er hat seinen Chauffeur angerufen und der wartete mit dem Auto, als wir auf die Straße kamen, schon vor dem Hotel.

Und jetzt bin ich in der Bibliothek seines wunderschönen Hauses, etwas außerhalb von New York, und sehe aus dem Fenster ins Grüne. Mein Bruder hat offensichtlich mit seiner Baby-Nahrung richtig viel Geld verdient. Und jetzt ist er so krank. Es tut mir so leid. Morgen werden wir in das Krankenhaus fahren und herausfinden lassen, ob ich als Spender in Frage komme."

Auf den nächsten Seiten beschreibt mein Vater seinen Eindruck vom Haus seines Bruders und seinen Spaziergang im Garten. Von dem gemeinsam verbrachten Abend schreibt er nichts.

Er schreibt erst am nächsten Tag nach dem Krankenhausbesuch weiter und zwar überwiegend medizinische Details, die ich sowieso nicht verstehe.

Ich überschlage auch die nächsten Seiten und lese erst weiter, als der Bericht des Krankenhauses über die Eignung meines Vaters als Spender eintrifft.

Er ist geeignet. Die nächsten Eintragungen überfliege ich auch. Es geht offensichtlich alles sehr schnell. Der Termin im Krankenhaus ist gleich am nächsten Tag. Mein Vater schreibt noch eine Mail an seine Frau über die Konferenz – er hat sie eingeklebt – und lässt mich und meine Kinder darin grüßen.

Interessanter werden die Eintragungen, in denen es wieder um die Vergangenheit der beiden Brüder und ihrer Schwester geht. Die beiden Brüder helfen sich mit ihren Erzählungen gegenseitig, sich zu erinnern. Nachdem, was mein Vater dazu schreibt, scheint es ihnen beiden gut zu tun.

Eine gemeinsame Erinnerung der beiden, von der mein Vater berichtet, hat mich besonders berührt

Er erzählt von den Nachbarn, einem kinderlosen, damals schon älteren Ehepaar. Diese Nachbarn haben sich rührend um die drei Kinder gekümmert. Bei ihnen gab es immer Süßigkeiten oder etwas anderes leckeres zu essen, und es gab Spielsachen, die sie für die Kinder gekauft hatten und die bei ihnen im Haus blieben, damit sie den Kindern nicht weggenommen werden konnten. Aber das wichtigste war wohl die emotionale Zuwendung von beiden. Die Frau, die die Kinder in die Arme genommen hat, wenn sie wieder einmal bemerkt hatte, dass sie traurig und beklommen waren, die ihnen Geschichten erzählt und Märchen vorgelesen, mit ihnen Marmelade gekocht und Kekse gebacken, sie gestreichelt und versucht hat, sie wieder aufzumuntern. Und der Mann, der ein ganz anderes Vorbild von Männlichkeit war als der eigene Vater. Er war ruhig und bestimmt, brachte den Kindern bei, wie man Unkraut jätet, Erde umgräbt, Bäume beschneidet, Blumenzwiebeln in die Erde setzt, aber auch, wie man Zäune repariert und vieles andere mehr. Auch er hat viel mit den Kindern geredet.

Beide wussten aber nicht, dass der Älteste immer wieder brutal verprügelt wurde, die Kinder hielten das vor den beiden geheim.

Als die beiden Brüder jetzt darüber miteinander redeten, waren sie beide davon überzeugt, dass sie etwas unternommen hätten, um diese Kindesmisshandlungen zu stoppen.

Aber sie wussten es nicht und haben nichts gesagt oder gemacht. Sie hatten trotzdem eine große Bedeutung für die Kinder.

Mein Vater schreibt dazu:

„Als wir darüber geredet haben, wurde uns beiden bewusst, wie dankbar wir ihnen sind. Sie haben mit ihrem Verhalten den Glauben in uns wachgehalten, dass wir alle drei doch nicht so böse waren, wie uns die eigenen Eltern weismachen wollten. Sie haben uns gezeigt, dass es Menschen gibt, die sich nicht gleich wieder von uns abwenden, sondern uns mit Wärme und Herzlichkeit begegnen können, die uns ernst nehmen und für die wir eine Bedeutung haben.

In gewisser Weise haben diese beiden Menschen unsere Seelen gerettet. Damals, als wir Kinder waren, ist uns noch nicht klar gewesen, wie wesentlich sie für unser ganzes spätere Leben waren."

Ich bin ganz gerührt und halte inne beim Lesen. Mir ist bewusst, wie wichtig das Verhalten eines jeden einzelnen Menschen in jedem einzelnen Moment ist, wie bedeutungsvoll jede eigene Geste für das Leben eines anderen Menschen sein kann. Und mir fällt ein, dass mir einmal ein Polizist die ganze Welt wiedergeschenkt hat, nur weil er, als um mich herum alles grau und schwarz war, zu mir – als ich an ihm vorüberging – sagte „Guten Morgen, ist das nicht ein schöner Tag heute" und ich plötzlich die Sonne und den blauen Himmel und alle die anderen Farben um mich herum wieder sehen könnte. Dieser Mann hat mir mit diesen einfachen freundlichen Worten das Leben gerettet und mir die ganze Welt wiedergegeben.

Mir laufen die Tränen und ich spüre die Dankbarkeit diesem Polizisten gegenüber, der wahrscheinlich nicht weiß, welche große Bedeutung er in meinem Leben hatte und immer noch hat. Die Nachbarn wussten vielleicht auch nicht um ihre Bedeutung für die beiden Kinder und inzwischen ist es zu spät, es ihnen zu sagen. Sie sind sicher nicht mehr am Leben.

Aber die Erinnerung an sie füllt nicht nur die Herzen der beiden Männer, sondern auch meines mit Wärme. Mehr noch, mit Liebe.

Ich höre auf zu lesen und blättere nur weiter durch. Dabei fällt mir ein Bild auf, mein Vater hat ein Bild seines Bruders in die Kladde geklebt.

Ich sehe einen Mann, der meinem Vater auf eine besondere Art ähnlich sieht und er ist mir auf den ersten Blick sehr sympathisch. Wie schade, dass ich ihn nicht habe kennenlernen können.

Und diesem Mann verdanke ich mein von nun an sorgenfreies, privilegiertes Leben und ganz konkret die Wohnung, in der ich mich gerade aufhalte. Er hat alles, was er besaß, meinem Vater geschenkt und dieser hat es an mich weitergegeben.

Ich fühle mich sehr berührt und spüre, wie ein Gefühl von Dankbarkeit anfängt, mich vollständig auszufüllen.

Ich schließe die zweite Kladde, stelle sie zurück zu den anderen und beschließe, die anderen ein anderes Mal zu lesen.

Irgendwie geht es mir gut, ich glaube, es liegt daran, dass ich beim Lesen der Kladden Menschen, menschlichen Menschen, begegnet bin.

Es ist spät geworden, ich werde noch ein bisschen fernsehen und dann schlafen gehen.

Kapitel 50

Angst

Viele Menschen möchten die Verantwortung für sich selbst, ihre eigenen Entscheidungen und ihre Handlungen am liebsten einer allwissenden, allmächtigen, liebevollen, fürsorglichen und Sicherheit bietenden Figur übergeben, die nicht nur in anderen, sondern auch in unserer Kultur viele Namen haben kann.
Damit versuchen Menschen, ihre existentiellen Ängste zu beruhigen. Es gibt etwas für sie, das sie beschützt: Vor Schuld, vor Strafe, vor Unglück, vor allem, was unangenehm ist.
Vielen Menschen, die einen solchen Wunsch haben, ist nicht bewusst, dass der Ursprung ihres Wunsches ihre Angst vor dem Leben ist.
Sie haben nicht genügend Vertrauen in das Leben entwickelt und in die vielfältigen Prozesse, die alle der Aufrechterhaltung und Erweiterung des Lebendigen dienen. Stattdessen empfinden sie sich leicht als zum Leben nicht zugehörig und hoffen immer wieder voller Angst auf Erlösung. Eine Erlösung, die nicht stattfinden kann, weil sie auf illusionären Vorstellungen beruht.

Ihr wird immer deutlicher, dass sie ihre Angst nicht einfach loswerden kann, sondern dass es wichtig ist, sie bewusst zu akzeptieren.

Als ich aufwache, geht es mir immer noch gut und ich beschließe, Reineke Fuchs zurückzurufen. Aber als erstes rufe ich Monika an, um mich zu vergewissern, dass sie zuhause ist und ich sie nach einem eventuellen Gespräch mit Reineke Fuchs wieder anrufen kann. Monika ist wie immer gut gelaunt. „Ich verstehe Deine Angst nicht", sagt sie, „es läuft doch alles gut. Er ruft dich an, er will Zeit mit dir verbringen, er ist an dir interessiert und du an ihm. Was willst du eigentlich?"
Gute Frage, denke ich, ja, was will ich eigentlich. Ich weiß es und es ist völlig beknackt.
Ich will, dass er mir sagt, dass er mich liebt, vorbehaltlos liebt, dass er ohne mich nicht leben kann, dass er sein ganzes zukünftiges Leben mit mir verbringen will, dass andere Frauen ihn nicht interessieren, nur ich, dass ich die schönste, klügste, charmanteste, begehrenswerteste Frau bin, die er je kennengelernt hat, dass er mir jeden Wunsch von den Augen ablesen will und dass sein einziges Ziel ist, dafür zu sorgen, dass ich

glücklich bin, mit ihm glücklich bin. Und vor allem, dass er mich immer lieben und nie, wirklich nie, verlassen wird.

Ich erkenne meine kindlichen Wünsche wieder. Papas kleine Prinzessin, das will ich offensichtlich – selbst in meinem Alter – immer noch sein, nein, endlich werden. Ich war es ja nie. Nur dass es nicht mehr Papa ist, sondern ein anderer Mann: Ein Stellvertreter, der jetzt endlich das bringen soll, was Papa nicht gebracht hat. Ich habe offensichtlich aus meinem Traum mit der weißen Stadt am Meer und den schwarzgekleideten Frauen noch nicht genug gelernt.

Aber selbst wenn es Wirklichkeit werden würde, käme noch etwas anderes erschwerend hinzu, nämlich das Allerwichtigste: Ich müsste es glauben können. Aber mir ist leider so bewusst, dass ein Mann mir versichern könnte, was er wollte, ich würde immer dieses Misstrauen in mir spüren, dass er mich anlügen könnte und anlügen würde.

Immer würde ich denken, er sagt alles nur, um mir anschließend zu sagen, es sei alles nicht ernst gemeint; was er gesagt habe, sei nur ein Spaß gewesen; ich sei aber auch zu leichtgläubig, das seien alles nur meine Wunschvorstellungen gewesen, oder aber er würde mich etwas später darauf hinweisen, dass Gefühle sich eben auch ändern könnten und ich solle mich nicht so haben und wenn ich mich so anstellte, könne man mich doch sowieso nicht ernst nehmen.

Und damit sitze ich wieder in einer meiner Fallen, die sich allerdings auf eine unangenehme Weise ähneln. Ich will etwas, aber wenn ich es bekäme, könnte oder wollte ich es nicht annehmen, aus Gründen, die mir ebenfalls bekannt sind: Ich könnte ja vielleicht dem wirklichen, eben manchmal auch schmerzhaften, Leben begegnen.

Wie kriegt man etwas, was man gelernt hat, aus dem eigenen Gehirn wieder heraus. Leider, soweit ich weiß, gar nicht. Aber ich weiß, man kann lernen, anders mit den eigenen Altlasten umzugehen, als man es bisher gewohnt war.

Ich muss dringend lernen, mit meinen Altlasten anders umzugehen. Ich habe schon so oft die Nichterfüllung meiner sehnlichsten Wünsche erlebt und es immer überlebt. Im Grunde weiß ich es genau, dass meine Ängste uralt und nicht mehr real sind und ich ziemlich überlebensfähig bin. Es ist meist nicht das wirkliche Leben, was so bedrohlich ist, es sind die eigenen Phantasien.

Während ich noch in meinen selbstmitleidigen Selbstbetrachtungen versunken bin, klingelt es plötzlich an der Wohnungstür. Wer kann das denn bloß sein. Wahrscheinlich wieder Leute, die irgendetwas verkaufen wollen.

Ich mache die Tür auf und draußen steht Reineke Fuchs. Offensichtlich sehe ich ihn so erleichtert und so erfreut an, dass er mich trotz der Behinderung durch eine Flasche Sekt und einem Blumenstrauß umarmt und küsst. Mitten auf den Mund. Zugegeben, es ist ein ziemlich keuscher Kuss, aber mehr hätte auch nicht gepasst.

„Du warst gestern überhaupt nicht zu erreichen und da habe ich beschlossen, einfach vorbeizukommen. Hast Du Zeit, mit mir zu frühstücken?" Ich nicke und gehe voraus in die Küche. Ich bin innerlich immer noch völlig überwältigt. Meine alten Muster melden sich und wollen verhindern, dass ich zeige, wie sehr ich mich freue. Aber ich lasse mich von ihnen nicht bremsen, sondern sage es ihm. Da er inzwischen den Sekt, die Blumen und eine Tüte mit Brötchen auf den Tisch gelegt hat und die Hände und Arme frei hat, nimmt er mich gleich noch einmal in den Arm. Diesmal küsst er mich richtig und ich ihn auch.

In dem Moment, in dem ich merke, wie intensiv plötzlich meine sexuellen Gefühle werden und wie sehr ich diesen Mann begehre, ergreift mich eine so starke Angst, dass ich mich kurz wie eine Ertrinkende an ihn klammere, um ihn allerdings im nächsten Augenblick abrupt loszulassen. Die Sekunde, in der ich das Gefühl hatte, ihn nie wieder in meinem Leben loslassen zu wollen, war vorbei.

„Ich mache uns erst einmal einen Kaffee", sage ich.

„Warum hast du mich denn so plötzlich losgelassen", fragt er, „was ist los?" Und als ich verlegen zur Seite blicke und schweige, fragt er weiter: „Hast du plötzlich Angst gekriegt?" Ich nicke und wende mich ab und der Kaffeemaschine zu. „Komm mal her", sagt er, nimmt mich bei den Schultern und dreht mich zu sich um, „Ich werde nichts tun, was du nicht auch willst."

„Darum geht es doch gar nicht. Ich habe Angst, du meinst es nicht ernst, ich bin dir nicht wirklich wichtig, und überhaupt, was findest du eigentlich an mir?" „Oh, das ist nicht mit ein paar einfachen Sätzen zu sagen, dafür brauche ich ziemlich viel Zeit, vielleicht setzt du dich einfach einmal hin und ich mache den Kaffee." Ich bin verblüfft und setze mich – trotz meines inneren Widerstrebens – tatsächlich hin und sehe ihm zu, wie er Tassen und Teller aus dem Hängeschrank, Butter, Käse, Marmelade aus dem Kühlschrank nimmt, mich fragend ansieht und ich sage: „Den Lachs auch." Innerlich bin ich total gespalten, einerseits bin ich irritiert und angespannt, ich kann ihn doch nicht einfach so machen lassen, das gehört sich doch nicht, und andererseits merke ich, wie erleichtert und gerührt ich mich fühle.

Jemand, jemand der mir wichtig ist, macht mir Kaffee, deckt den Tisch, bereitet ein Frühstück für mich vor. Mir treten Tränen der Rührung in die Augen. Reineke Fuchs bemerkt es und lächelt mich an. „Du bist wohl nicht sehr verwöhnt worden in deinem Leben, da habe ich wohl eine Menge gut zu machen." Ich will schon wieder abwehren, aber ich sage nur „danke", weil ich vielmehr sowieso nichts hätte sagen können, ohne richtig in Tränen auszubrechen. Ich merke, wie gut mir diese Fürsorge tut. Wie wohltuend die Akzeptanz, die in seinen Worten liegt, für mich ist. Wie ich mich in seinem Lächeln einfach auflösen könnte. Und ich bekomme wieder Angst. Wenn Reineke Fuchs solche Bedeutung für mich gewinnt, werde ich so abhängig von ihm werden, dass es nur in einer Katastrophe enden kann. Und genau das sage ich zu ihm. Und er sagt einfach nur: „Wir werden beide versuchen, das zu verhindern. Und ich bin mir ziemlich sicher, dass das auch möglich sein wird", und geht mit „Übrigens, nimmst du Zucker in deinen Kaffee, ich habe keinen gefunden", zur Tagesordnung über.

Irgendwie bin ich wieder erleichtert und nicht mehr so angespannt wie vorher. Ich betrete jetzt auch einfach die Ebene des Einfach-miteinander-Frühstückens und schneide die Brötchen auf, um sie oben auf den Toaster zu legen.

Er erzählt mir, wie sehr auch das Institut inzwischen unter dem allgemeinen Geldmangel zu leiden hat, dass ein neues Forschungsprojekt mit besonderen Bakterien einer Schwammart für die Suche nach neuen Medikamenten auf Eis gelegt werden musste und dass offene Stellen einfach nicht besetzt würden. Die Sekretärin, die auch für ihn gearbeitet hat, ist inzwischen im Ruhestand und ihre Stelle ist ebenfalls seit anderthalb Jahren nicht neu besetzt worden. Seine Kollegen und er müssten alle Büroarbeiten selber erledigen. Das sei manchmal ganz schön zeitintensiv.

Ich versuche dem Gedanken, er wolle mich mit diesen Informationen als kostenlose Sekretärin für sich anwerben, auszuweichen und stoppe mich auch, ihm anzubieten, ihm ab und an etwas Schreibarbeit abzunehmen. Gleichzeitig schäme ich mich für diesen Gedanken und denke, dass nicht unbedingt er, aber dass ich andere Menschen für meine Interessen einspannen würde.

Ich würde von meinen Belastungen erzählen in der Hoffnung, jemand würde sie mir abnehmen, jemand würde mir helfen, jemand würde mich unterstützen und mir mein Leben erleichtern, mich an die Hand nehmen und alles für mich regeln. Kurz: Mir die Verantwortung für mein Leben abnehmen. Kind sein in der Obhut des Vaters, das ist der Wunsch, der dahinter steht.

Immer noch bin ich dabei, anderen Menschen meine eigenen Prozesse und meine eigenen Wünsche zu unterstellen und sie anschließend dafür abzuwerten, zu verachten oder abzulehnen. Ich bin ein furchtbarer Mensch. Ich wende mich innerlich von diesen Gedanken ab und erinnere mich, dass ich durchaus auch aufgrund solcher Projektionen unterstützend und hilfreich anderen Menschen gegenüber gewesen bin. Einfach, weil ich sie verstehen konnte.

Ich bin so mit meinen Gedanken beschäftigt, dass ich erst verzögert die Frage von Reineke Fuchs höre, was eigentlich zurzeit so meine beruflichen Pläne seien, und ihm antworte. Ich hätte im Moment keine. Unterrichten würde ich ja zur Zeit nicht, aber ich hätte auch schon seit Monaten keine neuen Aufträge für eine Buchillustration bekommen, sage ich, und füge etwas theatralisch hinzu, ich sei zurzeit mit einem Forschungsprojekt in Bezug auf meinen Vater beschäftigt. Ich wolle wissen, wie er so gedacht habe.

Aber dann fange ich doch an, davon zu reden, dass ich mich selbst so schwer akzeptieren könne und dass ich glaube, dass die Beziehung zwischen meinem Vater und mir etwas damit zu tun habe. Und das dieses auch meine Beziehung zu Männern belasten würde. Und deswegen wolle ich mehr über ihn und über mich erfahren. Reineke Fuchs sieht mich die ganze Zeit sehr ernst an und dann fragt er: „Und du glaubst ernsthaft, wenn du weißt, weshalb du solche Schwierigkeiten hast, dich selbst zu akzeptieren, und was daran der Anteil deines Vaters ist, dann könntest du dich selbst gern haben?" Ich nicke etwas zögerlich, aber er redet gleich weiter, dass er das überhaupt nicht glaubt. „Es wäre, glaube ich, besser, du würdest wirklich hören, was ich dir jetzt sage. Ich finde dich faszinierend, manchmal siehst du aus wie ein kleines Kind voller Begeisterung über all das Neue ringsherum, manchmal wie ein junges Mädchen, ganz schüchtern, und manchmal auch wie eine weise, alte Frau aus einem Märchen, meistens aber wie eine sehr verführerische Frau und ich mag dich immer lieber, je länger ich dich kenne."

Ich merke, wie ich mich innerlich zurückziehe, so als wollte ich das, was er sagt, nicht hören. „Du kannst es gar nicht ertragen, dass man dir so etwas sagt, stimmt das?" Der Kloß in meinem Hals wird immer dicker, ich kann kaum noch Luft holen, und ich reagiere überhaupt nicht auf seine Frage, stattdessen verwandle ich mich langsam, aber sicher in einen Stein.

Reineke Fuchs steht auf, kommt auf mich zu, zieht mich vom Stuhl hoch und nimmt mich in seine Arme. Ich fange hemmungslos an zu schluchzen, ich kann mich überhaupt nicht mehr beruhigen. Er hebt mich hoch, trägt mich ins Schlafzimmer, legt mich aufs Bett und deckt mich zu. Ich drehe mich von ihm weg auf die Seite, aber er lässt sich nicht beirren. Er legt sich neben mich und legt seinen rechten Arm um mich. Ganz langsam und zärtlich streichelt er meine vor meinem Gesicht verschränkten Hände und über meine Haare. Und ich weine und weine und schlafe irgendwann vor Erschöpfung ein.

Als ich wieder aufwache, sitzt er auf der anderen Seite des Bettes, sieht mich an und lächelt.

„Du wirst dich daran gewöhnen müssen, dass ich dir sage, was du für eine tolle Frau bist und wie gern ich dich habe", sagt er, „und nun lass uns auf unsere zukünftigen Versuche, die von dir antizipierte Katastrophe zu verhindern, ein Glas Champagner trinken. Soll ich die Flasche herholen oder willst du wieder in die Küche gehen?"

Und als ich „in die Küche" sage, grinst er und meint, das Schlafzimmer sei vielleicht im Moment auch einfach zu gefährlich. „Hast du Angst, da lauert noch eine extragroße potenzielle Katastrophe?" Ich nicke einfach nur, es hätte sowieso keinen Zweck, es zu leugnen. Und dann fragt er auch noch, mit einem Grinsen, wie die Cheshire Cat aus Alice im Wunderland: „Wäre es dir lieber, wenn ich schwul wäre?" Mir wird klar, dass er wieder einmal den Nagel auf den Kopf getroffen hat. Es wäre alles so viel einfacher, aber es wäre doch nicht das, was ich wollte. Ich sage: „Ja und Nein" und gehe voraus in die Küche. Er macht die Flasche auf, die sich entgegen meiner ersten Annahme tatsächlich als Champagner entpuppt, schenkt ein und als ich sage, ich muss furchtbar verheult aussehen, sagt er: „Darauf stoßen wir jetzt an, auf die Tränen, die Wahrheit und das Lachen".

Ich denke zum zweiten Mal nur, dieser Mann ist nicht real. Und tatsächlich lachen wir noch ziemlich viel an diesem Tag und als er sich am späten Nachmittag verabschiedet, hätte ich ihn am liebsten gefragt, ob er nicht die Nacht mit mir verbringen möchte.

Aber meine bisherigen Selbstanalysen weisen mich darauf hin, dass es nicht darum geht, eine solche Frage, nämlich was er denn will, zu stellen, sondern in der Lage zu sein zu sagen: „Ich möchte so gern die Nacht mit dir verbringen", und das Risiko einzugehen, dass er „ich aber nicht" sagt.

Später am Abend rufe ich noch Monika an, um ihr zu sagen, dass es mir gut geht, aber über mehr will ich nicht mit ihr reden und sie fängt auch nicht an zu bohren, sondern freut sich nur und wünscht mir eine gute Nacht.

Kapitel 51

Leben lernen

Lebewesen sind intentionale Wesen. Sie verschaffen sich ununterbrochen bewusst oder unbewusst über ihre Wahrnehmungssystem Informationen über ihre Umwelt und sie untersuchen dabei ständig aktiv ihre Umgebung. Gleichzeitig suchen sie dabei nach Möglichkeiten, ihre jeweiligen Bedürfnisse zu befriedigen. Leider wird dieses genetisch verankerte Verhalten, sich aktiv auf die eigene Umgebung zuzubewegen und nach Befriedigungen aller Art zu suchen, bei den Kindern unserer Kultur durch die kulturell bevorzugten Erziehungsversuche häufig sehr eingeschränkt. Dadurch lernen viele Kinder, abzuwarten und die Welt auf sich zukommen zu lassen. Sie sind dann auch als Erwachsene in ihrer Intentionalität gehemmt und wollen lieber, dass andere die Initiative ergreifen. Diese abwartende Haltung scheint die ungefährlichere zu sein, aber sie hält einen davon zurück, sich dem Leben voll zuzuwenden.

Sie will in Zukunft an ihrer Umwelt aktiver teilnehmen.

Am nächsten Morgen, beginnt der gleiche Sermon, kaum dass ich aufgewacht bin. Ich habe schon wieder den Eindruck, ich hätte mich unmöglich benommen und damit alles verdorben. Dabei könnte ich doch richtig glücklich sein.
Warum hat Reineke Fuchs das mit dem Schwulsein gesagt. Vielleicht ist er ja wirklich schwul oder zumindest bi. So einfühlsam und so verständnisvoll wie er sind nur die schwulen Männer, die ich kenne und schätze, die anderen meist nicht. Und er hat ja auch den wunden Punkt von mir getroffen. Ich habe solche Angst davor, ja, wovor eigentlich? Es ist nicht das Sexuelle, sondern das, was für mich damit einhergeht. Es soll ja Menschen geben, für die sind sexuelle Beziehungen auf der gleichen Ebene der Befriedigung, wie ein gutes Essen oder ein Theaterbesuch oder so etwas Ähnliches. Warum verbinde ich gleich so viel mehr damit? Warum haben für mich Liebe und Tod eine so große Nähe?
Ich nehme an, auch diese Frage lässt sich höchstens ansatzweise beantworten. Ich werde entsprechende Erfahrungen gemacht haben. Gebranntes Kind scheut das Feuer. Wie hat wohl Reineke Fuchs das Scheitern seiner Beziehungen verkraftet. Es hörte sich so an, als hätte er mit der Verteilung der Schwierigkeiten und Probleme auf sich und die jeweiligen

Frauen seine innere Balance wieder hergestellt und ansonsten nicht weiter gelitten. Obwohl nicht er sie verlassen hat, sondern sie ihn verlassen haben.

Ich frage mich im gleichen Moment, was ich da eigentlich denke. Als sei das „Nichtverlassen" ein Qualitätsmerkmal für eine Beziehung. Für mich scheint es so zu sein. „Verlassen zu werden" oder besser noch „Verlassen zu sein" ist offensichtlich das, vor dem ich die größte Angst habe.

Dabei ist es mir doch mehrfach passiert und ich bin nicht daran gestorben. Aber fast, füge ich innerlich noch hinzu.

So komme ich nicht weiter. Ich will nicht immer wieder das Gleiche wiederholen. Aber wenn ich so weitermache, werde ich alles zerstören. Eine beginnende Liebe, meine Hoffnungen auf eine Beziehung mit einem freundlichen und klugen Mann, meine zaghafte Hinwendung zum lebendig sein. Oder sogar dazu, glücklich zu werden.

Wieso sind die meisten Männer emotional so unabhängig? Oder scheint es nur so?

Ich erinnere mich an die Schilderungen von Reineke Fuchs. Wie er als kleiner Junge zu seiner Großmutter in die Ferien geschickt wurde, ohne zu wissen, warum, und ob er je wieder nach Hause durfte. Wie er als Dreijähriger mehrere Wochen im Krankenhaus bleiben musste, und seine Eltern ihn wegen der Ansteckungsgefahr nicht besuchen durften. Wie er schon in der ersten Klasse wegen seiner Zahnspange in der Schule gehänselt wurde. Und im Gymnasium ging es offensichtlich weiter, wenn auch aus anderen Gründen – er war in den Augen der anderen ein „Klugscheißer", ein „Streber", usw.

Das hat ihm doch bestimmt auch weh getan, da muss er doch auch gemerkt haben, dass er von der Akzeptanz anderer abhängig war.

Als er es erzählt hat, war seine Stimme ziemlich unberührt, so als sei es eben so gewesen und man muss halt damit fertig werden. Man kann es ja eh nicht mehr ändern. So als wäre es nicht ganz leicht war es für ihn gewesen, aber mit dem Effekt: „Es übt kolossal". Er hatte mehr oder weniger so die Haltung: Was einen nicht umbringt, macht einen stärker.

Viele Frauen haben – glaube ich – die entgegengesetzte Haltung: Was einen fast umbringt, macht einen schwächer.

Wenn ich an alle die Situationen denke, in denen ich mich verzweifelt, wehrlos und ausgeliefert gefühlt habe; ohne jede Energie, auch nur irgendetwas an meiner Situation zu ändern, dann ist mir vor allem bewusst, wie verletzbar und schwach ich bin.

Ich denke keineswegs daran, wie stolz ich sein kann, alle diese Situationen durchgestanden und nicht aufgegeben zu haben, wie stark ich sein muss, unter den Belastungen nicht zusammen gebrochen zu sein. Oder wie eine frühere Freundin einmal sagte: „Da habe ich doch einfach keinen Nervenbruch zusammengekriegt."

Dass ähnliche Situationen von Männern und von Frauen beziehungsweise von unterschiedlichen Personen so unterschiedlich erlebt und bewertet werden, kann ja dann wohl nicht an den Situationen liegen. Es sind die Personen selbst, die jeweils anders damit umgehen und damit etwas anderes daraus machen.

Mein Vaterprojekt bekommt durch diese Überlegungen noch einmal eine neue Dimension. Alles, was in meinem Bewusstsein in Bezug auf die Interaktionen mit meinem Vater, und natürlich auch meiner Mutter, gespeichert ist, ist aus meinen Empfindungen, Gefühlen, Gedanken und Bewertungen entstanden. Für sie war vielleicht alles ganz anders.

Bisher habe ich immer alles, was sie gesagt oder getan haben, auf mich bezogen. Jetzt muss ich wohl davon ausgehen, dass sie sich zwar ausgedrückt haben, und ich es auch abgekriegt habe, dass die Art und Weise, wie ich das verstanden habe, aber ausschließlich aus meiner eigenen Person stammt.

Ich glaube, ich muss mein ganzes Leben neu interpretieren. Aber was würde es mir nützen? Meine Deutungen haben doch ihre Spuren in mir hinterlassen und die kann ich zwar mit neuen Gedanken umdeuten, aber meine damaligen Gefühle haben sich schmerzhaft in mir eingeprägt und diese Spuren lassen sich nicht so einfach ändern.

Ich muss aufhören mit diesem „mind fucking", diesem gedanklichen Onanieren ohne jede Befriedigung, mit dem ich mich selbst fertig mache. Ich will mich an das halten, was – wenigstens in meiner Erinnerung – gestern geschehen ist. Es war schmerzhaft und befreiend, ich war glücklich und voller Hoffnung. „Auf die Tränen, die Wahrheit und das Lachen", hat Reineke Fuchs gesagt.

Ich merke, dass ich mich wieder etwas lebendiger fühle. Ich bin in der Lage, dem Morgen und dem daran hängenden Tag freundlich zu begegnen. Mir fällt ein, heute werden die Pflanzen geliefert. Ich gehe durch die Wohnung und auf die beiden Balkons, um zu entscheiden, welche Pflanze wohin kommt. Ich werde eine Palme im Badezimmer haben, Kräuter aller Art, verschiedene Pfefferminzen, Ringelblumen, Kapuzinerkresse und duftende Rosen auf den beiden Balkons, vier verschiedene blühende Orchideen in den Fenstern der Bibliothek und dann noch drei richtig große baumartige Pflanzen und noch andere, deren Namen ich alle vergessen habe, die ich auf die verschiedenen Zimmer verteilen werde.

Während ich durch die Zimmer gehe, überlege ich gleichzeitig, was ich alles ändern will.

Ich werde die Wohnung meines Vaters zu meiner Wohnung machen. In jeder Hinsicht, auf jeder Ebene. Ich werde Dinge und Gedanken, Möbel und geistige Modelle prüfen und nur das behalten, was mir gefällt. Dabei werde ich sicher noch einiges über ihn und sie, meine Mutter, erfahren, aber ich will es auf mich zukommen lassen und nicht mehr so zwanghaft danach suchen. Ich gehe in das Arbeitszimmer, und packe die Kartons aus.

Die rein wissenschaftlichen über Molekulargenetik, Biochemie, Neurophysiologie usw. packe ich gleich wieder ein. Ich habe nicht die Voraussetzungen, um sie verstehen zu können. Sie können, zusammen mit noch anderen Fachbüchern aus den Arbeitsräumen meines Vaters zurück in das Institut. Einige Bücher aus den Kartons haben Titel, die mich interessieren. „Der Leopard, der seine Flecken verliert" von Brian Goodwin, „Der Öltropfen im Wasser" von Stuart Kauffman, „Das Quark und der Jaguar" von Murray Gell-Mann, „Das Schimmern des Ponyfisches" von George C. Williams und noch einige andere, deren Titel ich auch sehr kreativ und spannend finde. Die werde ich behalten und lesen.

Und jeden Tag werde ich mir ein Regal vornehmen und die rein naturwissenschaftlichen Bücher und Zeitschriften, die so speziell sind, dass ich sie nicht verstehe, aussortieren. Der Institutsbibliothekar freut sich schon auf die Neuzugänge, sagt er mir am Telefon und das gehe aber nur, weil die Bibliothek neue Räume dazu bekäme, sonst hätte er keinen Platz gehabt. „Da habe ich aber Glück", sage ich.

Ich werde Monika und Viola fragen, ob sie mir dabei helfen, diese Wohnung zu meiner zu machen. Als Allererstes werde ich alle Vorhänge abhängen. Die Wohnung liegt ganz oben, niemand kann hineingucken und ich brauche viel Licht. Zusätzlich habe ich dann auf den breiten Fensterbänken mehr Platz für Pflanzen.

Und ich will die besonderen Sachen und den ganzen Schnickschnack aus meiner Küche und meiner Wohnung abholen und hierherbringen lassen.

Und Monika werde ich fragen, ob sie mich beim Aussortieren und Wegwerfen dort wie hier unterstützt.

Und ich werde Reineke Fuchs anrufen und ihn fragen, ob er Lust ..., nein, ihm sagen, dass ich große Lust hätte, übermorgen mit ihm in das portugiesische Restaurant zu gehen, von dem er erzählt hat, und ihn dann erst fragen, ob er auch Lust dazu hat.

Und ich tue das sofort, damit ich keine Zeit habe, es mir wieder auszureden, und er sagt, er freut sich und holt mich um sieben Uhr ab.

Ich merke, wie wichtig es ist, Pläne zu machen und zu realisieren und wie wenig hilfreich alle diese reinen Kopftätigkeiten, wie nachdenken, phantasieren, spekulieren, abwägen, wieder verwerfen, neu nachdenken, bewerten und verurteilen, sind.

Kapitel 52

Aneignung

Menschen haben die Tendenz, ihr Selbst auch auf die ihnen zugehörigen wichtigen Objekte auszudehnen. Für sie scheint der Besitz dieser Objekte ihr Selbst zu erweitern. Diese kulturell produzierte Bedeutung von „Besitz" für das Gefühl der eigenen Bedeutung und des eigenen Selbstwerts verwischt die Grenze zwischen sich selbst und der Umwelt.

Damit aber wird es schwieriger, ein Objekt in seiner Besonderheit sinnlich zu erfassen und wertzuschätzen. Es macht jedoch für das eigene Gefühl einen großen Unterschied, ob man ein Objekt nur als sich zugehörig empfindet oder ob man die eigene Wahrnehmung aktiv auf ein Objekt richtet, z. B. wegen seiner Schönheit, seiner Faszination, seiner Funktionalität usw., und beginnt, eine erotisch-sinnliche Beziehung dazu zu entwickeln. Die Gestaltung der eigenen Umgebung gewinnt durch diese Art der Beziehung zu den vorhandenen Objekten eine besondere Qualität.

Sie erkennt den Unterschied und beginnt, sich auf den Prozess zu freuen.

Inzwischen ist viel passiert. Ich bin mit Monika durch die ganze Wohnung gegangen und sie hat mir geholfen, mich zu entscheiden, von welchen Sachen ich mich trennen will. Sie hat einen befreundeten Antiquitätenhändler angerufen und der hat sich alle Sachen schon angesehen und Preisangebote gemacht. Monika hat mir sehr geholfen. Ich war so ambivalent, was die Dinge meiner Eltern betraf. „Auch wenn jedes Stück für dich voller Erinnerung steckt, mache dir bitte klar, dass du deine Erinnerungen behältst, auch wenn du es verschenkst oder verkaufst. Und wenn du wirklich in diese Wohnung einziehen willst, dann musst du sie dir auch mit deinen eigenen Sachen einrichten oder dir zumindest die Sachen, die du behalten willst, zu Eigen machen. Sonst lebst du nicht in deiner, sondern weiter in der Wohnung deines Vaters." Und dann grinste sie und fügte noch hinzu: „Und du willst doch genau wie ich die Königin in deinem eigenen Land sein, und zwar ohne Besatzer."

Mir wird die symbolische Bedeutung des Entscheidens, was ich behalten und von was ich mich trennen möchte, sehr deutlich, und ich merke, dass ich die Dinge viel bewusster betrachte. Ich werde mich von allen Möbeln trennen, die einen repräsentativen Eindruck machen: von dem gesamten

„Speisezimmer", von den englischen Ledersofas und den Beistelltischchen, von den Chippendale Sesseln und dem zugehörigen Tisch, dem Ehebett und den passenden Nachttischchen, aber nicht von dem relativ neuen großen Schrank im Schlafzimmer aus honigfarbenen Pinienholz mit den praktischen Auszügen. Mein eigenes großes Bett aus Kiefernholz mit der bunten Überdecke passt wunderbar dazu. Und meine etwas chaotische, farbenfrohe Kücheneinrichtung wird wunderbar zu der großen Palme in das frühere Speisezimmer passen. An meinem Küchentisch werde ich nähen und malen, Geschenke einpacken und alles das tun, wofür man einen großen Tisch braucht. Und in meinen alten Küchenschrank mit den bunten Glasfenstern werde ich alle die Dinge tun, die ich dafür brauche. Meine Nähmaschine, meine Farben und Pinsel, meine Muscheln und Perlen und den ganzen Krimskrams.

In meinem Königreich werden dezente Farben, Eindeutigkeit, Ordnung und Repräsentation nur sehr untergeordnete Rollen spielen.

Ich will Schrilles, Chaotisches, Überraschendes, Widersprüchliches und Komplexes.

Innen wie außen.

Mal sehen, ob und wie ich damit leben kann.

Wahrscheinlich noch nicht. Schrilles ist mir peinlich, Chaos irritiert mich, Überraschungen stressen mich, Widersprüchliches verunsichert mich, Komplexes überfordert mich, aber das Schlimmste ist: Ich muss ständig alles kontrollieren. Wenn ich glaube, ich habe etwas nicht unter Kontrolle, bekomme ich Angst, manchmal richtige Angst- und Panikattacken. Ich glaube, ich kann Hilflosigkeit nicht ertragen. Noch ist es so. Noch! Aber nicht für immer!

Also, es ist nicht so schlimm, wie bei manchen Zwangsneurotikern. Aber schon heftig. Und es bezieht sich meistens auf zwischenmenschlichen Beziehungen, da darf ich kein Risiko eingehen, da muss ich mich richtig verhalten. Bisher. Aber nicht für immer!

Ich habe zu große Angst, dass sich Menschen von mir abwenden, dass sie mich ablehnen, missachten oder mir dann in irgendeiner Weise schaden wollen.

Stundenlang kann ich dann in der Nacht wachliegen und grübeln: Was habe ich und was haben die anderen gesagt, wie habe ich mich und wie haben sich die anderen verhalten, was hätte ich anders oder besser machen können oder am besten gar nicht gesagt oder getan. Wie soll ich mich in Zukunft verhalten, was habe ich zu erwarten, wie kann ich etwas vermeiden oder wieder gut machen und so weiter und so fort. Furchtbar. Ich will das nicht mehr. Wenn ich ihre Autonomie respektiere, so wie ich auch meine respektiert wissen möchte, dann bedeutet das: Sie fühlen, denken und handeln, wie sie es wollen, und ich will mich bemühen, sie jeweils mit ihrem gesamten Selbstausdruck zu akzeptieren.

Dabei fällt mir ein, mein Vater war auch so ein Kontroletti, ständig musste er über alles Bescheid wissen: „Wo gehst du hin?", „Wann kommst du wieder?", „Was liest du da?", „Was hast du dir dabei gedacht?", „Warum machst du es nicht so, wie ich es dir gesagt habe?", „Warum willst du das?", ständig hat er mich ausgefragt. Und jetzt frage ich mich selbst, so als müsste ich mir bei etwas Bösem auf die Spur kommen.

Ich habe nicht nur kein Vertrauen in andere Menschen, ich habe auch kein Vertrauen in mich selbst. Innen wie außen. Wieder einmal. Scheint ein universales Prinzip zu sein.

Er hatte auch Angst vor dem Schrillen, alles musste gedämpft sein: Stimmen, Geräusche, Farben, Anziehsachen, Behauptungen, Standpunkte, Begegnungen, das Leben überhaupt. Überraschungen konnte er gar nicht leiden. Überraschungen machten alle seine bisherigen Pläne zunichte, Überraschungen gefährdeten die Kontrolle über das sorgfältig geplante, gedämpfte Leben.

Wie gut, dass er ein Wissenschaftler war, mit einem reduktionistischen Ansatz[43]. Da geht es auch um die Reduzierung der Anzahl von wirkenden Faktoren, um genaue Prüfungen der Verbindungen von Ursachen und Wirkungen, um Wiederholbarkeit desselben und eben nicht um das Auftreten von bisher nicht dagewesenem. Auch für ihn galt: „innen wie außen. Nur wieso mache ich es genauso. Ich will das nicht mehr. Ich wiederhole mir, mit so viel Inbrunst, wie ich nur kann, was ich stattdessen will: Ich will mich auf das Unbestimmte, das Überraschende, das Unvorhergesehene einlassen.

Ich will trotz aller Einflüsse von früher, trotz aller meiner Ängste, Schrilles, Chaotisches, Überraschendes, Widersprüchliches und Komplexes in meinem Leben haben.

Innen wie außen.

Und ich will lernen, nicht nur damit zu überleben, sondern es auch zu genießen.

Im Außen – mit Anziehsachen, Farben, Möbeln, Standpunkten, Verhaltensweisen usw. – bekomme ich es vielleicht hin, aber wie lerne ich es, so etwas in meinem eigenen Inneren zuzulassen?

Die Farben meiner selbstgemalten Seidenkissen sind schrill, die Farben meiner Anziehsachen sind gedeckt. Und alles andere auch. Gedeckt, gedeckelt, gefangen, unfrei. Es wird Zeit, dass es anders wird.

Aber wie? Noch unbestimmt!

Ich werde lernen, mir und anderen zu vertrauen. Ich nehme es mir fest vor.

Kapitel 53

Gegenwart

Leben in der Gegenwart scheint für viele Menschen sehr schwierig zu sein. Sie wenden sich häufig Ereignissen in der Vergangenheit zu und denken darüber nach, wie sie diese hätten ändern können, wenn sie nur gut genug gewesen wären oder was andere hätten tun oder lassen sollen, damit es ihnen besser gegangen wäre. Aber die Vergangenheit ist vorbei und nicht mehr zu ändern.

Andere leben überwiegend in der Zukunft und malen sich aus, was sie tun und was sie vermeiden werden, wie sie leben wollen und welche Erfolge oder Abenteuer sie in der Zukunft finden werden. Oder aber sie stellen sich vor, welche Katastrophen in der Zukunft auf sie warten und verurteilen sich damit zu einem Leben voller Angst. Sie haben durchweg in sich selbst gute Gründe, das Leben in der Vergangenheit oder der Zukunft oder abwechselnd in beiden einem Leben in der Gegenwart vorzuziehen.

Leben in der Gegenwart fühlt sich lebendig an, man ist meist voller Energie und bewegt sich – aufbauend auf dem, was gerade geschieht – von einem Moment zum nächsten. In der Gegenwart kennt man die Konsequenzen des eigenen Handelns noch nicht, man bewegt sich in einem Prozess, in dem der jeweils nächste Schritt und seine Auswirkungen noch unbestimmt sind.

Alles ist, wie es gerade ist, es gibt nichts Richtiges und nichts Falsches, entscheidend ist nur, was man will, was einem gefällt und was nicht und was man jeweils damit anfangen möchte.

Sie ist dabei, es auszuprobieren.

Der Antiquitätenhändler hat die meisten Möbel schon abgeholt, nur das Geschirr noch nicht, das habe ich noch nicht eingepackt. Meine wichtigsten Möbel, wie mein Bett und meine Kücheneinrichtung sind auch schon hier. Das ehemalige Speisezimmer sieht mit meinen Küchenmöbeln, ohne Vorhänge, aber mit der großen Palme richtig gut aus. Vielleicht streiche ich noch zwei der bisher weißen Wände sonnengelb. Im Schlafzimmer steht mein Bett mit der bunten Überdecke und den vielen kleinen, einfarbigen Kissen in den verschiedenen Farben der Decke, sie haben grelle, klare Farben und wirken fröhlich und kein bisschen gedämpft. Die sandfarbenen Vorhänge im Schlafzimmer lasse ich hängen, sie passen gut zu dem Holz der Möbel.

Die Arbeitsräume sehen fast leer aus, nur die Wände sind noch voller Bücher und der große Schreibtisch mit dem „Chefsessel" steht noch in einem der ineinander gehenden Zimmer und wird auch da bleiben. Ich finde den Chefsessel sehr bequem und einen so großen Schreibtisch wollte ich schon immer haben. Ich muss ihn nur noch leer räumen. Die ganzen englischen Ledergarnituren sind weg. Ich konnte die Art, wie das Leder in kleinen Vierecken vernäht war, noch nie leiden. Ich hätte sie am liebsten auseinander gepult. Ich bin froh, dass der Antiquitätenhändler sie hat haben wollen. Sie haben viel freien Raum hinterlassen. Dafür haben zwei der großen Pflanzen hervorragende Plätze. Und meine gemütlichen Sessel und der niedrige Glastisch aus meiner Wohnung auch

Und ohne die dunklen Vorhänge sehen die Räume sehr hell aus. Auch meine vielen, verschieden hohen Kerzenleuchter aus Messing mit den gelben Kerzen passen sehr gut in die verschiedenen Räume.

Es wird mehr und mehr meine Wohnung. Monika und Viola haben mit viel Geschmack gute Vorschläge gemacht und die verschiedenen Dinge von hier nach da getragen und wieder zurück, bis es mir gefiel. Wir haben gestern mehrere Flaschen Prosecco dabei geleert und uns wunderbar dabei amüsiert.

Heute ist der Tag, an dem ich abends mit Reineke Fuchs essen gehen werde. Und jetzt ist es Mittag, ich habe das meiste geschafft und habe mehr und mehr das Gefühl, es wird langsam aber sicher meine Wohnung.

Der Abend mit Reineke Fuchs nähert sich, noch drei Stunden und dann holt er mich ab. Ich bin aufgeregt, und ich bin mit meinen Gedanken und Phantasien mehr bei ihm als bei mir. Was denkt er, was will er, wie sieht er mich, was stellt er sich vor, wie es mit uns weitergehen soll, welche Gefühle hat er für mich? Alles Fragen, die ich keineswegs beantworten kann, da mir die inneren Prozesse anderer Menschen überhaupt nicht zugänglich sind. Ich kann solange darüber nachdenken, wie ich will. Jedes Mal werde ich nur selbstgemachte Antworten auf die Fragen finden. In jeder dieser Antworten werde ich nur mir selbst begegnen, mit der anderen Person haben sie nichts zu tun.

Und obwohl ich das weiß, frage ich mich trotzdem immer wieder. Und ich wiederhole mich dabei, obwohl ich ja nur mich frage und weiß, dass nur ich es bin, die antwortet. Ich merke, dass ich mich nur im Kreise drehen kann, und ich tue es trotzdem.

Ich muss mich stoppen. Ich will lernen, bei mir zu bleiben.

Ich kann Fragen stellen; welche die entgegengesetzte Richtung haben: Nicht, was denkt er von mir, sondern: Was denke ich von ihm, was will ich von ihm, wie sehe ich ihn, was stelle ich mir vor, wie es mit uns weitergehen soll, was sind meine Gefühle in Bezug auf ihn?

Das sind Fragen, die ich mir beantworten kann. Zumindest, wenn ich mich aufmerksam mit ihnen beschäftige.

Natürlich lauert schon die nächste Gefahr. Ich darf meine Überlegungen nicht zu sehr in die Zukunft ausdehnen. Ich muss nicht gleich heiraten und mir auch nicht vorstellen, dass Reineke Fuchs und ich wie Philemon und Baucis[44)] in hohem Alter Hand in Hand auf einer Bank an unserem Haus sitzen und den Sonnenuntergang beobachten. Ich weiß inzwischen, wie wichtig es ist, sich möglichst nicht zu weit aus der Gegenwart zu entfernen.

Was will ich, erst einmal nur ich, und zwar jetzt? Das ist die Frage! Natürlich kann ich in der Gegenwart auch etwas für die nahe Zukunft planen. Nur nicht zu weit. Es lohnt sich nicht, sich in den eigenen Plänen für die Zukunft zu verlieren.

Jetzt will ich erst einmal baden und meine Haare waschen. Und diesmal werde ich die Badewanne nicht überlaufen lassen, ich brauche mir jetzt nicht noch einmal zu beweisen, dass ich in der Wohnung meines Vaters, die nun meine ist, Raum und Zeit einnehmen kann.

Aber während ich in der Badewanne liege und mit dem Schaum spiele, fange ich trotz aller guten Vorsätze doch wieder an: Ich überlege, was soll ich anziehen, was sieht besonders gut aus, was will ich ihm sagen, worüber will ich mit ihm reden, womit komme ich gut an…bei ihm?

Warum ist es so schwer, nicht ständig das Gegenüber schon im Vorfeld in die eigenen Überlegungen einzubeziehen? Warum kann ich nicht einfach abwarten, was geschehen wird? „Überraschung!" Wie spannend. Wie furchtbar. Wie angsteinflößend.

Ich vertreibe die Zeit mit Anziehen, Schminken, in den Spiegel gucken und damit, nicht zu kritisch mit mir zu sein, sondern mir gut zuzureden und mich zu beruhigen, und plötzlich ist es sieben Uhr und es klingelt.

Vier Stunden später bin ich wieder zuhause. Es war ein schöner Abend und ich weiß überhaupt nicht mehr, worüber wir alles geredet haben. Ich habe mich einfach wohl gefühlt. Eine Situation hat sich aus der anderen entwickelt, auch die Umarmung und der Kuss vor Haustür und das anschließende Auseinandergehen.

Ich bin glücklich, beschwingt und ein bisschen beschwipst in meine Wohnung und sofort ins Bett gegangen. Ich habe zum ersten Mal gedacht, ich sei in meine Wohnung gegangen. Meine Wohnung.

Ich liege im Bett, inzwischen in meinem Bett und bin ziemlich glücklich.

Kapitel 54

Hilfen aus dem eigenen Inneren

In unserer Kultur gewann die Vorstellung des einzigartigen „Individuums", des von allen anderen unterschiedenen, besonderen „Ich´s", welches selbstbewusst und selbstbestimmt sein Leben strukturiert, organisiert und durch sein Handeln sein Schicksal in der Hand hat, ganz besondere Bedeutung.

Wenn auch seit langem bekannt ist, dass es auch unbewusste Kräfte in jeder Persönlichkeit gibt, die häufig unkontrollierte Wirkungen entfalten, werden diese häufig entweder geleugnet, rationalisiert oder mit Misstrauen betrachtet. Das „Ich" bzw. das „Selbst" wird nach wie vor als die bedeutsame Instanz betrachtet, welche die Entscheidungen und die Leistungen des Individuums ermöglicht.

Dabei gehen die Kreativität, Problemlösefähigkeit und Produktivität unserer Selbstorganisation weit über das hinaus, was das sogenannte „Ich" oder „Selbst" in der Lage ist zu leisten. Um davon entsprechend zu profitieren, ist es allerdings wichtig, die Botschaften unserer Selbstorganisation wahrzunehmen und ihnen eine Bedeutung zuzugestehen.

Sie lernt zum ersten Mal bewusst die in ihr wohnenden Unterstützungsmöglichkeiten kennen.

Mitten in der Nacht, wache ich auf, immer noch glücklich oder besser wieder glücklich. Denn im dem Traum, der direkt vor dem Aufwachen zu Ende ging, war ich zwischendurch sehr verzweifelt. Ich war mit einer Gruppe von sieben Frauen auf einer Wanderung durch einen Dschungel. Wir bahnen uns mühsam einen Weg nach oben, weil wir wissen, dass oben auf einer Hochebene unser Lager sein wird. Wir kommen schließlich auf eine hochgelegene Lichtung etwas unterhalb der Hochebene, wo sich das Lager befindet. Wir gehen alle bis an den Rand und blicken auf den tief unter uns liegenden dichten Dschungel hinunter. Von oben sehen die Bäume wie ein dichter grüner Teppich aus. Direkt unter uns beginnt eine Geröllhalde, die sich offensichtlich bis zu den Füßen der großen Bäume erstreckt. Man kann von oben gerade noch einen schmalen Streifen von kleinen und größeren Steinen erkennen, bevor der dichte Dschungel wieder anfängt. Wir sehen uns an, lächeln und sind offensichtlich stolz, es schon so weit geschafft zu haben. Plötzlich bricht die Grasnarbe, auf der ich gestanden habe, unter mir weg und ich rutsche immer schneller den Geröllabhang hinunter bis ganz nach unten. Mehr als zehn Meter über mir kann ich die anderen Frauen gerade noch erkennen. Ich beginne einen mühsamen Aufstieg, um allerdings schnell festzustellen, dass es unmöglich ist, wieder nach oben zu klettern. Das Geröll ermöglicht es nicht, Tritt zu fassen. Ich rutsche immer wieder nach unten. Ich rufe nach oben, dass ich nicht nach oben klettern kann, dass ich ein Seil brauche, dass sie mich hochziehen müssen, dass ich ihre Hilfe brauche.

Sie winken, lachen und machen einen sehr vergnügten Eindruck. Inzwischen schreie ich um Hilfe. Aber sie scheinen den Ernst meiner Lage überhaupt nicht zu begreifen. Nach oben schaffe ich es ohne Hilfe nicht und der Dschungel hinter mir ist undurchdringlich. Ich kann mir ohne Werkzeug keinen Weg hindurch bahnen. Kleinere Pflanzen, Büsche und Bäume stehen zu dicht und verwehren mir jedes Durchkommen. Ich versuche wieder und wieder, nach oben zu klettern, rufe zwischendurch verzweifelt, dass mir die Frauen ein Seil herunterwerfen und mich hochziehen sollen. Sie rufen zurück, fröhlich, sie winken, als sei alles ein großer Spaß. Sie erkennen den Ernst meiner Lage nicht. Ich kann es nicht fassen. Weil ich zunächst noch denke, dass sie meine Worte nicht verstehen können, versuche ich, meine Lage und was sie tun können, um mir zu helfen, pantomimisch darzustellen. Aber sie machen mich nur nach, dann winken sie und gehen einfach weg. Ich kann es nicht fassen. Aber es ist so, ich kann sie nicht mehr sehen.

Eine Zeitlang denke ich, dass sie mich nur deshalb nachgemacht haben, um mir zu zeigen, dass sie mich verstanden haben. Aber als ich mir noch einmal vergegenwärtige, wie sie mich nachgemacht habe, werde ich zunehmend unsicherer.

Sie haben mich nicht verstanden, sie haben sich nicht um mich gekümmert, sie waren nicht in der Lage, sich in meine Not hineinzuversetzen, oder sie wollten es nicht.

Stunde um Stunde – so kommt es mir vor – sitze ich auf den harten Geröll, betrachte die Undurchdringlichkeit der Pflanzenwelt auf meiner einen Seite, den steilen Geröllhang auf der anderen Seite und dessen grasbewachsenen Rand hoch oben und warte darauf, dass wenigstens eine der Frauen dort oben erscheint, mit einem Seil zu mir zurückkehrt.

Aber niemand kommt.

Meine Verzweiflung wächst. Ich fange vor lauter Hilflosigkeit an zu weinen. Wie können sie mich hier so allein lassen. Ich bin so wütend, so traurig, so hilflos, so verzweifelt.

Ich weiß nicht, wieviel Zeit vergangen ist, ich blicke hoch, weil es um mich herum heller geworden ist und staune.

Aus dem mir undurchdringlich erscheinenden Dschungel treten fünf wunderschöne Menschen. Es sind alles Männer, sie sind fast nackt, ihre braune Haut ist bemalt und sie sind mit Muscheln und bunten Steinen geschmückt. Sie lächeln mich an und ich weiß plötzlich und ganz sicher, sie werden mir helfen. Sie ergreifen meine Arme, umfassen meinen Körper und erheben sich mit mir in die Luft. Sie schweben langsam nach oben und setzen mich am Rande des Abhangs ab. Einer von ihnen weist noch in die Richtung, in die ich gehen soll, und dann sind sie verschwunden.
Ich sacke in mich zusammen auf den grasbewachsenen Boden und fange wieder an zu weinen. Aber diesmal vor lauter Erleichterung und Glück.
Als ich mich wieder gefasst habe, gehe ich in die angegebene Richtung und treffe auf einen kleinen Trampelpfad. Diesen gehe ich weiter durch eine offene Landschaft mit Akazien und anderen Bäumen und Büschen, die ich nicht kenne, bis ich der Ferne die Zelte des Lagers erkenne, wo wir alle die Nacht verbringen wollten.
Während ich darauf zugehe, überlege ich mir, ob ich den Frauen sagen will, wie enttäuscht ich von ihnen bin, dass sie mich so im Stich gelassen haben. Aber dann entscheide ich mich dagegen.
Als ich das große Kochzelt betrete, in dem sie alle versammelt sind, sagt eine von ihnen „Ach, da bist du ja", und die anderen nicken, während sie Zwiebeln, Tomaten und anderes Gemüse kleinschneiden und sich mit den weiteren Essensvorbereitungen beschäftigen. Keine erwähnt die vergangene Situation. Ich auch nicht.
Ich glaube allmählich, sie haben sie überhaupt nicht wahrgenommen. Meine Not hatte keine Realität für sie.
Aber sie war real für die fünf Menschen, die mich gerettet haben. Ich bin ihnen so dankbar. Und mit diesem Gefühl von Dankbarkeit und Glück wache ich auf.
Ich denke über den Traum nach. Auch jetzt, wo ich wach bin, kann ich den Traum wie einen Film vor meinen Augen ablaufen lassen.
Ich denke, er ist wichtig. Er hat eine Bedeutung, aber welche?
Ich glaube, der Traum will mir zeigen, dass es Kräfte in mir gibt, auf die ich mich in schwierigen Situationen verlassen kann. Bisher habe ich viel zu oft angenommen, dass ich ohne Hilfe von außen nicht überstehen kann.
Viele Situationen fallen mir ein, in denen ich ähnlich verzweifelt war wie in dem Traum
Ich sitze an meinem Schreibtisch und will einen Brief schreiben. Meine Kinder sind noch klein, mein Sohn ist erst zwei, meine Tochter fünf Jahre alt. Beide sitzen auf dem Teppich und bauen mit Bauklötzen eine Stadt am Meer – dafür haben sie ein großes grünes Badelaken mit entsprechen-

den Rundungen auf dem Teppich ausgelegt. Ich weiß noch genau, wie ich die rechte obere Schreibtischschublade öffne, um das Briefpapier herauszuholen, und obenauf einen von meinem Mann geschriebenen Brief sehe, der mit „Liebste Inga" beginnt. Ich weiß in dem Moment, ich sollte nicht weiterlesen, aber die Worte „Liebste Inga" lassen mir keine Ruhe. Ich kenne keine Inga. Wer ist eine „Liebste Inga" für meinen Mann? Ich lese weiter und weiter und erfahre beim Lesen, dass es sich bei „Liebste Inga" offensichtlich um eine Geliebte meines Mannes handelt, nach der er sich „sehnt", deren „Küsse und Zärtlichkeiten" er vermisst, die er maßlos begehrt, wenn er nur an sie denkt, und dass er die nächsten Nächte mit ihr kaum erwarten kann. Und dann schlägt er ihr vor, sich mit ihr zu treffen, weil er als Ausrede mir gegenüber eine Konferenz in einer anderen Stadt verwenden kann.

Ich bin wie erstarrt. Ich kann kaum atmen. Ich kann es nicht glauben. Und während langsam die „Liebste Inga" doch real wird, fühle ich, wie mein Herz schmerzt und ich mich vollkommen hilflos und ausgeliefert fühle. Ich sehe, wie meine Kinder die Bauklötze vom Rand des Meeres wieder wegnehmen und die Häuser wegen der Überschwemmungsgefahr etwas weiter weg wieder aufbauen, und denke nur, wie aufmerksam doch Kinder offensichtlich die Nachrichten des Fernsehens beobachten. Ohne mich zu bewegen, bleibe ich am Schreibtisch sitzen und weiß nicht mehr weiter. Ich bin in einen Abgrund gefallen und weiß nicht, wie ich jemals da wieder herauskomme.

Die Szene wechselt. Es ist Nacht, aber ich bin wach und stehe im Kinderzimmer. Mein kleiner Sohn schreit und schreit, er hat Bauchschmerzen und ich will mit ihm in die Notaufnahme des nahegelegenen Krankenhauses. Das geht schneller als erst einen Notarzt zu bestellen, und dann vielleicht doch ins Krankenhaus zu müssen. Aber ich habe einen gebrochenen Unterarm und einen Gips darum herum. Auch mein Handgelenk ist stillgelegt und ich kann nicht Autofahren. Ich gehe zu meinem Mann ins Schlafzimmer und frage ihn, ob er uns ins Krankenhaus fahren kann. Er lehnt das ab mit der Begründung, er brauche seinen Schlaf. Ich bin fassungslos. Und sprachlos. Ich denke, das kann doch nicht wahr sein. Er ist doch der Vater, es ist doch sein Kind. Mit Tränen in den Augen kehre ich zu dem Kind zurück. „Weine nicht, Mami", sagt er und wischt mir die Tränen aus dem Gesicht. Ich lächle ihn unter Tränen an und sage ihm, wir würden ins Krankenhaus fahren und dort würde es ihm sicher bald besser gehen. Und dann bestelle ich ein Taxi.

Immer mehr Situationen fallen mir ein. Mein Mann hat mich ins Krankenhaus gebraucht. Ich habe Wehen, und ich habe Angst. Bei der Geburt des ersten Kindes wäre ich beinahe gestorben. Ich liege noch mit den Eröffnungswehen in einem Bett, in einem sonnendurchfluteten Einzelzimmer, bis zur Geburt kann es noch Stunden dauern. „Mein" Mann steht am Fußende des Bettes, ich halte ihm ein Buch hin und sage: „Bitte lies mir doch etwas vor, ich höre deine Stimme so gerne, ich kann mich dabei so gut entspannen." Er lehnt ab und sagt, er müsse gehen, er müsse arbeiten. Auch als ich sage, jeder Mann bekäme einen freien Tag, wenn seine Frau ein Kind bekommt, bleibt er dabei. Er ist Wissenschaftler, er kann sich seine Arbeit zeitlich so einteilen, wie er möchte. Er muss nicht arbeiten, er will arbeiten. Er weiß, wie groß meine Angst vor der Geburt ist, ich habe ihm davon erzählt, ich wollte sogar, dass er bei der Geburt dabei ist, aber er hat abgelehnt. Jetzt möchte ich nur noch, dass er mir etwas vorliest, aber auch das will er nicht. Er sagt einfach „Nein".
Ich sage nichts mehr. Ich falle ins Nichts. Ich sehe nichts mehr, ich fühle nichts mehr, ich denke nichts mehr, ich bin wie von allem abgeschnitten. Ganz allein und wie vernichtet.

Ich komme erst wieder zu mir, weil mich die Hebamme heftig rüttelt und schüttelt. „Kommen Sie zu sich, stehen Sie auf", schreit sie, zerrt mich aus dem Bett, aus dem Zimmer, sie schleift mich über den Flur in den Kreißsaal und dort in eine große weiße Badewanne. Dann lässt sie Wasser über mich laufen, ich weiß bis heute nicht, ob es kaltes oder heißes oder abwechselnd beides war. Sie flößt mir starken Kaffee ein. „Noch ein Schlückchen, und jetzt noch ein Schlückchen, wir müssen Ihren Kreislauf wieder aktivieren, so ist es gut, und nun Kindchen, gucken Sie mich mal an…". Sie redet auf mich ein, ununterbrochen und liebevoll, sie passt gut auf mich auf, sie merkt schnell, dass ich keine Wehen mehr habe und gibt mir irgendwann später eine Spritze. Sie fragt nicht nach, was passiert ist, sie beruhigt mich mit sanften, freundlichen Worten. Heute noch bin ich gerührt und dankbar, wenn ich an sie denke und daran, wie sie mit mir umgegangen ist.
Es gab also in der Außenwelt manchmal Hilfe und Unterstützung für mich, aber sehr häufig eben auch nicht.
Eine Erfahrung, an die ich mich jetzt erinnere, war sehr prägend für mich und hat für lange Zeit offene Fragen hinterlassen, die erst durch die Ergebnisse der Hirnforschung[45] dieses Jahrhunderts beantwortet wurden:
Ich war fünfzehn Jahre alt und auf einem Klassenausflug mit dem Fahrrad durch einen Wald unterwegs. In einer Kurve bin ich gestürzt, habe mir den Kopf an einem Stein aufgeschlagen und eine so tiefe Wunde

am Auge zugezogen, dass ich dachte, das Auge sei zerstört. Ich bin wieder aufgestanden und habe den vorüberfahrenden Mitschülern zugewinkt und geschrien. Mein ganzer Oberkörper war blutgetränkt und ich dachte, sie sehen, dass ich Hilfe brauche. Sie haben zurückgewunken und sind vorbeigefahren. Ich konnte es nicht fassen. Wilhelm hatte ich immer so gern. Wieso hat nicht wenigstens Wilhelm angehalten und mir geholfen. Aber er fuhr auch vorbei.

Das Blut lief immer weiter, und ich wusste, dass ich mich so schnell wie möglich selbst um Hilfe kümmern musste. Ich hatte keine Schmerzen, und ich erinnerte mich, an einem Landgasthaus vorbeigefahren zu sein. Ich habe mein Rad genommen und bin, mein Rad schiebend, wieder bergauf in Richtung des Gasthauses gegangen. Als ich in die Gaststube kam, haben alle geschrien. Ich habe nur gesagt, ich wolle einen Spiegel. Eine Frau ist vor mir her in den Flur gelaufen und hat mir den Spiegel gezeigt. Und ich habe gesehen, dass mein linkes Auge noch da war und war sehr erleichtert. An mehr erinnere ich mich nicht. Sie haben dann wohl einen Krankenwagen gerufen, und ich weiß noch, dass ich im Krankenhaus eine Spritze bekommen habe.

Ich habe anschließend noch zwei Wochen im Krankenhaus gelegen, die anderen aus meiner Klasse sind in dieser Zeit auf Klassenfahrt gewesen. Ich hatte viel Zeit darüber nachzudenken, warum niemand aus meiner Klasse angehalten und mir geholfen hat. Mir fiel damals immer nur eine Erklärung ein, sie mochten mich nicht und ich war ihnen egal. Heute weiß ich, dass man nur sehen kann, was die eigene Selbstorganisation einen sehen lässt, nicht unbedingt das, was sichtbar ist.

Es gab von Kindheit an bis heute noch mehr solche Situationen, in denen ich mich hilflos und ausgeliefert fühlte, mich ganz allein und verlassen gefühlt habe und niemand da war, um mir zu helfen. Wie in meinem Traum. Aber ich habe sie alle überlebt und manchmal gab es auch Hilfe. Oder vielleicht nicht nur manchmal, sondern viel öfter, als mir bisher eingefallen ist, von außen oder von innen. Bei diesem Gedanken werde ich innerlich ganz ruhig und gegen Morgen bin ich dann doch noch einmal eingeschlafen.

Kapitel 55

Liebe und Wunscherfüllungen

Auch in unserer Kultur spielt die Liebe zwischen Menschen eine große Rolle, selbst wenn niemand so genau weiß, wie dieses Gefühl entsteht und wieder vergeht. Die Bedeutung für den Einzelnen liegt sehr oft in der erhofften Aufwertung der eigenen Person, dem Glauben, durch die Liebe von Selbstzweifeln und Selbstwertproblemen erlöst zu werden und die Ängste vor dem Verlassenwerden oder dem Verlassensein zu verlieren. Solche Vorstellungen erweisen sich angesichts der neuen Ergebnisse der Hirnforschung als Illusionen.

Wenn eine Person eine andere Person liebt, ist dieses ebenso wie andere Gefühle und deren Äußerungen ein Selbstausdruck dieser Person und hat mit der anderen Person nur insoweit etwas zu tun, als beide sich wechselseitig eine Reihe bewusster und unbewusster Wünsche erfüllen.

Aber da sehr viele Menschen sich schon als Kinder unter anderem in ihrem Selbstwert verletzt fühlten, glauben sie, in der Liebe eines anderen Menschen „Pflaster" für die eigenen Wunden zu finden, und sind dann vom anderen enttäuscht. Heilung entsteht nur im eigenen Inneren, obwohl es ein wunderbares Gefühl ist, sich von einem anderen Menschen geliebt zu fühlen.

Sie beschließt, sich nicht weiter mit unbeantwortbaren Fragen zu quälen.

Das Wetter am nächsten Morgen könnte mich dazu herausfordern, mich voller Vorfreude anzuziehen und auf dem Markt Obst, Gemüse, Eier und andere schöne Dinge einzukaufen. Aber ich fühle mich energielos, die Welt da draußen hat so gar nichts Reizvolles für mich, Ich stehe mit meinem Becher voll Milchkaffee auf dem Balkon, betrachte die Bäume und Sträucher im Innenhof und merke, dass ich keine Verbindung zu ihnen habe. Sonst habe ich mich oft an den Bewegungen der Blätter und ihrem silbrigen Glitzern gefreut und den verschiedenen Geräuschen gelauscht, die der Wind mit Hilfe der unterschiedlichen Blattformen in den verschiedenen Büschen und Bäumen erzeugen kann.

Heute ist alles anders, aber ich kenne diesen Zustand schon. Ich denke, er hängt mit den Erinnerungen der letzten Nacht zusammen. Warum ist es gerade Frauen so wichtig, wie andere Menschen mit ihnen umgehen.

Männer sind da offensichtlich anders. Und dass kann ja nicht nur mit unserer Biologie zu tun haben. Ich werde meinen momentanen Zustand als einen vorübergehenden betrachten und nicht – wie sonst – emotional darauf einsteigen.

Mir fällt das Buch wieder ein, was ich in der Bibliothek neben Rousseaus „Emil oder Über die Erziehung" gefunden habe und welches ebenso wie das Buch von Rousseau auch meiner Mutter gehört hat. Darin stand etwas, über das ich mich richtig geärgert habe. Ich gehe in die Bibliothek, um diese Stelle noch einmal zu lesen. Das Buch ist von John Berger und heißt „Das Bild der Welt in der Bilderwelt". Meine Mutter hatte einen Zettel hineingetan und ich finde deshalb die Stelle auf Anhieb. Beim Lesen überspringe ich immer wieder einzelne Zeilen und halte mich an denen fest, über die ich mich empöre.

Er schreibt:

„Das wirksame Auftreten eines Mannes ist abhängig von der Verheißung der Kraft und der Macht, die er verkörpert. Je mehr und je glaubwürdiger er etwas verheißt, desto eindrucksvoller ist sein Auftreten. ..... Sein Auftreten läßt darauf schließen, was er für dich oder dir zu tun imstande ist....

Im Gegensatz dazu drückt das Auftreten und damit die Erscheinung einer Frau ihre Einstellung zu sich selbst aus und macht darüber hinaus klar, was man mit ihr tun kann und was nicht. Ihr Auftreten (ihre Erscheinung) manifestiert sich in ihren Gesten, ihrer Stimme, ihren Meinungen, Äußerungen, Kleidern, in ihrem Geschmack und der von ihr gewählten Umgebung – tatsächlich kann sie nichts tun, was nicht zu ihrer Erscheinung beiträgt. ....

Die Frau wird in einen zugeteilten und beschränkten Raum hineingeboren, in die Obhut des Mannes. Das gesellschaftliche Auftreten der Frau, ihre Stellung in der Gesellschaft, konnte sich demzufolge nur entwickeln als Ergebnis ihrer Lebenstüchtigkeit, die sie unter der männlichen Bevormundung innerhalb des begrenzten Raumes erworben hat. Diese Entwicklung vollzog sich auf Kosten einer Spaltung ihres Selbst. Eine Frau muß sich ständig selbst beobachten und wird fast ständig von dem Bild begleitet, das sie sich von sich selbst macht. Ob sie durch ein Zimmer geht oder über den Tod ihres Vaters weint, sie wird es kaum vermeiden können, sich selbst beim Gehen oder Weinen zu beobachten. Von frühester Kindheit an hat man ihr beigebracht und sie dazu überredet, sich ständiger Selbstkontrolle zu unterwerfen. Und so kommt sie dazu, den Prüfer und die Geprüfte in ihr als die beiden wesentlichen, doch immer getrennten Komponenten ihrer Identität als Frau anzusehen. ... Ihr eigenes Selbstgefühl wurde durch das Gefühl verdrängt, etwas in der Einschätzung anderer zu sein. Männer prüfen Frauen, ehe sie mit ihnen umgehen. Wie eine Frau sich einem Mann darstellt, kann folglich darüber entscheiden, wie sie von ihm behandelt wird. ….

Wie können vereinfachend sagen: Männer handeln und Frauen treten auf. Männer sehen Frauen an. Frauen beobachten sich selbst als diejenigen, die angesehen werden. …Der Prüfer der Frau in ihr selbst ist männlich – das Geprüfte weiblich. Somit verwandelt sie sich selbst in ein Objekt, ganz besonders in ein Objekt zum Anschauen – in einen Anblick." (Berger, S. 43f)

Diesen Richter in mir kenne ich. Und dieser Richter bezieht sich in seiner Kritik nicht nur auf mein Aussehen, sondern auf alles, was ich bin. Und natürlich genüge ich nicht. Nie. Oder besser gesagt: Ich glaube, dass das so ist und ich glaube es schon ziemlich lange. Und die Richter sind immer männlich.

Ich frage mich nur, warum ein kluger Mann wie John Berger diesen – offensichtlich allgemein beobachtbaren – „Tatbestand" einfach nur beschreibt und so tut, als hätten die Männer gar nichts mit dieser Verwandlung der Frau in einen Anblick zu tun. Sie haben offenbar in seiner Vorstellung überhaupt keine Verantwortung für die Dynamik zwischen Mann und Frau. Gut, das eine ist der kulturhistorische Prozess, den man als Beobachter beschreiben kann. Aber das andere ist sind die Prozesse in der Zeit, in der er sein Buch geschrieben hat.

Die deutsche Erstausgabe erschien 1974 und es gab die Möglichkeit, auf der Basis einer eigenen ethischen Einstellung solche Entwicklungen zu bewerten. Aber er kommt gar nicht auf die Idee, sich kritisch zu äußern. Oder die beschriebene Rolle der Männer als Richter über die Frauen abzulehnen. Nein, er schreibt so, als sei das alles ganz in Ordnung und hätte mit der Geschlechterbeziehung nicht das Geringste, sondern nur etwas mit den Frauen selbst zu tun.

Aber das, worauf er hinweist, hat sich bis heute erhalten, ich beobachte das entsprechende Verhalten bei vielen Frauen, die ich kenne. Und auch sie fragen sich nicht, welche Rolle die Männer eigentlich dabei spielen. Nach John Berger sind Männer dabei emotional distanziert, sie sind diejenigen, die beobachten. Auch eine Frau in ihrem Schmerz um den Tod ihres Vaters. Sonst hätte er die Beobachtungen in Bezug auf die Frauen gar nicht so schreiben können. Und dass er schreibt, dass Männer ihr Verhalten von der „Erscheinung" einer Frau abhängig machen, ohne zu merken, in welch fataler Weise Männer sich in ihrem Verhalten von ihrem weiblichen Gegenüber abhängig machen und dabei ihr eigenständiges „ethisch-moralisches Handeln" aufgeben, finde ich sehr ärgerlich. Ich erinnere mich an eine Reihe von Aussagen, die ich von Männern gehört habe. „Wenn du mit so langen offenen Haaren und kurzem Rock rumläufst, musst du dich doch nicht wundern, wenn ein Mann versucht, dich zu

260

vergewaltigen." Das hat ein Kollege einmal zu einer Bekannten von mir gesagt, als sie erzählt hat, dass ein Mann ihr bis in den Hausflur gefolgt und über sie hergefallen ist und sie ihm gerade noch entkommen konnte. Er meinte es ernst und ich war fassungslos. Und es gab andere Aussagen von anderen Männern: „Eine Frau, die mit einem so tiefen Ausschnitt in die Sitzung kommt, die kann man doch nicht ernst nehmen." „Die hat doch wirklich überhaupt keinen Geschmack, wahrscheinlich kriegt sie auch sonst nichts auf die Reihe." „Das wird sicher ein todlangweiliger Vortrag, die sieht schon so vertrocknet aus." Und dann die ganzen hämischen Hinweise, welche Frauen es brauchen würden, mal wieder „richtig" durchgevögelt zu werden, es mal wieder „richtig" besorgt zu kriegen. Es lebe die Projektion.

Und trotzdem: Wenn Männer ihr Verhalten von dem Eindruck, den eine Frau auf sie macht, abhängig machen, ist das ihre Entscheidung. Eine Entscheidung, die ihnen nicht gut tut und die sie schwächt, aber es bleibt ihre Entscheidung.

Und wenn Frauen sich abhängig davon machen, was sie in der Einschätzung von Männern sind, ist das auch ihre Entscheidung, auch wenn sie sich schädlich auf sie auswirkt. Nur hängen diese verschiedenen Entscheidungen auf eine ungute Weise zusammen und bedingen sich wechselseitig.

Leider bin ich genauso wie andere Frauen und Männer auch in dieser kulturellen Falle gefangen.

Und nun interessiere ich mich für einen Mann und schon ist dieser für mich auch in der Richterrolle und ich frage mich, ob ich genüge, sein Wohlgefallen finde, seine Erwartungen erfülle usw. Früher war es mein Vater, dann meine Mitschüler, dann meine anderen männlichen Bekannten und Freunde, und schließlich mein Ex-Mann. Der letzte war besonders erfolgreich, mir mein Ungenügen vorzuwerfen, und ich habe ihm geglaubt.

Und jetzt gibt es Reineke Fuchs und ich glaube zurzeit noch nicht ihm, sondern ausschließlich meiner negativen Selbsteinschätzung. Das will ich ändern.

Wie komme ich nur davon weg. Ich werde Monika anrufen und das Problem mit ihr besprechen. Dieses Problem hat sie, glaube ich, nicht. Sie wirkt immer so selbstsicher. Und ich erreiche sie auch, sie ist zu Hause und hat Lust, sich mit mir bei ihrem Lieblingsitaliener zu treffen.

Der Besitzer Antonio tut immer sehr entzückt, wenn eine von uns sein Restaurant betritt, aber vielleicht freut er sich ja wirklich. Er geleitet mich an den Tisch, an dem Monika schon sitzt, hilft mir aus der Jacke, schiebt mir den Stuhl hin. Aber Monika ist aufgesprungen, um mich zu umarmen. Sie küsst mich auf beide Wangen, und ich fange an zu weinen. Und dann bricht es aus mir heraus: „Wie soll ich eigentlich jemals mit einem Mann glücklich werden, wenn ich es nicht glauben kann, dass er mich liebt?" Und ich denke, ohne es zu sagen, dass viele Therapeuten behaupten, man könne nur jemand anderen lieben, wenn man sich selbst lieben würde. Wenn ich das auch glaube, dann kann ich niemanden lieben, weil ich mich selbst so ablehne. Ich bin in meinen Augen nicht liebenswert, ich kann mich nicht ausstehen. Gleichzeitig denke ich, dass das schierer Unsinn ist. Und ganz so schlimm ist es ja nun auch nicht. Ich höre auf zu weinen und sage: „Nimm mich einfach nicht so ernst, ich glaube, ich bin einfach nur kindisch."

„Nun setze dich erst einmal", sagt sie, „solche Befürchtungen haben alle Frauen, die ernsthaft verliebt sind." „Nein, ich bin nicht verliebt", widerspreche ich ihr, „ich doch nicht, doch nicht in meinem Alter." Aber sie lacht nur. „Trink erst einmal einen Schluck, und dann erzähle mir, was mit dir los ist."

Nachdem sie sich meine ganzen Selbstzweifel angehört hat, fragt sie, warum ich denn unbedingt das Gefühl haben wolle, liebenswert zu sein. Es würde doch völlig reichen, wenn die anderen mich liebenswert finden würden und das täten sie ja, da bräuchte ich mir gar keine Sorgen zu machen. Es gestaltet sich etwas schwierig, ihr begreiflich zu machen, dass mein eigenes Verhalten anderen gegenüber davon abhängig ist, ob ich mich selbst akzeptiere oder nicht. Ich habe sie schon immer dafür bewundert, dass sie sich in ihrem Verhalten nicht von den Erwartungen oder Einschätzungen anderer abhängig gemacht hat und sich manche Fragen gar nicht stellt.

„Ich sage dir, wieso das so ist, es ist ganz einfach: Ich bin mein ganzes Leben davon ausgegangen, dass man mich sowieso nicht kennt, deshalb konnte ich gleich so sein, wie ich sein wollte. Welche Freiheit!" Und dann lacht sie wieder.

„Das meinst du nicht ernst", sage ich. „Doch", sagt sie und dann erzählt sie mir eine Geschichte:

„Weißt du, es war einmal eine kleine Prinzessin. Die hatte eine wunderschöne jüngere Schwester. Diese war zart und schmalgliedrig und hatte Hände und Füße wie eine Elfe. Der König und die Königin hielten sie wie eine kostbare Porzellanfigur in einer Vitrine von allem fern, was das Leben bunt, aber auch schmutzig machte, und kümmerten sich Tag und Nacht um sie. Die kleine Prinzessin war neidisch und eifersüchtig auf ihre jüngere Schwester, aber das half ihr nicht. Die Aufmerksamkeit und die Fürsorge, die Liebe und die Zärtlichkeit der Eltern reichten nur für das jüngere Kind. Auf ihr älteres Kind waren sie – besonders der Vater – vor allem stolz.

Die kleine Prinzessin hatte deshalb viel Zeit für sich allein und viel Freiheit. Sie machte weite Spaziergänge, und lernte viele Menschen und Tiere kennen. Die gesamte Umgebung war ihr Spielplatz. Trotzdem war sie oft traurig und fühlte sich einsam und beneidete immer wieder ihre kleine Schwester. Viele Jahre später erfuhr sie von ihrer jüngeren Schwester, wie neidisch diese immer auf sie – die Ältere – war, auf ihre Freiheit, darauf, dass sie immer tun konnte, was sie wollte.

Beide waren neidisch und eifersüchtig aufeinander, jede hatte das, was die andere wollte und nicht bekam und keine hat sich wirklich um die andere gekümmert. Sie haben einfach nicht miteinander geredet."

Dann schweigt sie. „Es tut mir leid", sage ich. Wir schweigen beide längere Zeit und rühren in unseren Kaffeetassen herum. Immer rund herum, obwohl wir beide keinen Zucker nehmen. Als wir es bemerken, fangen wir beide an zu lachen. Die kreisende Bewegung im immer Gleichen passt so gut zu unseren inneren Prozessen.

„Was hältst du davon, uns ein Stück Marzipantorte zu teilen?" Ich finde es eine wunderbare Idee. Marzipan, Nougat und Schokolade sind reine Seelennahrung.

Dann sagt sie, sie habe einmal eine wunderbare Karikatur gesehen. Im Vordergrund sitzt ein Professor mit einem seiner Studenten und durch eine offene Tür kann man seine Frau in der Küche beim Kochen sehen. Und der Professor sagt zu dem Studenten: „Wissen Sie, ich habe lange gebraucht, um zu begreifen, dass es nicht darauf ankommt, geliebt zu werden, sondern zu lieben. Ich zum Beispiel liebe Kalbsragout."

Ich gucke etwas betroffen und Monika sagt: „Ich finde das lustig und vor allem sehr zutreffend. Wir lieben doch alle nur deshalb den anderen, weil er auf so unnachahmliche Art uns unsere Wünsche erfüllt."

Am liebsten würde ich ihr widersprechen, und ich tue es auch. „Bei mir ist es anders. Ich liebe die Art, wie er lacht und wie er aussieht, wenn er ernst wird. Ich liebe den Klang seiner Stimme, und das, was er sagt. So intelligente Männer wie ihn finde ich einfach faszinierend. Und ich mag, wie er riecht und wie er sich bewegt."

Monika lacht nur. „Das sind also deine Wünsche. Du möchtest einen Mann mit Humor und ausdrucksstarker Mimik und Gestik, mit einem lebendigen Ausdruck in der Stimme, intelligent und für dich gut riechend und das alles erfüllt er dir. Und wahrscheinlich noch mehr", fügt sie noch hinzu.

Wir beginnen eine hitzige Diskussion darüber, ob man eigentlich einen anderen Menschen liebt, weil er so ist, wie er ist. Oder ob man einen anderen Menschen deshalb liebt, weil er auf eine besondere Weise die eigenen Wünsche erfüllt.

Schließlich einigen wir uns auf einen Kompromiss. Weil der andere Mensch so ist, wie er ist, kann er die besonderen Wünsche, die wir an ihn haben, erfüllen. Und dann diskutieren wir darüber, warum es uns so wichtig ist, beide recht zu haben. „Ich habe Angst, sonst nicht zu deiner Welt dazu zu gehören", sagt Monika und ich sage, ich hätte Angst, ich würde sonst aus ihrer Welt herausfallen. „Und wo ist das der Unterschied?" fragen wir beide mehr oder weniger gleichzeitig.

Plötzlich wird es mir klar und in selben Moment hat sich der Unterschied schon wieder verwischt.

Inzwischen trinken wir nicht mehr nur Kaffee, sondern Sekt, sehen uns liebevoll gegenseitig an und versichern uns, wie wichtig wir uns sind und dass jede von uns auch in der Welt der anderen immer einen Platz haben wird. Dabei haben wir dann beide Tränen in den Augen.

Wir bestellen uns beide noch etwas zu essen und dann reden wir darüber, welche Wünsche wir uns wechselseitig erfüllen. Weil wir beide sehr verschieden sind, sind es auch sehr unterschiedliche Wünsche.

Und ich rede auch nicht wieder von Reineke Fuchs. Er wird sowieso in den nächsten Wochen nicht da sein, sondern wegen eines Forschungsauftrages im Ausland und kommt dann erst in einigen Wochen zurück. Aber vorher werde ich ihn wohl noch einmal sehen.

Kapitel 56

Lernprozesse

Mit großer Wahrscheinlichkeit wird vieles von dem, was Menschen lernen, in Form von Mustern gespeichert, die dann in strukturell ähnlichen Situationen verhaltenssteuernd wirken können. Leider sind manche dieser Muster zwar sinnvoll während der Zeit, in der sie entstanden sind, aber häufig in einem späteren Alter nicht mehr, sondern oft sogar kontraproduktiv. Trotzdem bleiben diese Muster im Gehirn gespeichert und wirken weiter, außer Menschen machen sie sich bewusst, akzeptieren, dass sie da sind und versuchen, sie in ihrer Wirkung abzuschwächen.

Manchmal sind die Muster in ihren Wirkungen stärker als die bewusste Entscheidung, sich von ihnen nicht beeinflussen zu lassen. Auch das zugehörige Scheitern zu akzeptieren, gehört zu den notwendigen Lernprozessen.

Sie versucht es zumindest.

Der Zusammenhang zwischen Liebe und Wunscherfüllung beschäftigt mich noch lange. Ich gehe in der Wohnung hin und her und frage mich nicht mehr, ob Reineke Fuchs mich liebt oder ich ihn. Ich denke darüber nach, welche Wirkungen es auf mich gehabt haben kann, dass ich nicht sicher bin, ob mein Vater mich geliebt hat. Es besteht offensichtlich ein Zusammenhang zwischen meinen Selbstzweifeln und der Art, wie mein Vater mit mir umgegangen ist. Oder hat sich die Unsicherheit meiner Mutter, ihre ununterbrochen stattfindende Anpassung an die Erwartungen meines Vaters, ihre vage Art, nicht nur ihm, sondern auch mir auszuweichen, auf mich übertragen. Oder habe ich vielleicht ihre Verhaltensweisen nur einfach übernommen, weil ich dachte, so müsse man sich als Frau verhalten. Ich glaube, es sind nicht nur die wechselseitigen Wunscherfüllungen, die zu dem Gefühl von Liebe führen. Ich denke, es ist noch komplizierter.

Ich liebe meinen Vater oder fühle mich so an ihn gebunden, gerade weil meine Wünsche von ihm nicht erfüllt worden sind.

Ich wollte, dass er mich ansieht und sich freut über mich. Aber er hatte oft diesen abwesenden, nach innen gekehrten Blick, die Welt um ihn herum hat ihn meist nicht interessiert. Ich ihn auch nicht. Wie oft habe ich mich gefragt, was ich nur sagen oder tun könnte, damit er mich wahrnimmt und mir zuhört; wie ich aussehen müsste und was ich anziehen könnte, damit er mich hübsch findet. Was ich lesen und worüber ich mich informieren sollte, um kluge Dinge zu sagen oder zu fragen. Alles, was ich versucht habe, war vergeblich und ließ bisher nur einen Schluss zu: Ich war hässlich, uninteressant und dumm, langweilig und anstrengend. Vor allem anstrengend. Ein Störfaktor im Leben meines Vaters. Meine Mutter nicht, sie war ein Hilfsmittel. Ich hatte keine Chance, ich konnte ihm noch nicht einmal helfen. „Ach lass man, mein Kind, das kannst du nicht, das verstehst du nicht, das bringst du mir nur durcheinander, das machst du mir nur kaputt."

Und es stimmte ja, ich war ungeschickt, mein Vater hatte recht. Vieles ging kaputt und ich war daran schuld.

Ich wurde unsicher, ich fasste nicht mehr fest zu, ich bewegte mich zögerlich und verlor die Wahrnehmung meines eigenen Körpers. Er befand sich irgendwo im Raum und ich fühlte mich oft irgendwie daneben. Immer war mein Körper größer oder kleiner, meine Arme länger oder kürzer, als ich dachte. Meine Mutter nahm es mit Humor. „Unser kleiner Elefant im Porzellanladen", sagte sie, wenn ich irgendwo anstieß oder wieder etwas auf den Boden fiel und zerbrach. Die Dinge, die kaputt gingen, waren wichtiger als meine blauen Flecken, und wenn ich jammerte, weil ich wieder einmal meinen Ellenbogen in den Türrahmen gerammt hatte, meinte sie: „Ja, ja, deswegen nennt man ihn den Musikantenknochen."

Sie war selber hart im Nehmen, klagen war nicht ihre Art. Sie sagte immer: „Kind, die Dinge sind, wie sie sind, da kann man nicht viel machen." Ich litt darunter, aber ich protestierte nicht, bis heute leide ich und protestiere nicht.

Das Gefühl von Empörung ist mir meist fremd, stattdessen fühle ich oft eine merkwürdige Leere im oberen Teil meines Bauchs. Ich denke, ich habe diese Leere öfter als einmal mit Hunger verwechselt. Dabei ist es das Gefühl von Empörung, welches da fehlt.

Ich habe hingenommen, dass ich die Wünsche meines Vaters nicht erfüllen konnte, ich war eben in keiner Hinsicht gut genug. Ich habe mich nicht darüber empört, dass er meine Wünsche nicht erfüllt hat. Er hätte wenigstens einige erfüllen sollen, er war doch der Vater und ich das Kind. Aber er hat nicht, und ich war nicht empört, ich habe es hingenommen und für selbstverständlich gehalten. So jemanden wie mich kann man nicht lieben. Das war die Schlussfolgerung aus meinen Erfahrungen. Denn sonst hätte er es doch getan, oder?

Ich habe Tränen in den Augen vor Selbstablehnung und Selbstmitleid und dann steige ich – diesmal aber mit Absicht, um meine Muster besser kennenzulernen – richtig ein in die Phantasien, wie sich mein Vater verhalten hätte, wenn er mich geliebt hätte: Er hätte mich mit diesem liebevollen, gütigen Blick angesehen, den er manchmal, wenn auch eher selten, für meine Mutter zusammen mit dem Seufzer „Ach, wenn ich dich nicht hätte", übrig hatte, wenn sie ihm etwas Schönes gekocht hatte.

Er hätte mir gesagt, wie stolz er auf mich ist, wie hübsch ich sei, wie gut ich etwas gemacht habe, wie gern er Zeit mit mir verbringt und wie klug er manches, was ich sage, findet. Er hätte mir gezeigt, wie neugierig er darauf ist, was ich fühle und denke und mich gefragt, wie ich mir etwas vorstelle und was ich will.

Er hätte mich mitgenommen und mir seine Welt gezeigt, seine Arbeit erklärt und seinen Freunden vorgestellt, und ich hätte gemerkt, wie es ihn freut, dass ich – ich, so wie ich bin – seine Tochter bin.

Stattdessen hat er mich aus seiner Welt ausgeschlossen. Und zur Welt meiner Mutter wollte ich nicht gehören. Ich hatte keine Lust, immer wieder aufzuräumen, sauberzumachen, zu kochen und abzuwaschen, zu bügeln, zu nähen oder den Tisch zu decken, die gleichen Handlungen Tag für Tag.

Ich wollte – wenn ich erwachsen war – ein aufregenderes Leben.

Aber was habe ich gehabt? Als alleinerziehende Mutter mit zwei Kindern, einem Vollzeitjob und wenig Geld? Ich will im Moment darüber nicht nachdenken.

Im Moment will ich nur darüber nachdenken, wie meine alten Erfahrungen mit „lieben und geliebt werden" noch Einfluss auf mein jetziges Leben haben und welche potentiell destruktiven Wirkungen für meinen Umgang mit Reineke Fuchs davon ausgehen.

Aber irgendwie scheint mein Denken blockiert zu sein. Es gibt nur Gedankenfetzen, die sich wie Zigarettenrauch sofort verflüchtigen, aber einen schalen Geruch hinterlassen.

Und immer wieder denke ich nur dasselbe: Ich bin nicht anziehend, ich bin nicht liebenswert, ich bin anstrengend und humorlos, nicht witzig und nicht charmant, stattdessen bedeutungslos und ohne jeden besonderen Wert. Belanglos. Einfach belanglos.

Ich merke, in welchen Zustand ich durch diese Gedanken komme. Ich kenne diesen Zustand schon mein ganzes Leben lang. Er fühlt sich für mich an, als würde ich in der Haut eines Luftballons leben, kein Kontakt nach innen und kein Kontakt nach außen. Es ist ein Zustand, den ich meinem schlimmsten Feind nicht wünschen würde und ich will nicht wieder durch meine eigenen Gedanken in diesen Zustand kommen.

Und trotzdem kann ich nicht damit aufhören. Noch nicht damit aufhören. Reineke Fuchs hat mir erzählt, dass es im Gehirn ein Modul gäbe, welches aus den vorhandenen Informationen die passenden Geschichten dazu erfindet. Dabei kommt es auf den „Wahrheitsgehalt" oder die „Überprüfbarkeit" zunächst gar nicht an. Es wird von dem „Interpreten" einfach eine Geschichte für die zugehörige Person erfunden. Wenn das so stimmt, könnte ich ja anfangen, mir einfach andere Geschichten auszudenken. Aber ganz so einfach scheint es nicht zu sein. Vielleicht ist es eine Frage der Übung. Im Moment schaffe ich es noch nicht.

Ich muss etwas tun. Aufhören zu denken und etwas tun. Ich werde mir etwas zu essen machen. Typisch, etwas zu essen, denke ich. Aber es ist mir jetzt egal.

Ich gehe zum Kühlschrank und sehe nach, was da ist. Ich beschließe, ich werde mir Zucchinipuffer machen und das Reiben der Zucchini als eine meditative Handlung begreifen. Vielleicht kann ich das Denken damit unterbrechen.

Und wenn ich gegessen habe, werde ich mich hinlegen und versuchen zu schlafen. Auch das hilft manchmal gegen das diffuse Denken, mit dem ich mich nur in endlosen Kreisen bewege und keinen Ausweg finde.

Kapitel 57

Trennung

Wenn zwei Menschen sich räumlich für eine Zeitlang trennen, bedeutet dieses, dass die wechselseitigen Wunscherfüllungen für die Zeit der Trennung unterbrochen werden. Ein Verzicht, der in Abhängigkeit von der Intensität der Wünsche sehr schwer fallen kann.
Trennungen können von Menschen sehr unterschiedlich erlebt werden. Während für die einen gilt: „Aus den Augen, aus dem Sinn", ist es für andere kaum zu ertragen, von einem geliebten Menschen für eine Zeit getrennt zu sein. Manche Menschen versuchen, den Trennungsschmerz dadurch zu verringern, dass sie ihre Bindung an den anderen Menschen anzweifeln oder diese auf andere Weise verringern. Wieder andere verkleinern die Bedeutung des anderen Menschen oder erinnern sich an negativ erlebte Begegnungen. Und einige beginnen zum Abschied sogar einen Streit, um sich die Trennung zu erleichtern. Sie sind sich in vielen Fällen ihrer Wünsche an die andere Person und der eigenen Freude und Dankbarkeit über deren Erfüllungen nicht bewusst. Und dadurch kann auch der bewusste zeitweilige Verzicht auf die Wunscherfüllungen die Trennung oft nicht erleichtern.

Sie akzeptiert, dass unterschiedliche Interessen Trennungen manchmal erforderlich machen und akzeptiert damit auch den notwendigen Verzicht.

Gestern war mein letzter Abend mit Reineke Fuchs vor seiner Abreise in die USA. Wir haben uns absichtlich weder in meiner noch in seiner Wohnung getroffen. Ich wollte es langsam angehen lassen und er hat zugestimmt. Und ich war mir selber – besser meinen sexuellen Wünschen – gegenüber misstrauisch. Ich glaube, wären wir gemeinsam in einer Wohnung gewesen, hätten wir uns nicht zurückgehalten. Zumindest in meiner Phantasie wären wir übereinander hergefallen. Und Reineke Fuchs hat durchaus auch entsprechende Äußerungen von sich gegeben.
Also waren wir erst im Kino und anschließend bei Antonio essen. Antonio begrüßt Reineke Fuchs inzwischen genauso überschwänglich wie sonst Monika und mich und führt uns an einen Tisch in einer Ecke, wo wir nicht mitten drin, sondern ein bisschen abgeschirmt von den anderen Gästen sitzen können.

Der Film war herzerwärmend. Er hieß „Ziemlich beste Freunde" und ist die Verfilmung der Beziehung zweier sehr unterschiedlicher Menschen. Der Unternehmer Philippe Pozzo di Borgo ist mit 42 Jahren wegen eines Unfalls vom Hals an querschnittsgelähmt. Er kann zwar noch sprechen, aber er braucht Hilfe für alle seine anderen Lebensäußerungen. Und diese Hilfe bekommt er von Abdel, einem arbeitslosen, ehemals „schweren Jungen". Ich bin abwechselnd gerührt, erheitert, traurig und erstaunt darüber, wie diese beiden Menschen miteinander umgehen und was sie zusammen erleben. Auf der einen Seite die totale Abhängigkeit und auf der anderen Seite die sich auf alle Lebensprozesse beziehende Fürsorglichkeit. Zwischendurch wird Philippe von einem anderen Pfleger betreut, und der ist menschlich eine Katastrophe, ohne jede Empathie. Aber Abdel kommt wieder zurück.

Was mich besonders beeindruckt hat, ist Philippes Akzeptanz seiner Hilflosigkeit und seiner vollständigen Abhängigkeit und der selbstverständliche humorvolle Umgang mit dessen Behinderungen durch Abdel. Zwei Menschen, die einander mehr helfen und unterstützen, als für das bloße Auge sichtbar ist. Von diesem Film habe ich viel gelernt.

Ich war immer noch sehr nachdenklich, als wir im Restaurant ankamen, und auch noch, als wir bereits am Tisch sitzen.

Reineke Fuchs merkt es und fragt nach. Ich stottere etwas herum. Ich denke an die durch den Unfall erzwungene „unfreiwillige" Hingabe an die Menschlichkeit anderer Menschen, an den notwendigen Verzicht, dem eigenen Stolz und der eigenen Scham einen Raum im Umgang mit anderen zu geben. Wie kann man das aushalten? Wie kann man trotz Stolz und Scham die Hilfe anderer entgegennehmen?

Wie viel Unterwerfung braucht es? Oder ist es die Fähigkeit, einem anderen Menschen zu vertrauen, auch wenn man sich selbst in der Hölle befindet? Oder die Fähigkeit, sich in tiefster Seele berühren zu lassen und tut es auch noch so weh? Während diese Fragen zusammen mit vielen Bildern durch mein Gehirn wabern, überlege ich, ob ich so ausgeliefert leben könnte wie Philippe? Es wäre so entsetzlich schwer für mich, dass ich es mir in allen Konsequenzen gar nicht vorstellen kann.

Könnte ich die Aufgabe von Abdel übernehmen? Mein erster Impuls ist „Selbstverständlich".

Interessant. Mit der gebenden Seite kann ich mich identifizieren, mit der nehmenden Seite nicht. In Beziehungen mit anderen Menschen geht es aber um Geben und Nehmen.

Laut sage ich: „Ich denke daran, wie viel ich noch lernen…", aber dann stocke ich, weil ich merke, es geht gar nicht darum, etwas zu lernen. Ich weiß doch schon so viel. Es geht darum, mich nicht mehr meiner Angst zu unterwerfen, bereit zu sein, Risiken einzugehen und die Möglichkeit des Scheiterns zu akzeptieren. Deswegen fange ich den Satz noch einmal an und sage: „Ich will aufhören, soviel Angst zu haben."

Reineke Fuchs lacht: „Das ist ein guter Vorsatz. Nur wenn du Angst hast, kannst du sie nicht einfach abstellen. Wenn man Angst hat, hat man sie. Ich denke, das ist ja nicht nur psychisch, sondern es sind einfach auch körperliche Symptome. Aber ich habe einmal gehört: „Nur wer Angst hat, kann auch mutig sein." Ich bin etwas verlegen, wegen der neuen Gedanken, die jetzt mein Gehirn durchziehen, und dann stimme zu: „Das leuchtet mir ein. Vielleicht ist es wichtiger, mutiger zu sein." Reineke Fuchs sieht mich ganz ernst an und meint, dann sollten wir doch gleich damit anfangen. Und dann beugt er sich so weit über den Tisch, dass er meine Schultern umfassen kann, und küsst mich. Und ich ihn. Wir können beide kaum aufhören und als wir es doch tun, bin ich ganz durcheinander und er lächelt auf eine besondere Weise. „Ich liebe dich", sagt er, „ob ich will oder nicht."

Ich bin für einen Moment ganz mutig und sage: „Ich dich auch." Und dann schweigen wir beide ziemlich lange.

„Wie schade, dass ich morgen früh in die USA fliege. Ich würde lieber bleiben. Aber es ist schon lange so ausgemacht, und die Arbeit ist mir auch wichtig."

Und ich frage genauer nach, worum es denn geht und er will gerade anfangen zu erzählen, da kommt Antonio und bringt die Speisekarte. Und dann waren wir erst einmal mit Aussuchen beschäftigt. Aber nach unserer Bestellung fängt er an, von seinem Aufenthalt in den USA zu erzählen. „Es geht um die Forschung an Schwämmen", sagt er, „Schwämme sind sehr alte Lebewesen und haben sehr ausgefallene Methoden entwickelt, um sich zu vor schädlichen Umwelteinflüssen zu schützen. Sie haben mit Hilfe von Bakterien eine Fülle von chemischen Stoffen entwickelt, von denen man inzwischen weiß, dass sie sehr wirkungsvoll gegen Erreger menschlicher Krankheiten sind." Und dann erklärt er mir, was auf diesem Treffen stattfinden soll. „Es kommen eine Reihe von Meeresbiologen, Molekularbiologen, Biochemikern usw. aus verschiedenen Ländern zusammen, um gemeinsam nach Möglichkeiten zu suchen, die Wirkungsweise von sechs bestimmten Enzymen genauer zu erforschen. Diese Enzyme steuern offensichtlich die Produktion der bioaktiven Stoffe in den Bakterien, mit deren Hilfe sich die Schwämme verteidigen." Dann erzählt er mir, dass die Wissenschaftler alle im Gästehaus der Universität wohnen und gemeinsam in den Laboren arbeiten werden. Das Ganze soll auch ein Versuch sein, wissenschaftliche Ergebnisse vor dem sofortigen Zugriff der chemischen Industrie zu bewahren und gemeinsam zu überlegen, was damit geschehen soll." Und dann erzählt er, dass die bioaktiven Substanzen, die man bisher gefunden hätte, auch Medikamente gegen Aids und Leukämie möglich machen könnten. Voraussetzung dafür sei aber, dass man die wirksamen Substanzen soweit entschlüsseln kann, dass sie künstlich herstellbar werden. Das sei auch eine der wichtigen Fragestellungen auf dieser Arbeitskonferenz. Eine andere sei, wie man die Bakterien, welche diese Substanzen mithilfe der Enzyme herstellen, außerhalb der Schwämme lebensfähig halten und vermehren könne. Dann können diese Bakterien die Produktion der Medikamente übernehmen. Mit der Herstellung im Labor soll verhindert werden, dass die Schwämme in den Meeren abgeerntet und ausgerottet werden.

Mir wird immer klarer, wie komplex die Prozesse sind, mit denen sich die Wissenschaftler auseinandersetzen wollen. Es wäre nicht meine erste Wahl, um mich zu beschäftigen.

Aber Reineke Fuchs ist ganz begeistert von dem, was ihn in den USA erwartet.

Und dann erzählt er mir noch mehr von dem, was Schwämme alles können.

Sie können ein elastisches Silikat herstellen, durch das mit Hilfe des Lichts Informationen durch die Schwammkörper geschickt werden. Und dieses Biosilikat sei außerdem auch medizinisch sehr wirksam.

Reineke Fuchs erzählt und ich frage. Zwischendurch essen wir das, was wir bestellt haben und es schmeckt wunderbar und dazu trinken wir den besonders milden Rotwein, den Antonio zweimal im Jahr aus Italien von seinem Bruder mitbringt. Gemeinsam besitzen sie mehrere Weinberge. Der Bruder kümmert sich um die Herstellung und Antonio um den Verkauf des Weins.

Durch all das, was mir Reineke Fuchs erzählt hat, lerne ich eine ganze Menge. Ich finde Schwämme inzwischen richtig interessant. Vorher wusste ich noch nicht einmal, dass Schwämme Tiere sind, und älter als 600 Millionen Jahre.

Und ich begreife einmal mehr, dass alle Lebewesen ihre eigenen Interessen verfolgen, sich gegenseitig angreifen oder sogar auffressen, sich in wechselseitiger Anpassung verändern, um sich immer besser voreinander schützen oder verteidigen zu können. Aber sie unterstützen sich auch wechselseitig und sie sind auf sehr differenzierte Weise voneinander abhängig. Ich bin auch so ein selbstorganisierendes System, also gilt das alles auch für mich. Ich werde mich daran gewöhnen, nicht wesentlich anders zu sein. Ich bin allerdings doch ganz froh, dass die Abhängigkeit ihre Grenzen hat. Niemand kann ein sich selbstorganisierendes System gezielt beeinflussen, sie sind nicht von außen kontrollierbar. Das gilt auch für mich, allerdings auch für Reineke Fuchs.

Wir reden noch ganz viel und ich fühle mich richtig wohl. Und dann sagt Reineke Fuchs, er wolle jetzt in seine Wohnung, morgen müsse er sehr früh aufstehen, um das Flugzeug zu erreichen. Ich schiebe meine Gedanken, mit denen ich mich üblicherweise verunsichere und entwerte, beiseite und bin sehr erfreut, dass ich es kann. Ich nehme seine Aussage einfach so, wie er es gesagt. Ich vermeide jede Interpretation, ich kann ja sowieso nicht wissen, was er denkt.

Ich will die Rechnung mit ihm teilen, aber er besteht darauf, mich einzuladen. Antonio verabschiedet sich von uns beiden mit ausdruckstarken Worten, großen Gesten und von mir mit einem kleinen Handkuss.

Reineke Fuchs bringt mich noch bis zu meiner Haustür und dort verabschiedet er sich sehr zärtlich von mir. „Ich werde dich sehr vermissen", sagt er noch, dann dreht er sich um und geht.

Ich werde ihn mit Sicherheit auch vermissen. Jetzt schon.

In meiner Wohnung angekommen setze ich mich noch einen Moment in die Küche. Ich habe noch Durst und hole mir ein Mineralwasser aus dem Kühlschrank. Ab morgen wird Reinecke Fuchs für mehrere Wochen weg sein. Und plötzlich fällt mir etwas Wichtiges auf. Wenn ich daran denke, dass er zu mir gesagt hat, dass er mich liebt, fängt sofort das alte Muster mit allen Zweifeln, Unterstellungen und meiner inneren Abwehr in meinem Gehirn an zu arbeiten. „Ob er das wirklich ernst meint, wie ernst er das gemeint hat; ob nicht alles wieder zu Ende ist, wenn er aus den USA zurückkommt; warum er nicht vor seiner Abreise darauf gedrungen hat, mit mir zu schlafen und stattdessen mit mir ins Kino gegangen ist. Und auch wenn ich es gar nicht gewollt habe, er hätte es ja wenigstens versuchen können und so weiter und so fort.

Aber sowie ich die Richtung ändere und spüre, was ich in Bezug auf ihn fühle, ändert sich etwas. Ich spüre, wie mir innerlich ganz warm wird, wenn ich an ihn denke; wie mir sein Lächeln, und die Art, wie er mich ansieht, gefällt. Wie ich genießen kann, den Schimmer auf seinen Haaren und die gebräunte Haut auf seinen Unterarmen mit den feinen Härchen darauf zu sehen. Und seine Stimme, wie er spricht oder lacht, finde ich einfach hinreißend und sehr erotisch. Sein ganzer Ausdruck und noch viel mehr ist für mich einfach sexuell anziehend. Und wenn ich spüre, wie sehr ich ihn liebe, habe ich gar keine Selbstzweifel mehr. Ich fühle mich einfach ausgefüllt und warm.

Das alte Muster, mit dem ich mich so oft gequält habe, funktioniert nur in einer Richtung, von der Außenwelt auf mich zu. Und das leuchtet mir auch ein, so habe ich es ja auch gelernt.

Aber wenn ich von mir ausgehe, wenn sich meine Gefühle, meine Gedanken, meine Wünsche und Impulse von mir aus auf die Außenwelt richten, haben die alten Muster nur noch eine geringe Chance, mir mein Leben zu vergiften.

Und als ich irgendwann später im Bett liege, halte ich mich an dieser neuen Erkenntnis fest. Ich mache mir bewusst, dass ich diesen Mann auf sehr vielfältige Weise liebe und viele Wünsche für die Zukunft habe.

Kapitel 58

Patriarchale Verhaltensweisen

Männern ist häufig ihr Verhalten gegenüber Frauen nicht bewusst. Die meisten bemühen sich auch dann nicht um mehr Bewusstheit, wenn ihre Partnerinnen unglücklich sind, sich trennen wollen oder sie sogar verlassen. Frauen allerdings verhalten sich oft nicht anders, nur mit dem Unterschied, dass sie ihre Partner als die Verursacher der Probleme und damit als Täter, sich selbst aber als Opfer begreifen.

Probleme, Konflikte und Schwierigkeiten entstehen aber nur aus dem Zusammenspiel aller Beteiligten.

Je bewusster jedem Menschen die eigenen Muster sind und je größer die Bereitschaft ist, sich für die eigenen Gefühle, Gedanken und Handlungen verantwortlich zu fühlen, desto eher können sich befriedigende zwischenmenschliche Beziehungen entwickeln.

Sie will sich auf keine Täter-Opfer-Dynamik mehr einlassen.

Heute habe ich eine E-Mail von Reineke Fuchs bekommen. Darin denkt er noch einmal über seine bisherige Beziehung zu Frauen nach. Ich weiß gar nicht, wie ich damit umgehen soll. Schon wieder dieses „soll". Also, ich weiß gar nicht, was ich darauf antworten „will".
Er schreibt:

Meine Liebe,

ich vermisse dich sehr, Dein Lachen, das Leuchten in deinen Augen, wenn du von etwas, was dich begeistert, erzählst, und wie du riechst und noch viel mehr. Die Zeit vergeht langsam, die Arbeitssitzungen sind quälend. Das Verhalten vieler meiner Kollegen erinnert mich leider an eigene frühere Verhaltensweisen. Ich frage mich dann immer, ob ich mich auch so platzhirschmäßig gebärdet habe und muss leider feststellen, dass ich sogar heute noch gefährdet bin, darauf einzusteigen. Diese Kämpfe um „Wer ist besser?" und „Wer ist der Beste?" finden fast immer statt, auch wenn gar keine Frauen anwesend sind. Offensichtlich sind wir mit unseren männlichen Verwandten aus dem Tierreich doch näher verwandt, als wir wahrhaben wollen. Der Kampf hört erst auf, wenn plötzlich alle sich auf eine Fragestellung oder ein Problem konzentrieren, weil es alle interessiert. Diese Diskussionen, in denen alle Beteiligten auf der Suche nach einer Idee oder einem neuen Ergebnis sind, die kann ich richtig genießen. In dieser Ansammlung von Männern und nur wenigen Frauen kann ich einiges beobachten, was sich so zwischen den Geschlechtern abspielt. Weil ich eine genauere Vorstellung davon entwickeln will, was Anlass für dein Misstrauen gegenüber Männern war, achte ich im Moment besonders darauf.

Da fallen so Sätze wie „Frau Kollegin, das kann doch nicht Ihr Ernst sein" oder „Sie wollen uns hier doch nicht die gute Laune verderben" oder „Das gehört jetzt nicht zur Sache" oder ähnliches. Früher ist es mir nicht aufgefallen, dass Männer mit solchen oder ähnlichen Sätzen gegenüber den Frauen betonen wollen, sie seien ihnen überlegen, sie wüssten, wo es lang geht. Sie machen die Frauen verantwortlich für die gute oder schlechte Laune der Männer und signalisieren ihnen sehr deutlich, dass sie für den Gefühlszustand der Männer Sorge zu tragen haben.

Wenn das die Männer in deinem Leben auch gemacht haben, dann kann ich mir vorstellen, dass du lieber Abstand haben willst von ihnen.

Aber ich will nicht, dass du Abstand von mir hältst. Ich möchte das genaue Gegenteil. Ich liebe Dich und ich möchte, dass du mich ernst nimmst, wenn ich dir das schreibe .Trotzdem, ich glaube, ich kann dein Misstrauen und deine Vorsicht nachvollziehen. Ich hätte mich auch – so wie ich noch vor einiger Zeit war – nicht auf mich eingelassen.

Denn ehrlich gesagt, ich habe mich früher genau so verhalten. Bei beiden Frauen, mit denen ich zusammengelebt habe. Wenn sie etwas gesagt haben und ich war anderer Meinung, habe ich behauptet, es stimme nicht, was sie sagen oder ihre Sicht wäre falsch.

Wenn ich gereizt oder ärgerlich war, war ich der Ansicht, sie hätten mich provoziert, geärgert oder sonst was.

Ich habe mich völlig abhängig von ihnen gefühlt. Und wenn sie mich in irgendeiner Weise kritisiert haben oder etwas anderes wollten als ich, habe ich mir das Recht genommen, aggressiv zu werden – wenn auch nur mit Worten – oder beleidigt zu sein und sie durch Rückzug und Liebesentzug zu bestrafen. Nach meiner Ansicht hatten sie mich – meinen Körper und meine Seele – völlig in der Hand und ich habe es ihnen übel genommen.

Meine Therapeutin hat mir – nach der letzten Trennung – geholfen zu begreifen, was ich da mache. Und ich habe viel gelesen, z. B. „Die Krise der Männlichkeit" von Horst-Eberhard Richter. An irgendeiner Stelle schreibt er sinngemäß, dass das sichtbare Leiden der Frauen die unsichtbare Krankheit der Männer sei[46].

Ich habe ziemlich gebraucht, um das zu begreifen. Ich glaube, dir brauche ich nicht zu sagen, was die unsichtbare Krankheit der Männer ist. Du hast gelitten und ich denke, du weißt um diese unsichtbare Krankheit.

Diese Mail an dich ist lang geworden, weil ich möchte, dass du mir glaubst, dass ich einiges dazugelernt habe. Auch auf die Gefahr hin, dass du es vielleicht gar nicht wissen willst, werde ich dir weiter davon schreiben. Wenn du mir antwortest, werde ich mich freuen. Du bedeutest mir sehr viel. …

Ich halte inne mit dem Lesen, es kommen sowieso nur noch ein liebevoller Abschied und die Unterschrift. Dass Reineke Fuchs mir so eine lange, ernsthafte Mail über seine Lernprozesse schreibt, damit habe ich nicht gerechnet.

Der erste Gedanke, der mir kommt, ist die Frage: „Um Gottes willen, was antworte ich bloß?" Und dann kommt erst Freude auf, wie man so schön sagt.

Ich merke, wie mich das bekannte Muster „Ich muss Erwartungen erfüllen, sonst droht Gefahr" wieder einmal fest im Griff hat und mache mir klar, dass ich erstens Reineke Fuchs´ Erwartungen – bis auf die, die er mir geschrieben hat – gar nicht kenne. Und dass es zweitens inzwischen mehr darauf ankommt, was ich von anderen erwarte oder – noch besser: Zu sagen, was ich selbst ausdrücken will und nicht, was andere hören wollen.

Aber das macht auch Angst, denn mit einer solchen Haltung bin ich allein, allein auf mich gestellt. Kein Gegenüber wird mir behilflich sein, herauszufinden, was ich sagen will. Das ist allein meine Entscheidung. Mir wird immer deutlicher, dass dieses Wandern durch die Gehirne der anderen, um – vermeintlich – herauszufinden, was sie erwarten, was sie brauchen, was sie hören und sehen wollen usw., um zufrieden zu sein, um mit mir zufrieden zu sein, auch bewirkt, dass ich mich nicht allein fühlen muss. Wann immer ich mit meinen Gedanken mir das Bewusstsein der anderen versuche, zu eigen zu machen, kann ich eine Beziehung zu ihnen herstellen, bin ich mit ihnen verbunden, ob sie das wollen oder nicht. Ein wirksames Mittel gegen Einsamkeit? Sicherlich nicht.

Also, ich werde mir die Mail ausdrucken, sorgfältig durchlesen und ohne zu berücksichtigen, was er vielleicht hören bzw. lesen will – die Gedanken dazu kann ich noch nicht stoppen – werde ich ihm schreiben, was ich – ich allein – denke.

Nachdem ich die Mail noch einmal durchgelesen habe, merke ich doch, dass ich mich sehr freue. Und ich habe eine Reihe von Fragen. Aber ich mache erst einmal einen Entwurf, den kann ich – wenn ich mit meinem

Geschreibsel zufrieden bin – einfach in meine Antwort hineinkopieren.

Das Platzhirschgehabe von Männern kenne ich aus meinem beruflichen Leben, das finde ich – wenn auch zeitraubend – eher lustig, weil es die Männer unter sich ausmachen. Und Frauen konkurrieren unter einander auch, meist unter dem Motto „Wer ist die Schönste im ganzen Land?". Leider tun sie dies häufig auch ganz unbewusst, denn viele Frauen müssen nett sein und „konkurrentig" oder „stutenbissig" sein ist nicht nett. Deswegen leugnen sie oft, dass sie konkurrieren. Es wäre einfacher damit umzugehen, wenn es ihnen bewusst wäre.

Konkurrenz ist deshalb nicht das Thema, welches mich im Zusammenhang mit Reineke Fuchs wirklich interessiert.

Von ihm möchte ich wissen, ob er weiß, wieso er sich seinen Freundinnen gegenüber als Besserwisser dargestellt hat. Und was ihn aggressiv gestimmt hat, wenn sie seine Meinungen nicht geteilt haben oder andere Wünsche und Ziele hatten als er.

Und ich will von ihm wissen, was er unter der unsichtbaren Krankheit der Männer versteht, denn es kann ja sein, dass ich eine ganz andere Vorstellung davon habe als er.

Ich schreibe alle meine Fragen in eine Mail an ihn und noch ein bisschen dazu und schicke sie ab.

Jetzt ist nur noch wichtig, mich selbst davon abzuhalten, alle paar Stunden nachzusehen, ob schon eine Antwort da ist. Ich werde deshalb in die Innenstadt fahren und einkaufen und mich dann mit einer meiner Freundinnen zum Essen und vielleicht auch zum Kino verabreden. Und beim Telefonieren gleich noch das Ablenkungsprogramm für die nächsten Tage organisieren.

Kapitel 59

Der Preis illusionärer männlicher Macht

Im Verlauf der Jahrhunderte oder teilweise sogar Jahrtausende haben Männer wie Frauen etwas Wesentliches verloren. Die Männer haben angefangen, sich öffentlich und privat über die Frauen zu erheben, und damit für die Macht über andere die Selbstverständlichkeit ihrer Männlichkeit hergegeben. Die Frauen haben heimlich angefangen, die Männer zu verachten und darüber ihre Sicherheit in Bezug auf ihre Weiblichkeit hergegeben und gegen Ohnmacht ausgetauscht. Dabei gilt das Prinzip: So wie sich ein Mensch nach außen verhält, so verhält er sich auch nach innen.

Sie begreift: Wenn sie versucht, Macht oder Kontrolle über andere zu gewinnen, übt sie ebenfalls Macht auf sich selbst aus und muss sich auch selbst kontrollieren. Verachtet sie andere, ist sie auch verächtlich sich selbst gegenüber.

Wenn ich nicht gerade außer Haus war, habe ich natürlich doch fast alle zwei Stunden im PC nachgesehen, ob ich schon eine Antwort habe.
Und jetzt ist eine Antwort da.
Und er antwortet auch tatsächlich auf meine Fragen. Schon das machen viele Menschen, die ich kenne, nicht. Obwohl sie meist die ursprüngliche Mail durch ein bisschen hin und her scrollen noch einmal nachlesen könnten. Einmal habe ich dreimal in mehreren Mails einem Mann – aber es hätte auch eine Frau sein können – ein und dieselbe für mich sehr wichtige Frage gestellt und in keiner seiner Antworten ist er darauf eingegangen, so sehr war er mit seinen eigenen Sachen beschäftigt.
Wahrscheinlich kann man die Ichbezogenheit einer Person direkt daran ablesen, ob sie auf Fragen in einer Mail antwortet oder nicht.
Reineke Fuchs jedenfalls hat geantwortet.

Auf meine Frage in Bezug auf seine „Besserwisserei" schreibt er.

„Ich weiß es nicht genau. Nur jedes Mal, wenn jemand etwas behauptet hat, bekam ich ein merkwürdiges Gefühl, so als würde ich eingeengt. Als würde durch die Aussage einer anderen Person mein eigener Raum eingeschränkt. Ich hatte ganz oft das Gefühl, ich müsse widersprechen oder aber durch eine besonders formulierte Zustimmung mir den Raum wieder aneignen, wie z. B.: „Das habe ich schon immer gesagt", oder „Im Grunde ist das eine Selbstverständlichkeit", oder „Jetzt bist du (endlich) auch derselben Ansicht wie ich." Ich habe mentale Phänomene wie materielle Dinge behandelt. Natürlich kann da, wo sich ein Ding befindet, zur gleichen Zeit nicht auch ein anderes Ding sein. Aber ich habe mich nicht gefragt, ob das auch für Meinungen, für Überzeugungen, für Überlegungsprozesse, für Geschmacksfragen, für Vorgehensweisen, und ähnliches gilt. Mein ganzes Denken war früher bestimmt durch die Einteilung in „entweder – oder", in „richtig oder falsch", „du oder ich", „alles oder nichts", ganz oder gar nicht" usw. Alles auf zwei Seiten verteilt, unter dem Aspekt: „Für mich oder gegen mich".

Ich wollte meinen Einflussbereich mit diesem Verhalten vergrößern und habe überhaupt nicht gemerkt, wie eng und klein ich meine Welt dadurch gemacht habe.

Ich habe immer noch die Impulse, mich als Besserwisser zu verhalten, oder andere in Bezug auf ihre Vorstellungen wieder zu enteignen, aber ich merke es schneller und kriege mich dann wieder ein. Sollte ich mich bei dir in diese Weise verhalten, tut es mir jetzt schon leid. Ich will es nicht, aber ich passe manchmal nicht genug auf.

Deine andere Frage nach der unsichtbaren Krankheit der Männer finde ich sehr schwer zu beantworten. Abstrakt kann ich es leichter: Es ist die emotionale Distanz. Und ich glaube, die Erziehung von männlichen Kindern zu dieser emotionalen Distanz beginnt schon sehr früh und setzt sich dann bei Jugendlichen und Erwachsenen fort. Und ich glaube, dass dieser Prozess – nachdem was ich dazu gelesen habe – schon seit vielen Jahrhunderten abläuft.

Aber er muss ja in jedem Individuum neu in Gang gesetzt werden und ich habe mich natürlich gefragt, wie ich gelernt habe, möglichst unberührbar zu sein. Die ganzen üblichen Sprüche wie „Ein Junge weint nicht", „Ein Indianer kennt keinen Schmerz", usw., inzwischen ergänzt und auch für Erwachsenen geeignet durch „Warmduscher", „Weichei", „Schlappschwanz" usw. kennst du ja.

Aber das sind ja erst einmal nur Worte, entscheidender ist wohl, wie man in der Peer-Gruppe akzeptiert wird.

Und unter den Jungs und später unter den Männern war man nur akzeptiert, wenn man unbeeindruckbar, gefühllos oder „cool" war. Und das Schlimme war, dass uns Jungen auch eingeredet wurde, dass man nur so Chancen bei Mädchen und Frauen habe. Und in gewisser Weise hat sich das auch immer wieder bewahrheitet. Viele Frauen finden weinende Männer unmännlich. Männer sollen stark sein, zum Anlehnen geeignet,

fürsorgend, beschützend sein und für jedes Problem eine Lösung parat haben. Das ist oft schwer mit emotionaler Nähe zu sich selbst vereinbar. Das Dumme an diesem ganzen Prozess aber ist, dass emotionale Distanz zu sich selbst gleichzeitig immer mit emotionaler Distanz anderen Menschen gegenüber einhergeht.
Ich habe erst sehr langsam begriffen, welch hohen Preis Männer dafür bezahlen müssen. Es ist so, als wäre die Welt und alles, was dazu gehört, hinter einer Glaswand und nicht zu erreichen, oder von einem grauen Schleier, bedeckt oder einfach nur „entfernt".

Freude oder Glück sind in diesem Zustand von gefühlsmäßiger Distanz nur wie ein kleiner Hauch, der einen anweht und gleich wieder verschwindet. Ich weiß aber inzwischen, dass diese Gefühle, ebenso wie das Gefühl von Liebe, mich ganz und für eine Zeitlang anhaltend ausfüllen können und ich möchte das am liebsten nie wieder verlieren. Aber das ist ein frommer Wunsch. Ganz oft ist mein erster und fast automatischer Impuls, wenn etwas emotional „brenzlig" wird, rationale Überlegungen anzustellen, um mich den eventuell in mir aufsteigenden Gefühlen zu entziehen. Aber ich weiß es wenigstens jetzt und versuche, die Flucht in die Rationalität möglichst nicht anzutreten.
Ich habe mir auch überlegt, welches die entscheidenden Kindheitserinnerungen sind, die zu der Aneignung der gefühlsmäßigen Distanz, zu der Entwicklung von Vermeidungsstrukturen geführt haben und wodurch meine Unsicherheit, was es eigentlich bedeutet, ein Mann zu sein, zustande gekommen sind.
Aber davon schreibe ich dir in der nächsten Mail. Ich brauche noch Zeit, um mir noch mehr Klarheit zu verschaffen.

Ich höre auf zu lesen. Er ist offensichtlich doch realer, als ich dachte. Es hört sich ziemlich ehrlich an, was er schreibt. Und ich weiß es zu schätzen. Manches erkenne ich sogar bei mir wieder. Meine Wut, wenn mein Exmann mal wieder alles besser wusste und ich mir sicher war, dass ich recht hatte, und wie ich mich dann zusammengenommen habe. Mir wurde es dann auch eng. Am liebsten wäre ich explodiert, aber meine Angst vor seiner Ablehnung, vor seiner Kälte, wenn er – schon bei viel geringeren Anlässen – sagte: „Offensichtlich bist du nicht in der Lage, die Situation sachlich zu beurteilen. Du merkst noch nicht einmal, wenn du völlig daneben liegst." Oder ähnliches.
Obwohl er immer seine Überlegenheit ausgespielt hat, war ich an allem schuld, was irgendwie nicht so war oder sich nicht so entwickelte, wie er es sich vorgestellt oder gewünscht hatte. Ich machte in seinen Augen

immer alles falsch und er war immer mein Opfer.
Ob Reineke Fuchs herausfindet, was eigentlich in seiner Kindheit und
Jugend los war.

Ich erinnere mich an einige kleine Jungen, die ich kennengelernt habe.
Zarte Gesichter, interessierte offene vertrauensvolle Augen, schüchtern
und freundlich. Einige, die etwas draufgängerischer waren, wirkten
manchmal wie aufgedreht, irgendwie unecht. Mit der Pubertät änderten
sich die meisten. Aber ihre Unsicherheit versuchten sie vergeblich zu verbergen. Aber was bringt Männer dazu, an ihrer Männlichkeit zu zweifeln.
Die biologische Tatsache können sie ja nicht leugnen. Aber dann denke
ich an meine von mir selbst auch nicht sonderlich wertgeschätzte körperliche Weiblichkeit und wundere mich nicht mehr.
Ich bin nachdenklich. Jetzt drucke ich die Mail erst einmal nur aus. Antworten werde ich später.
Ich habe Hunger und gehe auf den Küchenbalkon und schneide mir zwei
Handvoll Kräuter ab, Petersilie, Schnittlauch und Basilikum, schneide
alles klein und mache mir ein Omelett mit Kräutern.
Anschließend lege ich mich auf einen Liegestuhl auf den Balkon und
beschließe, über die Geschlechterbeziehung nachzudenken. Viel fällt mir
nicht ein, ich erinnere mich nur an diverse Bücher, in denen mehr oder
weniger ähnliche Dinge gestanden haben. Eines fiel aus dem Rahmen, es
hieß „Phallos – Sácred Image oft the Masculine" von einem Analytiker
namens Monick, aber ich kann mich nicht daran erinnern, was drin stand.
Den Titel finde ich typisch und ich denke – etwas bösartig –, Männer
feiern sich, wie sie nur können, nun auch noch durch die Verbindung mit
heiligen Symbolen und dem Göttlichen.

Plötzlich sitze ich in einem großen Raum, dessen Wände nicht zu erkennen sind, sondern in farbigen Nebeln verschwimmen. Ich sitze auf
einem großen farbigen Kissen und mir gegenüber – auf eben einem solchen Kissen – sitzt etwas so Merkwürdiges, das ich es zunächst gar nicht
identifizieren kann. Aber dann wird mir klar, es ist ein großer Penis, der
zwischen seinen Hoden, die wie große dicke Extrapolster wirken, em-
porwächst. Er ist insgesamt etwas größer als ich und hat goldene Flügel
an den Seiten. Und irgendwie habe ich den Eindruck, er sieht mich ganz
genau an, obwohl er keine Augen hat. Er sitzt sehr still, die verkörperte
Aufrichtigkeit. Er wirkt sehr gesammelt und geradlinig und strahlt Energie und Stärke aus.
Seine Flügel geben ihm eine gewisse Leichtigkeit und die äußeren Federn
bewegen sich ein bisschen, so als würde er lachen. Es ist nicht zu überse-

hen, mir gegenüber sitzt eine sehr charismatische Persönlichkeit und ich weiß, es ist Phallus, der Gott Phallus[47)]. Nur wieso?
Er sieht mich nur an und schweigt.
Wie redet man mit einem „heiligen Bild der Männlichkeit"?

„Du bist beeindruckt und du bist überrascht, mich zu sehen", stellt er fest.
„Stimmt", denke ich, aber ich bin immer noch zu überrascht, um auch nur irgendetwas zu sagen.
„Du willst etwas über Männlichkeit wissen", sagt er genau demselben Ton, „ich bin der Experte."
Plötzlich weiß ich nicht mehr, was ich fragen könnte.
„Das geht den Männern auch so", sagt er, „wenn sie mich wahrnehmen, verlieren sie plötzlich jede Neugier, sie haben einfach zu viel Angst."
„Weswegen denn?", frage ich und er wird noch ein Stück größer und dicker, bevor er sagt: „Sie können mich nicht kontrollieren", sagt er.

So habe ich das noch nie gesehen. Männer haben Angst vor ihrer eigenen Männlichkeit, weil sie das, was in ihren Augen ihre Männlichkeit ist, nicht kontrollieren können. Angst davor, dass ihr Penis sich selbstständig macht, sich aufrichtet oder sich verweigert, ohne dass sie etwas daran ändern können. Naja, inzwischen gibt es Medikamente und ein paar Verfahren, denke ich, aber das Wahre ist das natürlich auch nicht.

„Das ist nicht alles", sagt Phallus, „Viele Männer haben den Kontakt zu dem verloren, was meine symbolische Bedeutung ist. Ich repräsentiere viel mehr als nur die Möglichkeit sexueller Befriedigung. Ich stehe für Stärke, Geradlinigkeit, für Ehrlichkeit und Intensität, für Zielgerichtetheit, Wirkung und Freiheit, für Lebendigkeit, Lust und Leidenschaft."
„Ach ne", sage ich. „Meine Güte, wenn die Männer das wüssten."
Phallus lacht schallend, alle Federn seiner Flügel zittern, er hört gar nicht auf zu lachen.

„Ja", sagt er schließlich, „es ist ihnen einiges im Verlauf der Jahrtausende verloren gegangen oder sie haben es hergegeben, oder sie haben es nie gehabt oder sie haben es noch nicht."
„Was denn nun?", frage ich und er sagt ganz gelassen: „Sowohl als auch."
„Wieso denn?", ich will es jetzt genauer wissen.

„Es ist kompliziert", sagt er, „es gibt keinen einfachen Grund. Es hat noch nie einfache Gründe gegeben. Es hat sich im Gesamten so entwickelt, und die einzelnen Männer – und auch die Frauen – haben es immer wieder zugelassen."

Und dann sieht er mich an und sagt, ganz ohne Vorwurf: „Und du übrigens auch."

Jetzt bin ich ganz erschrocken. „Und wie habe ich es zugelassen?"

„Du weißt es ganz genau, aber ich sage es dir noch einmal. Du hast das getan, was viele Frauen getan haben. Du hast mich geleugnet. Du hast dich mit der Oberfläche der Männer in deinem Leben zufriedengegeben und hast nie nach und in ihrer Tiefe gesucht."

„Ich habe es versucht", versuche ich mich zu verteidigen, aber er nimmt die Rechtfertigung nicht an. „Du hast dich mit dem Scheitern abgefunden und aufgegeben."

„Das stimmt", sage ich, „aber ich hatte für ihn auch keine Seele, er hat nur meinen Körper gesehen."

„Und du glaubst ernsthaft, dass du mit dem Verhalten einer anderen Person dein eigenes Verhalten rechtfertigen kannst?"

Ich bin beschämt, am liebsten würde ich weinen, das habe ich früher immer getan, wenn ich mich kritisiert oder angegriffen fühlte. Aber ich tue es nicht, weil ich weiß, dass Phallus recht hat. Das Verhalten von anderen ist keine Begründung für das eigene Verhalten.

„Retourkutsche" haben wir das früher genannt.

„Was kann ich tun?", frage ich ihn und wieder sagt er, dass ich es doch weiß. Und in dem Moment habe ich das ganz sichere Gefühl, dass ich wirklich weiß, wie ich einem Mann auf der gleicher Ebene begegnen kann, was ich von einem Mann will und was ich ihm geben kann. Ich fühle mich plötzlich ganz ausgefüllt und glücklich.

Und mit diesem Gefühl wache ich auf. Aber als ich anfange darüber nachzudenken, was ich denn gerade begriffen habe, kann ich mich nicht erinnern.

„Scheiße", sage ich ganz laut, „Scheiße, Scheiße, Scheiße."

Aber es hilft nichts, wie immer hilft es nicht. Warum sage ich es denn überhaupt noch. Das wenigstens weiß ich, es hilft gegen zu große Wut, sie wird dadurch etwas kleiner.

Kapitel 60

Emotionale Distanz

Auch bei „emotionaler Distanz" gilt das Prinzip: Innen wie Außen. Wenn sich ein Mensch emotional von seinen Mitmenschen distanziert, verliert er auch meist den Zugang zu seinen eigenen Gefühlen und umgekehrt. Auf diese Weise reduzieren Menschen ihre persönlichen Fähigkeiten, ohne es zu merken. Sie fühlen sich – ohne dass es ihnen bewusst wird – auch in Situationen ausgeliefert und hilflos, in denen sie aktiv in ihre Umwelt gestaltend eingreifen könnten. Sie verzichten zusammen mit ihren Gefühlen auf einen großen Teil ihrer Intentionalität, Kreativität und Energie und stilisieren sich leicht als „Opfer".

Sie weiß, dass manche Gefühle von Schmerzen begleitet werden, aber sie will trotzdem nicht mehr auf sie verzichten.

Der Traum mit diesem merkwürdigen Phallus hängt mir noch nach und ich merke, ich will auch heute nicht darüber nachdenken. Wieso habe ich einen Anteil an dem ganzen Prozess? Ich habe mir mit meinem Exmann so viel Mühe gegeben, aber ich bin überhaupt nicht an ihn rangekommen. Wir haben aneinander vorbeigeredet, ich war immer im Unrecht, ich hatte angeblich Sätze gesagt, die in Wirklichkeit er gesagt hatte, Dinge getan oder nichtgetan, von denen vorher nie die Rede war, und ich hätte seiner Ansicht nach wissen müssen, was er will. Damals habe ich doch tatsächlich noch geglaubt, ich hätte es – wenn ich denn gut genug gewesen wäre – wissen können.

Es waren aussichtslose Situationen und ich fühlte mich meist völlig hilflos. Ich habe dann nur noch völlig verzweifelt geweint, weil ich mich so ausgeliefert gefühlt habe. Was hätte ich anders oder sogar besser machen können? Vielleicht Konsequenzen ziehen?

Gestern, nach meinem Kurzschlaf auf dem Balkon habe ich mich mit Viola verabredet und bin mit ihr ins Kino gegangen. Anschließend habe ich sie zum Essen eingeladen. Zugegeben, nicht uneigennützig. Ich wollte sie zu ihren Männerbeziehungen ein bisschen ausfragen. Aber dann haben wir doch nicht über Männer geredet, sondern über unseren Umgang mit „ihrer unsichtbaren Krankheit".

„Mein Vater war doch auch so ein emotionaler Analphabet, wie hast du das ertragen?", frage ich sie. Sie seufzt. „Weißt du, es stimmt nicht so ganz", sagt sie, „er hatte vor allem Angst, irgendetwas zu sagen oder zu tun, was andere erzürnen oder wodurch sich andere verletzt fühlen könnte. Deswegen war er so gehemmt in seinem Ausdruck und so schüchtern im Umgang mit Menschen. Aber manchmal war er wie ein kleiner Junge und konnte sich richtig freuen, dann war er richtig begeistert und in einer solchen Situation hat er mich einmal einfach in den Arm genommen. Anschließend war er ganz erschrocken und hat sich mehrfach entschuldigt, und da habe ich ihn in meine Arme genommen, damit er mit seinen Entschuldigungen aufhört. Und dann haben wir uns erst einmal für eine längere Zeit nicht mehr losgelassen. So fing das mit uns beiden an." Sie lächelt mich etwas scheu an und ich lächele zurück und sage zu ihr, dass ich es wunderbar finde, dass mein Vater mit ihr noch einmal so glücklich geworden ist. Aber ich will wissen, ob sie auch glücklich war und ob sie sehr unglücklich sei darüber, dass er jetzt nicht mehr lebt.

Ich bewundere ihre ruhige und gefasste Art, mit der sie mir antwortet. Und ich erfahre, dass sie mit ihm glücklich war und sehr traurig über seinen plötzlichen Tod, aber dass sie schon früh hat lernen müssen, das, was nichts zu ändern war, zu akzeptieren und wenn möglich, darauf etwas Sinnvolles, Neues aufzubauen. Deswegen habe sie sich auch entschlossen, ihr Medizinstudium wieder aufzunehmen.

Ich denke darüber nach, was sie gesagt hat. Es ist doch merkwürdig, dass jeder Mensch von einem anderen Menschen auf eine andere Art wahrgenommen wird und sich vielleicht auch anders verhält oder sogar ganz anders ist. Irgendetwas habe ich darüber gelesen, aber ich habe vergessen, wo[48].

Ich erzähle ihr nichts – noch nichts – von Reineke Fuchs, aber sage, ich würde gern von ihr wissen, wie sie mit Männern umgegangen ist, die sich emotional nicht eingelassen, sondern sich distanziert, besserwisserisch und überheblich verhalten haben. „Sehr unterschiedlich", meint sie, „aber meistens mit Hilfe einer bestimmten Strategie, „akzeptieren und freundlich umdeuten". Sehr effektiv." Und als Erklärung fügt sie noch hinzu: „Weißt du, die meisten Menschen haben das Gefühl, sie seien nicht genug geliebt worden, sie sind wie verhungernde Kinder und wollen nichts anderes, als das große Loch in ihrem Inneren endlich zu füllen. Und sie erwarten, akzeptiert oder sogar geliebt zu werden, völlig unabhängig davon, wie sie sich gerade verhalten. Sie brüllen dich an, und wollen, dass du sie trotzdem magst. So unter dem Motto: „Ich will tun und lassen, was ich will, und du sollst keine oder weiterhin freundliche Gefühle dazu haben." Und wenn du – trotz ihres unangemessenen Verhaltens – versucht, ihnen das zu geben, was sie sich so sehnlichst wünschen, und sie in ih-

rem momentanen Verhalten akzeptierst, dann lenken sie meist ein, aber manchmal lehnen sie dich genau dafür ab und werden aggressiv."
„Ich kann doch nicht akzeptieren, dass mich jemand anbrüllt", sage ich. „Du musst es ja auch nicht gern haben. Mit „akzeptieren" meine ich nur, dass man es so hinnimmt, wie Wetter. Wenn es regnet, kannst du es ja auch nicht ändern, sondern musst einfach akzeptieren, dass es regnet." Dabei fällt mir etwas ein, was mir Monika vor ein paar Tagen erzählt hat, und ich erzähle es ihr gleich weiter: „Stell dir vor, ein Mann sagt zu einem anderen: „Ich freu mich ja so, dass es regnet." „Wieso freust du dich, dass es regnet?", fragt der andere zurück. „Naja", sagt der erste, „es würde auch regnen, wenn ich mich nicht freue."
Viola lacht: „Das gefällt mir."
Mir gefällt es auch, aber ich finde diese Haltung schwierig.
Sie erklärt es mir anhand von Beispielen. „Wenn ein Mann immer alles besser weiß, kannst du z. B. zu ihm sagen: „ Ich weiß, dass Sie immer sehr gut informiert sind, nur in diesem besonderen Fall weiß ich es genau." Oder wenn dich jemand aggressiv anmacht, kannst du Verständnis für seinen Ärger äußern, und dann das sagen, was du gerne möchtest."

Klingt einfach, ist es aber nicht. Was mache ich mit meinem eigenen Ärger, meiner aufsteigenden Wut, meinen Totschlagsgelüsten, meinem Wunsch, Bomben zu schmeißen?
Das sage ich aber nicht laut. Ich weiß, ich würde so etwas sowieso nicht tun, nur weil jemand mich nicht achtet, mich nicht ernst nimmt, mich schlecht behandelt oder angreift. Ich merke zwar inzwischen diese unbeschreibliche Wut, aber ich habe immer noch sehr viel Angst. Ist vielleicht auch besser so. Denn ins Gefängnis will ich nicht. Deswegen beherrsche ich mich.

Früher habe ich mich eher hilflos und ausgeliefert und als ein Opfer gefühlt.
Aber inzwischen verstehe ich besser, warum jemand anderen gegenüber aggressiv wird. Egal, ob Mann oder Frau.
Ich werde Reineke Fuchs fragen, welche Erklärung er für die Gewalttätigkeit, Brutalität und Grausamkeit von manchen Männern hat. Aber wenn ich so manche Medienberichte der letzen Jahre erinnere, Frauen sind auch dazu in der Lage. In der Frage der persönlichen Aggressivität unterscheiden wir uns vielleicht doch nicht so stark, wie ich bisher dachte. Nur statistisch. Und das vielleicht auch nur wegen der kulturell unterstützten Geschlechtstypisierung und der oft unterschiedlichen körperlichen Stärke.

„Weißt du, Viola, ich bewundere dich, wie hast du diese Selbstbeherr-schung gelernt?", frage ich sie. Aber sie lacht nur. „Ich muss mich nicht wirklich beherrschen, ich treffe eher die Entscheidung: Ich fange kei-nen Kampf an, den ich nicht gewinnen kann. Und wenn ein Mensch et-was nicht verstehen will oder kann, und nur noch abwehrt, hast du keine Chance."

„Das habe ich leider auch schon gemerkt", sage ich und denke an meinen Exmann. Er hat die Notwendigkeit eines Gleichgewichts zwischen Geben und Nehmen nicht verstanden und er hat nur „richtig" und „falsch" zuge-lassen. Wenn ich mich nicht oder noch nicht festlegen wollte oder konnte, war das für ihn ein Ausdruck von Schwäche. „Unbestimmtheit" war für ihn kein akzeptabler Zustand. Und daran konnte ich nichts ändern.

„Hast du eine Erklärung dafür, warum manche Männer so gewalttätig sind?", frage ich sie. Sie schüttelt den Kopf: „Ich glaube, sie wiederholen einfach, was ihnen angetan wurde, nur das reicht mir als Erklärung nicht aus. Deshalb habe ich mich das auch schon oft gefragt."

Wir beschließen, uns freundlicheren Themen zuzuwenden und sie erzählt mir, dass sie sich an einem Stand auf dem Markt ziemlich preiswert fünf farbige große Tücher gekauft, um sich daraus Sommerkleider zu nähen. Ein Tuch für ein Kleid. Ich bin neugierig und sie verspricht, sie mir zu zeigen.

Es ist schon ziemlich spät, als wir uns auf den Weg machen. Wir schlen-dern durch die menschenleeren Straßen und finden es beide gut, im sel-ben Haus zu wohnen.

Zuhause will ich als Allererstes sehen, ob ich eine E-Mail habe. Aber ich habe keine.

Kapitel 61

Veränderung

Im menschlichen Gehirn gibt es – wie schon erwähnt – einen Teil, welcher der „Interpret[49]" genannt wird. Dieser konstruiert aus den vorhandenen Informationen ununterbrochen für die zugehörige Person einleuchtende Geschichten. Eine Reihe von Forschungen haben bestätigt, dass auch zu nichtzusammenhängenden Informationen das Gehirn eine die Informationen verbindende Geschichte erfindet. Wenn man das weiß, entfällt der Anspruch auf eine objektive „Wahrheit" der vom Gehirn produzierten Geschichten. Man erlebt sie zwar jeweils als evident, als einleuchtend, als stimmig, aber unter diesem Aspekt der fehlenden „objektiven Wahrheit" der Geschichten kann man sich an der Produktion der Geschichten auch selbst beteiligen.

Menschen haben offenbar die Möglichkeit, sich neue Geschichten zu konstruieren, die für ihr Leben sinnvoller sind als die alten.

Es gelingt ihr, eine alte Geschichte in für sie positiver Weise zu verändern.

Ich werde wach und fühle mich innerlich klar. Ich weiß jetzt, was mein Vater für mich war. In wenigen Worten kann ich aufschreiben, wie ich mich von Kindheit an gefühlt und was ich gedacht habe. Ich hole mir mein inzwischen neu gekauftes Blankobuch für mein neues Leben, mache mir einen Kaffee, setze mich an den Küchentisch. und schreibe auf die zweite weiße Seite, die erste lasse ich frei.

An meinen Vater
Was ich geglaubt habe
(und in Bezug auf andere Männer manchmal immer noch glaube)

Du hast mein Leben in der Hand.
Ich bin nur sichtbar, wenn du mich siehst.
Ich fühle nur etwas, wenn du mich danach fragst.
Ich kann nur denken, wenn du etwas von mir wissen willst
Und ich will nur etwas, wenn es etwas ist, was du willst.
Ich spüre meinen Körper nur, wenn Du mich anfasst.
Und ich spüre meine Seele nur, wenn du sie berührst.

Mein Leben liegt in deiner Hand,
aber ich weiß nicht, wer du bist und auch nicht,
wie ich dich finden kann.
Ich kann nur warten
Du musst mich finden und mir Bedeutung geben.
Ohne dich bin ich nichts, durch dich bin ich alles.

Ich denke, das trifft es, so ähnlich habe ich mich immer wieder gefühlt. Und so kann es nicht bleiben. Ich bin erwachsen. Aber ich kann auch nicht meinen Vater dafür verantwortlich machen, dass ich mich immer wieder für total belanglos gehalten habe und Männer dafür gebraucht habe, mir das zu geben, was ich von meinem Vater nicht bekommen habe. Leider habe ich es auch von ihnen meistens nicht bekommen.
Also, das ist die Vergangenheit. Aber was ist die Gegenwart?

Was will ich da schreiben? Ich kehre einfach jeden Satz in sein Gegenteil um.
Probehalber fange ich mit dem ersten Satz an (und denke dabei nicht nur an meinen Vater, sondern auch an andere männliche Wesen, aber manches gilt vielleicht auch für andere Frauen):

Ich habe mein Leben in der Hand *(na ja, in eingeschränkter Weise)*
Ich bin sichtbar, ob du mich siehst oder nicht *(trotzdem ist es schon ganz schön, gesehen zu werden)*
Ich fühle etwas, wenn etwas Bedeutsames in mir oder um mich herum geschieht, unabhängig davon, ob du mich danach fragst. *(Stimmt)*
Ich kann denken, wenn ich etwas wissen will *(und auch sonst)*
Und ich will das, was ich will, unabhängig von dem, was du willst *(es wird nur schwierig, wenn du etwas anderes willst als ich)*
Ich spüre meinen Körper auf besondere Weise, wenn Du mich anfasst. *(hoffentlich)*
Und ich spüre meine Seele, wenn ich versuche, deine zu berühren. *(Ich weiß aber nicht, ob ich es versuchen werde)*
Mein Leben liegt in meiner Hand *(Sofern man mich nicht bedroht oder überfällt)*
Ich weiß nicht, wer du bist, *(aber ich habe meine Phantasien darüber)* und um es zu erfahren, bin ich abhängig davon, dass du dich zeigst *(Stimmt)*
Ich kann dich suchen und dir eine Bedeutung geben. *(Wenn ich Lust dazu habe)*

Ohne dich lebe ich auch, mit dir erlebe ich dich und mich. *(Klingt bombastisch)*

Und dann erschrecke ich mich, weil mir bewusst wird, dass ich mich selbst auch nicht wirklich kenne. Und gleichzeitig bin ich darüber froh, denn dann kann zumindest ich auf mich neugierig sein.
Aber will ich das? Was kann ich da schon finden?
Ich merke, es fängt alles von vorne an. Wie können Entwertungsprozesse, die man als Kind erlebt hat, solche tiefgreifenden Konsequenzen haben? Ich glaube, allmählich finde ich heraus, warum. Es ist die Liebe kleiner Kinder, ihre existenzielle Abhängigkeit von den allmächtig erscheinenden Elternfiguren, die sie glauben lassen, sie wüssten alles, sprächen immer die Wahrheit und kennten einen besser als man sich selbst. Man beachte den Konjunktiv!
Sie wussten nicht alles besser, sie sagten nicht immer die Wahrheit, sie waren nicht gut und sie kannten mich nicht. Sie kannten nicht einmal sich selbst und wollten das wohl auch nicht. Und vielleicht aus ähnlichen Gründen, aus denen ich mich all die Jahre selbst vermieden habe.
Und ich denke alle diese Gedanken und bin noch nicht in der Lage, angemessene Konsequenzen aus ihnen zu ziehen. Aber zumindest kann ich mir überlegen, welches die Konsequenzen sein würden, wenn alles anders gelaufen wäre. Wenn mein Vater – und meine Mutter – mich geliebt hätten, weil ich so war, wie ich war. Wenn sie alles, was ich gesagt und getan hätte, ernst genommen und bedeutungsvoll gefunden hätten. Wenn sie neugierig gewesen und mich gefragt hätten, was ich fühle und was ich denke. Wenn sie mich in meinem Tun unterstützt hätten und mit den Ergebnissen meines Handelns zufrieden gewesen wären und mir das auch gesagt hätten.
Hätten, hätten, hätten. Sie haben nicht.
Ich kann nicht meine Gegenwart auf einer Vergangenheit aufbauen, die es nicht gegeben hat. Es war, wie es war und ich will endlich etwas Konstruktives daraus machen, anstatt mich immerzu zwischen verlorenen Möglichkeiten und schmerzhaften Wirklichkeiten, die außerdem schon lange vorbei sind, hin und her zu bewegen.
Also, zurück zur Gegenwart. Niemand zwingt mich, heute noch zu glauben, ich sei belanglos, wertlos, uninteressant und nicht begehrenswert.
Ich bin auch nicht mehr so abhängig von anderen Menschen, wie ich es als Kind von meinen Eltern war. Ich kann für meinen Lebensunterhalt inzwischen selber sorgen. Die materielle Abhängigkeit konnte ich ablegen, aber die emotionale Abhängigkeit habe ich bisher nur von meinen Eltern auf andere Menschen übertragen. Was meine Eltern mir nicht gegeben

haben, will ich inzwischen von anderen Menschen haben. Und es geht nicht, dass Reineke Fuchs für die Defizite meiner Eltern herhalten und meine Ängste und Unsicherheiten, meine Ambivalenzen und Uneindeutigkeiten beheben soll. Das könnte er auch nicht, es ist nicht möglich. Ich kann es nur selbst.

Das ist meine Aufgabe. Es ist meine Seele, mein Körper, mein Geist. Es sind meine Empfindungen, meine Gefühle, meine Gedanken und Wünsche und meine Handlungen.

Niemand ist dafür verantwortlich, nur ich.

Ich lese noch einmal durch, was ich geschrieben habe.

„Mein Leben liegt in meiner Hand"

Stimmt, denke ich.

Ich klappe das Blankobuch – welches jetzt eine beschriebene Seite hat – zu, stehe auf und gehe ins Bad, um zu duschen. Und dann werde ich irgendetwas tun, was mir Spaß macht. Was das sein könnte, wird mir sicher noch einfallen.

Kapitel 62

Risiko

Viele Menschen bevorzugen ein anscheinend ungefährliches Leben und warten ab, was das Leben ihnen bietet. Sie wollen das Risiko nicht eingehen, dass andere Menschen sie abwehren, ablehnen, ihnen ihre Wünsche nicht erfüllen und sie dann selbst mit ihren eigenen Gefühlen von Enttäuschung, Wut und Hilflosigkeit allein zurückbleiben. Die anderen sollen sich zuerst auf sie zubewegen, sollen zuerst ihnen ihre Liebe erklären, sollen zuerst anbieten, Wünsche zu erfüllen. Sie wollen unabhängig bleiben und lieber selber die anderen ablehnen, statt abgelehnt zu werden. Sie folgen einer alten patriarchalen Tradition, sie nehmen nicht an den sinnlichen Wechselwirkungen des Lebens teil, weil sie nicht das Leben in allen seinen Erscheinungsformen lieben, sondern sie wollen höchstens – wenn ihre Angst vor ihren eigenen Gefühlen nicht zu groß ist – vom Leben geliebt werden.

Sie begreift, dass sie frei ist, das Leben zu lieben.

Natürlich ist mir zunächst nichts eingefallen, was mir Spaß macht. Ich habe geduscht, Haare gewaschen, mich eingecremt und sitze im Bademantel auf dem Küchenbalkon. Es ist windig, unruhig windig. Jeder Baum und jeder Busch bewegt seine Zweige und Blätter auf unterschiedliche Weise. An einer Stelle fängt die Bewegung an und setzt sich auf eine unvorhersehbare Weise fort, um dann plötzlich wieder aufzuhören und sich woanders fortzusetzen.
Irgendwie fühlt sich das Innere meines Gehirns ähnlich an. Gedanken setzen sich in unvorhersehbarer Weise und unkontrollierbar fort, um wie der Wind nirgendwo anzukommen, höchstens um an anderer Stelle wieder neu anzufangen. Ununterbrochen tätig, ohne Unterlass.
Es muss doch eine Möglichkeit geben, die Kontrolle wieder zu gewinnen, anstatt sich den eigenen Gedanken einfach so auszuliefern oder ihnen „ausgeliefert zu sein".
Ich denke, ich brauche gezieltes, intentionales Denken, ein Denken, mit dem ich etwas erreichen will. Ich brauche ein Problem zum Lösen, eine Aufgabe zum Erledigen, einen Wunsch, für dessen Erfüllung ich mich anstrengen muss, ein Gegenüber, welches etwas von mir will, was mich Zeit und Arbeit kostet. Vielleicht auch eine Ablenkung, Fernsehen, Vi-

deospiele, Telefonieren, Musikhören, Leute treffen und was es noch so gibt. Im Bad liegt eine Stadtzeitschrift, in der steht alles, was jeden Tag so in der Stadt los ist.

Manche Menschen sollen ja meditieren, um ihre Gedanken zu stillen. Ich bin nicht gestillt worden, meine Mutter konnte nicht, und wenn ich jetzt genauer darüber nachdenke, bin ich – im übertragenen Sinne – nie gestillt worden. Im Gegenteil, ich war gefordert, etwas für andere zu tun und das wurde auch noch für selbstverständlich gehalten.

Kein Wunder, dass mein Gehirn ständig in Bewegung ist, immerzu auf der Suche nach etwas, wodurch ich zufrieden sein könnte, innere Ruhe finden. „Selig lächelnd wie ein satter Säugling" fällt mir dabei ein. Das wäre einmal eine schöne Alternative.

So habe ich – glaube ich – bisher noch nie gelächelt. Ich bin immer eher wie ein hungriges Kleinkind durch die Welt gelaufen, immer auf der Suche nach der sattmachender Nahrung, nach den beglückenden Erfahrungen, durch die ich endlich zufrieden und ruhig hätte werden können. Aber da war bisher nicht viel von dieser Sorte.

Ich merke, dass ich weine, während ich das alles denke, und ich merke auch, dass ich ganz ruhig geworden bin.

Ich muss nicht gestillt, befriedigt, zufrieden gemacht, beglückt und geliebt werden.

Es reicht, wenn ich selbst liebe. Es muss reichen, es wird reichen.

Lieben kann man immer und alles: Menschen, Tiere, Blumen, Bäume, Steine, Landschaften, Bücher, Gedichte, Musik, ein Lächeln, eine Bewegung, eine Geste. Lieben kann man alles, was es gibt. Alles, was ist oder zumindest möglich ist. Selbst das, was es nicht gibt. Man kann sogar das lieben, was unmöglich ist.

So eine große Auswahl.

Selber lieben macht nicht abhängig. Abhängig wird man erst, wenn man sich fragt, ob man geliebt wird. Und ich liebe Reineke Fuchs.

Ich sitze immer noch auf dem Balkon und nehme wahr, was ich alles lieben kann. Es ist immer noch windig, ich spüre den Wind auf meiner Haut und plötzlich liebe ich diese Empfindung von Kühle, ich merke meine Körpergrenze an meiner Haut. Plötzlich ist das Wehen in den Sträuchern und Bäumen auch nicht chaotisch und ohne Sinn und Verstand, plötzlich kommt es mir vor wie ein Spiel, wie ein großes Streicheln, welches sich durch den Innenhof bewegt, und an dem der Wind und die Blätter und Äste in gleicher Weise beteiligt sind. Und jetzt kann ich mich daran freuen, wie sie miteinander spielen.

Nichts hat sich verändert und doch hat sich alles geändert.

Ich glaube, ich habe etwas begriffen.
Ich denke an Reineke Fuchs. Er ist immer noch wegen des Forschungs-
projekts im Ausland und hat noch keine Antwort geschrieben.

Ich habe die Wahl.
Beziehe ich es auf mich, frage ich mich wieder, ob ich ihm wichtig bin, ob
er mich liebt, ziehe ich die mir hinlänglich bekannten Schlüsse und ziehe
mich zurück? Unglücklich im selbstgemachten Unglück verharrend?
Oder rufe ich ihn an und sage ihm, wie viel er mir bedeutet, dass ich ihn
vermisse, dass ich ihn liebe.
Ich habe die Wahl.
Wahrscheinlich wird es nötig sein, mir dies immer wieder bewusst zu
machen, manchmal vielleicht mehrmals am Tag. Und es ist meine Entscheidung, welche Wahl ich jeweils treffe.
Verhungerte Kinder wollen immer etwas haben, die anderen sollen es
hergeben, als Erste.
Aber auch wenn ich ein verhungerndes Kind bin, kann ich den ersten
Schritt tun, als Erste etwas geben, als Erste etwas für andere tun, als Erste
lieben. Ich habe immer die Wahl.

Ich stehe auf und gehe durch die Wohnung. Ich habe sie vernachlässigt,
aber jetzt fülle ich die Gießkanne und gieße als Erstes die Pflanzen. Dann
lege ich eine der Cds von Cesária Évora auf und wische Staub und räume
die Küche auf. Dabei tanze ich die ganze Zeit. Ich bin glücklich. Ich liebe
Reineke Fuchs, ob er will oder nicht. Und ob ich will oder nicht. Es ist,
wie es ist.

Und ich liebe diese Musik, diese Rhythmen und die Stimme dieser barfü-
ßigen, schielenden Göttin.

Anmerkungen

Die in den Anmerkungen angegebene Literatur findet sich auch in der Literaturliste.

Kapitel 1

[1)] Die Auseinandersetzung mit den Fragen, was eigentlich einen Jungen oder ein Mädchen ausmacht, wodurch sie sich unterscheiden, was davon genetisch bedingt ist und was durch Erziehung hervorgerufen wird, dauert schon lange an. Festzustehen scheint nur, dass sich Jungen und Mädchen statistisch gesehen offensichtlich schon in früher Kindheit unterscheiden. Damit kann allerdings keine Aussage über einzelne Kinder getroffen werden. Es gibt jedoch gesellschaftlich geforderte und auf vielfältige Weise geförderte Geschlechtstypisierungen und diese sind von vielen WissenschaftlerInnen erforscht worden. Dabei ist durch viele Untersuchungen bestätigt worden, dass Mädchen eher beziehungsorientiert und Jungen eher sachorientiert zu sein scheinen, auch wenn es zwischen einzelnen Mädchen und zwischen einzelnen Jungen große individuelle Unterschiede gibt. Inwiefern allerdings die Kinder wirklich beziehungsfähig oder sich ihrer eigenen Gedanken und Intentionen bewusst sind, war meist nicht Ziel der Forschungsprozesse.

Dagmar Schultz mit ihren Büchern „Ein Mädchen ist fast so gut wie ein Junge" hat dabei wichtige Anstöße in Bezug auf den „Sexismus in der Erziehung" gegeben. Und inzwischen gibt es eine Reihe lesenswerte Bücher zu den Fragen, wie in unserer Kultur dafür gesorgt wird, dass sich Mädchen und Jungen häufig mehr als ihnen gut tut, unterscheiden und welche Unterstützung Kinder brauchen, um eine ihnen angemessene Geschlechtsidentität zu entwickeln. Denn nur dann sind sie später als Erwachsene auch in der Lage, befriedigende Beziehungen zu Menschen des jeweils anderen Geschlechts zu entwickeln. Die nachfolgenden, ziemlich beliebig ausgewählten Bücher aus den Zeiten zwischen 1978 und 2005 sind nur als Anregung gedacht.

Schultz, Dagmar: „Ein Mädchen ist fast so gut wie ein Junge" -

Sexismus in der Erziehung, Bd.I: Interviews, Berichte, Analysen, Berlin 1978 und Bd.II: Schülerinnen, Pädagoginnen berichten, Berlin 1979

Grabrucker: Marianne: "Typisch Mädchen...". Prägung in den ersten drei Jahren. Ein Tagebuch, Frankfurt am Main 1985

Büttner, Christian / Dittmann, Marianne (Hrsg.): Brave Mädchen, böse Jungen? Erziehung zur Geschlechtsidentität in Kindergarten und Schule, Weinheim Basel 1993

Stern, Daniel: Mutter und Kind – Die erste Beziehung, Stuttgart 1997

Kammerer, Doro: Weil ich ein Junge bin! – Warum man Söhne anders erziehen sollte, Freiburg im Breisgau 2000

Biddulph, Steve: Jungen! Wie sie glücklich heranwachsen, München 2002

Walter, Melitta: Jungen sind anders, Mädchen auch. Den Blick schärfen für eine geschlechtergerechte Erziehung, München 2005

Kapitel 2

2) Unter der „Doppelbelastung" haben inzwischen sowohl berufstätige alleinerziehende Väter als auch Mütter zu leiden. Auch in Paarbeziehungen, in denen beide berufstätig sind, gibt es auf Grund der Berufstätigkeit eine größere Belastung für beide, diese wird jedoch häufig durch eine ungleiche Verteilung der Hausarbeiten aufgefangen. Meist führt diese Belastung zu einer höheren Arbeitsbelastung des einen Partners. Dabei liegt der größere Teil der Hausarbeiten mit 70 – 80% immer noch bei den Frauen.

Kapitel 2

3) Das Bild „Die brennende Giraffe" von Salvator Dali stammt aus dem Jahr 1935

Man findet eine Abbildung unter roots-the-doots.tripod.com/dal_giraf. htm oder unter den Stichworten „Salvador Dali" und „Die brennende Giraffe".

Kapitel 2

[4] John Kenneth Galbraith hat in seinem gesellschaftskritischen Buch „Wirtschaft für Staat und Gesellschaft" auf die kostenlose Arbeit der Hausfrauen und deren außerordentliche ökonomische Bedeutung hingewiesen. Die versorgende Funktion, welche die Hausfrau im privaten Bereich wahrnimmt, umfasst mehr Arbeitsstunden, als für die bezahlte Arbeit in Wirtschaft und Industrie abgeleistet werden.

Kapitel 3

[5] Unsere Kultur zeichnet sich immer noch durch patriarchale Strukturen aus, die ihre Wirkungen meist auf sehr subtile und den Menschen oft unbewusste Weise entfalten. Solche Prozesse dienen der Stabilisierung des kulturhistorisch gewachsenen gesellschaftlichen Systems, in dem wir leben. Unsere Kultur kann auch heute noch durchaus als ein „Patriarchat" bezeichnet werden, da das Geschlechterverhältnis ein bestimmender Faktor in allen gesellschaftlichen Teilbereichen, wie Politik, Wirtschaft, Recht, Kultur, Wissenschaft usw., ist.

Von jedem einzelnen Menschen werden die notwendigen kulturellen Introjekte [siehe Anmerkung 18] mit Hilfe des jeweiligen persönlichen und gesellschaftlichen Umfeldes – wenn auch auf unterschiedliche Weise – gelernt und beeinflussen dann dessen Fühl-, Denk- und Handlungsmuster.

Diese sind dementsprechend in jeder neuen Generation wieder entscheidend für die Wahrnehmung und Interpretation des Geschlechterverhältnisses und dienen damit ebenfalls der Stabilisierung des kulturellen Systems.

Auch wenn in unserer Kultur Frauen inzwischen wesentlich mehr Rechte haben als im letzten Jahrhundert, fühlen sie sich doch häufig – auch wenn es ihnen nicht immer voll bewusst ist – den Männern unterlegen und nehmen leicht die Opferposition ein. Eine wichtige Rolle spielen dabei die teilweise unerfüllbaren Erwartungen, die Frauen an Männer haben und die daraus resultierenden Enttäuschungen, denen sie sich hilflos ausgeliefert fühlen, weil sie an den eigenen vergangenen Erfahrungen nichts mehr ändern können.

Carol Gilligan hat in ihrem Buch „Die andere Stimme. Lebenskonflikte und Moral der Frau" darauf hingewiesen, dass Frauen in schwierigen Situationen eher die Beziehungen und die Qualität der Kommunikation berücksichtigen, während Männer sich meist auf Regeln, Rechte und Pflichten beziehen. Die Moral der Frauen ist in ihren Augen daher eine „Moral der Fürsorge", die der Männer eine abstrakte „Gerechtigkeitsmoral". Diese wird nach der Theorie von Lawrence Kohlberg wegen der damit einhergehenden größeren Autonomie als höher stehend eingeschätzt.

Das bedeutet jedoch, dass Frauen in Problemsituationen sich nicht von ihnen – wie es die „Gerechtigkeitsmoral" den Männern ermöglicht – emotional distanziert oder sogar rücksichtslos zur Wehr setzen können.

In vielen Fällen erkennen sie – aufgrund der immer noch herrschenden patriarchalen Strukturen – noch nicht einmal, dass sie schlecht behandelt werden und wenn sie es doch merken, wissen sie nicht, wie sie sich zur Wehr setzen können.

Kapitel 3

[6] Der Satz „Wovon man nicht sprechen kann, darüber muss man schweigen" steht im letzten Abschnitt des Buches von Ludwig Wittgenstein mit dem Titel „Tractatus logico-philosophicus. Logisch-philosophische Abhandlung". In diesem Werk entwickelt Wittgenstein eine Bedeutungs- und Sprachtheorie, die von vielen Philosophen diskutiert wurde und weitreichenden Einfluss hatte und hat.

Kapitel 4

[7] Die Zärtlichkeit zwischen Eltern und Kindern entspringt häufig eher dem Wunsche der Erwachsenen, Zärtlichkeit entgegengebracht zu bekommen, als dem Wunsch, dem Kind zärtlich zu begegnen. In solchen Fällen möchte die erwachsene Person ihren Wunsch nach körperlichem Kontakt mit Hilfe des Kindes befriedigen, statt dem Kind mit Achtsamkeit, Zuneigung und sinnlicher Bewunderung entgegen zu kommen. Die Richtungen des angemessenen Gebens und Nehmens sind vertauscht.

Erschwerend kommt hinzu, dass kleine Mädchen wegen der Gleichgeschlechtlichkeit mit der Mutter von dieser nur insoweit „wertgeschätzt" werden können, als diese sich in ihrer eigenen Weiblichkeit

akzeptieren und als begehrenswert empfinden. Die französische Psy-
choanalytikerin Christiane Olivier hat in ihrem Buch „Jokastes Kinder
– Die Psyche der Frau im Schatten der Mutter" auf einige der in diesem
Zusammenhang entstehenden Schwierigkeiten hingewiesen. Dazu gehören auch die Probleme von Frauen, Empfindungen von Selbstwert
und Selbstakzeptanz zu entwickeln.

Kapitel 5

[8]) Frauen werden immer noch nicht in gleicher Weise wie Männer bei der
Besetzung von Führungspositionen berücksichtigt. Immer noch gibt es
eine Reihe von Vorurteilen gegenüber Frauen in leitender Position, wie
auch in einem Artikel der Bundeszentrale für politische Bildung (bpb)
festgestellt wird:

„Die meist männlichen Arbeitgeber schreiben Frauen häufig mangeln-
des Selbstbewusstsein, schlechte Selbstdarstellung sowie fehlende
Durchsetzungsfähigkeit zu und erachten sie für eine Führungsposition
als nicht geeignet – egal ob dies auf der Realität basiert oder nicht."

In einem Vergleich von elf Ländern in Bezug auf die Anzahl von Frau-
en in den Vorständen der großen Firmen war Deutschland neben Indien
auf dem letzten Platz, weit hinter Russland, China, Frankreich, Spani-
en und Brasilien. Schweden lag auf dem ersten Platz, gefolgt von den
USA, Großbritannien und Norwegen.

Der prozentuale Anteil von Frauen in den Vorständen der 200 umsatz-
stärksten Unternehmen in Deutschland liegt bei 3,2 %, das entspricht
29 von 906 Vorstandspositionen.

In den Aufsichtsräten sind es immerhin 10,6 %. Allerdings sind die
Frauen zu 70 % als Arbeitnehmervertreterinnen auf Grund der Mitbe-
stimmungsregeln in die Aufsichtsräte gekommen.

Die sogenannten „freiwilligen Verpflichtungen" der Unternehmen auf
Grund politischer Empfehlungen waren bisher relativ erfolglos und
werden wahrscheinlich auch erfolglos bleiben, solange es keine ver-
bindlichen Auflagen gibt.

Kapitel 6

9) Das Phantasma des guten Herrschers ist unter anderem von Mario Erdheim in seinem Buch „Die gesellschaftliche Produktion von Unbewußtheit" (S. 371 ff) beschrieben worden. Insbesondere Männer – aber nicht nur sie – neigen dazu, sich als Inkarnation des „guten Herrschers" zu begreifen. Auch Sigmund Freud und anderen Analytikern waren die Funktion von Illusionen und auch die des Phantasmas des guten Herrschers bekannt. Der Analytiker Otto Fenichel schrieb 1939: „Es liegt im Interesse der Mächtigen, freiwillig dem Ohnmächtigen, dessen Aggression verhindert werden soll, Konzessionen zu machen..." .

Mit Hilfe dieses Phantasmas wird eine mögliche Teilhabe an Macht, Wissen, Reichtum, Einfluss, Sicherheit und vielem anderen mehr suggeriert. Der zunächst „einzige" Preis ist die Anerkennung der „Realität" des Phantasmas.

Aber die Behauptung, der gute Herrscher sei real, gibt ihm trotzdem keine reale Existenz, er bleibt ein Phantasma und damit eine Illusion. Leider gab und gibt es viele Menschen, die an die Versprechungen des guten Herrschers glauben, wie z. B. dass er ein Retter und Beschützer ist, Sicherheit und Einfluss bieten kann, die Wahrheit, den richtigen Weg und die Lösungen von Problemen usw. kennt.

Kapitel 6

10) Nach meiner Ansicht entsteht zusammen mit dem Phantasma des guten Herrschers zugleich auch sein Schatten, das Phantasma der bösen Herrscherin. Umso mehr ein Mensch – bewusst oder unbewusst – an das Phantasma des guten Herrschers glaubt, umso mehr wird sein Leben durch die Abwehr und Verdrängung des Phantasmas der bösen Herrscherin bestimmt. Sie vertritt die Aspekte, die im Rahmen des Phantasmas des guten Herrschers ausgegrenzt werden. Damit steht sie für die nicht kontrollierbaren, nicht berechenbaren und nicht beherrschbaren Prozesse.

Sie wird zwar nicht für allmächtig gehalten, aber für überwältigend und chaotisch, durch sie drohen symbiotische Beziehungen, Abhängigkeit und Verschlungenwerden. Sie bedeutet Nichtwissen, Blindheit, Zerstörung und Vernichtung, Sie ist das Unfassbare. Sie bringt Veränderung und Auflösung, Willkür und Tod. (Regine Reichwein 1988).

Beide Phantasmen haben sich in den letzten Jahrtausenden in einem langsamen kulturhistorischen Prozess auf Grund der Trennungen zwischen Mensch und Natur, Geist und Materie, Denken und Fühlen, Rationalität und Sinnlichkeit, Ordnung und Chaos, Subjekt und Objekt usw. entwickelt.

Herrschafts- und Kontrollwünsche haben zur Ausgrenzung einzelner Teile und damit zu patriarchalen Strukturen geführt, wie wir sie auch heute noch vorfinden. Alle Vorstellungen, Konzepte, und Modelle, die unter dem Einfluss des Phantasmas des guten Herrschers entstanden sind oder entstehen, enthalten gleichzeitig – bewusst oder unbewusst – das Phantasma der bösen Herrscherin.

Das bedeutet, dass sich das Phantasma des guten Herrschers durch die Abwehr von Kontrollverlust, Abhängigkeit und Unberechenbarkeit, sowie durch die Ausgrenzung des Unfassbaren, des Zerstörerischen, des Willkürlichen und durch eine unterschwellige Angst vor Vereinnahmung, vor Identitätsverlust und Vernichtung auszeichnet.

Kapitel 7

[11] Das Bild von M. C. Escher hat den Titel „Drei Welten". Es kann unter http://www.worldofescher.com/ angesehen werden.

Kapitel 7

[12] Wer eine bewegte Abbildung eines vierdimensionalen Würfels sehen möchte, findet diese im Internet unter „vierdimensionaler Würfel" oder „4D" bei Wikipedia. Unter dem nachfolgenden Link findet sich eine Erläuterung dazu, wie eine zweidimensionale Abbildung eines vierdimensionalen Würfels zustande kommen kann:

http://www.mathematische-basteleien.de/hyperkubus.htm/ oder nacheinander unter den Stichworten „Mathematische Basteleien" und anschließen „Hyperkubus".

Genauere Erklärungen finden sich auch unter:

http://www.drillingsraum.de/room-der_raum_als_die_vierte_dimension_4/der_raum_als_die_vierte_dimension_4_i.html oder unter den Stichworten „Physik Forum" und „4D- Hyperwürfel".

Kapitel 7

[13] In seinem Buch „Flatland: A Romance of Many Dimensions" beschreibt der Autor Edwin A. Abbott unter anderem das Land der Flächenwesen, seine Einwohner, die sozialen Bedingungen, die Kunst, die Priester und die Religion und vieles andere mehr. In einigen Teilen des Buches beschäftigt sich der Autor auch mit Ländern anderer Dimensionen (Lineland und Spaceland) und den Schwierigkeiten, jeweils das eigene Land den Einwohnern der anderen Länder zu beschreiben oder miteinander in Kontakt zu treten und zu verstehen, wovon die jeweils anderen reden. Es gibt auch eine Kugel, die das Flatland besucht, aber die Geschichte im Kapitel 7 dieses Buches ist von mir erfunden.

Der Autor lebte zwischen 1838 und 1926 und dieses Buch erschien 1884 in London. Der Autor beschreibt darin in symbolischer Form, dass zwar das eigene Verständnis durch die eigenen Erfahrungen begrenzt ist, aber ein Bemühen um Verstehen weiterhin wichtig bleibt. Es ist seit 2010 als E-Book mit den Originalillustrationen des Autors erhältlich.

Kapitel 8

[14] Die zwei Bilder von M. C. Escher heißen „Relativität" und „Oben und unten". Sie können unter http://www.worldofescher.com/ angesehen werden.

Kapitel 9

[15] In einem bekannten Experiment wies Solomon Asch 1951 nach, wie sich durch Gruppenmeinung ein Anpassungsdruck auf einzelne Mitglieder der Gruppe aufbaut. Einzelne Mitglieder vertreten nach einiger Zeit die Sichtweise der Gruppe, auch wenn sie anfangs eine andere Einschätzung hatten. (Einzelheiten des Konformitätsexperiments von Solomon Asch können unter „Gruppenzwang" bei Wikipedia oder in der entsprechenden Fachliteratur nachgelesen werden.)

Da andere Forschungsergebnisse gezeigt haben, dass sich bereits kleine Kinder den von einer Gruppe Gleichaltriger geäußerten Einschätzungen anschließen, auch wenn sie zunächst andere Ansichten haben, scheinen diese darauf zu verweisen, dass der Wunsch, zur Gruppe zu gehören, sehr groß sein muss. In einem Versuch mit 96 vierjährigen

Jungen und Mädchen zeigte sich, dass diese, wenn sie ihre Aussage „öffentlich" machten, so dass die anderen Kinder der Gruppe sie hören konnten, sie sich stärker der Mehrheitsmeinung anschlossen, als wenn sie ihre Aussage „privat" machen konnten, so dass die anderen sie nicht mitbekamen. Die Interpretationen der Wissenschaftler waren nicht eindeutig. Sie wiesen darauf hin, dass das beobachtete Phänomen des Konformitätsdruckes genauer erforscht werden sollte. Die Untersuchungen wurden vom Max-Planck-Institut für evolutionäre Anthropologie in Leipzig und für Psycholinguistik in Nijmegen (Niederlande) durchgeführt und 2011 veröffentlicht.

Kapitel 9

16) Als symbiotische Beziehung wird in der Tier- und Pflanzenwelt das Zusammenleben von Lebewesen dann bezeichnet, wenn nützliche oder sogar notwendige materielle und energetische Austauschprozesse dem Vorteil aller Beteiligten dienen. Symbiotische Beziehungen sind daher sinnvollerweise weit verbreitet und zeichnen sich dadurch aus, dass die Grenzen zwischen den beteiligten Lebewesen für die jeweiligen Austauschprozesse auf eine dazu passende besondere Weise durchlässig sind.

Wenn es dagegen um symbiotische Beziehungen zwischen Menschen geht, wird alles ganz anders. Wenn Menschen die Grenzen zwischen sich und anderen in ihrer Wahrnehmung verwischen oder ausgrenzen, unterscheiden sie nicht mehr zwischen sich und anderen. Sie denken, sie könnten die Gedanken der anderen lesen, die Gefühle der anderen fühlen und wissen, was andere erwarten usw. Sie begreifen nicht, dass es sich dabei um ihre eigenen Produktionen und ihre eigenen empathischen und intuitiven Fähigkeiten handelt, weil sie nicht mehr zwischen sich und ihrem jeweiligen Gegenüber unterscheiden. Gleichzeitig unterstellen sie ihrem jeweiligen Gegenüber ähnliche „magische" Fähigkeiten, wie sie selbst glauben zu haben. Sie sind enttäuscht oder fühlen sich sogar verletzt, wenn sich andere Menschen nicht entsprechend verhalten, weil sie annehmen, diese hätten „es" doch wissen müssen. In diesem Sinne wirken sich symbiotische Beziehungen zwischen über Selbstbewusstheit verfügende Menschen destruktiv aus. In einzelnen Fällen kann dies aufgrund der symbiotischen Beziehung zwischen Menschen auch zu zerstörerischen Abhängigkeiten führen.

Dazu kommt, dass bei solchen Beziehungen die Andersartigkeit der anderen nicht wahrgenommen oder sogar als bedrohlich erlebt und stattdessen die Ähnlichkeit zwischen sich selbst und anderen bevorzugt wird. Auch das hat in multikulturellen Gesellschaften negative Auswirkungen.

Kapitel 9

[17)] Im Arzneimittelreport 2012 der Barmer GEK steht „Psychopharmaka sind Frauenarzneimittel". Frauen nehmen solche Medikamente – Antidepressiva, Schlafmittel, Tranquilizer – zwei- bis dreimal so häufig ein wie Männer und dabei ist die Dunkelziffer noch nicht mit eingerechnet.

Die geschlechtsspezifischen Unterschiede bei den Verschreibungen sind groß und es sind gerade die Psychopharmaka, bei denen die Gefahr des Entstehens von Abhängigkeit sehr groß ist. In Deutschland gibt es 1,2 Millionen Menschen, die von Beruhigungs- und Schlafmitteln abhängig sind und davon sind zwei Drittel Frauen.

Kapitel 9

[18)] Diese Botschaften werden in der entsprechenden Fachliteratur meist als „Introjekte" bezeichnet. Im Allgemeinen bezeichnet man unter „Introjektion" einen Prozess, in dem eine Person etwas – beispielsweise Verhaltensvorschriften oder persönliche Zuschreibungen – aus ihrer Umwelt aufnimmt, aber noch nicht assimiliert. Findet eine solche Integration des aufgenommenen Materials nicht statt, bleibt das jeweilige Introjekt wie ein Fremdkörper in der jeweiligen Person erhalten, entfaltet aber trotzdem eine Wirkung. Kinder nehmen häufig Botschaften aller Art von ihren Bezugspersonen auf und behalten sie häufig ein Leben lang, ohne sie zu integrieren, in ihrem Bewusstsein. Manchmal bilden die Introjekte gemeinsam eine Art Herrschaftssystem im Bewusstsein der betroffenen Person, die ihr – manchmal von morgens bis abends – mit einer inneren Stimme sagt, was sie zu tun oder zu lassen habe, was sie für ein Mensch sei, über welche Fähigkeiten sie verfüge oder sie macht Aussagen über das Aussehen, die Chancen, die Wirkungen und über Erfolg und Scheitern der Person und vieles andere mehr. Die Person selbst hat meist nur die Möglichkeit, den Botschaften der Stimme – die meist eine böse Du-Stimme ist – zu gehorchen oder sie zu sabotieren, oder aber sich zu entschließen, die Botschaften zu ignorieren und sich immer wieder neu auf das zu besinnen, was sie selbst will.

Kapitel 11

[19)] Einige Bilder von Giorgio de Chirico mit den charakteristischen Köpfen ohne Gesicht können unter www.ricci-kunst.com/de/Giorgio-de-Chirico.htm angesehen werden.

Kapitel 13

[20)] Der Begriff „Als-ob-Persönlichkeit" ist ein Fachausdruck in der Literatur zu narzisstischen Störungen. Damit wird angedeutet, dass sich die Persönlichkeit eines Menschen nicht eigenständig entwickeln konnte. Wenn ein Kind von klein auf mit seinen Wünschen, seinem Fühlen, Denken und Handeln sich den Vorstellungen seiner Bezugspersonen anpassen oder sogar aufgrund bedrohlicher Einflüsse unterwerfen musste, hatten seine eigenen Impulse, seine eigenen Vorstellungen oder ein eigenständiger Lebensausdruck keine Chance. Es entwickelt dann eine sogenannte „Als-Ob-Persönlichkeit". Mir selbst gefällt die damit einhergehende Vorstellung nicht, ein solcher Mensch hätte keine eigene Persönlichkeit. Die – oft nicht auf den ersten Blick wahrnehmbaren – Ängste und Frustrationen, sowie die unterschwellige Wut und die Sehnsucht nach Befreiung und Autonomie, die man nach meiner Erfahrung bei Menschen mit einer solchen narzisstischen Störung beobachten kann, werden mit diesem Begriff der „Als-ob-Persönlichkeit" nicht genug berücksichtigt.

Kapitel 14

[21)] Vor allem bei Hunden sind die wechselseitigen Beschwichtigungssignale untersucht worden, aber auch andere Tiere verfügen über Signale, durch die andere Tiere davor gewarnt werden, ihnen zu nahe zu kommen. Warnfarben, Drohgebärden, Gerüche und vieles andere mehr sind dafür geeignet. In Bezug auf die Beschwichtigungssignale von Hunden ist das Buch von Turid Rugaas „Calming Signals" besonders bekannt geworden und es gibt eine Reihe informativer Videos dazu bei Youtube.

Kapitel 14

[22)] Ruth Griffin hat in ihrem Buch „Frau und Natur – Das Brüllen in ihr" in einer aufrüttelnden und anrührenden Weise den sich über zwei Jahrtausende hinziehenden Zugriff auf die Frau und die Natur im Zusammenhang mit der Ausbreitung patriarchaler Strukturen auf sehr originelle Art beschrieben. Viele Zitate machen auf erschreckende Weise deutlich, wie diskriminierend die Zuschreibungen – durch die Jahrhunderte hindurch – in Bezug auf Frauen und wie ausgeprägt die Kontrollvorstellungen und Ausbeutungswünsche in Bezug auf die Natur waren und sind.

Kapitel 15

[23] Die Frage, ob das „Ich" oder das „Selbst" im menschlichen Bewusstsein als eigenständige Einheit existiert, wird von den zuständigen Forschern in zunehmendem Maße negiert. Interessant in diesem Zusammenhang sind unter anderen die Bücher von Michael Gazzaniga, V. S. Ramachandran und Christian Keysers. Darin finden sich auch noch weitere Literaturhinweise zu dieser Fragestellung.

Kapitel 16

[24] Zwischenmenschliche Spiegelung oder Wechselwirkung ist von Geburt an eine unerlässliche Bedingung für die Entwicklung eines Menschen. Dabei ist von besonderer Wichtigkeit, dass diese wechselseitigen Spiegelungen für das Kind nicht durch eigennützige Interessen der Erwachsenen verzerrt werden. Aber auch im erwachsenen Alter sind möglichst authentische Wechselwirkungen von großer Bedeutung, denn erst durch diese Spiegelungen versichern sich Menschen gegenseitig ihre Bedeutungen und Wirkungen. Gleichzeitig können sie selbst sich dabei in ihrer Wirkung in der Welt erleben.

Kapitel 18

[25] Das Interesse an feministischer Literatur und an den Forschungsergebnissen feministischer Wissenschaftlerinnen ist erheblich zurückgegangen. Dabei sind die patriarchalen Einflüsse nicht geringer, sondern nur subtiler und unbewusster geworden und zeigen sich in den gesellschaftlichen Erwartungen an Frauen und Männer häufig nur noch verschleiert.

Hier ist eine kleine ungeordnete Auswahl der entsprechenden und gleichzeitig sehr unterschiedlichen Literatur. In diesen Büchern finden sich weitere Literaturangaben:

Benjamin, Jessica: Die Fesseln der Liebe – Psychoanalyse, Feminismus und das Problem der Macht, Frankfurt am Main, 1993

Bernard, Jessie. The Female World, Free Press 1982

Braun, Kathrin / Kremer, Elisabeth: Asketischer Eros und die Rekonstruktion der Natur zur Maschine, Universität Oldenburg 1987

Chodorow, Nancy: Das Erbe der Mütter. Psychoanalyse und Soziologie der Geschlechter, München 1993

de Beauvoir, Simone; Das andere Geschlecht. Sitte und Sexus der Frau, Reinbek bei Hamburg 2000

Feyl, Renate: Der lautlose Aufbruch - Frauen in der Wissenschaft, Köln 1994

Firestone, Shulamith: Frauenbewegung und sexuelle Revolution, Frankfurt am Main 1993

French, Marilyn: Frauen (The women's room) Reinbek bei Hamburg 2008

Friday, Nancy: Wie meine Mutter, Frankfurt am Main 1994

Friedan, Betty: Der Weiblichkeitswahn, Reinbek bei Hamburg 1070

Gilligan, Carol: Die andere Stimme. Lebenskonflikte und Moral der Frau, München 1982

Griffin, Susan: Frau und Natur – Das Brüllen in ihr, Frankfurt am Main 1987

Grymes, Peg: Die Romantikfalle - und wie Frauen sich daraus befreien, Frankfurt am Main 2001

Hülsemann, Irmgard: Ihm zuliebe? – Abschied vom weiblichen Gehorsam, Frankfurt am Main 1991

Keller, Evelyn Fox: Liebe, Macht und Erkenntnis, München 1986

Kummer, Irène: Ich bin die Frau, die ich bin, München 1994

Lloyd, Genevieve: Das Patriarchat der Vernunft. „Männlich" und „Weiblich" in der westlichen Philosophie, Bielefeld 1985

Longino, Helen E. :Science as Social Knowledge, Princeton 1990

Merchant,Carolyn: Der Tod der Natur. Ökologie, Frauen und neuzeitliche Naturwissenschaften, München 1987

Mitscherlich, Margarete: Die friedfertige Frau: Eine psychoanalytische Untersuchung zur Aggression der Geschlechter, Frankfurt am Main 2012

Reichwein, Regine: Das Phantasma der bösen Herrscherin. In: Schaeffer-Hegel, Barbara (Hg.): Vater Staat und seine Frauen, Pfaffenweiler 1990

Steinbrecher, Sigrid: Die Vaterfalle – Die Macht der Väter über die Gefühle der Töchter, Reinbek bei Hamburg 2001

Steinem, Gloria: Revolution From Within: A Book of Self-Esteem, (Corgi) 19193

Wardetzki, Bärbel: Weiblicher Narzissmus: Der Hunger nach Anerkennung, München 2006

Wilson Schaef, Anne: Weibliche Wirklichkeit. Frauen in der Männerwelt, Heyne 1992

Kapitel 21 und Kapitel 22

[26)] Zerstörerische Beziehungen verweisen meist auf eine Wiederholungssituation und diese entsteht häufig aufgrund eines Scheiterns in einer bedeutsamen persönlichen Beziehung der Kinderzeit. Wenn ein Kind in seinem Bemühen, den Eltern zu gefallen, geliebt zu werden, sie zu retten usw. „versagt", versucht es in seinem späteren Leben, dem Schmerz dieses Versagens dadurch zu entrinnen, dass es weitere Versuche mit anderen Menschen startet, um die selbst gestellte Aufgabe doch noch zu einem erfolgreichen Ende zu bringen. Dabei muss die Aufgabe genau so schwer sein wie die erste und das bedeutet, dass der Erfolg genau so wenig erreicht werden kann wie beim ersten Mal. Wiederholungssituationen entstehen nicht nur aus ausweglosen Situationen, sondern enden daher auch in einem Scheitern. Vereinfacht mit einem Beispiel gesagt: Eine Frau, die vergeblich versucht hat, die Liebe ihres Vaters zu erringen, wird in einer Wiederholungssituation sich nur solche Männer aussuchen, die genau so beziehungs- und liebesunfähig sind wie ihr Vater und wieder scheitern.

Ein deutliches Zeichen für einen Wiederholungszwang ist das „Warten auf Erlösung" durch jemanden oder etwas aus der Außenwelt. Aber selbst wenn das Gewünschte eintritt, wird es häufig bezweifelt und kann nicht angenommen werden oder es wird deutlich, dass die erhoffte Erlösung nicht eingetreten und die innere Situation unverändert geblieben ist. Die Heilung erfolgt nur durch die Erkenntnis, dass man einen anderen Menschen nicht ändern kann und die Akzeptanz der damit einhergehenden Hilflosigkeit, sowie durch den Verzicht auf die Versuchung, sich wieder eine neue Wiederholungssituation zu suchen.

Kapitel 24

[27)] Nach Michael Gazzaniga gibt es in der linken Gehirnhälfte ein Modul – das Interpretier-Modul – welches uns mit zusammenhängenden Geschichten versorgt und dabei alles unberücksichtigt lässt, was nicht dazu passt. Dieser „Interpret" nimmt dazu Informationen aus der physischen und psychischen Innenwelt und aus der Umwelt und fasst sie in der von ihm fabrizierten Geschichte zusammen. Er „schafft Ordnung aus dem Durcheinander, das ihm die von den anderen Prozessen ausgespuckten Informationen präsentieren." (Gazzaniga, S. 103)

Der Interpret liefert uns ständig Erklärungen über alle möglichen Erfahrungen des täglichen Lebens und wenn man diese unreflektiert zur Kenntnis nimmt, verfestigen sich dabei auch unangenehme Zustände zusammen mit den vom Interpreten gelieferten Erklärungen. Genaueres kann man bei Michael Gazzaniga nachlesen.

Kapitel 25

[28] Menschen erleben die sie umgebende Umwelt oft – wenn auch meist unbewusst – als gerichtet, wie ein Vektorfeld. Dabei können – in ihrer Vorstellung – die Vektoren unter anderem auf sie zukommen oder von ihnen ausgehen. Sowie eine Richtung bevorzugt wird, entstehen für die betreffende Person Schwierigkeiten. Strukturiert sie ihr Wirklichkeitsfeld überwiegend so, als kämen die Vektoren auf sie zu, fühlt sie sich wahrscheinlich unter Druck gesetzt, passiv und leicht überfordert und sukzessive eingeengt. Wenn eine Person die entgegengesetzte Richtung, in der die Vektoren von der Person ausgehen, bevorzugt, gestaltet sie aktiv ihre Umwelt, versucht zu bestimmen, was geschehen soll und geht möglicherweise dabei über die Interessen anderer hinweg. Das bedeutet: Es geht darum, beide Richtungen den Umständen entsprechend angemessen abzuwechseln.

Kapitel 28

[29] Da Menschen großen Wert darauf legen, zu bestimmten sozialen Gruppen zu gehören, ist es für sie sehr schwer zu ertragen, wenn Mitglieder einer solchen Gruppe versuchen, sie mit aggressiven Mitteln auszugrenzen. Über solche Versuche, durch regelmäßige Schikane oder Mobbing aller Art, Menschen anzugreifen und zu isolieren, wird in den letzten Jahren immer öfter berichtet. Mobbing findet offensichtlich immer häufiger sowohl in Schulen als auch am Arbeitsplatz statt und hat für die Betroffenen intensive physische und psychische Auswirkungen. Inzwischen wird dieses Phänomen in einer breiten Öffentlichkeit diskutiert und es gibt unterschiedliche Hilfsangebote für die Betroffenen.

Kapitel 31

[30] Informationen über Botox finden sich im Internet unter „Ärzte gegen Tierversuche e.V. Für eine moderne, tierversuchsfreie Wissenschaft".

Unter dem Stichwort: Kosmetik/Chemikalien findet sich ein langer Artikel über Botox

http://www.aerzte-gegen-tierversuche.de/infos/kosmetik-chemikalien/ 117-botox-tierqual-fuer-eine-fragwuerdige-schoenheit/

Kapitel 31

[31)] Cesária Évora war eine seit 1993 international bekannte Sängerin der Kap Verden. Erst mit 47 Jahren bekam sie einen Plattenvertrag und 2004 einen Grammy in der Kategorie „Weltmusik".

Kapitel 32

[32)] Da unser Bewusstsein auf der Tätigkeit unseres gesamten Organismus und damit auch unseres Gehirns beruht, welches ebenso wie unser Körper als Ganzes ein selbstorganisierendes System ist, gibt es, wie bei allen selbstorganisierenden Systemen, keinen „Chef". Alle Versuche der Hirnforschung haben bisher gezeigt, dass es zwar in den verschiedenen Bereichen des Gehirns Module gibt, die unterschiedliche Aufgaben wahrnehmen, dass es aber letztlich immer das Zusammenspiel aller Subsysteme ist, welches zu bewussten Entscheidungen und Handlungen führt. Dazu kommt, dass „willentliche" Akte offensichtlich bereits in den verschiedenen Hirnarealen vorbereitet worden sind, bevor die eigene Entscheidung überhaupt bewusst wird. Es scheint sich also bei der Vorstellung eines entscheidenden und kontrollierenden „Ich" oder „Selbst" um eine liebgewonnene Illusion zu handeln. Siehe dazu „Die Ich Illusion" von Michael Gazzaniga, sowie die Arbeiten von Benjamin Libet, Christian Keysers, V. S. Ramachandran und vielen anderen.

Kapitel 33

[33)] Einerseits verweisen Märchen auf reale Geschehnisse, andererseits aber auch auf menschlich bedeutsame psychische Prozesse. Wenn Kinder in Märchen verlassen werden wie in „Hänsel und Gretel", auf Wunsch der eigenen Mutter getötet werden sollen, wie in „Schneewittchen", weggegeben werden, wie in „Rapunzel" usw., dann liegt die Annahme nahe, dass es solche Geschehnisse auch gegeben hat und weiter gibt. Und leider finden entsprechende Taten von Vätern und Müttern auch heute noch statt, wie sich aus den Medien immer wieder entnehmen lässt.

Tiefenpsychologische Deutungen von Märchen finden sich in den Büchern von Eugen Drewermann, Marie-Louise von Franz und anderen.

Kapitel 34

[34] Franz Werfels Theaterstück „Jacobowski und der Oberst" wurde 1958 in Schwarz-Weiß verfilmt. Ein Oberst und der Jude Jakobowski treffen während des zweiten Weltkrieges aufeinander und sind darauf angewiesen, sich trotz ihrer Vorbehalte gegenseitig zu unterstützen, um zu überleben. Der Film zeigt, wie die beiden, obwohl sie sich zunächst nicht besonders leiden können, zusammenhalten und lernen, sich gegenseitig zu achten und wertzuschätzen.

Kapitel 34

[35] Die Selbstorganisation unseres Gehirns setzt ihre Aktivität auch weiter fort, wenn wir schlafen. Eine Reihe von Menschen macht sich dieses dadurch zunutze, dass sie sich vor dem Schlafengehen ein zu lösendes Problem zusammen mit dem Wunsch nach einer Lösung noch einmal sehr bewusst machen. Sehr häufig tritt die Lösung am nächsten Tag plötzlich ins Bewusstsein. Die Selbstorganisation unseres Gehirns hat auch ohne unser bewusstes Zutun für uns gearbeitet.

Kapitel 34

[36] Eine Täter-Opfer-Dynamik zwischen zwei Menschen zeichnet sich dadurch aus, dass die Beteiligten sich beide als Opfer der anderen Person fühlen und beide abwechselnd beginnen, sich zu wehren und die andere Person anzugreifen. Anders ausgedrückt: Sie fühlen sich als Opfer und verhalten sich wie Täter, sind sich aber dessen meist nicht bewusst. Stattdessen werfen sie der jeweils anderen Person vor, diese habe sie zum Opfer gemacht und habe die Schuld an den Ereignissen, den Zuständen usw. Keiner der Beteiligten übernimmt für irgendetwas die Verantwortung, Es scheint, als sei Selbstverantwortung ein Fremdwort für beide. An die Stelle der Selbstverantwortung ist die Schuldzuweisung an das Gegenüber getreten.

Es besteht allerdings auch die Möglichkeit, eine solche Dynamik bewusst in Gang zu setzen, dem „realen" Opfer die Schuld zuzuweisen und sich selbst anschließend als Opfer dazustellen. Dann kann man von einer bewusst eingesetzten Täterstrategie sprechen. Leider kann man ein solches Verhalten sowohl in Familien als auch in größeren Gruppen und in politischen Auseinandersetzungen – sozusagen lokal und global – beobachten.

Kapitel 36

[37] Alle Lebewesen sind selbstorganisierende Wesen. Sie zeichnen sich durch einen großen Durchfluss an Materie und Energie aus, sind aber in Bezug auf ihre eigene Selbstorganisation „operational geschlossen". Das bedeutet, dass sie nicht gezielt beeinflussbar sind. Selbstverständlich sind alle Lebewesen ununterbrochen mit ihrer Umwelt in Wechselwirkung und es finden ständig Austauschprozesse statt. Aber es gibt zwischen den Lebewesen stets eine Grenze, die nur offen für Materie und Energie ist und für alles andere nicht. Deswegen sehen und hören Menschen nur das, was ihre Selbstorganisation sie sehen und hören lässt, aber nicht unbedingt das, was für andere sichtbar und hörbar ist. Sie fühlen nur ihre eigenen Gefühle und denken nur ihre eigenen Gedanken, sie haben nur ihre eigenen Wünsche und Handlungsimpulse. Zwischen ihnen und den anderen gibt es immer eine Grenze, die nicht überschreitbar ist. Allerdings verfügen Menschen – aber auch andere Lebewesen – über sogenannte „Spiegelneurone", und diese ermöglichen uns, mit Hilfe von inneren Simulationen auf der Basis von eigenen Erfahrungen und von Beobachtungen äußerer Prozesse eine Ahnung davon zu entwickeln, was andere Menschen fühlen und wollen. Solche „Ahnungen" werden jeweils „Theory of Mind" oder ToM genannt und Menschen produzieren diese mehr oder weniger ununterbrochen in Bezug auf die Personen und Ereignisse ihrer Umwelt.

Kapitel 36

[38] Die wissenschaftliche Auseinandersetzung mit Phänomenen der Selbstorganisation findet erst seit einigen Jahrzehnten statt. Selbstorganisation findet sich in allen Bereichen des Lebens. Gleichgültig, wo man hinsieht, Bakterien, Pflanzen, Tiere, Ökosysteme, Wirtschaftsunternehmen, Aktienmärkte, Universitäten, Kulturen, politische Parteien, das Klima, unser Sonnensystem bis hin zum Universum, überall findet man Phänomene der Selbstorganisation. Wenn man sich mit selbstorganisierenden Systemen beschäftigt, muss man sich gleichzeitig mit Unbestimmtheit auseinandersetzen. Selbstorganisierende Systeme entziehen sich jeder Kontrolle, weil sie sich nicht gezielt beeinflussen lassen. Man kann sie nur in Echtzeit beobachten. Selbstverständlich kann man versuchen, sie zu manipulieren, aber es lässt sich nicht vorhersagen, was dann jeweils geschehen wird. Die in linearen Systemen gültige Beziehung zwischen Ursachen und Wirkungen sind bei selbstorganisierenden Systemen nicht mehr anwendbar. Kleine Ursachen

können große Wirkungen hervorrufen oder umgekehrt, Vorhersagen sind nur sehr eingeschränkt und kurzfristig möglich. Einiges zum Phänomen der Selbstorganisation kann man in meinem Buch „Lebendig sein" nachlesen. Dort findet sich auch eine Reihe von weiteren Literaturangaben zu diesem Phänomen.

Kapitel 37

[39)] In dem Maße, in dem der „Selbstorganisation" unseres Gehirns Verantwortung unter dem Motto, „das „Ich" und der „freie Wille" seien nur Illusionen" zugeschoben wird, können Menschen für ihr Handeln nur noch schwer zu Verantwortung gezogen werden.

Andererseits hat sich in Untersuchungen herausgestellt, dass sich Menschen umso verantwortungsvoller verhalten, je mehr sie sich selbst und andere für das jeweilige Verhalten für verantwortlich halten. Dementsprechend scheint es sinnvoll zu sein, selbst wenn der sogenannte „freie Wille" durch entsprechende Forschungsergebnisse in Frage gestellt wird, dennoch an der Existenz persönlicher Verantwortung festzuhalten. Trotzdem wird es sich nicht vermeiden lassen, das bisherige Verständnis von einer „Strafjustiz" neu zu reflektieren und auf andere Grundlagen zu stellen, wie z. B. Wiedergutmachung, gesellschaftliche Sicherheit, verstärkte Versuche der Resozialisierung und ähnliches. (Siehe dazu auch Gazzaniga, S. 126)

Kapitel 44

[40)] In Anmerkung [18)] wird die Entstehung der „bösen Du-Stimme" erläutert. Leider hat diese Stimme für die Betroffenen erhebliche negative Wirkungen. Viele Menschen kennen sowohl die Stimme als auch deren unterschiedliche Wirkungen. Die Stimme sagt ihnen, sie sollen aufräumen, den Müll wegbringen, die Formulare ausfüllen und so weiter, und sie merken, dass sie lieber alles andere tun, aber nicht das, was die Stimme sagt. Sie sabotieren die Aufforderungen der Stimme. Das führt zu dem Phänomen der sogenannten „Aufschieberitis". Oder sie wollen etwas tun und die Stimme teilt ihnen mit, dass sie dafür zu dumm, zu faul, zu wenig kreativ usw. seien oder es sowieso nicht schaffen können, sich lächerlich machen würden usw. Die „Du-Stimme" kann unter anderem die Selbstwahrnehmung, die eigene Kreativität und Leistungsfähigkeit, die Selbstakzeptanz, das Selbstwertgefühl und das gesamte Lebensgefühl unterminieren.

Kapitel 47

[41] Es gibt sehr viele verschiedene Arten von Algen – etwa 10 000 sind heute bekannt – und sie sind sehr unterschiedlich und wandlungsfähig. Es gibt sie fast überall auf der Welt, in den Meeren, in Seen und Flüssen, auf Pflanzen aller Art, auf Steinen, im Boden und in Schnee und Eis. Eine der auch für Menschen sehr gefährlichen Art ist die Pfiesteria, die sich in insgesamt 24 verschiedene tierische und pflanzliche Formen verwandeln kann. Weitere Informationen enthält das Buch von Rodney Barker. Algen sind für Biochemiker interessant, weil sie über ungewöhnliche chemische Verteidigungsformen verfügen, aus denen eventuell medizinisch wirksame Substanzen hergestellt werden können.

Kapitel 47

[42] Schwämme sind sehr alte Lebewesen und für Biochemiker besonders interessant, weil sie – als festgewachsene Lebewesen – im Verlauf der Evolution gelernt haben, sich auf sehr unterschiedliche Weise gegen sehr verschiedene Umwelteinflüsse zur Wehr zu setzen. Es gibt wahrscheinlich bis zu zehntausend verschiedene Arten, die sehr unterschiedliche bioaktive und andere Stoffe, wie Silikate mit besonderen Eigenschaften, produzieren. Die bisherigen Forschungen haben bereits Medikamente gegen Herpes und andere Viruserkrankungen, Leukämie usw. ermöglicht. Und es wird weiter intensiv geforscht.

Kapitel 52

[43] Reduktionistische Ansätze in der Wissenschaft zeichnen sich – vereinfacht gesagt – dadurch aus, dass die auf das potentielle Ergebnis einwirkenden Faktoren, soweit es geht, reduziert werden, um eineindeutige Beziehungen zwischen Ursachen und Wirkungen zu erhalten. Das Bemühen geht dabei einerseits dahin, möglichst formelhafte Beschreibungen der beobachteten Prozesse zu gewinnen, um Vorhersagen für ähnliche zukünftige Prozesse zu gewinnen. Andererseits geht das Bestreben auch dahin, immer kleinere Teile zu untersuchen, um letztlich aus den nicht weiter zerlegbaren Elementen die beobachteten Phänomene umfassend zu erklären. Die Vorstellung, dass das Ganze mehr sei als die Summe seiner Teile, ist in reduktionistischen Ansätzen nicht vorgesehen.

Reduktionistische Vorgehensweisen haben zu großen Erfolgen geführt, sind aber für komplexe, nichtlineare dynamische oder selbstorganisierende Systeme nicht geeignet.

Kapitel 53

[44] Von Philemon und Baucis oder Baukis wird wahrscheinlich zum ersten Mal von Ovid im achten Buch seiner Metamorphosen berichtet. Ovid lebte von 43 v. Ch. bis 18 n. Ch. und seine „Metamorphosen" haben mit ihren vielfältigen Darstellungen von Wandlungen bis heute Einfluss auf bekannte Autoren ausgeübt. Bei Ovid werden Philemon und Baucis als ein altes, armes Paar dargestellt, das mit Großzügigkeit und Güte ihnen zunächst unbekannt bleibende Götter aufnimmt und bewirtet, die sich dafür als dankbar erweisen. Sie sind ein Beispiel für ein in Würde und gegenseitiger Liebe und Achtung alterndes Paar.

Kapitel 54

[45] Forschungen der letzten Jahrzehnte haben auf vielfältige Weise bestätigt, dass Menschen nur das bewusst wahrnehmen können, was die Selbstorganisation ihres Gehirns zulässt. Da kein Gehirn dem anderen gleicht und jeder Mensch über andere Erfahrungen verfügt, die an den Auswahlverfahren des Gehirns in Bezug auf das, was uns bewusst wird, beteiligt sind, und Menschen zusätzlich als Organismen biologische Grenzen haben, stellt jeder Mensch aus seinen eigenen Erfahrungen und der ihn umgebenden Umwelt seine eigene Wirklichkeit her. Keine Wirklichkeit gleicht einer anderen. Jeder Mensch lebt zunächst von den anderen getrennt in seiner eigenen Wirklichkeit, kann aber über die Simulationen seiner Spielneurone mit anderen Menschen in Resonanz treten und sich dadurch mit ihnen verbunden fühlen.

Kapitel 58

[46] Dieser Satz steht bei Horst-Eberhard Richter in seinem Buch „Die Krise der Männlichkeit" auf Seite 215.

Kapitel 59

[47] Ein solcher „„Geflügelter Phallus" aus dem 5. Jh. v. Chr. ist auf einer Münze abgebildet, die im Archäologisches Nationalmuseum, Athen aufbewahrt wird und unter diesen Stichwort im Internet betrachtet werden kann.

Kapitel 60

[48] Selbstorganisierende Systeme sind für ihr Überleben auf einen intensiven Austausch mit ihrer Umwelt angewiesen und insofern sind alle diese Systeme voneinander abhängig. Ein einfaches Beispiel: Menschen brauchen Sauerstoff und atmen Kohlendioxid aus, Pflanzen nehmen das Kohlendioxid auf und produzieren Sauerstoff.

Alle Prozesse auf diesem Planeten und weit darüber hinaus sind mit ihren Abhängigkeiten vernetzt und bilden zusammen ebenfalls ein selbstorganisierendes System, welches – wie z. B. die Entwicklung des Klimas zeigt – empfindlich auf menschliche Eingriffe reagiert.

Bedeutsam sind dabei Prozesse, in denen durch das Zusammentreffen zweier oder mehrerer selbstorganisierender Systeme im gemeinsamen System ganz neue Eigenschaften entstehen bzw. „emergieren", die sich in den ursprünglichen Systemen nicht vorfinden lassen. Der Komplexitätsforscher Philip W. Anderson hat darauf verwiesen, dass auf jeder neuen Ebene zunehmender Komplexität auch neue Prinzipien gelten und neue Eigenschaften emergieren. Damit macht er gleichzeitig deutlich, dass ein reduktionistischer Forschungsansatz für selbstorganisierende Systeme nicht mehr anwendbar ist. Auch ein Mensch bildet durch seine Begegnung mit einer anderen Person mit dieser jeweils ein gemeinsames System mit neuen emergierenden Eigenschaften, die nur zu diesen beiden Menschen gehören.

Einiges dazu kann man in meinem Buch „Lebendig sein – Das Phänomen der Selbstorganisation und seine Konsequenzen für unser Zusammenleben" nachlesen.

Kapitel 61

[49] Hier geht es wieder um das „Interpretier- Modul" oder den „Interpreten" und die Informationen dazu können unter der Anmerkung[27] nachgelesen werden.

Literatur

Abbott, Edwin A.: Flatland: A Romance of Many Dimensions, London 1884 (E-Book mit den Originalillustrationen des Autors im Verlag Xanamania Publishing 2010
Allende, Isabel: Das Geisterhaus, Berlin 2012
Allende, Isabel: Liebe, Berlin 2011
Allende, Isabel: Die Insel unter dem Meer, Berlin 2010
Allende, Isabel: Zorro, Frankfurt am Main 2005
Ahrendt, Hanna: Elemente und Ursprünge totaler Herrschaft, Frankfurt am Main 1985
Anderson, Philip W.: Spektrum der Wissenschaft, 9/1995
Anrich, Ernst: Die Einheit der Wirklichkeit, Fellbach 1980
Asper, Kathrin: Verlassenheit und Selbstentfremdung: Neue Zugänge zum therapeutischen Verständnis, München 2003
Barker, Rodney: Killeralgen, Bern 1999
Barmer GEK Arzneimittelreport 2012
Benjamin, Jessica: Die Fesseln der Liebe – Psychoanalyse, Feminismus und das Problem der Macht, Frankfurt am Main, 1993
Berger, John: Sehen. Das Bild der Welt in der Bilderwelt, Reinbek bei Hamburg 1974
Bernard, Jessie. The Female World, Free Press 1982
Biddulph, Steve: Jungen! Wie sie glücklich heranwachsen, München 2002
Bierhoff, Hans-Werner / Herner, Michael Jürgen: Narzissmus – die Wiederkehr, Bern 2009
Bly, Robert: Die kindliche Gesellschaft. Über die Weigerung, erwachsen zu werden, München 1998
Bly, Robert: Eisenhans: Ein Buch über Männer, Berlin 1993
Böhme, Hartmut/ Böhme, Gernot: Das Andere der Vernunft, Frankfurt am Main 1985
Böhme, Gernot: Am Ende des Baconschen Zeitalters – Studien zur Wissenschaftsentwicklung, Frankfurt am Main, 1994
Bourdieu, Pierre Félix: Die verborgenen Mechanismen der Macht, Hamburg 1992

Bourdieu, Pierre Félix: Die feinen Unterschiede. Kritik der gesellschaftlichen Urteilskraft, Frankfurt am Main 1982

bpb: Bundeszentrale für politische Bildung, Newsletter 8. 11. 2010, Stichwort „Frauen in Führungspositionen". Autoren: Prof. Heather Hofmeister / Lena Hünefeld

Büttner, Christian / Dittmann, Marianne (Hrsg.): Brave Mädchen, böse Jungen? Erziehung zur Geschlechtsidentität in Kindergarten und Schule, Weinheim Basel 1993

Braun, Kathrin / Kremer, Elisabeth: Asketischer Eros und die Rekonstruktion der Natur zur Maschine, Universität Oldenburg 1987

Brooks, Michael: 13 Things That Don't Make Sense: The Most Intriguing Scientific Mysteries of Our Time, Random House, New York 2010

Canetti, Elias: Masse und Macht, Hamburg 1984

Carey, Nessa: The epigenetics revolution. How modern biology is rewriting our understanding of genetics, disease and inheritance, London 2011

Chodorow, Nancy: Das Erbe der Mütter. Psychoanalyse und Soziologie der Geschlechter, München 1993

Damasio, Antonio: Self comes to Mind – Constructing the Concious Brain, London 2012

Damasio, Antonio: Der Spinoza-Effekt – Wie Gefühle unser Leben bestimmen, Berlin 2007

Damasio, Antonio: Ich fühle, also bin ich. Die Entschlüsselung des Bewusstseins, Berlin 2001

de Waal, Frans: Primaten und Philosophen – wie die Evolution die Moral hervorbrachte, München 2008

de Beauvoir, Simone; Das andere Geschlecht. Sitte und Sexus der Frau, Reinbek bei Hamburg 2000

DIW: Deutsches Institut für Wirtschaftsforschung, Nr. 3/2011, Elke Holst und Julia Schimeta: „29 von 906"

Dobelli, Rolf: Die Kunst des klaren Denkens: 52 Denkfehler, die Sie besser anderen überlassen, München 2011

Drewermann, Eugen: Lieb Schwesterlein, lass mich herein. Grimms Märchen tiefenpsychologisch gedeutet, München 1993

Drewermann, Eugen: Rapunzel, Rapunzel, laß dein Haar herunter. Grimms Märchen tiefenpsychologisch gedeutet, München 1993

Ebeling, Smilla / Schmitz, Sigrid (Hrsg.): Geschlechterforschung und Naturwissenschaften. Einführung in ein komplexes Wechselspiel, Wiesbaden 2006

Eco, Umberto: Der Friedhof in Prag, München 2011

Eco, Umberto: Der Name der Rose, München 1982/2011

Eco, Umberto: Das Foucaultsche Pendel, München Wien 1989/2011
Eliacheff, Caroline / Heinrich, Nathalie: Mütter und Töchter –
Ein Dreiecksverhältnis, Düsseldorf und Zürich 2004
Erdheim, Mario: Die gesellschaftliche Produktion von Unbewußtheit,
Frankfurt am Main 1983
Fenichel, Otto: Über Trophäe und Triumph, in: Psychoanalyse und
Gesellschaft: Aufsätze, Frankfurt am Main 1952, S. 206-228, zit. nach
Erdheim, a. a. O., S.371
Ferris, Timothy: Das intelligente Universum – Ein Blick zurück auf die
Erde, München 1995
Feyl, Renate: Der lautlose Aufbruch - Frauen in der Wissenschaft, Köln
1994
Firestone, Shulamith: Frauenbewegung und sexuelle Revolution,
Frankfurt am Main 1993
Franz, Marie-Louise von: Psychologische Märcheninterpretation. Eine
Einführung, München 1986
Franz, Marie-Louise von: Der Schatten und das Böse im Märchen,
München 1985
French, Marilyn: Frauen (The women's room), Reinbek bei Hamburg
2008
French, Marilyn: Jenseits der Macht. Frauen Männer und Moral
(Beyond power), Reinbek bei Hamburg 1996
Friday, Nancy: Wie meine Mutter, Frankfurt am Main 1994
Friday, Nancy: Die sexuellen Phantasien der Frauen, Reinbek bei
Hamburg 1997
Friday, Nancy: Die sexuellen Phantasien der Männer, Reinbek bei
Hamburg 1994
Friedan, Betty: Der Weiblichkeitswahn, Reinbek bei Hamburg 1070
Fromm, Erich: Haben oder Sein, München 2011
Fromm, Erich: Die Kunst des Liebens, München 2007
Funk, David H.: Spektrum der Wissenschaft, 10/1989, Seite 106-114).
Galbraith, John Kenneth: Wirtschaft für Staat und Gesellschaft,
München 1976
Gallese, Vittorio: The „Shared Manifold" Hypothesis: from mirror
neurons to empathy. In: Journal of Consciousness Studies 8 (5-7),
S. 33-50
Gell-Mann, Murray: Das Quark und der Jaguar, München 1994
Gilligan, Carol: Die andere Stimme. Lebenskonflikte und Moral der
Frau, München 1982
Goodwin, Brian: Der Leopard, der seine Flecken verliert, München
1997

Grabrucker, Marianne: "Typisch Mädchen...". Prägung in den ersten drei Jahren. Ein Tagebuch, Frankfurt am Main 1985
Griffin, Susan: Frau und Natur – Das Brüllen in ihr, Frankfurt am Main 1987
Gruen, Arno: Der Wahnsinn der Normalität. Realismus als Krankheit: eine Theorie der menschlichen Destruktivität, München 1987/2007
Gruen, Arnold: Der Fremde in uns, München 2000
Gruen, Arnold: DerVerlust des Mitgefühls. Über die Politik der Gleichgültigkeit, München 1997
Gruen, Arno: Falsche Götter–Über Liebe, Haß und die Schwierigkeit des Friedens, München 1993
Gruen, Arnold: Der Verrat am Selbst, München 1992
Grymes, Peg: Die Romantikfalle - und wie Frauen sich daraus befreien, Frankfurt am Main 2001
Habeck, Robert: Verwirrte Väter - Oder: Wann ist der Mann ein Mann, München 2008
Habermas, Jürgen: Moralbewußtsein und kommunikatives Handeln, Frankfurt am Main 1983
Harris, Sam: Free Will, New York 2012
Heinemann, Evelyn / Rauchfleisch, Udo / Grüttner, Tilo: Gewalttätige Kinder – Psychoanalyse und Pädagogik in Schule, Heim und Therapie, Frankfurt am Main1993
Hirigoyen, Marie-France: Die Masken der Niedertracht: Seelische Grausamkeit im Alltag und wie man sich dagegen wehren kann, München 2009
Horkheimer, Max / Adorno, Theodor W.: Dialektik der Aufklärung. Philosophische Fragmente, Frankfurt am Main 1984
Hood, Bruce: The Self Illusion: Why There is No "You" Inside Your Head, London 2012
Hülsemann, Irmgard: Ihm zuliebe? – Abschied vom weiblichen Gehorsam, Frankfurt am Main 1991
Illouz, Eva: Die Errettung der modernen Seele, Frankfurt am Main 2009
Jantsch, Erich: Die Selbstorganisation des Universums – Vom Urknall zum menschlichen Geist, München - Wien, 1992
Jantsch, Erich: Erkenntnistheoretische Aspekte der Selbstorganisation natürlicher Systeme. In: Schmidt, Siegfried J. (Hg.): Der Diskurs des radikalen Konstruktivismus, Frankfurt am Main 1988
Kammerer, Doro: Weil ich ein Junge bin! – Warum man Söhne anders erziehen sollte, Freiburg im Breisgau 2000
Kauffman, Stuart: Der Öltropfen im Wasser, München 1998
Keller, Evelyn Fox: Liebe, Macht und Erkenntnis, München 1986

Kernberg, Otto.F.: Borderline-Störungen und pathologischer Narzißmus, München 2009

Kernberg, Otto F.: Liebesbeziehungen: Normalität und Pathologie, Stuttgart 2007

Kernberg, Otto F.: Innere Welt und äußere Realität. Anwendungen der Objektbeziehungstheorie, München Wien 1988

Keysers, Christian: The Empathic Brain - How the discovery of mirror neurons changes our understanding of human nature, Social Brain Press 2011

Kohlberg, Lawrence: Die Psychologie der Moralentwicklung, Frankfurt am Main 1996

Kohut, Heinz: Die Heilung des Selbst, Frankfurt am Main 1979

Kummer, Irène: Ich bin die Frau, die ich bin, München 1994

Kundera, Milan: Die unträgliche Leichtigkeit des Seins, Frankfurt am Main 1984

LeDoux, Joseph: Das Netz der Gefühle – Wie Emotionen entstehen, München 2006

Libet, Benjamin: Mind Time: wie das Gehirn Bewusstsein produziert, Frankfurt am Main 2005

Long, Priscilla: My Brain on my Mind, New Word City, Inc. 2011

Lloyd, Genevieve: Das Patriarchat der Vernunft. „Männlich" und „Weiblich" in der westlichen Philosophie, Bielefeld 1985

Longino, Helen E. :Science as Social Knowledge, Princeton 1990

Luhmann, Niklas: Ökologische Kommunikation, Opladen 1988 M

Luhmann, Niklas: Soziale Systeme - Grundriß einer allgemeinen Theorie, Frankfurt am Main 1987

Marcuse, Ludwig: Philosophie des Un-Glücks , Zürich 2001

Marcuse, Ludwig: Der eindimensionale Mensch. Studien zur Ideologie der fortgeschrittenen Industriegesellschaft, München 1994

Marcuse, Ludwig: Philosophie des Glücks. Von Hiob bis Freud, Zürich 1972

Marquez, Gabriel Garcia: Chronik eines angekündigten Todes, Frankfurt am Main 2010

Marquez, Gabriel Garcia: Hundert Jahre Einsamkeit, Frankfurt am Main, 1997

Matussek, Matthias: Die vaterlose Gesellschaft – Überfällige Anmerkungen zum Geschlechterkampf, Reinbek bei Hamburg 1998

Metzinger, Thomas: Der Ego Tunnel – Eine neue Philosophie des Selbst: Von der Hirnforschung zur Bewusstseinsethik, Berlin Verlag, als E-Book 2010

Miller, Alice: Evas Erwachen – über die Auflösung emotionaler Blind-

heit, Frankfurt am Main 2001
Miller, Alice: Das Drama des begabten Kindes – und die Suche nach dem wahren Selbst, Frankfurt am Main 1983
Miller, Alice: Du sollst nicht merken, Frankfurt am Main 1981
Miller, Alice: Am Anfang war Erziehung, Frankfurt am Main, 1980
Miller, Michael Vincent: Wenn die Liebe Angst macht – Liebesterror und wie man ihm entgeht, Freiburg Basel Wien 1999
Mitscherlich, Margarete: Die friedfertige Frau: Eine psychoanalytische Untersuchung zur Aggression der Geschlechter, Frankfurt am Main 2012
Mitscherlich, Alexander: Auf dem Weg zur vaterlosen Gesellschaft, München 2003
Mitscherlich, Alexander / Mitscherlich, Margarete: Die Unfähigkeit zu trauern: Grundlagen kollektiven Verhaltens, München 2007
Monick, Eugene: Phallos - Sácred Image oft he Masculine, Inner City Books, Toronto, Kanada 1987
Onken, Julia: Vatermänner. Ein Bericht über die Vater-Tochter Beziehung und ihren Einfluss auf die Partnerschaft, München 1993
Olivier, Christiane: Jokastes Kinder. Die Psyche der Frau im Schatten der Mutter, München 1989
Ovid, Metamorphosen , Düsseldorf und Zürich 1995
Petermann, Frank: Zur Dynamik narzisstischer Beziehungsstruktur, in: Gestalttherapie 2(1) / S. 31-41, 1988
Piattelli-Palmarini, Massimo: Die Illusion zu wissen – Was hinter unseren Irrtümern steckt, Reinbek bei Hamburg 1997
Pöppel, Ernst: Der Rahmen – Ein Blick des Gehirns auf unser Ich, Wien 2006
Popper, Karl R. / Eccles, John C.: Das Ich und sein Gehirn, München 1989
Pozzo di Borgo, Philippe: Ziemlich beste Freunde, München 2012
Ramachandran, V. S.: The Tell – Tale – Brain – Unlocking the Mystery of Human Nature, London 2011
Ramachandran, V. S. / Blakeslee, Sandra: Die blinde Frau, die sehen kann. Rätselhafte Phänomene des Bewusstseins, Reinbek bei Hamburg 2002
Reichwein, Regine: Lebendig sein – Das Phänomen der Selbstorganisation und seine Konsequenzen für unser Zusammenleben. Strategien des Scheiterns und Gelingens, Frankfurt am Main 2010, auch als E-Book erhältlich (Neuauflage 2018 bei Tredition, Hamburg)
Regine Reichwein: Verantwortlich handeln – Das Phänomen der radikalen Wechselwirkung und seine Konsequenzen für unser Zusammen-

leben. Strategien des Scheiterns und Gelingens, Frankfurt am Main 2014, auch als E-Book erhältlich (Neuauflage 2018 bei Tredition, Hamburg)

Reichwein, Regine: Der verborgene Ort – Symbolik und Erinnerung, Hamburg 2017 (ehemals „Kinderseelenland – Symbolik und Erinnerung, Frankfurt am Main 2010) auch als E-Book erhältlich

Reichwein, Regine: Gespräche mit Valentino – Kleine Anregungen zu größerer Bewusstheit, Hamburg 2017, auch als E-Book erhältlich

Reichwein, Regine: Über das begehrende Zugreifen und das Zerstören von Trennendem. In: Kulke, Christine / Kopp-Degethoff, Heidi / Ramming, Ulrike (Hr.): Wider das schlichte Vergessen. Der deutsch-deutsche Einigungsprozeß. Frauen im Dialog, Berlin 1992

Reichwein, Regine: Das Phantasma der bösen Herrscherin. In: Schaeffer-Hegel, Barbara (Hg.): Vater Staat und seine Frauen, Pfaffen weiler 1990

Richter, Horst-Eberhard: Die Krise der Männlichkeit in der unerwachsenen Gesellschaft, Gießen 2006

Richter, Horst-Eberhard: Der Gotteskomplex, Reinbek bei Hamburg 1979

Rifkin, Jeremy: Die empathische Zivilisation – Wege zu einem globalen Bewusstsein, Frankfurt am Main, 2012

Rizolatti, Giacomo /Sinigaglia, Corrado:Empathie und Spiegelneurone. Die biologische Basis des Mitgefühls, Frankfurt am Main 2008

Röhr, Heinz Peter: Narzißmus. Das innere Gefängnis, Düsseldorf und Zürich 2004

Rohde- Dachser, Christa (HG.): Zerstörter Spiegel – Psychologische Zeitdiagnosen, Göttingen 1992

Rosenberg, Tina: Join he club – how peer pressure can transform the world, New York 2011 Als ebooks in ePub Format und Adobe ebook format erhältlich

Rousseau, Jean-Jaques: Emil oder Über die Erziehung, Paderborn 1998

Rugaas, Turid: Calming Signals – Die Beschwichtigungssignale der Hunde, Animal Learn Verlag 2001

Scheler, Max: Grammatik der Gefühle – Das Emotionale als Grundlage der Ethik, München 2000

Schmid, Wilhelm: Philosophie der Lebenskunst – Eine Grundlegung, Frankfurt am Main 1998

Schmidbauer, Wolfgang: Die Angst vor Nähe, Reinbek bei Hamburg 2002

Schultz, Dagmar: „Ein Mädchen ist fast so gut wie ein Junge" - Sexismus in der Erziehung, Bd. I: Interviews, Berichte, Analysen. Frauen

selbstverlag, Berlin 1978
Schultz, Dagmar: „Ein Mädchen ist fast so gut wie ein Junge" - Sexismus in der Erziehung, Bd. II: Schülerinnen, Pädagoginnen berichten. Frauenselbstverlag Berlin 1979
Seibt, Uta / Wickler, Wolfgang: Soziale Spinnen, Spektrum der Wissenschaft, 12 - 1989
Serres, Michael: Der Parasit, Frankfurt am Main 1987
Siegel. Daniel J.: Mindsight. The New Science of Personal Transformation, New York 2011
Steinbrecher, Sigrid: Die Vaterfalle – Die Macht der Väter über die Gefühle der Töchter, Reinbek bei Hamburg 2001
Steinem, Gloria: Revolution From Within: A Book of Self-Esteem, (Corgi) 1993
Steiner, Claude: Emotionale Kompetenz, München 1999
Stern, Daniel: Mutter und Kind – Die erste Beziehung, Stuttgart 1997
Thompson, Caroline: Die Tyrannei der Liebe – Wenn Eltern zu sehr lieben: Perfekte Erziehung und die Ambivalenz unserer Gefühle, München 2008
Varela, Francisco J.: Kognitionswissenschaft – Kognitionstechnik – Eine Skizze aktueller Perspektiven, Frankfurt am Main 1990.
Walter, Melitta: Jungen sind anders, Mädchen auch. Den Blick schärfen für eine geschlechtergerechte Erziehung, München 2005
Wardetzki, Bärbel: Weiblicher Narzissmus: Der Hunger nach Anerkennung, München 2006
Weber, Andreas: Alles fühlt – Mensch, Natur und die Revolution der Lebenswissenschaften, Berlin 2008
Weingarten, Elmar u. a. (Hrsg.): Ethnomethodologie, Frankfurt am Main 1976
White, Terence Hanbury.: Der König auf Camelot, Stuttgart 2009
Whitehead, Alfred North: Prozeß und Realität. Entwurf einer Kosmologie, Frankfurt 1987
Williams, George C.: Das Schimmern des Ponyfischs, Spektrum Verlag Heidelberg 1998
Wilson Schaef, Anne: Weibliche Wirklichkeit. Frauen in der Männerwelt, Heyne 1992
Wirth, Hans-Jürgen: Narzißmus und Macht: Zur Psychoanalyse seelischer Störungen in der Politik, Gießen 2003
Wittgenstein, Ludwig: Tractatus logico-philosophicus. Logisch-philosophische Abhandlung, Frankfurt am Main 2003
Young-Eisendrath, Polly: Die starke Persönlichkeit – Quellen der Lebenskraft, München 1998

Weitere Veröffentlichungen und Bestellhinweise

Der Amani-Verlag, bei dem vier meiner Bücher erschienen sind, hat leider zum Ende 2017 seine Aktivitäten eingestellt. Daher kann man meine Bücher dort nicht mehr anfordern, allerdings kann man manche im Internet von anderen Anbietern zu leider sehr erhöhten Preisen erhalten. Bis Ende 2019 werden alle meine Bücher bei Tredition neu verlegt werden.

Bisher kann man bei Tredition neben „**Glücklich werden – suchen nach sich selbst**" folgende Bücher erhalten:

Regine Reichwein: Gespräche mit Valentino – Kleine Anregungen zu größerer Bewusstheit, Tredition, Hamburg 2017,

> ISBN
> Paperback: 978-3-7439-4790-0
> Hardcover: 978-3-7439-4791-7
> e-Book: 978-3-7439-4792-4

Regine Reichwein: Der verborgene Ort. Symbolik und Erinnerung, Tredition, Hamburg 2017

> ISBN:
> Paperback: 978-3-7439-6564-5
> Hardcover: 978-3-7439-6565-2
> e-Book: 978-3-7439-6566-9

Es handelt sich bei **Der verborgene Ort** um eine Neuauflage von **Kinderseelenland. Symbolik und Erinnerung**, Amani, Frankfurt am Main 2010.

Die beiden Sachbücher **Lebendig sein…** und **Verantwortlich handeln…** werden wahrscheinlich bis Ende 2019 ebenfalls im Verlag Tredition als Paperback, Hardcover und e-Book erscheinen und dann sowohl auf Online-Portalen als auch im Buchhandel erhältlich sein.

Bis dahin kann man ermäßigte Exemplare der beiden Bücher aus Restbeständen des Amani- Verlages bei mir

per Mail unter regine.reichwein@t-online oder
per Telefon 0049 (0) 30 – 851 84 21 bestellen:

Regine Reichwein: Lebendig sein – Das Phänomen der Selbstorganisation und seine Konsequenzen für unser Zusammenleben. Strategien des Scheiterns und Gelingens, Amani-Verlag, Frankfurt am Main 2010, 444 S., **20 € statt 29,80 €.**

Verantwortlich handeln – Das Phänomen der radikalen Wechselwirkung und seine Konsequenzen für unser Zusammenleben. Strategien des Scheiterns und Gelingens. Amani-Verlag, Frankfurt am Main 2014, 530 S., **30 € statt 39, 80 €.**

Ich werde mich freuen, von Ihnen zu hören.

Regine Reichwein

Zeitfracht Medien GmbH
Ferdinand-Jühlke-Straße 7
99095 Erfurt, Deutschland
produktsicherheit@kolibri360.de